怪異の民俗学 4

鬼

小松和彦［責任編集］

河出書房新社

鬼

目次

Ⅲ 鬼の歴史 239

Ⅳ 鬼の民俗学 363

収録論文解題

鬼

怪異の民俗学④

鬼

I

総論

折口信夫

春来る鬼

まれびと

「なもみ」の面を中心として、まれ人神――（客神）――のお話をして見たいと思います。

古代日本人の考えをつきつめてゆくと、私の申す所のまれ人というのは、終始海から来ているのです。それが、だんだん平地の生活、或は山の生活、又は村落の生活が始まって来ると、山からおりてくる山男・山姥、ひっくるめて言うと、「山人」が考え出されて来ました。所が、尚、それにも拘らず、海岸地方では、海から来る信仰が厚かったのです。伝説などを見ても、海から神が来なければ、まとまりのつかない話が多いのです。中でも、我々が興味を持っている山椒太夫の物語には、その色々な要素が寄っているのです。その中で、一番中心になっているのは、丹波国由良の港という土地に、根をおろしたらしく見えている点です。所が度々お話して来ました様に、近代の唱導文学、一口には、説話文学というものには、中心点が必ず二个所あります。其は――近頃訣った事ですが――物語の発生した土地と、物語の根をおろした土地とであります。例えば、苅萱道心の物語は、中心が三つあります。つまり、筑前から出て、高野へもって行かれ、更に信州の善光寺へおさまった訳ですが、今の所では、高野が出発点になって、信州で終りになっています。併し、逆に、信州の親子地蔵を説いた所から、高野の話が出来てきた様にも見えるのです。山椒太夫の話でも、そうでありまして、由良の港ですべて事件の解決がつくように見えますけれど、最初の出発点は奥州で、岩木山の見える土地の様に思われます。そこに岩木判官という人が居て、早くなくなって、残った奥方と、其子である姉弟と、それについていた乳母とが、生国を離れて、長の旅に出たことになって居ます。処が、途中で人買いに遇って、乳母は身投げをして亡くなり、子供二人とお母さんとは別れ別れになり、母は佐渡へ、子供は由良の港の千軒長者、山椒太夫の手に移ったのです。それで、どうしても、岩木山の信仰が肝腎なのです。この場合は、苅萱其他の話とはまるで違って、何のためにわざわざ岩木山をもって来たか、訣らないのです。千軒長者の話を主として考えて見ますと、訣らない事が多いのですが、それは、一方岩木山の信仰では、姉と弟と二人が、山に登る争いをして、姉が勝って弟が負け、そして姉が山の神になった、という事になっていて、姉を安寿姫、弟を対王《ツシオウ》丸と申しています。この話と、千軒長者の話とは、ほとんど関係がない様に見えます。それだのに、どうして由良の港に、この話がのびて行ったか、不思議なのです。縁も由縁もない様な、二つの話が、ここに聯絡していることを考えてみますと、由良の港の、千軒長者の唱導文学が発達して、諸国に分布された後、岩木山の神はこうだ、と説明したのだ、と思われますが、もともと、岩木山の信仰が宣伝せられてのちに丹波国でおさまった、という事になるのです。併し統一せられるには、余りに原始的であり、又、不思議な程単純ですが、これが元だ、という事になるのです。例えば、我々が旅行をして、海岸近い山を遠くから見ると、海からずっと浮び出ている山の様に見えます。鳥海山なども、そう見える山です。山の根元の所では、実際は、海から或距離の平地をへだてて立っているのですが、へだたった地から見ると、それが海から出ている様に見えるのです。普通、山の信仰は、山の根元でなく、或距離があって、山を始終目にしている土地から起ります。其処から山へ精進しに登って行くのです。海岸地方ならば、海の中から生えている、と思われる山が、信仰の対象になる事が多いのです。そんな現象が起るのは、何故かと申しますと、海から神が出現して来る、という信仰があって、其神は、山の方へ登ってゆく、と信じていたからなのです。それに就いて、別種の型の信仰があります。それは、対立した神と精霊とが争うことです。――と言うのは、土地の神と遠来の神とが争う事でありまして、大抵は遠来の神が勝つ事になって居りますが。――これは、農村や漁村に、きまって行われる年中行事としての芝居に似たものが、繰返されている中に、昔の神の物語を形づくって来たのです。それで、この岩木山の話も、山の裾から二人の兄弟が争って登った、という事は、海から山へ上ると言う考えがある様です。それで、山を取りあいすると言う事は、神と精霊との争いの型なのです。古風土記の中、播磨風土記は、殆、此話ばかりと思われる程、土地の争いが書かれています。日本の古い所では、そういう風な型を一つ持っていたのです。これは、外の説明も出来ましょうが、結局、神及び精霊の争いの印象が、強く働きかけている、と見ればいいので、此を歴史的に見る事は、無意味な説明になって了うのです。それで、岩木山が海の中から出ている、と見られる地方の人が、そういう事を考え出して、海から山へ登る神を信じ、そして、小さい神と大きい神と競争して山に登る、という風に説明して来たのです。処が、その話自身は、初めから、海からすぐ上って来た、というのでなくて、海から上って来た神と、山から里へおりて来る神との話があって、この二つの違った神の信仰が一緒になって来たのです。この話の中の、山へ登ろうとするのは何の為かと申しますと、それは、まれ人は山から来るものだ、と考えたからであって、二つが結びついて、そういう風の話になって来たのです。

なもみたくり

これを、適切な例をとって言うてみますと、このなもみたくりというものの、一つの中心地帯である秋田の男鹿半島の事ですが、此処は、姿のすぐれた異色のある山が多く、新山、本山、寒風山などがあります。『真澄遊覧記』の中にも出て居まして、真澄が興味を寄せた一つの中心地なのです。ここには、なもみたくりの話が大変に多く、柳田先生の『雪国の春』を見ても、『遊覧記』からなもみたくりの記事を、出来るだけお集めになって居られます。それ位ですから、流石に今行って見ても、此処で所謂「なまはげ」の出る村々が沢山あります。青年団長の家――若衆宿に、お面が預けてあって、其処から出て行く。鉄道省の案内記にも、この事は出ている程で、小正月の晩に、若衆がそれぞれ笊に紙をはり、彩ってかぶって行く、とあります。これは、村々で違うのでありまして、或村では、笊だが、又或村では、夏に杉の皮を剝がしておいて、冬になるとこれに加工して、正月十五日の晩――農村では一番大事な日――にかぶって出るのです。中には、紙の面になっている所もあります。面の形は、村々の意匠が加わり加わりして、変って来たのか、又は、毎年毎年お面を変えた為か、一様ではなく、又統一がなくなってしまうて居ます。昨年出た『奥の手風俗』を見ますと、なもみたくりの事を、かせぎとりと書いてありますが、かせはかさと同じく、或一種の皮膚病、子供のあせもの様にも考えられます。かせぎもそんなものと思われます。かせぎとりは又、かせとりとも言うているのです。『奥の手風俗』に出ている図で見ますと、子供が小さな板の上にのせてある様な人形を持って居て、「かせぎとりが参った」と称えて、家々へ物を乞うて歩く、とありますが、これは、段々形が変化して来ているのだ、と思われます。併しもっと古めかしい型か、又は、面を忘れた型か訣りませんが、普通では、お面で特色を現わしたのが、人形にまでなって来たのだ、と考えます。

抑、なもみたくりというものが、初めて記録として、広く世間に発表されたのは、大正十年頃の朝日新聞が、各地の行事を記載した時に、奥州には広く若衆が顔に鍋ずみを塗って出て、

なもみはげたか。はげたかよ
あずきにえたか。にえたかよ

と呼ばって歩く、と出て居た様に思います。

なもみは、いろりで火だこの出来ているような怠け年寄り、又は、腕白小僧を懲しめに来るものだ、と信じられています。その形には、お面のもあり、――其お面にも色々種類があります。――又素面に物を塗って来るのもあり、又『奥の手風俗』のものの様に、人形のもあって、大体三通りに分けられます。

なもみ系統の語は、皆皮膚病を意味する語であって、皮膚に出ている斑点を取りに、或はとがめに来るもの、それをかせとり・なもみたくり・なまはげというのであって、皆同一類のものなのです。この外に、もうこというている所もあります。この名称には牛が聯想されますが、これは、疑いも無く、春の初めに、農村にそういうお化けが出て来ました。それをもうこと称したことが、もくりこくりの鬼が来る、という語を生み出したのであります。ちょうど、海から仇をしに来るもの、すなわち、蒙古の襲来の事を考えている様ですが、もくりこくりには、きっと何等かの外の意味があると思われます。これが後には、蒙古と高麗との鬼が攻めて来る、と考えたのだと思われます。そうなると、やはり子供をおどかすもの、という事になります。例えば、がごぜという目に特徴のある鬼、ももんがあという両手を拡げて口に特徴のある物、こうした子供をおどかすものと、一つになってしまったので、もとは、小正月の行事の印象から来て居るものと思われます。所が、もうこ・もくりこくり、という語に就いては、果してもくりこくりという語を、もうこという一種の鬼から解釈していいかどうか訣りませんが、かせぎとり・なもみたくりは訣ります。実は皮膚の病

気を意味するものでなく、もっと他の意味であったのが、其聯想から、段々そうなって来たのだとだけは、少くとも言えるのであります。恐らく、このなもみとかかせぎ・かせ（さ）とりとかいうのは、やって来るまれ人の、特殊な服装から出て来るのではなかろうか、と思われます。

けた

話が目的の一部分ではあるが、細かい所へ入り過ぎたから、もとへ戻して見ます。この男鹿の岬では、神は海から来る、と考えたのでしょう。そして、その神は、秋田の東南太平山に移るもの、と考えて居たらしいのです。神は平地から山上へ登ると考えたのです。一体この太平山は、修験道の一道場なのです。男鹿・太平山に当るところをあげて見ると、能登半島の気多と石動山《セキドウサン》で、ここでは、少し形が変って、気多の、神のいる所へ、神が海から来て、更に、石動山に移った、と考えて居たらしいのです。気多の神に就いては、中山さんの『日本民俗学』の中に、「気多神考」が書かれて居ますが、にこらい・ねふすきいさんが、けたとは、露語で鮭を言う、と言うたところからひんとを得て、中山さんは、おもしろい体系を作っておられます。私の考えは不幸ながら此親友とは別途にあります。けたとは、水の上に渡した棒で、橋の一種であるとは言えますが、橋ではないので、間のあいている渡し木なのです。同時に又、未だにその意味を失わずに居ります。けたはもう少し形が変れば、たな――海岸や水中に突出したもの――と同じ形になるのであって、ともかく、海から陸地へつなぐもので、何も土地と土地とをつなぐものではなく、それを通らねば陸地に上れない、と考えられて居ました。これがけたなので、皆水に関係のあるものなのです。湯桁なんかを考えても、又井桁でも、水に関係のあるものだと思われます。神は海からすぐ上るのではなく、一種の足溜りを通って上ったらしいのです。それが、けたという土地が、日本の海岸地方に分布しており、又、古い信仰が残っている理由なのです。けたという所は、海から陸地へ上る足溜りですから、その土地が、同時にけたと言われます。陸へ上ってから、もう一つ山に登らねばならぬので、石動山を考えたのです。三十年ほど前までは、石動山――修験の中本山――から、気多の祭りの時に、山伏が下りて来て、斧をふって舞う行事があったそうです。これは、一个所でいいのですが、延長してもう一个所考えてみたのです。

遠来の神

この海から来る神の信仰は、到る所に行われていますが、変っているのは、伊豆七島、殆、全般に行われている所の、悪い事をして殺された者が、盆に出て来て、海岸の村を脅やかす、という信仰であります。此は、既に藤木喜久麿さんの報告もありました。村人の考えでは、うら盆や、又は大晦日の晩に、海に出る船幽霊と同性質を持っているのです。

これとなもみたくりとの間には、段々の過程がありますが、話を少し形の変ったものにしてみると、台湾の首狩りの風習ですが、この事柄も、結局は、まれ人を神に祭る風習から起っているらしく、他処から来る神をこしらえる風習らしいのです。その風習の印象が、台湾に残っていて、段々衰えたのは、清朝の役人が、この風習を止めさせるために、自分自ら殺されてしまって、その人が祭られるようになった、と言っています。これは、遠い所から来る神を祭る信仰であって、stranger が神そのものである、という事を忘れて、首を斬ったのであります。日本で申しても、名古屋辺りにも、祭りに、旅人を捕えていじめる風習が処々残っています様に、こんなにまで変化していますが、それは、先ず預っておいて、例えば、もっと古い所を考えても、信濃国安曇郡は、海人の出た所で、少くとも、海部の民の開いた土地に違いなく、でないまでも、海部のもっている信仰を、持って来た人の、開いた土地なのです。それは、北陸の海から、おそらく、姫川を溯って這入って来たものと思われますが、即、海から山へ這入って来ているのです。これは、神の資格が定まる、というような考えから出るのです。一方では、山から海へ帰る、という様な考えを抱いて来ます。信州の話では、歴史と民間の信仰とが一緒になっていますが、地方によれば、山から海へ戻って行った、という事になっているのもあります。その外、平地の行事が終ると、山へ入るとも考えたのです。山の神と田の神とは、時期によって交代します。それで、冬は――秋の末から春の初めの間――山へ登って行き、その他の時期は、里へ下って、河童になっている、と考えたのです。山と海とを、こんな風に考えるのは、古い信仰の名残りなのです。

話が、飛び飛びになりましたが、沖縄では、始終、おとおしという事を申します。とおすというのは、遥拝する事であって、この土地から向うへかけておがむ、という事なのでしょう。その遥拝所の著しいのは、海岸であって、大きな霊地では、海岸に島があって、其処から神が来る、と考えたのです。島のない所では、岬を考えています。沖縄の国頭郡の今帰仁《ナキジン》という所にも、海中に島があり、其処を遥拝するのを、大事の一つとして居ます。或は、先島列島にも、これが多く、離れ島――或土地のものだと考えている――を、はなれといいます。はなれというものには、始終、この遥拝の信仰が伴っていて、稀には、其処に兇悪な鬼の様なもの、又、すぐれた者がいて、島を苦しめた、という事もあります。島の無い所では、これにあたるのは岬ですが、沖縄本島で一番大事な所は、北――やまと――の方を向いた所であって、神が北（多くの場合は東、又稀には西）から来ると考えました。あがりの大主は、東方の主神、という事です。これが一転して、北から stranger が来る、とも考えられて来たのです。沖縄人は、北が口で南が尾、と考え、国頭・中頭・島尻、という順に考えています。そして、北をやまと、と考えていました。ここでは、国頭の辺土《ヘド》の岬が遥拝所であって、宮廷の大祭のある時には、辺土の岬に、涼傘《リヤンサン》という傘が立ちます。この下に神がいる、という意味らしいのです。日本ならきぬ笠の様なもので、傘が何本も立つという事になりますが、辺上の御嶽《ウタキ》――神のおりる所がうたきである――に涼傘が立って、祭りが始まり、其処を神が初めて足溜りとして来るのです。久高《クタカ》島という島は、首里から平地が一里海が三浬の島ですが、知念は久高島の遥拝所になっていまして、我が国に於ける伊勢の斎宮にあたる首里王家の、現今でも、聞得大君《チファイジン》御殿《ウドン》が――初めて聞得大君になった最初の年の春――斎場《サイファ》御嶽と言う霊地へ行き、それから久高島へ参り、又斎場へ帰ってそれから又首里へもどって、聞得大君御殿に入り、初めて聞得大君の資格を得るのであります。おあらふりと言うのは、日本の語で言えば、新あもりであって、これは順序が逆で、海の向うから出て首里へ這入るので、実は、弁《カオ》御嶽《ウタキ》に鎮まる形になるのでしょう。そして、聞得大君御殿におさまってしまいます。処がその形がみだれたのは、首里を出て久高へ行く行事が大事なものだから、それだけが重くなって、帰りの行事が簡単になったのです。他に、村々の神女（君々《キミキミ》、祝々）が神となって現われるのもあり、あらふりといって、海岸或は海の中に現われたりする事もあるのです。

　そういう風に、海から出て来る神は、まず海岸の一所――けたという語を用いたいと思います――けたへ飛び上り、そのけたから陸に上るのですが、けたが延長されて、その陸地がけたになり、其処から、更に山にのぼって行くのです。もっと古い形を考えてみますと、海から海岸の村々へ出て来ることだけですむのです。その時に、村の家々を訪問する形もあろうし、村人を一个所に集めて、村人に接する事もありましょう、総て一様ではありますまい。が、近代の我々の村々では、家々が同格でありますが、古くは小さい家が認められず、大きな家一軒へ行けば全部へ行ったと同じことだったのです。が、これがくずれて戸別に行く様になったのです。

神のおとずれ

処で、古い時代に、村々の大家を神が訪れます事は、村を訪れる事と同一の意味を持ったのですが、神の来た合図は、と申しますと、先ず、咳ばらいに似たこわづくろいをし、戸をほとほと叩《タタ》いたらしいのです。節分の晩に、ほとほと戸をたたいて祝福に来るのを、鳥取地方では、ほとほとと言って居ますが、此処に神が居る、という報せなのであって、戸をたたかずに、声をかける事もあります。併し、いずれも、文章ではなく、短い詞なのです。日本の古い語では、「こわづくろう」というのが、神のかけ声になって居りますが、この詞は宮廷では、おしおしというて居られましたのが、近世民間では、いろいろ分れて、違った名称で残って居りました。それが、同時に、神の名になったのです。宮中で、天皇陛下の御祖先が、天から下りて来られた時には、天圧《アメノオシ》神と申します。

その音が、「こわづくろう」でありまして、後世にはかけ声となり、そしておとずる、おとなうという風になって参りました。「訪《オト》ずるる」という連体形が最、行われますが、おとなう・おとずるとは、音を立てることで、此は訪問を意味します。つまり、神来臨の合図なのです。

日本の、天子の祭りの場合は、来られる神も天子ですから、どういう風になって居りましたか訣りませんが、訪う時には、門迄の時もあり、家迄這入る時もあり、又は庭だけの場合もあって、一様でなく、正式と略式とがあったのです。

処が、其場合何しに来るのかと申しますと、家・土地の精霊と約束を切りかえに来るのが、一番重い意味らしかったのです。それが、家・土地の精霊と約束を切り換えに来ると同時に、約束をします。その約束は、昔から定って居る家を守り、主人を栄えさせ、土地を繁昌させる事にきまって居ます。日本では、田の実りに対して、特別の信仰を持って居ますので、土地の祝福ことほぎという方へ、どうしても傾いて来るのです。ことほぎとは、普通ほかいといいますが、特殊の用語例を持って居まして、演劇や舞踊に伴って居るらしいのです。此は、神と精霊と対立している形を、常にもっているのです。

小正月・節分・大晦日の晩に出て来る者が、鬼の形をして居ますが、これは、まれ人と精霊との形を混乱させて、特殊の形を取って居た、と私も以前は思って居ましたが、一体、まれ人自身が神を意味しないで、他所から渡って来る、一種の変ったものであって、此土地に同情を持って居ればよろしいので、家や土地を祝福する事は、第二段に起ってくる事であります。それと同時に、一方には、意味が分化して、「裁き」や「懲罰」をしたり致します。それが、だんだん変って参りまして、悪口を言ったりこらしめたりする様な行事が起り、それが転じて、主人の悪態をつく風習を生じて、拡まったのです。これは、つまり、ことほぎが将来を祝福する事でありますから、今年はしっかりやって貰わねば困る、という意味で、悪態をついたり、こらしめたりする様になったのであります。

我々の国では、存外にこやかな表情を持ったまれ人を考える事が少かったので、いつもまれ人が怒った話が多いのです。所がまれ人の善い方面――祝福――は、段々発達して、福の神の信仰が発生して参りました。福の神などというものも、其代表者としてのえびす神を考えて見ましても、語自身まれ人という事にすぎないのです。恐しい外来のまれ人のことで、あらえびすといわれて居る事もあります。あらえびすと申しますのは、西宮地方では、沖の御前という処があって、そこに一休《ヒトヤス》みなさるえびすさんだ、と考えられて居ました。狂言の石神を見ましても、亭主と喧嘩した女が、石神に参って舞う小唄に、

遥かの沖にも、石はあるもの。えびすの御前のこしかけの石

と唄います。西の宮が蛭子であるかないかは別として、女神にもそうしたのがある、淡《アワ》島がそれです。女の

まれ人であって、極端に巫女の勢力のあった時代には、女のまれ人も来たことが考えられます。其代表的なものに、筑前宗像の神があります。これは、到る処に分布されて居ますが、それのわけは、同じ信仰があれば、宗像神に習合し合理化させられるのであります。沖縄の弁ケ嶽・久米島・八重山にも、やっぱりこの神々があります。宗像では、沖つ宮・なかつ宮・へつ宮と、三つに分れて居ります。この神の三体という事は、動かぬでしょうが、この三つの宮は、神の飛び石、つまり、一種のけたなのです。我々は、えびすを海の神と思っていますが、この神が来た時に、海岸で気がすめば、そのまま帰られる筈であるが、時あっては、山国にも祭られて居るのです。叡山には、ちゃんとえびす神が祭られて居ます。又、山国の農村にも、えびすを祀って居る所が多いのです。我々はえびす神を海の神と思って居ますのに、叡山の様な山の奥にもある事は、ちょっと解しかねる事なのです。これは、なもみの話と遠くなった様ですけれども、やはりなもみと関係を付けて見なければ、結局訣らない事と思われるのです。而も此なもみなる語が、私の次に話して下さる牧野先生の領分の植物の上にも、関係のあるのは、不思議な御縁だと考えます。

折口信夫

春来る鬼

——秋田にのこる奇習——

十五日……夕くれふかう灯火とりて炉のもとに円居してけるおりしも角高く丹塗りの仮面に、海菅と言うものを黒く染めなして、髪ふり乱し、肩蓑《ケラ》と言うものを着て、何の入りたらんかからからと鳴る箱ひとつをおい、手に小刀を持てあといいて、ゆくりなう入り来るをすはや生身剝《ナマハゲ》よとて、童は声もたてず人にすがり、ものの陰ににげかくろう。これに餅とらせてあなおかな泣くななとおとしぬ。

秋田の雪に埋れた夜の生活を続けて居た菅江真澄は、此数年以来急に世の中に現れて来た。これで注意深い農村の観察者が一人加わったわけである。啻に観察者と言うばかりでなく、菅江真澄の記録は話にある体系のある学問から、それの資料になる一つ一つの事実を断片化して示すように殆ど、意味もあるまいように見える農村の断片的な行事、或は細やかな人心の動きを見て取って記述している。

私が秋田の物語りをするのは、誠に其当らぬことではあるが、元の太平山三吉神社の社司田村氏、又故人平福百穂大人の面影を眼に浮べて話を進めることによって、多少纏ったものを作ることが出来るかも知れぬと言う儚い物語りに過ぎない。真に「春来る鬼」の物語りと言うべきである。真澄の此記述が世の中に知られるようになる以前に、既にこうした事実の、断片ながら彼方此方の地方に行われて居ることは聞いて居た。即ち東北地方の小正月なり、或は十四日年越しの夜に行われる行事が、かなりの程度まで一致して広く行われて居たことである。これを初めて知ったのは、大正八・九年頃の東京朝日の新年風俗に関する広告を募った時のことであった。

其後屢、所謂「目のよる処に珠」の譬えの通り、書物から口頭から類似の事実の多いことを知った。近年出た日本地理大系に、男鹿の何の村かの生身剝の勢揃いした写真が出ている。なんでもない小さなすけっちに過ぎないが、遉《さすが》に尚古い精神の伝承がそれに漲っていた。今後もこれ以上の生きた姿を取ることは出来ないと思う。船川の町に宿ったのは、あれは盆の幾日であったか知らぬ月の円かに白い晩であった。この町が畏友故沢木梢さんの生家のある処とも知らずに逍遥していた私は、夜の更くるまで町の広場で踊り興じている人の様々の姿の上に、ふと小正月の夜の男鹿の生身剝の面影を見た。東京に帰って秋田人であるということも、沢木さんにその話をして初めて船川の人であることを知った程、この県に対する知識は迂遠なものであった。竿灯《カントウ》其他の誘惑を感じさせる物語りをしてくれた其沢木さんも亡くなって、もう年を経た。この縁の少い秋田について憶い出されるのは、続々として故人の姿である。実は生身剝其ものが昔の村々にとって故人だったのである。言い換えればその農村漁村の測り知れない過去の祖先の霊鬼が、時あって帰って来たことを見せている。徒然草のような手狭い古典を御覧になったらすぐ心付く、あの四季の移り変りを叙した文書にも、東国の大晦日の晩に亡き霊の来ることを記して居る。そうして其夜家々の門の戸をけたたましく叩いて通ることが書いてある。記述が頗る簡単で、そうして如何にも物の哀れの外核に感傷しているに過ぎないものだから、細やかな姿を思い浮べることも出来ないが、今は東北一帯に面影を止めるに過ぎないものが、当時は恐らく関東地方にも行われていたことを示すものではあるまいか。

男鹿の村々でも、処によって生身剝の姿に多少の違いがあるように聞いている。真澄以後変化したのもあろうし、真澄の見聞の及んでいないものもあるに違いない。あれほど男鹿の春夏秋冬の海風に当って吟嘯した詩人ですらも知らない、村の寂しいひそやかな生活が、其後幾数十年残り伝えて来たのである。鬼は、我々の国の古代においては決して今人の考えるような、角がない。虎の皮の褌という、あの定型を持ったものでなかった。単に巨人を意味するものに過ぎなかったのである。その鬼が多くは常に姿を現さず、時あって霊の集中することによって巨大な姿を現すものと見られていた。その多くの鬼の中、最も原始的なものに近く、又傍ら懐しい心で眺められていたものは、村々の祖先の霊であった。日本の村の発達は海岸地方を最初と見なければならぬので、祖先の霊の集中する地として海のあなたに空想の霊地・常世の島を考えていた。その地から、春毎に来り臨む巨人があったのである。或は一人二人、時には数人数十人という形に、処によって段々と変化して来たものと思われるが、今昔を辿って行けば、南の端の琉球諸島から来た旧日本の山村海落に至るまで、これを見ることが出来る。

人々はすぐさま考えるであろう処の盂蘭盆に来臨する祖先の聖霊も、単に仏法から与えられた知識によって生じたものではない。春来る霊が一年の大きな折目になって、中元にも訪れてくるように考え至ったものである。だからこそ、兼好法師の見聞にも言うたわけである。農村の正月は暦の上でこそ元日を以てするが、実際生活の上には小正月が最適切でもあり、同時に古くからのしきたりも残っていた。だから農村自身の古い面影を存しているものは、この日に総べてが集って表現されると考えることが出来る。それで殆ど言い合したように、十四日或は十五日の晩に春来る鬼が現れることになっているわけで、男鹿から八郎潟を隔てて東へ進めば、益その影は微かであって、而もその信仰は色濃くなっている。あなた方はどうお感じかも知れないが、たとえば近代都市において盛んに行われた、所謂厄払いは、何れも実は春来る鬼の一つで、この鬼の要素としては人に顔を見せないことに加え、体をも示さないという考えから蓑で体を蔽っていた。尤、最近の厄払いの如きはそうした約束的な姿を厳守する筈がないが、何を最、大切な厄払いの条件としているかというと、あの厄払い文句である。

　これについては東京の河竹繁敏さんの説では、歌舞伎芝居の厄払いと称するものは、ごく簡単な理由から名付けられたに過ぎぬということであるが、私はそうも軽く考えていない。御存じの切られ与三郎の台詞とか、弁天小僧の文句とか、世の声色好きの好む部分の厄払いと称している、普通厄払いの職人が唱えるふし廻しを取ったところからの名称だと言うているけれども、私はそれにも承服しかねる。つまり歌舞伎役者の古い隠れた仕事の一部に、必ずしも今の厄払いとは言えないまでも、ああした職業が存していた。その台詞廻しが多少の芸術化を加えられ、舞台の上に残って来たものと想像している。こう申して来ると、季節としてはまだ早い節分の噂をするようだし、この筆記を作っている時からして既にまだ暮の中だし、真に春の鬼の笑いを予期することが出来るが、実のところ古代日本人とはいわず、近代においても、地方農業の人々の暦に対する考えは非常に自由で、春冬の更替《コウタイ》する時季を切実に感ぜさせる日を同一視する傾きがある。大昔より元旦、節分と立春、十四日年越しと小正月の、文字を書く人々こそ、明らかに区別して考えているけれども、一般の人々はなお、未だこの三つを実際生活に関係の深い交代時季を同一視しているのである。男鹿の寒風の音を雪除けの外に聞きながら、今年の春の読み初めに、菅江真澄集をもう一度繰り返して読んで頂きたい。東北地方の真の復興は、そうした処から出直さなければならぬと思う。

鬼の誕生

馬場あき子

1　鬼と女とは人に見えぬぞよき

「虫めづる姫君」の慨歎

「鬼と女とは人に見えぬぞよき」（「虫めづる姫君」）という、すばらしい警句が、あるとき按察使《あぜち》大納言の女《むすめ》、合理主義者で、変わり者として有名な〈虫めづる姫君〉の口をついて出たということは、警句として二重のおもしろさを感じさせる。「虫めづる姫君」という興味深い短篇は、平安末期の作と想定されている『堤中納言物語』のなかの一篇である。

〈蝶めづる姫君〉の隣りに住む按察使大納言の女は、みにくい毛虫が蝶になる過程を楽しみ、蛇の胴のつやめく優雅さに、命ある色の美しさをみつめる。姫君は、人間社会のひずみに生まれたゆがんだ意識や、先入観が作りなす不自然な習俗に、さげすみのまなざしを送りつつ暮しているが、さすがに当時の女のならいにまったく背反《そむ》きはてることもできず、したがって親たちとも、面とむかって応答をするという大胆な方法などはとらず、例の、抒情的にしていささか不愉快な垂れ布や几帳のかげに身を置いて物案じをするのであった。その合理的進歩性においてやや常識をはみ出し、世間からの変人扱いにたいしても激しく拮抗せざるを得なかったこの姫君が、ある日しみじみと、「鬼と女とは人に見えぬぞよき」と「案じ給」うた、その物思いとは、いったいどのようなものであったろう。

『堤中納言物語』の作者は、なお不詳というべきであるが、この「虫めづる姫君」という短篇をみるとき、そこにあるものは美意識の倒錯という以上に、価値観の破壊と転換への積極的な自問の姿である。人びとから嫌悪される毛虫や蛇のうごめきに、あまねき生きものの真率にして苦しげないのちのさまをみつめ、蝶となる未来を秘めた変身可能の生命力に、醜悪な現実を超える妖しい力を感受していた美意識とは、まさしく爛熟しつつある王朝体制の片隅に生き耐えている無用者の美観というべきである。世の良俗美習に随順することを拒んだ美意識、反世間的、反道徳的世界に憎まれつつ育つ美の概念、少なくとも「虫めづる姫君」の一篇は、そういう心によって描かれた短篇といえる。

ささやかな官職を何くわぬ顔で奉じている一人の男が、ある夜ひめやかに、「鬼と女とは人に見えぬぞよき」と案じつつ、静かに執筆の墨をおろしている姿を思い浮かべるのは、まことに愉快である。こうした男こそ、かくれ鬼のひとりであり、人に見えぬを良俗とする女の物づつみにことよせて、危い反日常思想の一端をほのめかせつつほほえんでいる姿がかいまみられる。

中国では、世をしのぶ隠士の通称を〈鬼谷〉という。「虫めづる姫君」をものした隠士鬼谷先生も、この反世間的日常をいだく姫君とともに、世の醇風美俗の破りがたさにシニカルな微苦笑を禁じ得なかったことであろう。「鬼と女とは人に見えぬぞよき」と書きのこした作者の心を汲んでか、人びともまたこの鬼谷の隠士の本身をあえて詮索することをしなかったにちがいない。前述して、このことばに二重の警句性を感ずると述べたのは、一つには価値観の変革を自問する〈虫めづる〉姫君が、さすがに「人に見えぬ」という女の掟を破り得なかったところに、〈羞恥〉の伝統の堅牢さを見る思いがするからであり、さらには、良俗に反して生きるという、背水の地に立つ姫君の防衛本能が、無名の鬼として生きるものの韜晦本能と重なるからで、女と鬼との反世間的抵抗は二重うつしとなって、その生きがたさを頒ち合っているのである。

籠れる鬼の重之妹

鬼と女とが、「人に見えぬ」ということで、ひとつの共通項をもっているという話のついでとしては、どうしても〈女〉を〈鬼〉ということばで呼び出そうとした歌について話さなければならない。その例は寡聞にして二つしか見ていないが、これもまた興味ある逸話であって、鬼についての随想を拡げさせるものである。

一つは『大和物語』の五十八話で、これは流離譚系の鬼を考える上からも、多くの人によってさまざまな憶測がなされてきた。あまりにも著名な逸話であるが、やはり、いくどでも人を立ち止まらせる魅力をもった話である。私も「黒塚の鬼女」の項で後述したく思うので、ここでは女と鬼との共通項をさぐる参考として紹介するにとどめたい。

　みちのくの安達が原の黒塚に鬼こもれりと聞くはまことか

この歌は、平兼盛が、源重之の妹たちの美貌の噂にこころを動かされて贈った歌とされている。女や重之は、清和天皇の第三の皇子、世に閑院と称された貞元親王の孫に当る血すじである。重之らの父、兼信の時に源の姓を賜って臣籍に下った。重之はことに和歌に秀で三十六歌仙の一人に数えられた著名人であり、『源重之集』一巻を残している。一方、兼盛も出自《しゅつじ》は光孝天皇の流れで、第一皇子是忠親王の曾孫に当り、重之とはまことに類似した運命の処遇をうけた。すなわち、父篤行の時、平の姓を賜って臣籍に降下したのであり、兼盛もまた三十六歌仙の一人に数えられる歌才をもっていた。『歌仙伝』によれば、兼盛の臣籍降下を村上天皇天暦四年（九五〇）としており、『皇胤紹運録』などの、篤行賜姓の付記と異なっている。おそらく『歌仙伝』のあやまりであろうが、『大和物語』五十八話にも、「兼盛のおほ君ききて」という記載があるので、尊貴の系譜に連なる人としての記憶が、兼盛の代にもなお一般に根強く残っていて、賜姓の年代を錯覚させたのであろう。その兼盛が重之の妹に関心を抱いたのは、たんなる美貌の噂によるばかりではなく、当然のことながら、同様の運命にさすらうものの共鳴と、こころ懐しさの情からではあるまいか。『大和物語』ではこの結末を記して、まだ女《むすめ》が若すぎるという女の親の反対にあって兼盛は一首の歌を残して京に去った、と書いている。

はなざかりすぎもやすると蛙《かはづ》なく井出の山吹うしろめたしも　　兼盛

というのがそれである。これにはさらに後日譚がついているが、年代的にもふさわしくないのでここでは取り上げない。筋だけ記すと、兼盛が歌を贈った〈黒塚の女〉は、その後、夫を得て京に上り、兼盛が別れに贈った〈井出の山吹〉の歌を、みちのくの土産だと称して兼盛に届け、その不実をなじったことになっている。ちなみに『皇胤紹運録』の重之の注をみると、「従五下、相模守。左馬助。冷泉院坊帯刀。三十六歌仙。兼忠卿為レ子。於ニ奥州一死」となっている。時に長保二年（一〇〇〇）一条天皇の世で、中宮彰子の全盛のかげに、皇后定子の没した年であった。天皇の曾孫、賜姓の源氏にして、奥州に流浪したまま死ぬということも異常であるが、この流離の人の生涯を証すものは、前記の一巻の家集をおいてはない。まして、その妹たちの消息などがわかろうはずもなく、兼盛との数行の逸話の中に埋れ去っているのである。

兼盛が死んだのは、重之よりさらに十年早い。兼盛とても重之と似たりよったりの境涯のなかに人生を終えたであろうことは、その家集『兼盛集』を見ればわかることである。両者の歌集をよみくらべて、その共通の哀しみをさぐることはむずかしいことではない。それは、尊貴の系譜につらなる血の重さを、天賦の歌才のみによって生き耐えねばならぬという苦しさであった。両者はともに「身を用なきもの」と思いなしたかつての業平中将よりも、もっと明白に、その身が「用なき」ものにすぎぬことを知っていたにちがいない。その共通した心情は、共通した行為を家集のなかに歌として記録する結果となった。それは系譜の誇りに支えられた〈みやび〉への執着であり、恋着である。経営の実力もなく、地方生活の地盤も持たぬ無用の王族が、抜け目なく鍛えられた受領間に伍して、まっとうに身を処すことは相当に困難なことであったはずである。両者に可能な実力は、せいぜい和歌をもって世にまじわり、女とのみやびに心をなぐさめることであり、あるいは流離物語の生きざまを、みずから生きてみせる以外にはなかったのではなかろうか。

兼盛が駿河守であった時、伊豆の女のもとに通うことがあったが、その女は重之もまた通うところの女であった。あいにく重之が先に来ていて女に会えなかった夕ぐれ、兼盛はつぎの一首を重之に贈っている。

横はしり清見が関の通路《かよひぢ》にいづと云《いふ》ことは長く留めつ

重之もただちに返歌をかいた。

関据《すゑ》ぬ空に心の通ひなば身を留めてもかひやなからむ

兼盛の駿河守時代と、重之の相模守時代がかさなるかどうかはわからない。かさならないとしても、いずれ都に用なき身のほどを熟知していた彼らが、鄙のあずまに〈みやび〉を求めてさすらう姿にはことばを超えた悲哀があり、共感があったことであろう。重之一族が奥州にさすらうようになった理由も、もちろんわからないが、けっして好んで都落ちの流浪の旅を求めたのではないことだけは明らかである。

春ごとに忘られにける埋木は花の都を思ひこそやれ　　重　之

これは、「春つかさめしを思ひやる」歌であり、重之は上句をほとんど同じくする歌をもう一首記録している。それは「げすにあらぬ人の世の中をわづらひて鍬鋤取りておりたちたる程もなく死にければ」という詞書きを持つ数首のなかにあり、「春ごとに忘られにける埋木」への実感と怨みが、「鍬鋤取りておりたちたる」「げすにあらぬ人」への同情と重なって、上句を捨てがたいものにさせたのであろう。そのほかにも「波の声に夢驚かす」という題で、親子兄弟して歌を詠じ合う〈あはれ〉の時間も、絵そらごととしてでなく持っていたのである。

このような重之の心情のなかに、兼盛がみずからの心を見て、その埋れはてるにちがいない姫君の美貌に相愛の志をこめた歌を送ったのは、当然すぎるほど当然である。そして、まったく「春ごとに忘られにける埋木」にもひとしいその妹を、ことにも〈鬼〉と呼んだことは、類似した運命を歩む女の、心奥ふかく眠っている共鳴をよびさますための合ことば的雰囲気を持っているようにさえ思われる。

貧寒たる現実に侵されず保っている血の誇り、塔のように屹立する反世俗の矜恃、流離のうちにも保ってきたそれら魂の美しさを〈鬼〉と呼ぶことは、ほのかな自嘲をまじえた合ことばでもあり、互いの生きざまを照応しあうときの無上の賛辞でもある。

四条宮筑前の君

女を鬼と呼んだ例は、やや遅れて『藤原基俊家集』にある。前述の〈黒塚の女〉の逸話を載せた『大和物語』が書かれたと考えられる天暦年間より約百年ほどのち、後冷泉天皇永承七年は末法第一年に当っていた。時の摂政は藤原頼通で、皇后寛子はその女であり、寵幸を得て四条宮と称されていた。権勢並ぶもののない頼通の心にも、末法第一年の憂暗のかげは深くさしこんでいたのであろう。頼通は翌年、宇治の別荘を寺院とし、平等院と名づけた。末法の世の魂の救済を求める欲求は一般的にも仏事をさかんに営ませる風潮をなしつつあったが、基俊の家でもそのようなある日、仏供養が行なわれ、説法聴聞の人びとが集まることがあったとみえる。家集にはその日の側面を伝えてつぎのような詞書きをもつ一首が残されている。

仏供養し奉りしに四条宮の筑前の君、忍びて聴聞すと聞きて車にいひいれ侍りける

唯一つ門の外にはたてれども鬼こもりたる車なりけり

四条宮たる皇后寛子の女房であった筑前の君といえば、当時の名だたる〈みやびめ〉であった。皇后女房として、摂政頼通をはじめ当時の貴紳、師実・経行・通俊などとも交流があり、時めき栄えていた女流である。母は上東門院伊勢大輔《いせのたゆう》であったから、二代にわたる令名はひとしおであった。

「唯一つ門の外にはたてれども」という歌い方のなかには、簡略なしのび車で、供まわりも乏しく、聴聞そのものを大切に思ってやって来た筑前の君の様子がわかる。しかしそこには、そのゆえにかえって、ある静謐な雰囲気が車をとりまいていて、独特の気配を漂わせていたのであろう。基俊はそうした筑前の君のかもす静かな気品を敏感にとらえて〈鬼〉と呼びかけているのである。唯一つ、身分をかくすように打ちやつして立っている牛車は、一見心やすげに見えながら、乗っているのはなかなか手ごわい名流の女房で、矜持も高く、うっかり手出しはできませんという一首のなかには、名声高い筑前の君の聴聞を歓迎する喜びの気持が第一にあるが、それとともに〈鬼〉という呼びかけに反応する女の心をみようとする挑発もふくまれている。おもしろいことに、〈黒塚の鬼〉と呼びかけた兼盛の歌とともに、この歌にも女側からの返歌は伝えのこされていない。

筑前の君はその後幸を得て、花山院の孫、延信王の室となり神祇伯《じんぎはく》康資王の母と呼ばれる。ところでこの筑前の君には大姫という姉があって、おそらくこの基俊家の説法を聴聞した年と前後するのではないかと思

われる頃に、一つの事件がおきていた。近年、『古本説話集』と名づけられた説話集の第二十話にある話がそれである。これにしたがえば、筑前の君の姉大姫は、ふとした折に常陸の豪族多気大夫《たけのたゆう》に見そめられたのが縁となり、無理強いに盗み出されて東に下った。筑前の君もその後一時は常陸守の妻になったことがあり、東に下って早世した姉の忘れがたみの二人の姫に対面したことがあった。二人の姫は母に似た京の叔母をなつかしがったが、とくに京を恋うというわけでもなく、また、叔母の夫の国守を頼るでもなく、筑前の君が任はてた夫とふたたび上京する時にはこともなげに、二百頭の荷駄と二十頭の駿馬を贈ったという。「ゆゆしかりける者どもの、心の大きさ、広さかな」と常陸守をびっくりさせた二人の姪を前に、筑前の君は、美しく無名にはてた姉大姫の思いがけぬ一生をどのように評価し得たであろうか。思われてとはいえ、草深い常陸に盗み伴われた運命を、広量にうけ入れ、ふたたび都へ帰ろうとしなかった姉とその子の生きざまには、いたずらな名誉利得の争いを忘れて生きる大きさがあり、時代的にもようやく生まれようとしている異次元の価値観がみられる。筑前の君が、やがて神祇伯の母と呼ばれるようになってからも、人の意表をついた応答に長じていたことなど、この大姫の広量さと表裏をなす才智のひらめきであったのではなかろうか。

「黒塚の女」「四条宮筑前の君」の二例は、いずれも〈埋もれ隠れ得べくもない女〉が、世間を忍んでいる姿への呼びかけであり、「虫めづる姫君」の場合は、〈女〉と〈鬼〉との類似性が、〈羞恥〉と〈反世間〉というそれぞれの属性のなかで、「人に見えぬぞよき」という共通項を持ち合っていた一つの時代を浮び上がらせているといえよう。

『倭名類聚鈔』の見解

「人に見えぬぞよき」とは、まことに鬼にとって最大の箴言《しんげん》であり、それによってこそ威信も保てたのであったが、この第一条件ともなる鬼の概念は、何によってもたらされたものであろうか。

源　順《みなもとのしたがう》が『倭名類聚鈔《わみょうるいじゅしょう》』を作ったのは承平年間（九三〇年代）である。わが国最初の字書で、平将門の承平乱が戦われるような状況が一方にはあり、また一方では貫之が『土佐日記』を仮名書きしたのも承平五年のことである。

『倭名類聚鈔』の「鬼魅類第十七」の冒頭は「鬼」の説明で、「鬼」はすべて古字の「鬼」が使われている。和名は「於爾」、「於」は「隠」が訛って発音されたという説もある。「鬼ハ物ニ隠レテ顕ハルルコトヲ欲セザル故ニ、俗ニ呼ビテ隠ト云フナリ」と解説されている。なぜ「顕ハルルコトヲ欲セザル」のかはわからないが、当時の日常生活のなかでは、実感として身に覚えのあることであったらしい。とにかく、このような解説が文字となったことも一つのきっかけとなって、王朝期の〈鬼〉の概念が定着していったことはたしかである。

とはいえ、ここで一つ問題にせねばならぬことがある。それは、中国の「鬼」字と、和名の「於爾」とが、いつの頃、どのようにして結びつき、一体化していったかということである。「鬼」字の解剖は、『説文解字《せつもんかいじ》』やこれを註した『説文通訓定声《せつもんつうくんていせい》』などでほぼ明瞭な理解に達することができるが、はたしてそうした中国の鬼概念が、どのような形で文字とともにうけ入れられていったかである。

2　〈おに〉と鬼の出会い

鬼・神同義説

『倭名類聚鈔』による通説、「鬼」は「於爾」であり「隠」の訛りである、という考えに疑問を出した人に折口博士がある。

「一体おにといふ語はいろいろな説明が、いろいろな人で試みられたけれども、得心のゆく考へはない。今勢力を持つて居る『陰』『隠』などの転音だとする漢音語源説はとりわけこなれない考えである。聖徳太子の母君の名を、神隈とも鬼隈とも伝へて居る。漢字としての意義は近くとも、国訓の上には、鬼をかみとした例はない。ものとかおにとかにきまつてゐる。してみれば、此は二様にお名を言うた、と見る外はない。此名は、地名から出たものなるは確かである。其地は、畏るべきところとして、半固有名詞風に、おにくまともかみくまとも言うて居たのであらう。」（「信太妻の話」）

これによれば、鬼はけっしてかみとは呼ばれなかったが、「畏るべきところ」として近似した感銘から、おにをかみともいう場合があったのではないかという推測で、その例証として「鬼隈」と「神隈」と二様に呼ばれた人名があげられているが、この名称については残念ながらいまだに検証できないでいる。

聖徳太子の母は、書紀その他に拠れば、穴穂部間人皇女《あなほべのはしひとのひめみこ》で、穴穂部は安康天皇の名代《なしろ》として雄略天皇十九年におかれたものである。間人皇女は欽明天皇の皇女で、「欽明紀」には泥部穴穂部皇女《はしひとのあなほべのひめみこ》とある。これにたいして、異母妹の磐隈皇女《いわくまのひめみこ》は伊勢の大神祠であり、夢皇女《ゆめのひめみこ》の別称をもっていた。いかにも夢占や巫言に長じていたことを推測させる名で、もし「神隈」という名を当てるとすればこの方の名としてふさわしい。しかし、穴穂という呼称は穴太ともかかれ、この皇女の墓は大和平群の地を占めて築かれているので、穴穂は山沿いの洞穴の多い地形の名であったことも考えられる。折口氏もまた、「おにの居る処は古塚、洞穴などであるらしい。死の国との通ひ路に立つ塚穴である。——鬼隈の皇女などといふ名も巌穴、洞穴にかんけいありさうだ」（『鬼と山人と』）と述べて、穴と鬼との連想を明らかにしている。この連想は、後に多くの説話となってあらわれてくるが、いずれにしても「おに」という語が、中国産の「鬼」とはまったく別個に、独自の土俗的信仰や生活実感として存在していたわけである。

洞穴と、そのぬし神としての蛇神が、その力の兇暴さゆえに邪神とされ、はるかに下って室町時代には、蛇の名において鬼面が作られてもいる。蛇と神と鬼とは、いずれも洞穴への不安と畏怖から生まれた系譜をなし合うものだが、ここでは、「かみ」と「おに」との類別が、文字を得てのちの日本で意識的になされようとする状況をみていきたいと思う。

鬼と日本の〈おに〉

日本の文献に「鬼」字が登用されたはじめは、「出雲国風土記」で、大原郡《おおはらのこおり》阿用郷《あよのさと》の名称起源を説いた文である。「昔或人、此処《ここ》に山田を佃《つく》りて守《も》りき。その時目一つの鬼《おに》来りて佃《たつく》る人の男《をのこ》を食《くら》ひき」とよまれている。しかし、この「鬼」を「おに」と読ませるべく登用したかどうかは分明でない。「目一つの鬼」と形態もはっきりしていて興味深い伝承であるが、「鬼」を「おに」とよませた古例はほとんど他に見ることができない。しかし、『風土記』の編纂が命ぜられたのは元明天皇和銅六年であり、それより数年後に撰上せられた『日本書紀』の「斉明紀」には、朝倉山の上から〈鬼〉が笠を着て斉明天皇の喪の儀《よそおい》を見ていたという記事があるので、阿用の鬼もふくめておよその頃（六〇〇年後半）から〈おに〉と〈鬼〉の一体化がすすみつつあったと見てよいと思う。

『倭名類聚鈔』は〈鬼〉につづいて、餓鬼・瘧鬼・邪鬼・窮鬼・魑魅・魍魎・醜女・天探女《あまのさぐめ》等を鬼として説明しているが、それぞれに和名を当てて、瘧鬼は「えやみのかみ」、邪鬼は「あしきもの」、窮鬼は「いきすだま」、魑魅は「すだま」「こだま」、魍魎を「みづは」としている。「みづは」は水精であり、「こだま」「すだま」は老物の精、すなわち、木や石などの年を経たものは、おのずから精霊が宿ると考えられているが、一方「いきすだま」は生身を離れて霊のみが浮遊すると考えられている。しかし、これらの翻訳が、かならずしも当を得たものでなかったらしい苦心のほどもうかがわれ、江戸末期文政十年に棭斎《えきさい》狩谷《かりや》望之《もちゆき》によって著された『箋注倭名類聚鈔《せんちゅうわみょうるいじゅしょう》』には「窮鬼」に註して、「窮鬼は人をこらしめるものだが、いきすだまとは源氏物語の葵巻などに見える生霊のことで、帰するところのない魂である窮鬼を、これにあてて考えるのはまちがいである」という旨を述べている。これについては折口氏も、よるべない魂は〈もの〉であるとし、〈たま〉はたんに浮遊しているだけのものと考えられた。それでは、〈もの〉と呼ばれた〈よるべない魂〉とはどういうものかというと、棭斎は「あしきもの」の〈もの〉、「もののけ」の〈もの〉などをあげ、『日本書紀』の「邪鬼」という表記がそれに当ることを説いている。これは、「神代紀」の高皇産霊《たかみむすび》が、瓊々《にに》杵《ぎ》を葦原国に派遣しようとした時の国情観察で、つぎのように書かれている。

「彼《そ》の国に、多《さは》に蛍火の光《かかや》く神、及び蠅声《さばへ》なす邪《あ》しき神あり。復《また》、草木咸《ことごとく》に能《よ》く言語《ものいふこと》あり。——吾れ葦原の邪《あ》しき鬼《もの》を撥《はら》ひ平《む》けしめむと欲《おも》ふ」

ここで、「もの」とよまれている「鬼」とは、「蛍火の光《かかや》く神」や「蠅声《さばへ》なす邪《あ》しき神」あるいは、「咸《ことごとく》に能《よ》く言語《ものいふこと》」がある草木などの総称である。つまり、これらの例によって知られる、よろずの、まがまがしき諸現象の源をなすものが、〈鬼〉の概念に近いものとして認識されていたのである。それは、はっきりとは目にも手にも触れ得ない底深い存在感としての力であり、きわめて感覚的に感受されている実体である。畏るべきものであり、慎しむべき不安でもあった根元の力を〈もの〉とよんでいるのである。

なお、「鬼」字の登用について注目すべきことは、『古事記』がまったくこの文字を捨てているのにたいして、積極的で、しばしば闘争的でさえある『日本書紀』が、この文字をさかんに使用していることである。「景行紀」には、「山に邪しき神あり、郊《のら》に姦《かだま》しき鬼あり」と記され、鬼は邪神と対をなす同系のものとして認識されている。また、「神代紀」の大国主の国譲りのあと、高天原から派遣された神が「諸《もろもろ》の順《まつろ》はぬ鬼神《かみ》を誅《つみな》ひ」という書きかたもされている。ここで「鬼神」を「かみ」とよまれる習慣も、「誅《つみな》ひ」という対象が、「かみ」に当る、先住者の国つ神であったというばかりでなく、「景行紀」にかかれたように、「邪しき神」と「姦しき鬼」が、近似したものとして対をなす考えかたがあったからである。そして、強い民族意識を表だてつつ、討伐の記事にみちている『日本書紀』が、誅されるべき運命にあったものにたいして結果論的に〈鬼〉字をあてたことは、日本に定着せしめられつつあった初期的な鬼の概念をものがたるものでもある。

『日本書紀』が、そうした憎しみの対象をさして「鬼魅《おに》」と呼んでいるのは、欽明天皇五年の記事で、「十二月に、越国言《こしのくにまう》さく、佐渡嶋の北の御名部の碕岸《さき》に、粛慎人《みしはせのひと》有りて、一船《ひとふな》船に乗りて淹留《とどま》る。春夏捕魚《すなどり》して食《くらひもの》に充《あ》つ。彼《そ》の嶋の人、人に非ずと言す。亦鬼魅《おに》なりと言して、敢て近づかず」とある。

粛慎人の討伐は、これより一三〇年ほど後の「斉明紀」になると頻出するようになる。阿倍比羅夫《あべのひらぶ》が北方遠征に多大の興味を湧かせたからで、軍団規模として最大のものは船二百艘をもって攻めている。攻略のつど、めずらしい品物や、五十人近くの虜囚を率いて帰っているが、この粛慎人《みしはせのひと》とはアイヌであるとも、ツングースであるとも推測され、虜囚の異風から受ける印象や、比羅夫の報告話などによって獰猛果敢な蛮族の印象が定着していた。まして、この比羅夫遠征より一〇〇年も前に当る欽明朝の、鬼魅に「抄掠《かす》めらる」という越の国からの報告は、人びとに耳新しい脅威として伝えられたことであろう。永沢要二氏が、『東夷列伝』や『太平寰宇《たいへいかんう》記』に求められた粛慎人の生態によれば、挹婁《ゆうろう》人ともいわれた穴居族で、豕を常食とし、その脂肪を部厚く体に塗ったりしている。夏は裸形で、巧みに船をあやつり冠盗を好む、性格は荒々しい(『鬼の正体』)ということであるから、忌避すべき鬼のイメージは、辺境異風の蛮族としての側面を加えつつあったと思われる。

しかし、それと同時に、斉明朝にいたってのたびたびの蝦夷《えみし》討伐や、粛慎《みしはせ》遠征によって、辺境の珍品とともに、虜囚としての僻地人や、異様な風体の異邦人を、大和において一般人が見る機会もふえたわけで、そこに、もう一つの鬼の姿がイメージ化されてゆくきっかけがあった。人びとは、恭順な、帰服した鬼どもの侘びた姿をそこに見たであろうが、それはけっして心ゆるしているわけではない。彼らがふたたび鬼と化すことをおそれる心は、帰服した鬼をもたえず苦しめ、孤立させておく必要を感じていたであろうし、かれらを、日常の団欒に近く置くことを拒んだにちがいない。「斉明紀」は七年七月天皇の崩を記し、八月一日の夕べ「朝倉山の上に、鬼有りて、大笠を着て、喪の儀《よそほひ》を臨み視る」という奇異の記事をのせている。かの獰猛異風の異邦人や辺境の民を〈鬼魅〉と呼んだ感覚とはやや異なるニュアンスの鬼がここにはある。それが帰服した鬼のたぐいか、山に棲む民なのかはわからない。しかし、「斉明紀」は、悲憤をさそう有馬皇子の弑殺事件とか、阿倍比羅夫らによる数度の蝦夷・粛慎討伐の記事に埋まっているが、そのはては緊迫していた朝鮮半島への干渉であり、大軍団渡海の企てであった。九州那《な》の大津に全皇族を糾合して渡り着いた老女帝は六十八歳で、朝倉宮を建てるための伐採は神木をも採出して不評であった。その直後の急逝である。不吉な不安が秋風とともに人びとの心をかすめるような夕ぐれ、遺骸をはこぶ喪の列を、深々とした大笠の下からじっと見ていた鬼がいたというのは、まことに深い、静かなおそろしさを感じさせる。そして、この鬼の深い沈黙と凝視をおそろしいと感ずる心は、とりもなおさず斉明朝の政治そのものへの危惧や疑問、躊躇などであったはずである。「天皇の治《し》らす政事《まつりごと》、三つの失《あやまち》有り。大きに倉庫《くら》を起《た》てて、民財《おおみたから》を積み聚《あつ》むること、一つ。長《とほ》く渠水《みぞ》を穿《ほ》りて公粮《ひとのくらひもの》を損《おと》し費すこと、二つ。舟に石を載《つ》みて、運び積みて丘にすること、三つ」という蘇我赤兄《あかえ》の謀叛煽動も、いわれたことの限りにおいてすべて事実であったし、その後の遠征討伐の出費や、国をあげての軍団渡海は、すでに力の限界をこえていることが明らかであり、それをじかに体で感じていたのは、いつものことながら賦役される民衆である。朝倉山の、静かながら深い力をもった鬼の凝視が恐しいのはそのためであり、夕ぐれの空を背景に無限に広がってゆく不吉の翳を感じさせる。これは、まさに〈もの〉そのものの出現であり、「鬼」字と「おに」とがようやくその融合点を見出したような場面である。

『万葉集』に目を移そう。『万葉集』は、巻二の、一一七番の歌に「鬼」字の登用がみられる。舎人親王が舎人娘子をおもうその歌は、

　大夫《ますらを》や片恋せむと嘆けども鬼《しこ》の益らをなほ恋ひにけり

という著名な一首で、「鬼」を「しこ」とよませている。「予母都志許売」「泉津醜女」はそれぞれ、『古事記』『日本書紀』の例であるが、『万葉集』が「醜」を使わず「鬼」を使っているのはたいへんおもしろい。鬼の面貌が「醜」につながることが、一般的な訓をみちびき出しているこの例は、中国的な〈鬼〉の概念がすでに広く流入していたことを思わせるからである。このことについてはまた後に述べたい。

『万葉集』ではついで巻五の例がある。山上憶良の「痾《あ》に沈みて自ら哀《あはれ》ぶ文」という長文の上表のなかに、しばしば出る鬼で、これは皆中国の典籍をふまえたものであるが「生録未だ半ならず、鬼の為に枉殺せられ、顔色壮年にして病の為に横困せらるるをや」の一文には、抗すべからざる死病の苦しみに鬼の力を感じていることが知られる。

以上述べてきたものは、早期の日本文学にあらわれた鬼の例である。これらを概括してみると、鬼とは、(1)異形のもの（醜《しこ》なるもの・体の部分のそこなわれたもの）(2)形をなさぬ感覚的な存在や力（〈もの〉とよばれた力）(3)神と対をなす力をもつもの（邪《あ》しき神、姦《かだま》しき鬼）(4)辺土異邦の人（異風の蝦夷や粛慎人、荒々しい性格と体軀のちがい等）(5)笠に隠れて視るもの（朝倉山より喪を視る鬼）(6)死の国へみちびく

力（鬼のために枉殺せられ）というような六つの場合が出てきている。後世の鬼のイメージが育まれる基本的な型はほとんど出揃っているといえるが、重要な部分の欠落もある。それは記録にはなかなか出てこない民間伝承のなかに育った鬼で、民俗学的には貴重な部分であるが、これまでには大笠に姿を隠した朝倉山の鬼にわずかにニュアンスを感じさせるにとどまっている。その他にも仏教の影響下にしだいに独自な風貌をあらわにする鬼などもあるが、ここでしばらく中国の鬼に目を転じてみたい。

鬼の面貌

『万葉集』では「鬼」を「しこ」と訓じていることを述べたが、「鬼」字はまさに、そうした面貌に関する象形文字であるというのが一般的な考えである。近年、『説文解字《せつもんかいじ》』によって鬼字を解明された文章に『神々の誕生』（貝塚茂樹、昭和三八年、筑摩書房）『鬼の正体』（永沢要二、昭和四二年、宝文堂）などがあり、中国の神や鬼の概念はしだいに一般的な認識となりつつあると思うが、ここでもかんたんに述べておきたい。

『説文解字』が許慎《きょしん》によってかかれたのは後漢の和帝永元十二年（A・D一〇〇）のことである。『説文』では「鬼」字の成り立ちを、「人」と「由」と「厶」の三つから見ているが、「金文《きんぶん》」には「厶」字がないところから、これは後世になって付け足された音を示す符号であるという見方が一般にされている。それでは、その他の部分は何かというと、「由」は鬼頭の象形である、ということが一般的にもうなずかれている。ただこの「鬼頭」というものが、いったいどのようなものであったかというと少々意見の相違もあるようで、貝塚氏は原型としてはのっぺらぼうの、目鼻もないようなものであったのではないかと述べられ、加藤常賢氏は「子」字の籀《ちゅうぶん》文の意として「鬼頭」にふれ、「鬼頭」とは死者の頭部に似せて長毛をつけ、さらに臂を付けた形として見ておられる。また、つぎの「儿」の部分はというと、鬼頭を蒙った子どもが足をまげて坐っている形であるとも人が跼っている形であるとも見られている。朱駿声の『説文通訓定声』には、「人帰スルトコロ鬼トナス」と註され、「鬼ハ帰ナリ」とその声訓が示されているが、その「帰」とは、まさに招魂の儀の主役として坐した少年の蒙る死者の面、「鬼頭」そのものに魂が寄り来ることをいったのである。

加藤氏は『漢字の起源』（昭和四三年版パンフレット）という小冊子のなかで、象形としての鬼字にたいする従来の解釈に、形声文字としての独自な見解を加えておられるので、部分的にではあるが要約点綴して参考とさせていただきたい。

「ム」字は「シ」の音をもち、「賊害」の意をもっているが、この部分のない「鬼」字は、『説文』で「仁人也」と註された「儿」の意符にしたがい、「由」の「シ」の音をもつ声符を併せた形声文字である。「仁人」とはもともと句僂人のことであるが、ここではあたかもその如くに跼った祭祀のなかの人と考えてよい。また字音は、唐韻は「キ」であるが、古音は「シ」で、両者は転じやすい音で、たとえば「斯《し》」という字が、「其《き》」の声符をもちながら「シ」とよまれるのはその例である。字義は、人が死者の鬼頭を蒙って、しゃがんで神の座にいる意味である。鬼頭は死者の頭であるから、死者をも「鬼」ということになった。また中国では、すべての神頭はみんな長毛でこれを「巤髴《ろうふつ》」といった。「髴」とは「乱髪」のことである。「由」を唐韻で「フツ」というのはこれが神頭であるゆえである。したがって、「由」は音借字なのであって、それがすなわち神頭をあらわすことを、『説文』をはじめとして見ぬいていなかったのである。

以上がその概要で、『説文』以下の鬼字の解剖の常識となっていた象形文字説を排して、形声文字説をとなえられたのであるが、これは加藤氏の「仁人」にたいする考え、すなわち「仁」を奉ずる「儒」の起源は「儀礼を掌る宗教人であり」「句僂の神聖人」による「巫祝」が古代文化を保持した。という考え方とともにきわめて興味深い論である。「鬼」字の解剖に当っても、「儿」の部分に重要な「礼」の形をみておられるのも特色的である。

いずれにしても「鬼」字を解けば、それは招魂によって帰ってくる死者の魂であることは明らかである。鬼字に後世添加された「ム」字の音も「シ」であったし、「由」もまた「シ」である。「キ」の声符をもつ「斯」も「シ」と転じて読まれることはすでに述べた加藤氏の説明にもあるところであるが、さらに「澌」字は「シ」であり、それは意味として「死」の原型でもあった。「澌」とは「水つきるなり」と説明される。ということは、「死」もまた「水つきる」ことなのであり、そうした状態が「鬼」なのである。「水つきる」とは、風葬によって白骨となった状態であるといわれる。

「魂魄」ということばも、「云」は「雲」であり、「白」は「晒された状態」であって、死後の世界をそのまま示唆する字形である。すなわち、死者の「魂」は上昇し、「魄」だけがのこって、この「なきがら」となった「魄」は祭祀をうける。いつの日か、ふたたび「魂」がもどって来た時の宿り処だからである。魄を祀られぬ魂が、永遠に帰所を失ってさまようすがたに悲怨の鬼が想定されてゆくのもこのゆえであろう。

西行人を造る

最後にひとつ『撰集抄』に記された「西行於二高野奥一造レ人事」という奇怪な逸話を紹介しておきたい。これは招魂の儀がさらに進められた密教的反魂の術の秘話であるが、いかにも日本化された潤湿な抒情性をともなう話であり、鬼頭招魂の面影が残る最後の一篇ではないかと思われる。

西行が高野に住んで修行していた頃、同じ聖《ひじり》の修行者と月を眺めて物語りをすることなどがあった。その聖もやがて京にのぼってしまったので、西行は「同じ憂世を厭ひし花月の情をもわきまへたらん友」を恋しく思うあまりに、ふと、昔聞いた恐しくも懐しい話を思い出すのであった。それは、人もない曠野の闇に

「鬼」があらわれて、白骨化した死骸の骨を取りあつめ、ふたたび人間に復元するということであり、自分もその方法をなんとか聞き知っていたのである。日頃は思い出しもしなかったその秘儀の手順などが、たまたま心の友を失ったさびしさからか、ありありと思い出された。知らず知らずのうちに曠野に歩み出た西行は、折からの月明に、遺棄され白く晒された人の骨がほの白く散りぼうているのを見出した。西行は聞き知るとおりに、その骨を集めてつる草で結び、秘呪を行じて人間を復元することに成功した。しかし、なぜか肌色も悪く、人の姿はしているが人の心もなく、第一に声の悪さといったら、下手な管絃のひびきそのままで、何をいっているのかさっぱりわからない。しかし、自分が作ったものとはいえ、いったん人間として復元したからには殺すわけにもいかず、また、草木を結んで作った体とはいえ人となった姿を見ては、心の入っていない者と考えることもできず、西行は怖れ困じて、これを高野の奥の人も通わぬ所に置き捨てると、秘儀を教えた人でもあり、京に在った頃の主筋に当る徳大寺殿へ参上した。人間を造りそこなったことの不審を晴らそうとしたのである。しかし、徳大寺殿は折ふし留守で、仕方なく西行はさらに伏見中納言師仲のもとへ出向かざるを得なかった。師仲は西行の軽率を哀れむように方法を問うた。「そのことでございます。」西行が困惑しつつ様子を語ったところによればこうである。

「月明りを頼りに死人の骨を集めますと、私は頭から手足の先まで、まちがいのないようにきちんと骨を並べ、これに砒霜《ひそう》という薬を塗りました。これに、いちごと、はこべの葉をもみ合せて得た汁をたっぷりと与え、藤づる、糸などで入念に骨をつなぎ合せましてございます。それからその人間の骨骸を何度も何度も水で清めまして、髪の生ゆべき所などには、さいかし《(マヽ)》の葉と、むくげの葉を焼いて取りつけたのでございます。そののち、土の上に新しい畳ござを敷きまして、骨を寝かせ、風などが吹いても動かぬようにいたしました。半月、いや十四日、きっちり置きましてからそこへ出かけ、沈《じん》と香《こう》を焚いて、あとは例の、お教えをうけた反魂の術を行ったのでございます」

師仲はじっとききおわって答えた。

「まあ、だいたいはいいようだ。しかしお前はまだ反魂の秘術を行うには修行が足りないようだ。私は四条大納言公任流の秘法の伝授を受けて、すでに何度も人を作った。けれど、それを誰それと名ざしすることはできない。いま卿相に列しているものも居るのだが、それを口外したなら作者の私もろともたちどころに死に見舞われることは必定のこと。しかし、お前がそこまでやりかけたとならば、もはや教える外はない。それは、香を焚くべきではなかったのだ。なぜなら、香はあまりに清すぎる。香は聖衆《しょうじゅ》の来迎を願って焚くものではないか。沈と、乳を併せて焚くことを忘れないように、それに、反魂の秘術を行うものがただの潔斎ではとても及ぼうはずがない。七日の間は断食の行が必要なのだ。心するがよい」

だが、きいているうちに西行は、自分とまったく同じような人物が、突然この世に出現した時の畏しさに改めて不快になっていった。丁重に礼をのべながら、土御門右大臣が反魂の秘儀を伝えた書物を焼却したという噂を思い出していた。「花鳥の情をもわきまへたらん友」などを恋々と求めた自分自身の愚かさがつくづくいやにもなって来た。孤独に耐えるのが人間の運命だと思いながら、心を同じくする友を求めて人間を作りそこねた行為ににわかに恥しさを感じたのであろうか。昔、天老という鬼が穎川《えいせん》のほとりで作り出した二人の賢者の話がある。しかし西行は、天老がその後、二度と姿をあらわさなかったようには、とてもみずからを思い捨てることはできず、世を捨てることもできない。そうした心では、しょせん人を造る鬼の資格などはないと思ったのか、西行はそれ以後ふっつりと人造りのことを忘れたようであった。「花鳥の情」をわきまえた友を求める以上に、みずからが「花鳥の情」の鬼となることを求めはじめたのであろう。

これは高野の西行に、真言密教の秘儀を付会した作り話としての要素の濃い一篇ではあるが、密教的要素のなかに紛れて、かの白骨と乱髪の鬼頭に回帰する魂を求めた、中国の招魂の原型が留まっているのを感じさせる。

3　造型化のなかの鬼

〈おに〉の訓を得た〈鬼〉字

前段において「鬼」字が「もの」「かみ」「しこ」「おに」などと場合場合に応じてよみ分けられていたことを述べたが、「鬼」字のよみが日本で「おに」というよみ方に落ち着くまでには意外に長い時間がかかり、『日本霊異記』では、子に殺されようとする老母が『若汝記レ鬼耶』（もし、汝ものにくるへるか）と叫んでいる。同じ話を再録した『今昔物語』も、「……もし鬼《もの》のつきたるか」とよませており、「鬼字」にふさわしい和訓をめぐって、「おに」と「もの」とはなかなか決着がつかなかった。ほぼ平安末におよぶまで「もの」と「おに」と二様によまれていたわけである。しかし、そうしたなかにも、しだいに両者の区別は分明にされてゆき、「もの」の方は明瞭な形をともなわぬ感覚的な霊の世界の呼び名に、「おに」の方は、目には見えなくても実在感のある、実体の感じられる対象にむけての呼び名にと定着してゆく。一方が「もののけ」の「もの」「ものおそろし」「ものすごし」などの「もの」となって深層心理に眠る原始的な不安や畏怖感にみちびき出された幻影となっていったのにたいし、「おに」の方はしだいに形象化され、憎悪と不安とのなかに、なぜか不思議な期待を持たれつつ成長する時期を迎える。そして、こうした趨勢のなかで、「おに」と微妙な離合をくり返しつつ、しだいに「かみ」は「おに」から分離して、これもまた別個の体系をなしていったのである。

しかしながら、「もの」と「おに」とが、「鬼」字の獲得をめぐって長く決着をつけかねたと同様に、「かみ」もまた「おに」との分類のむずかしさに苦しんだことがよくわかる。

「身《みみ》を隠したまひき」と語り伝えられたのは『古事記』の神がみであったが、「斉明紀」の朝倉山の鬼のように、大笠に身を隠した鬼のイメージはたいへん古い民俗学の鬼の形でもある。折口氏は『夏の祭』のなかで、田植えのはての〈さなぶり〉の饗をうけてかえる神について、「此の群行の神は皆蓑を着て、笠に顔を隠していた。謂はば昔考へたおにの姿なのである」と述べて、蓑笠による体の隠蔽が鬼にも神にも共通の条件であったことを説いておられる。『古今集』の序の「目に見えぬおに神をもあはれと思はせ」なども、目に見えぬことと、詩歌への感応の柔軟さをおに神の条件としているが、この蓑笠で体を隠す方はしだいに鬼専門の扮装として神をはなれていくようである。「蓑虫は鬼の子にて」という『枕草子』の童話的伝承のなかにもその専有権の決定がみられるが、さらに『躬恒集』のつぎの一首には延喜年間の一般的な風俗をしのばせるものがある。

師走のつごもりのよるの鬼を
鬼すらも都の内と蓑笠をぬぎてや今宵人にみゆらん

鬼を歌った数少ない歌のなかの一首であり、大年の夜の鬼の信仰が、都会においては早くも風俗行事のなかに趣味的に組み込まれてしまっていたことを感じさせる詠みぶりである。兼好は『徒然草』に「なき人の来る夜とてたままつるわざはこのごろ都にはなきをあづまの方にはなほすることにてありしこそあはれなりしか」と師走つごもりの〈たままつり〉を懐しがっているが、この躬恒の歌によまれた蓑笠をつけた鬼は、当然そうした〈まれびと〉的祖霊であったと考えられ、〈鬼〉とはよんでも、「蓑笠をぬぎてや今宵人にみゆらん」という、人間的な懐しさの情のにじむもので、後年の追儺の鬼とは異なるニュアンスをもっている。「たままつり」の行事とともに大年の夜にあらわれる祖霊への親愛と畏敬は、「招魂」の意味をもった本来的な祭祀の心を残しており、農耕生活のなかに育成された春の地霊神や、夏の陽の神などより人間的な、身近な力を感じさせるものであったのではなかろうか。折口氏は三番叟的地霊に対応する翁的役割の祖霊のすがたをここに見ておられる。しかし、この「翁的祖霊」でもある「大年の鬼」は、祖霊としての威厳をやや欠いて来たとはいえ、なお「かみ」の要素をもつものであり、けっして忌避の対象にされたものではなかった。つまり、このように「かみ」と同じく「身をかくす」ことを条件とした鬼には、なお神性の名残があったのであり、蓑笠の下に兇悪獰猛な鬼の顔を想像することは不可能である。

造形化される鬼

兇悪な威嚇の表情を、その後の鬼が積極的に持ちはじめるのは、仏教の影響によるものと思われるが、「鬼門（艮《うしとら》）に居坐するゆえ」という語呂合せ的俗説も捨てがたい。地霊や祖霊として来向する「かみ」「おに」の居所としては、民俗学では海の彼方や山のむこうに、一種の異郷を想定しており、これが定説として肯かれている。しかし、そうした畏敬や祭祀の対象となり得ない死者の魂はどこへ行くのであろうか。陰陽道では艮《うしとら》の隅（東北）を魔神の出入する方向としているが、これは鬼星のある方向でもあり、陰湿な北東の風〈鬼北《おにきた》〉と呼ばれる風の吹く方向である。この艮《うしとら》の方向を、牛と虎の要素より造形されてゆく鬼の塑像の原因にあてた俗説は、たぶんに結果論的ではあるが、おそらく貴重この上ない虎皮の美への瞠目と、それをまとう者が持つであろう圧倒的な力への空想がなさしめたものとしておもしろく思われる。もっとも、角つきの獣皮をまとって人を驚かせたり、そうした扮装で祭祀の儀などを行なったであろうことは、古代の習慣としてはめずらしいことではなかったともいえるのだが。

『応神紀』に、諸県君牛《もろがたのきみうし》が、女《むすめ》の髪長媛《かみながひめ》を奉るとき、天皇の注目を集めようと、角つきの鹿皮を着た何人もの部下とともに船に乗って海に浮び出るところがある。そのほか、正身《むざね》を見せたがらぬ神が、獣皮を着て神域への来訪者を見に出る話なども常套のことであった。紀元前二〇〇年頃にはすでに書かれていたと推定される『山海経《せんがいきょう》』のなかにはこのような獣皮をまとった山の主神がかぎりなくあらわれるが、多くは二種類以上の鳥獣の部から身をなしており、これらは貝塚氏の推察どおり（『神々の誕生』）、山の主神としての威厳を保った扮装であったと考えられる。山に棲んでいる獣と神の区別が形の上から明瞭でなく、祭祀は主神の好む獣の毛色をえらんで供するのがその礼であった。『山海経』が日本の鬼や妖怪にどのような影響をおよぼしたかは直接にはわからないが、角つきの獣皮を着た神のようにいくつかの共通要素を見出すことは容易である。

『山海経』は影響したか

『山海経』の神がみについてすこし抽出して、参考にしてみたい。

種類の上から分けると、竜蛇・鳥・牛・馬・羊・虎・豹・豕、それに角を戴くという扮装を、それぞれに組み合せたものである。「竜身鳥首」とか「人面蛇身」「馬身人面」「馬身竜首」というように簡潔に記されたものが多いが、なかには、「人面牛身四足而一臂操杖以行」というような、少々不自由な神状から「其状如牛而八足二首馬尾其音如勃皇（未詳）」という槐江之山の天神、「虎身而八尾人面而虎爪」という崑崙の丘の神、さらに西進すれば「其状如人豹尾虎歯而嘯蓬髪戴勝」（戴勝は玉勝つまり玉の髪かざりをしていたこと）という華麗な玉山の神、西王母に出会う。また天山には「六足四翼」の渾敦《こんとん》という「無面目」の、つまり、面貌のすっかり壊れた神もおり、剛山には「獣身一足一手」の夔《き》という神もあった。このように複雑怪奇、華麗なまでに種々の神がみの在りようが描かれているのは、『山海経』のなかでも「西山経」と名づけられた地方の山やまで、崑崙山を中心とした異郷思想の原形をなす趣がある。なお『山海経箋疏』という清朝の本には（棲霞郝懿行箋疏、嘉慶十四年）「冢者神鬼の所舎也」とか「夫形無全者則神」などという註も見出され、日本において塚穴を鬼神のすみかと想定する生活感覚があったことと思い合わされる。また、『万葉集』で「鬼」を「しこ」と訓ませていたことも、面貌のそこなわれていた神「渾敦」に付された「形無全者則神」の註とともに思い出され、そこなわれた面貌や、不具な身体に、苦渋にみちた底しれない神の力と知恵を感じ、敬虔な思いを拡げていった精神史の一端を見る思いがする。「大国主」とも「大己貴《おおなむち》」とも尊貴を賛えられた神の別称が、「葦原醜男《あしわらのしこお》」であることにもそれはうかがえ、鬼や神は、「容姿端正《かほかたちきらきらし》」きことと、「醜《しこ》」なることとが、表裏一体をなす条件として考えられたことをものがたるものでもある。

さて、異形の空想を呼んだ牛虎の鬼の話から、丑寅の方向へと話をもどすと、祀られぬ魂は、丑寅（艮）すなわち東北の方にあつまっていると考える東方説と、西にむかって招魂するので西北天にあるという西方説とがある。阿部主計氏は、太陽神崇拝の思想から考えると、陽気を育てる春の太陽は東から昇るのであり、これと争う地霊は西の海へ追落されるのであって、江戸時代まで年始、節分などの冬と春の分れ目に登場した厄払いなども、厄はすべて西の海へさらりと払う唄をもっていたと例証される（『妖怪学入門』）。また、中国の『歳時記』に「鬼市」という語があるが、これには「務本坊西門鬼市、或風雨曛晦、皆聞其嘯聚之声」と書かれて、哀切凄惨な鬼哭の声を伝えている。鬼はいちがいに東北の鬼門のみに集まるとはいえないのである。

それにしても、鬼とは群聚するものであろうか。どうもそうではなさそうな気がする。たとえば百鬼夜行などの空想も、天台密教の汎仏思想に誘発されたものであろうし、「万鬼聚」といい「鬼市」といっても、それはいわゆる集団性をもったものではない。その心は「鬼哭」の語の存するのをみてもわかるとおり、孤独な切迫感がみちている。その祀られず慰められなかった死者の心は飢えており、飢えが或る時、怨みや憤りに転化しないものではない。その飢えはさまざまで、けっして他と同じくしうるものではないゆえに、鬼はつねに孤独であり、時には孤高でさえあるのだ。

井上靖氏が、昭和四十五年二月の『新潮』に「鬼の話」という作品をかいておられ、なかに鬼字にかかわるさまざまな想念が、やさしくなつかしい筆致でかかれていた。空中を走っている鬼「〓《とう》」とか、風に乗っている鬼「〓《こく》」、幼い鬼「魊《よく》」などというのはまことにさびしくあわれで、ユーモラスな老物の精鬼である「魑魅魍魎《ちみもうりょう》」の類と対照的である。しかし、何といっても哀しげな鬼の話は、『山海経』の「魃《ばつ》」の身の上で、ここには、「鬼」と呼ばれるものの悲劇的な一側面がよくあらわれている。

魃は黄帝の青衣の女人と書かれている。黄帝の逆臣蚩尤《しゆう》が叛いて兵を催したとき、黄帝は応竜をして冀川の野にこれを攻めさせたが、なかなか決着がつかず、蚩尤は風伯・雨師を招請して大暴風雨をおこしたので、黄帝は青衣の女人魃に命じて雨を止めさせ、ついに蚩尤を殺すことができた。魃はしたがって蚩尤討伐の大功者であるはずだが、魃は再び天上に帰ることができなくなってしまい、ために魃のいるところには雨が降らず、大旱して人びとを逆に苦しめることになってしまった。そこで叔均《しゆくきん》という者が奏上して、魃を僻地赤水《せきすい》の北方に置くことになった。という「大荒北経」の逸話である。旱魃の神「魃」を字書で見るとつぎのようにまとめられている。「南方に人あり長《たけ》二三尺、袒身にして目頂上に在り、走りゆくこと風のごとし、名づけて魃といふ。あらはるるところの国大旱す」と、青衣の天女が、ここではいつのまにか頂上に目をつけた小鬼になってしまっているが、この短い字書（『字源』簡野道明）の小逸話も簡潔ななかに悲哀のかげのにじむ美しい文である。小さな青衣の鬼が、風に乗って走りつつ、天下に身を置くところのないさびしさを嚙みしめるように、大旱にひび割れた大地をみつめているさまなど、この上なく哀しい思いを誘うではないか。大旱の神力をもった青衣の女人が、赤水の北辺に押しこめられつつ、そのような苛酷な処遇を与えた賢臣叔均を怖れて逃げまわったという後日譚も哀れである。「鬼」とは、いつもこのような一面に哀切な美しさをにじませているものである。

以上、「鬼」字との出会いをもった「おに」が、「かみ」「もの」から分離し自立しはじめるにあたって、しだいに独自の形態を獲得してゆくことを述べ、その遠因になったかもしれぬ『山海経』の怪神たちにふれた。それらはみな、多大の巫力と、充分な威信をもち、華麗なまでの奇怪な扮装につつまれながら、いずれも孤独のかげを持っていたことなどに注目しつつ日本の鬼に目を移したいと思う。

修正会の変容と地方伝播

山路興造

はじめに

千数百年の歴史を誇る大寺院はもとより、住職のいない村堂に至るまで、わが国にはさまざまな形態の仏教寺院が存在するが、それらの寺院で宗派を問わず行われる法会の一つに正月の修正会がある。

新たなる歳の始めに当たって、その歳の多幸を祈るという法会の目的が、宗教行事という堅苦しさを離れて、人々の生活に根を下ろし、民俗の心意伝承とも習合して、この法会の裾野を広いものにしていったことは想像に難くない。

修正会という仏教行事が、わが国の民俗行事から派生したものではなく、大陸における仏教儀礼の移入であったことは、わが国の仏教の発達史から考えても容易に想像出来る。しかし、実際には大陸の側にその具体的資料がなく、かの地の法会の原形から説き起こすわけにはいかないが、国家仏教としての飛鳥時代から、現代の庶民が祀る祠堂の新春行事まで、この法会の辿った変容の歴史を跡付けることは、とりもなおさずわが国における仏教と民俗の習合の姿を、具体的に知る一方法であるばかりでなく、今日諸方に伝承された新春の民俗行事の、本来の意味を知るための有効なる手段となると考える。
この稿においては、その変容の具体的姿を明らかにすることによって、今日に残る正月を中心とした民俗行事の本来的意味と、変容の過程を通して窺える民俗の心意を考えてみたいと思う。

国家仏教における修正会

修正会とは修正月会の略で、正月に修する法会の意味であるが、この名称自体が文献に現れるのは平安時代に入って以降のことである。しかし、この年初の法会が、諸国国分寺における七日間の吉祥悔過法要という国家行事として恒例化されたのは早く、『続日本紀』宝亀三年（七七二）十一月十日条に、

詔曰、頃者風雨不調、頻年飢荒、欲救此禍、唯憑冥助、宜於天下諸国々分寺、毎年正月一七日之間、行吉祥悔過、以為恒例。

とある勅によるとするのが一般的見解である。[1]

もっとも、同書のそれより五年前、神護景雲元年（七六七）正月八日条には、

勅、畿内七道諸国、一七日間、各於国分金光明寺、行吉祥天悔過之法、因此功徳、天下太平、風雨順時、五穀成熟、兆民快楽、十方有情同霑此福、

とあって、のちの修正会にみられる諸条件である①正月八日からの七日間修される事、②悔過法会という形式を取る事、③諸国国分寺で修された事、④その目的が天下太平・五穀成熟・風雨順時など国家全体にかかわる祈願であった事、などが完全に整えられているから、この時の勅を以て修正会の原形が成立したと考えるのが、実情に近いかもしれない。[2]

ただしこの勅は、四年後の宝亀二年正月十三日条に一度停止されたことがみえているから[3]、翌年の復活の勅を以て制度化の確立とするのである。

この法会の中心をなす悔過という形式は、本来三宝に対して罪過を懺悔することで、その対象とする本尊が吉祥天なら吉祥悔過、薬師如来なら薬師悔過、十一面観音なら十一面観音悔過ということになる。

律令国家体制の一翼を担うという役割によって発展をみたわが国の古代仏教においては、「悔過」という自己の罪を仏前に吐露することで、罪滅の功徳を求める方式は、あまり馴染まなかったような気もする。しかし、実際には飛鳥時代から平安時代前期にかけて、この法要は盛んに国史に登場する。「祓い」という日本的な観念と習合して、実質的には「祈願」という現実的な方向が、大きくクローズアップされていたのであろうか。

なお正月の吉祥悔過成立の当初から、「祈願」の目的のうちに「五穀成熟・風雨順時」という勧農の役割が第一に掲げられていた事は、この法会がのちに民俗化する過程で、大きな意味を持つことになる。この法会自体が、悔過という外来系の仏教思想を根幹に置きながらも、年頭に当たって、新しい歳の五穀の豊穣と国土の安穏を願うという、極めて現世利益的な祈願を取り込んでおり、法会成立の当初から、日本的な民間習俗との結び付きがあったことが充分に考えられる。

奈良時代に、諸国国分寺において修せられた、国家仏教としての正月の悔過法要の具体的姿はよくわからないが、前述した『続日本紀』の勅にもあるように、それが吉祥天悔過法要とされたことは確かである。さらに『弘仁式』主税に「請部内諸寺僧於国分金光明寺」とあるように、国分寺の僧のみでなく「部内諸寺僧」を請じて行われたのであることも、のちにこの法会が在地化されることと考え合わせて、注意してよいかと思う。

ただし平安時代に入ると、若干の変化が現れる。『続日本後記』承和六年（八三九）九月二十一日条に、

勅、如聞、所以神護景雲二年以還、令諸国国分寺毎年起正月八日至于十四日、奉読最勝王経、并修吉祥悔過者、為消除不祥、保安国家也、而今講読師等、不必其人、僧尼懈怠、周施乖法、国司撿挍、亦不存心、徒有修福之名、都無殊勝之利、此則緇素異処不相監察之所致也、宜停行国分寺、而於庁事修之、自今以後、立為恒例、

とあって、講読師などに人を得ず懈怠されはじめたので、この法会を国分寺から国庁に移すというのである。もっとも『延喜式』玄蕃寮には、

凡諸国起正月八日迄十四日、請部内諸寺僧於国庁、修吉祥悔過（国分寺僧専読最勝王経、不預此法）惣計七僧法服幷布施料物、混合准価、平等布施、並用正税、

とあり、国分寺の僧は悔過法要には参加せず、最勝王経の読経の方を専らとしたらしい。この最勝王経の読誦については、同じく『延喜式』玄蕃寮に、

凡諸国国分二寺、依僧尼見数、毎寺起正月八日迄十四日、転読金光明最勝王経、其施物用当処正税、

とあり、吉祥悔過法要と同じ時に、こちらは国分寺で修せられていたのである。吉祥悔過が国庁に移る以前は、国分寺においては、吉祥悔過と最勝王経の読経の両方が、行われていたことになる(4)。

金光明最勝王経は国家護持や現世利益など、雑多な要素を含む密教的色彩の濃い経典で、神亀五年（七二八）十二月、新たにこの経六十四帙六百四十巻を、各国に十巻宛頒賦したと『続日本紀』にあるが、それに続けて「随経到日、即令転読、為令国家平安也」と記されるように、この時代の仏教に託された最大の目的である「鎮護国家」を具現する経典の一つと考えられていたのである。

なおこの時代の正月の悔過法要が、吉祥天に対する吉祥悔過であった理由は、金光明最勝王経の大吉祥天

女品に、この経を奉持する者は、地味を豊かにし、天候を順調にし、五穀百果を滋栄せしめ、あらゆる苗稼を長育せしめるなどの功徳を示すという頌が記される故とされる。(5)

『日本書紀』持統八年（六九四）五月十一日条には、

以金光明経一百部、送置諸国、必取毎年正月上玄読之、其布施以当国官物充之。

とあるから、既に国分寺などの建立される以前より、諸国において正月にこの経典の読誦が行われていたのもそれ故である。

結局、古代の国家仏教における正月の法会は、金光明最勝王経の読誦と吉祥悔過の法要という二つの柱を持って行われたことになる。これが承和七年以降、諸国においては諸般の事情により、吉祥悔過を国庁において国内諸寺の僧が、最勝王経読誦を国分寺において国分寺僧が修するというように、分担して執行するというのが当時の建前であったことになる。

国史によって建前しか分からない諸国国分寺は別として、平安時代前期の変化は中央の官大寺において顕著である。

たとえば『東大寺要録』所収の「年中節会支度　寛平年中日記」によれば、総国分寺たる奈良東大寺においては、寛平年間（八八九―九八）には吉祥悔過が修正会とは分離されて執行されている。正月八日より七日間行われた吉祥悔過は、吉祥御願と称され、請僧七口により吉祥堂で修されたのに対し、修正月会は講堂において、正月朔日より七日まで「導師・行道衆并楽人等」によって行われているのである。

最勝王経の読誦も、最勝会として独立する傾向にあった。宮中の大極殿で正月八日から七日間行われ、御斎会とも呼ばれた最勝王経の講説は日からいっても、本来の伝統に則ったものであり、「昼は最勝王経を講じ、夜は吉祥懺悔を行ひたまふ」（『今昔物語』巻十二）とあるから別にして、奈良薬師寺では天長七年（八三〇）に、京都円宗寺では永保二年（一〇八二）に新たに最勝会が開始されている。

一方、現在なお古式通りに、正月八日から十四日までの吉祥悔過を、修正会として残す奈良法隆寺などのように、南都においては比較的悔過法要としての修正会（修二会を含む）がよく残されている。ただこの時代には、吉祥天に対する悔過ではなく、時代の信仰に合った本尊に対しての悔過法要を以て、修正会とする寺院も多く現れる。

『東宝記』によれば、京都東西両寺における修正会は、天長四年（八二七）正月、勅により七日間の薬師悔過が行われたのがその濫觴とあるなど、薬師悔過を以て修正会とする寺院が多くなるのがこの時代の特色で、酒井信彦氏の調査によれば、六国史に現れる平安時代の悔過十五例のうち、半分以上の八例が薬師悔過であるという(6)。

「修正会」「修正月会」という用語が、文献に登場するのもこの頃で、その初見は前述した『東大寺要録』所収の「年中節会支度」で寛平年中（八八九―九八）であるが(7)、これが編纂物で問題があるとすれば、大分遅れて天禄元年（九七〇）七月十六日の年号がある「天台座主良源起請」（廬山寺文書(8)）ということになる。

いずれにせよ当時の仏教享受の質の変化にともない、「鎮護国家」を押し立てた国家仏教の僧たちが修する官制の法会から、支配者層それぞれが、一年の初めに当たって、その歳の幸を切実に願う身近な法会へと第一の変容を迎え、「修正会」としての定着をみるのがこの時期であると考えられる。

この時期の修正会の実態については、僅かながら史料がある。

一つは前述した『東大寺要録』所収の「年中節会支度」に「講堂修正月七ヶ日夜、導師・行道衆幷楽人等」とあり、米の配分が記されるのである。それによると「導師供布施新」が七石、行道衆が夜別五十人で、一人一夜二升四合（延べ三百人で七石二斗）、楽人禄新が延べ二石、別に楽人の食料として一石六斗八升が計上されている。

他に初夜導師一斗六升八合、中門導師布施供養料として五石なども記されるが、これによってこの時代の東大寺講堂修正会には、導師を中心に五十人にのぼる行道衆と、相応の楽人が加わっていたことがわかる。なお、この楽人が舞楽を演じたことは、同書諸会章第五に「講堂修正、自朔日七箇夜、在荘厳舞楽」とあることによって知れる。

なお、比叡山延暦寺の修正会に行道衆が出たことは、前述の「天台座主良源起請」に、「応練習誦讃唄散等法用作法事」として「修正・二月行道衆」とあることでわかるが、行道衆は読誦・讃歎・唄・散華などを勤めたのである。

導師以外に祈願の役を勤める呪願師を記すのは、長保二年（一〇〇〇）十二月二十九日の奥書のある「造東寺年終帳」（東寺文書[9]）である。「修正月導師・呪願布施料」一石五斗のうち、一石が導師料なのに対し、呪願料は五斗とある。さらに法呪師の存在が、時代は少し下るが康治二年（一一四三）二月日付の「筑前国観世音寺年料米相折帳」（内閣文庫所蔵観世音寺文書[10]）に「一石　修正第七夜毘奈那迦法呪師料金生封立用之」とあることにより知れる。

以上で平安時代前期に、古代の国家仏教の系統を引く諸大寺において修せられていた修正会が、導師・行道衆・楽人・呪願師・法呪師などによって執行されていたことがわかると思うが、平安時代中期以降、社会の進展によって仏教の性格が変化するにともない、修正会の内容も大きく変容したようである。摂関家の御堂として建立された法成寺や、皇室の御願寺である四円寺・六勝寺などの修正会がそれである。

権門寺院における修正会

王朝貴族の寺院における修正会の成立と機能については、既に酒井信彦氏の論文[11]に詳細な分析があるから、詳しくはそれに譲るが、各寺院ともにその建立当初から修正会が修せられ、以後も著しく盛行したということは、修正会自体がこれらの寺院建立の目的に合致した法会として、受けとめられていた可能性が大きい。

当時の貴族などの日記をみると、法成寺をはじめ円宗寺・法勝寺・尊勝寺などの主要寺院における修正会は、正月八日から十四日に行われている。その点では前代の国家仏教の修正会を引き継ぐ法会であったことは確かであるが、その形式においては必ずしも同一ではない。その一つは悔過法要という形式や、最勝王経読誦という方式に重点を置かなかったと思われる点である。寺院の性格自体が既に鎮護国家をうたった前代とは異なり、王朝貴族の氏寺として建立されているのであるから、当然といえば当然である。

貴族仏教寺院における修正会の文献上の初見は、『御堂関白記』や『権記』の長保二年（一〇〇〇）正月四日条にみえる、東三条院（円融天皇女御藤原詮子邸）内の文殊堂で修されたものとされるが、それ以前、四円寺の一つである円融寺において既に行われていた形跡がある。九条家本『小右記』永延元年（九八七）正月六日条[12]に、

> 未時許参院、於御堂前、覧啄木舞、江州法師也、舞間有楽、又有弄玉者、皆賜疋絹、還御、初夜又出御々堂、有音楽・呪師・啄木舞・雑芸等、後夜畢還御。

とある記事がそれである。法会の名称こそ記されないが、その時期から考えて当然修正会である。

この記述によれば、円融寺の修正会には近江の法師形の者による啄木舞や、弄玉・呪師・雑芸などの芸能が演じられていたことが知れる。日記の筆者は法会自体より、それらの芸能者が演じる芸能の方に、興味を

持っていたような書き様である。

修正会に舞楽が演じられた例は、既に奈良東大寺でみたが、啄木舞という芸能は散楽に関係ある舞とされる。[13]しかもその演者が江州法師とあるから、弄玉・雑芸などと同様に、当時姿を見せはじめた散楽法師などによる演技であった可能性が大きい。

となればここに記される呪師も、宗教呪法の一つとして、いわゆる呪禁師などの行った法呪師ではなく、広い意味での散楽（猿楽）系の芸能者によって演じられた猿楽呪師（以下呪師と記す）ということになる。

藤原道長建立の法成寺は、当時修正会が最も盛んに行われた寺院の一つであるが、修正会については、その前身である無量寿院の時に既にその記録がある。『小右記』寛仁五年（一〇二一）正月六日条に、[14]

去夜、無量寿院十斎堂、被走呪師、関白及卿参会、

とあるのがそれで、呪師の走りの芸を特筆しているのが注目される。

本来純粋なる宗教行事である修正会に、なぜこのような芸能的要素が加わったかについては、能勢朝次の考察した如く、[15]もともと修正会における法呪師の役割である除魔の呪法を、より確実に、より分かり易く具現するために導入した、というのが実情に近いものと思われる。時代の要請として、のちに見るように、その呪師の芸能を再度猿楽がもどいてみせることを要求するというような芸能的土壌が、生まれていたことも確かである。

もっともこの時代の修正会に法呪師が出なかったわけではない。『為房卿記』延久五年（一〇七三）正月八日条に、

今日円宗寺修正始也（中略）公卿一両参着之後、神分導師昇、次初夜導師、一切諸願之間、仏後打敷、次法呪師出、次居菓子湯漬、次大導師昇、次又法呪師出、次錫杖、次大導師下座、次分散、

とあるから、法呪師も出ていたのであり、法呪師の名称は猿楽呪師の表現により、それと区別するために呼ばれたという能勢氏の考察も頷ける。

以下のこの時代から鎌倉時代にかけての王朝貴族寺院における修正会は、呪師や散楽（猿楽）者などの活躍によって、芸能的色彩を強めることとなるが、しばらくはその実態を確かめておきたい。

呪師の芸態の特色が「走り」にあったことは前に見た通りであるが、『中右記』永長元年（一〇九六）二月十七日条に「又令走呪師五手、如修正」とあるように、その演技は「手」という単位で数えられている。この走りという芸態は、本来の法呪師の演技が、剣あるいは鈴を持ち、乱声によって須弥壇のまわりを刻み足で疾走したというものとされ、[16]それをもどいた所から出発していると思われるから当然である。

またその装束は、藤原道長が派手な貴族の衣装を「よき呪師の装束かな」[17]と揶揄したことでも知られるように、相当に華美なものであったらしい。『玉葉』建久六年（一一九五）正月十二日条には、藤原基家の調進した呪師装束を、

大、赤袍、押金薄文。小、黒袍、押銀文、是摸陵王・納蘇利也。未見事也。

と記しており、その姿が金銀箔などを押した華麗なもので、舞楽の走物曲である陵王や納曽利を模していたことが知れる。『教訓抄』などには、頭に竜兜を戴いていたという記載もみえ

薬師寺花会式（修二会）の法呪師の行法（萩原秀三郎氏撮影）

ている。

呪師は広義の意味で散楽（猿楽）者であったと思われるが、大江匡房が『新猿楽記』に記したような猿楽者の集団とは異なり、一段上位の芸能者と見られて区別されていた。それは貴族から下賜された呪師の装束が、前述のように至って華美なのに対し、猿楽は「藍摺柿狩衣、紺葛袴上下、文皆鞆絵、柏茜衣、藍摺帷生下袴裏白布、帯、烏帽子、沓」（『山槐記』治承二年正月八日条）とあることによっても知れる。

呪師と猿楽とは、対になって演技を行ったことも確かである。たとえばその早い記事として『左経記』万寿二年（一〇二五）正月十日条に、

参御堂（中略）初夜之後呪師、次骨無、其曲取不可言尽、事了半夜御導師参入、

とあって、呪師と、猿楽の演技である「骨無」が対になっている。また『中右記』康和五年（一一〇三）正月八日条には「次御幸尊勝寺（中略）呪師十三手、散楽等雑芸種々之間」とある。さらに時代が下がると『勘仲記』弘安二年（一二七九）正月八日条に「次参法成寺（中略）次呪師三手、猿楽等相随、事了大導師昇」と記されるなど、前述したように法呪師のもどきとして出発したはずの呪師の呪法を、さらに猿楽が芸能的に面白くもどいてみせるという重層性を生じていたことが推察される。

修正会における呪師と猿楽との関係については、のちに猿楽芸の本芸とされた「翁舞」の源流との関係で、既に多くの論考[18]があり、私も論じたことがあるので詳しくはそれに譲るが、平安時代最末期のものとされる「成勝次年中折帳」（書陵部所蔵祈雨法御書裏文書[19]）に記された六勝寺の一つである成勝寺の修正会に関する記事は、さまざまなことを教えてくれる。

まず成勝寺の中心である金堂の修正会には、米・油・餅・八丈絹・凡絹・白布・手作布・麻布・紙・鴨頭草移花・蘇芳・莚・薦・高麗などが必要とされるが、その用途によって法会の内容がある程度推察出来るの

である。

米六十二石斗三合の内には、

検非違使・呪師・猿楽・楽所酒粁　七石四斗二升
法呪師粁　十二石
阿闍梨・伴僧布施粁　七石
導師粁　十三石
大導師粁　十石
初夜導師粁　二石
神分導師粁　一石

などが記される。

八丈絹・凡絹も装束粁・布施粁などとして大導師・法呪師などに支給されているが、楽所・呪師・猿楽の禄料として支給される凡絹百六十八疋分の配分として、

楽所粁　二十疋
呪師十七手粁　百十九疋（手別七疋、但随出入可有多少、）
竜伝・毘沙門粁　四疋
猿楽廿五人粁　廿五疋

とあるのは興味深い。呪師は一手に対し凡絹七疋が支給されているのに対し、猿楽は頭割りで一人宛　疋の支給に過ぎないのである。

なお、白布の配分のなかに「十段　後戸幌粁」という記載があり、楽所・呪師・猿楽などは検非違使とと

もに、堂の後戸の幌で囲んだ場所を、所定の位置としていたことが知れる。

この史料のなかに竜天・毘沙門料として凡絹四疋の支給が記されているが、修正会にこれらの役が登場するのも、この時代の特色の一つである。たとえば『中右記』大治五年(一一三〇)正月十四日条に、

参円宗寺、修正結願也、次第如常、竜天・毘沙門・鬼走廻之後、受午玉印、

とあるなどがそれである。

ただしこの行事は、修正会中毎日あったわけではない。史料にもある通り多くは結願の日に行われたのである。その具体的様子は『勘仲記』弘安二年(一二七九)正月十四日条に、

入夜参御堂、修正竟夜也(中略)大導師退下之後、竜天進、次毘沙門、次追儺、予於凡僧床、以杖打鬼、追儺以前東南両面扉閉之、為無狼籍、

とあって、この行事が修正会最後の夜に行われる追儺であったことが知れる。同日記弘安六年正月十四日条には「御布施了、有追儺之儀、御堂閇扉、為恐飛礫也、先竜天・次毘沙門・次鬼、毎時如例」ともあるから、法会の諸行事が一切終了した後、堂の扉を閉めて、杖や飛礫を使って鬼を追うというものであったらしい。

竜天と毘沙門の動きについては『兵範記』仁平二年(一一五二)正月十四日条に、

次竜天手、自東西出舞、次毘沙門手、自東出舞、次鬼、

とあるから、先ず彼らが順次出て舞を見せ、その後に出る鬼を追ったようであるが、同日記仁安四年(一一六九)正月十一日条に「次竜天、在乱声、次毘沙門、次鬼手」とあって、この時に乱声が奏されたことが確認できる。

なお『勘仲記』正応二年(一二八九)正月十八日条の蓮華王院の修正会の記事には「鬼三人三匝、竜天持桙追之、更還仏前、取餅退下」とあって、竜天は桙で三匹の鬼を追っているが、この記事で仏前の餅を取っ

て退下したのは、鬼であったと思われる。先述した「成勝寺年中相折帳」の白布支給のなかに、「一段 追儺餅様幷布脂燭新」という記載があるが、これは追われる鬼の背に餅を括り付けるための布ではないかと想像する。理由は後述する尾張国府宮の儺負神事などを参看してのことであるが、一切の難を象徴的に餅に込めて、それを鬼に担がせて、追ったのではないかと考えるのである。

修正会結願の追儺行事において、鬼を追う側の竜天や毘沙門を演じたのが呪師であり、鬼役に扮したのが、石清水八幡宮の場合などでは散所民であったことは、既に森末義彰によって証されているが[20]、修正会における呪師の役割が、法呪師の演じた除魔の呪法を、さらに分かり易くもどいて見せるというところにあったわけであるから、結願の最後に、節分に宮中で行われた追儺の様式を取り入れて、もう一度除魔の呪法を具現的に確認して見せたというのも頷けよう。この折に奏される乱声も、もともとは法呪師の呪法に奏されていたものであることは前述した通りである。

なおこの追儺式は、芸能色の強い呪師や猿楽が停止される諒闇などの時も、執行されているのが注目される（『玉葉』安元三年正月八日条他）。

この時代の修正会の特色として、確認しておかねばならぬことがもう三つある。

一つは密教的要素の強い加持祈禱である「牛王宝印」の配布である。修正会の結願の夜に、牛王杖に牛王宝印を押した紙を挟み、それを祈禱して、参会者に配るという事が、奈良時代の修正会で行われていたとは思われぬが、王侯貴族が進んで参会したこの時代の修正会では、欠かすことの出来ぬ呪法となっていた。前述した大治五年（一一三〇）の円宗寺における記事に「受牛王印」とあるなどがその早い例である。『兵範記』仁安四年（一一六九）正月十一日条には「次大導師取木印授法呪師、法呪師令受上卿下官等」とあり、当時は法呪師によって参詣者に配られた事を知ることが出来る。

なお、京都ではないが、寛元二年（一二四四）の奥書がある『石清水八幡宮宮寺并極楽寺恒例仏神事惣次第』（石清水八幡宮文書[21]）には、護国寺修正会結願の日である正月十四日条に、

仏前立棚、積牛玉杖、初夜導師持宝印、捺惣官并祀官已下所司等、次惣官従僧等賦牛玉杖、次乱声、達魔鬼形走廻三度、

とあって、その様子が具体的に記される。

もう一つは「餅」についてである。現在諸方で行われている修正会には、多数の餅を掲いて仏前に供える所が多いが、修正会の仏前の荘厳として、餅が用いられるようになるのもこの時期の事かと考えられる。史料的には天喜四年（一〇五六）十二月五日付の「讃岐国善通寺田畠地子支配状案」（東寺百合文書ウ[22]）に、「修正月料四石五斗　三箇日夜料」のうち「大餅百枚料」として一石が計上されているのが早いが、前述の「成勝寺年中相折帳」では、金堂修正会が餅二百八十一枚、五大堂修正会が餅二百枚、観音堂修正会では餅二百四十枚が必要料として書き上げられている。これらの餅は所定の荘園から運ばれたものと思われるが、なぜこれ程に修正会の仏前に餅を必要としたかは興味ある問題である。

三番目は「後戸」についてである。これについては既に多くの論があり[23]、今更記すまでもないのであるが、修正会に障害をなす神を、本堂背後の後戸と呼ばれる特定の場所に祀り込め、法会の内の特定の夜に芸能などをもって丁重に遇すことがあったのだと思われる。祀り方さえ間違わねば法会の護法神ともなるわけで、この後戸には、検非違使及び芸能者の楽屋が置かれており、神秘なる場所として幌などで隠されていたわけである。猿楽の演じる翁（古くは呪師の芸か）などもここから登場したわけで、後戸の神と翁の信仰が習合するのもその故であろう。

以上、平安時代後期から中世前期にかけて行われた権門寺院における修正会では、①法呪師の行った除魔

の呪法を、さらに視覚的・芸能的に演じて見せる呪師・猿楽の出現を始め、②結願における追儺の導入、③加持祈禱を行った牛王宝印の配布、④仏前荘厳としての夥しい餅の献供、⑤後戸の護法神の祭祀など、多くの新しい要素が加わっている事を知るのである。

これらの要素は、いずれも直接修正会の法要に参集する人々の眼前に、修正会の効用を視覚的に繰り広げてみせるというところに共通性があり、さらにはそれが高じて、法会自体が呪師や猿楽の芸を賞翫する劇場の感さえ生じる。パトロンとしての王侯貴族が夜毎推参し、その祈願を最大の目的として修された当時の権門仏教の修正会の、当然の変容であろうか。

修正会の地方伝播

修正会が早くから地方に伝播したことは、その最初が諸国国分寺において修せられたのであるから、当然であるが、もう一つそれを修する目的が勧農にあったことが大きい。もちろん古代の方法がそのまま各地に定着したとは到底考えられないが、法会の方法が時代の要請や土地土地の状況にあわせて底辺を拡げていったのには、それなりの理由があった。

国分寺や国庁における悔過法要が、いつ頃まで行われていたかは各国の事情によって違いがあろうが、保安元年（一一二〇）の「摂津国正税帳案」（九条家本『中右記』裏文書[24]）には、「依例自正月八日迄于十四日十七箇日於国分寺転読最勝王経悔過三宝僧尼布施断」とか、「依例自正月八日至十四日於国庁行吉祥悔過七僧断」などと、勅通りの国の費用による法会執行の記載がある。ただしこの頃の正税帳は形骸化していたであろうから、もちろんそのまま信用するわけにはいかない。

しかし、当時加賀国司であった藤原為房の日記『為房卿記』寛治五年（一〇九一）七月十五日条に「国文斎会」とあって、この斎会は宮中同様に最勝王経の購読のことであったと思われるから、諸国において奈良時代以来の法会の伝統が、完全になくなっていたとは思われない。

一方、平安時代中期以降国分寺の多くは、当時の社会的状況を背景に、中央の有力寺院の末寺となり、その影響下に置かれる傾向にあった。[25] 伊予国分寺の霊乗が応永十九年（一四一二）に出した言上状（伊予国分寺文書）[26]に副進された中世前期頃の年中行事に、

正八日吉祥悔過
於国庁被修之、造花国分寺進之、懸餅　諸津納米使役、後庁堂達役、十四日猿楽役、

とあって、伊予国では、この頃まで、国庁における吉祥悔過を行っていたことが知れるが、造花や懸餅による堂内荘厳をはじめ、結願の日の猿楽勤仕など、その内容は、中央の権門寺院における修正会の影響を受けたものであったことが知れる。

この傾向は平安時代中期以降、中世前期にかけての地方有力寺院においても顕著である。この時代の地方有力寺院は、在地の有力者の立願や、中央の大社寺の荘園支配の関係において建立されたものが多く、法会の費用も彼らによって固有の田畠が手当てされ、法会の執行が保障されていた場合が多かった。修正会に関しては、前述した天喜四年（一〇五六）の「讃岐国善通寺田畠地子支配状案」などが、その早い時期の例である。

石清水八幡宮の末社的存在であった、筑前国筥崎宮の神宮寺である弥勒寺の修正会の様子は、建治二年（一二七六）五月日付の「筥崎宮御神宝記」（石清水八幡宮文書）[27]に、そのおり使用された道具が、次の様に記載されていることによって知れる。

鬼面二 夫鬼赤 妻鬼青　在装束二具 料布二段

竜王・毘沙門面二 右赤 左青 冑二 踏懸二足 大刀二腰
同装束二具 袍 紅絹一段 青絹一段 袴并打懸 赤地錦二丈 紺地錦二丈 鉾二帳
面十二 色々渡面 鬼子面 在鈴二

中央の寺院と関係の深い地方寺院の修正会では、中央の寺院同様に、竜王・毘沙門が鬼を追うということが演じられていたのである。しかもこの鬼には、鈴を持った子鬼さえ従っていた様子である。

東北地方の代表的大寺院の一つである平泉の毛越寺では、今日なおその常行堂で修正会が執行されているが、その結願の日には、舞楽・田楽・猿楽などが演じられることで知られている。これらの芸能が鎌倉時代に既に演じられていたことは、その時行われる猿楽の「若女」という曲の面が、中尊寺（中尊寺でも同じことが演じられていた）に蔵され、その刻銘に正応四年（一二九一）三月二十一日の年号があることによっても知れる。

毛越寺常行堂修正会の延年、「若女」（萩原秀三郎氏撮影）

日光山輪王寺の常行堂の修正会は、室町時代写の「常行堂修正故実双紙」（日光輪王寺蔵文書）[28]によって詳しく知ることが出来る。そこに記された修正会の次第は、内容や記載字句から、中世前期に遡れると考えられるもので、その次第を一覧にすると表の如くなる。

この寺の修正会の特色は、出仕の僧の演じる芸能の多いことで、乱拍子・白拍子・今様・朗詠・口遊びなどを始め、三日目と五日目の初夜には、田楽や法人・老御子・若御子・盲目・陀仏・尼公・京童などの猿楽もあり、僧侶による芸能大会の趣さえ感じられる。

なお四日目後夜などには「七十ヨニナリ候、若僧ヲ犯シテ候シガ、タチホツキノ思出ラレ候テワリナク忘レ難ク候」などと、一年の罪障を狂言風に悔過する事や、落ち度を譴責する勘発（堪発）なども行われている。

もっとも地方の寺院の修正会では、どこでも呪師や猿楽が参勤するというわけにはいかなかったはずで、天福二年（一二三四）二月日付の筑後国上妻郡広川庄「坂東寺所役注文案」（筑後岡本文書(29)）には、

一、正月七ヶ日修正料五段 五葉名 所役事　御僧九人勾当九人 一日分各 一升宛　米花七升　縁起帳紙 三十 帖　同斗餅
　料田一町 自在丸二反 重松名三反二丈　福光名 四反三丈一日分 各餅三枚宛

とあるから、餅による荘厳を中心にした修正会であったことが窺える。

ただし、地方にあって直接的に生産に携わる農民たちと日々接触するとともに、穀物の出来不出来が、直接にわが身にも関係した在地の有力者にとっては、「五穀成熟・風雨順時」という修正会の祈願は、中央の貴族が法会の芸能を楽しむほどには、享楽的なものではありえなかった。

時代が少し下るが、元弘三年（一三三三）八月日付の「遠江笠松庄一宮長日仏性并色々御供料米配分下注文」（高松明神社家文書(30)）に、

一石　同(正月)十五日修正 仁 庄主御壇供力餅百枚料
一石六斗　同(正月)日修正導師同供僧并参籠神人等御神楽并田遊并得元秋貞両郷百姓社参祝料

とあり、この地の修正会においては、神楽や田遊びが行われていたことを知る。

田遊びとは、新春にあたり、神仏の前で稲作の理想的耕作過程を模擬的に演じて見せ、今年の稲作がこのようにあれと祈る予祝行事で、いたって在地的様相を帯びた生産実務者側の実利的祈願芸能である。しかもこの時期、それが荘園鎮守社ともいえる神社の修正会に、庄内の百姓を交えて行われているのは注目されてよい。もちろん笠松庄一宮の修正会を行ったのは、神宮寺の僧侶であり、神主以下の神官であり、それらの費用は、予め領主側が定めた仏神田からの所当米が準備されていたのであるから、法会の主体が在地の百姓にあったわけではない。

しかし、鎌倉時代末期以降、生産に携わる村落農民が、徐々にその共同体制を強固なものにして行くにともない、在地領主側が修する「五穀成熟・風雨順時」を願う法会には、共通の、いやそれ以上に切実な思いを持つ上層農民の参加が見られるようになるわけで、領主側主催の修正会に、庄内の得元・秋貞両郷の百姓の社参が記されるこの史料は、その過渡期的様相を示すものとして貴重といえよう。

遠江の隣国、三河国猿投八幡宮の貞和五年（一三四九）の年号がある「年中祭礼記」（猿投神社文書[31]）にも、

修正結願之後於御拝殿田遊・鶉狩・武者遊・神下等也

九十六枚餅支配

笠ノ餅一　鞍餅一　承仕役ニ下ス

自大禰宜下ス次第　田誉メノ方鏡一　鍬　御庸　大令ニ　種米《タナシネ》三分

と、田遊びのなかで耕作道具に見たてて使用した餅類の配分が記されているが、現在民俗芸能に伝承されている「田遊び」の実際などを参考にすると、当時の地方寺院の修正会における田遊びの姿がある程度推察出来る。

	後夜	日中	初夜
一日	惣礼・開白・調声・呪願・梵唄・除目ノ奏事・袈裟ノ暇・堪発・箸ノ暇・挙足・読経発願・切餅・出倶出讃・乱拍子・白拍子・今様・朗詠・口遊・連発・咒を書く学び・葦手	御読経・調声・梵唄・咒願（以外の狂言）	調声・咒願・梵唄・（法要）・三十二相・唄・散花・袈裟の暇・堪発・箸の暇・挙足・出倶出讃・乱マイ・白拍子・今様・朗詠・花夕体の口遊・絵・三国名所・連発
二日	惣礼・調声・（咒願）・梵唄・袈裟の暇・堪発・箸の暇・挙足・出倶出讃・（乱拍子・白拍子）・今様・朗詠・随意の口遊・イホシリ・猿公・子の公・連発	御読経・調声・梵唄・咒願	調声・咒願・梵唄・（法要）・出倶出讃・乱マイ・白拍子・今様・朗詠・花夕体の口遊・物語・連発
日	惣礼・調声・咒願・梵唄・袈裟の暇・堪発・江東・箸の暇・挙足・出倶出讃・乱拍子・白拍子・今様・朗詠・口遊・連発	御読経・調声・梵唄・咒願	遅参舞（法要）・摩多羅神を迎えはやす・袈裟の暇・堪発・箸の暇・挙足・出倶出讃・乱舞・白拍子・今様・朗詠（この日より琵琶・琴・笛・鼓が入る）随意の口遊・連発・田楽・法人・老御子・

三			若御子・盲目・陀仏・尼公・京童（猿楽）・大根本・長切利・御子舞
四　日	調声・咒願・梵唄・袈裟の暇・堪発・箸の暇・挙足・出倶出讃・乱舞・白拍子・ケケ・今様・朗詠・口遊・連発・長切利・御子舞	鞠遊・小弓遊・調声・咒願・梵唄	調声・咒願・梵唄・（法要）・袈裟の暇・堪発・以下口遊び迄同じ・倶舎頌・要文・読経・訓経・俗書・連発・長切利・御子舞
五　日	調声・咒願・梵唄・袈裟の暇・挙足・倶舎頌・面形を懸ける・乱舞・白拍子以下四日に同じ	鞠遊・小弓遊・調声・咒願・梵唄	調声・咒願・梵唄・皆守護・真言・（法要）・摩多羅神の楽・以下三日の初夜に同じ
六　日	面形は懸けたまま　調声・咒願・梵唄・仏後の行法如レ常・鶏・前連発・短切利	鞠遊・小弓遊・調声・咒願・梵唄	調声・咒願・梵唄・（法要）・讃・乱舞・連発・短切利・以下四日の初夜に同じ
七　日	調声・咒願・梵唄・袈裟の暇・一年中の堪発・影供導師文書・箸の暇・以下連発まで同じ・短切利・八十有余・御子舞	鞠遊・小弓遊・調声・咒願・梵唄・宝印を押し楊枝杖にはさむ	惣礼・調声・以下常の初夜に同じ・牛王加持・宝印を受ける
十四日に献茶の儀式あり			

現在東海地方や関東地方に民俗芸能として伝承された一連の「田遊び」は、いずれも修正会に行われたものと考えてよいと思うが、それらの唱え事のなかにも当時の田遊びの様子を探る手掛かりがある。既に黒田日出男や萩原龍夫によって指摘されているが(32)、それらの詞章のなかには、祈禱によって祝福を受けるべき田地の所有者の諸身分が列挙されるのである。

たとえば、静岡県磐田郡水窪町西浦の観音堂の修正会で演じられる田遊びでは、「田打ち」の曲中に、

①鎌倉殿、②政所殿、③初夜の導師・後夜の導師、④二人百姓・むらどの（もろと）、⑤所の御坊たち、⑥参らせ給う貴賤・上下・僧俗・男女、⑦稲蔵・米蔵

が、また愛知県北設楽郡設楽町田峰の観音堂修正会では、「鳥追い」の曲中に、

①地頭殿、②おくうもん（公文）、③おとなたち（オトナ）、④氏子たち、⑤まいりど（参詣人）、⑥若殿原、⑦をさなきひと、⑧女房

などが歌い込まれているのである。

もちろんこれらの詞章は、近世期の書留であるから、いささかの史料批判が必要であるが、鎌倉殿・地頭殿・公文・おとな・殿原・女房など、祝われるべき階層が近世のそれではないことは注目されてよい。もともとこれら修正会に行われる田遊びは、今日の如く農民たちによる村落単位の行事になる以前に、在地の有力者層が仏神田などの経済的裏付けを与えて信仰した、地方有力社寺において行われた修正会の行事として行われていた歴史があるのである。

地方における修正会の変容

現在地方に行われている修正会には、さまざまな形態がある。

吉祥悔過法要という古い形式を残す、奈良法隆寺金堂や薬師寺金堂の修正会は別格として、平安時代中期から鎌倉時代にかけて始められた修正会を、今日に残すかつての地方有力社寺の修正会も、まだまだ盛んである。

一方、観音・阿弥陀・大日などをひっそりと祀る草深い村落の祠堂で、専業の僧侶などいないままに、村人の当屋制で伝えられた正月行事としての修正会もある。東海・北陸地方の山間村や、近畿地方に多いそれら村堂の正月行事は、修正会という堅い名称ではなく、「おこない（行）」とか「正月の御神事」などと呼んで、春迎えの民俗行事として伝承している場合が多い。

寺院の正月行事として正式に執行されてきた修正会が、その出発点において、大陸から伝来した仏教法会としての性格以上に、わが国の民俗の心意を汲み込んで成立した法会であることは、既に述べた通りである。しかしそのような寺院で行われた法会とは別に、年々繰り返される生産のサイクルのなかで、直接生産に携わる者たちが、新しい年を迎えるに当たって、彼ら自身の生活体験に基づいて生み出された思想や、よりよい生活を神に願う祈禱の方式が、育っていたとしても不思議はない。

先にみた「田遊び」などの感染呪術も、本来そういう五穀豊穣を願う素朴な民俗の春迎えに対する思いが、地方寺院の修正会に取り入れられ、今日のような形態に整えられたものと考えるのが穏当である。もちろん現在諸方に伝承された田遊びの多くは、地方寺院の修正会で形を整えた田遊びが、特定の宗教芸能者によって、再度伝播したものであることはいうまでもない。

それら民俗の側が育てた春迎えの行事のなかで、最も特色あるものは、折口信夫が「まれびと」の名で呼んだ来訪神の観念ではなかろうか。季節の節目に、他界から異形の神が訪れて祝福をもたらすという観念は、なにも新春にのみ限定されるものではないのだが、特に春迎えの行事では、寺院側の修正会の結願の夜に、呪師が演じる除魔呪法で追われる邪悪の具体的表現としての「鬼」の形態と習合して、独自の展開を見せたのである。

大分県国東半島の六郷満山は、その歴史が宇佐八幡宮の信仰とも習合して発展した地方の有力寺院であり、比叡山の支院となった鎌倉時代中期に最も栄えたとされるが、この地の寺々には平安時代末期には既に修正会が執行されていたらしい。長承四年（一一三五）の年紀を持つ余瀬文書（『大分県史料』所収）に、「修正会」の記載があるのをはじめ、満山の一つをなす豊後高田市の富貴寺には、久安三年（一一四七）の年号と「御修正会」の墨銘が認められる仮面が二面残る。(33)この仮面の年号は若干問題もあるようであるが、他の余瀬文書などから考えて、その頃の修正会執行は間違いのない所である。

現在、六郷満山の一つである岩戸寺に伝承された修正会をみると、(34)本堂での行事として千仏名の読経・お斎・垢離取り・盃の儀があり、その後タイアゲと称する大松明の火入れを済ませ、一同講堂に行道する。講堂では①伽陀、②懺法、③序音、④廻向、⑤初夜、⑥仏名、⑦法呪師、⑧神分、⑨三十二相、⑩唄匿、⑪散華、⑫梵音、⑬縁起目録、⑭錫杖、⑮米華、⑯開白、⑰香水、⑱四方固、⑲鈴鬼、⑳災払鬼・荒鬼、㉑鬼の目撒、㉒鬼後呪、の順で進められる。①から⑭までは読経であるが、⑮からが立役と称して芸能的呪法が繰り広げられる。

これら修正会の行法の原形が、当時の中央の大寺院のそれを模して成立したであろうことは想像に難くないが、現在の修正会の最後近くに登場する鬼の演出は、史料に記された中央のそれと大きな違いがある。東満山の天念寺の場合、まず鈴鬼と称して面相のやさしい男女の面を付けた者が二人、右手に鈴、左手に五穀を入れたガラガラと呼ぶ太鼓を持って出て法舞をおだやかに舞う。次に登場する災払鬼・荒鬼が、その面相から考えて、いわゆる追儺の鬼に当たるもののはずであるが、国東の場合はこの手に松明と斧を持って現れる鬼は、先祖の霊を表現するとされ、法身仏として人々の歓迎を受けて登場する。

先に見た通り、都の大寺院の修正会結願の夜に現れた鬼は、邪悪の象徴として、竜天や毘沙門天の持つ鉾や、参会者の礫に追われ、ほうほうの態で逃げまわったはずであるが、国東の鬼は逆に人に福をもたらす善鬼として法舞を乱舞するのである。特に三匹の鬼が出る東満山では、堂外に飛び出して村内の家々をまわって、家内安全の加持祈禱をするなどのこともある。

天念寺の修正鬼会、鈴鬼（上）と荒鬼（下）（萩原秀三郎氏撮影）

修正会の鬼が人々に祝福を与えるのは、なにも国東のみの特色ではない。兵庫県の旧播磨・摂津地区に多く残る鬼追いに出る鬼たちも、悪霊を踏み鎮め、福をもたらす[35]。最も著名な神戸市長田区長田神社の鬼追いは、現在では節分の追儺式とされているが、近世までは境内薬師堂の修正会として、正月十六日に行われていた。ここの鬼役など行事に奉仕する家は、旧長田村の限られた家筋の者とされ、鬼

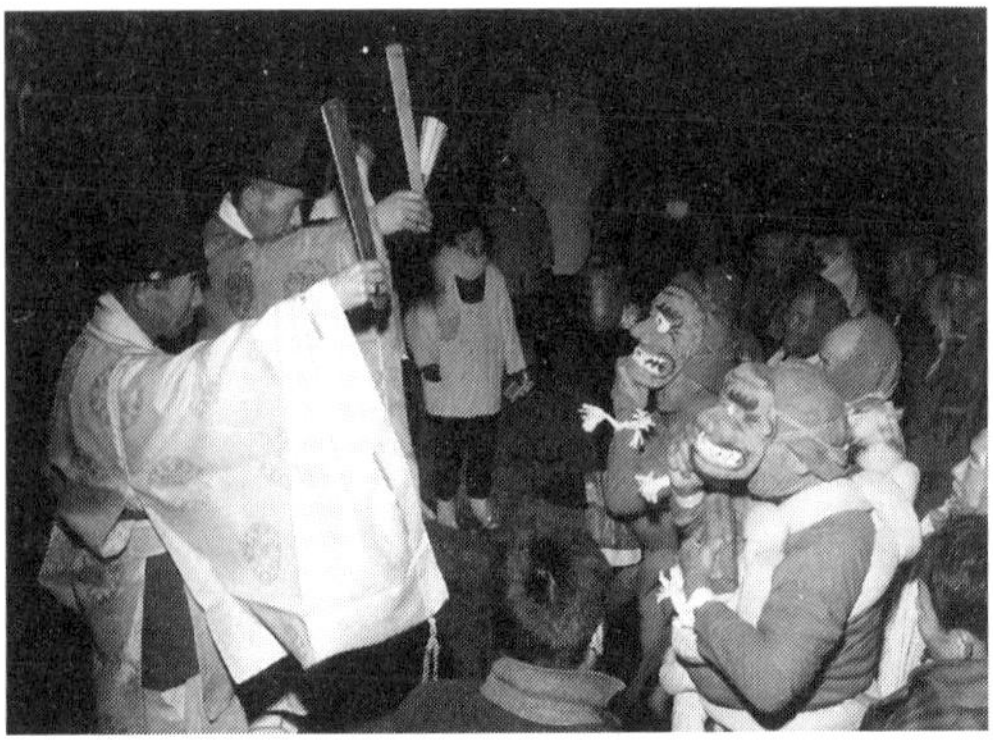

新野の雪祭り、鬼と禰宜の問答（萩原秀三郎氏撮影）

が振り回す太刀を捧げる役や、堂荘厳の餅を出す役なども当屋制で勤めて来た。

当日、神前には餅花・太平の餅・影の餅・六十余州の餅などが献じられる。鬼は七匹。鬼室で衣装を整え、大太鼓・ほら貝の囃子にのり、松明を振りかざして乱舞するのであるが、途中太刀役が捧げる太刀を抜き、それにて悪魔を払うが如く激しく舞う。最後に台の上にある鏡餅を割って行事の一切を終わる。

同じ神戸市でも垂水区の近江寺では、鬼の振りかざす松明の火色で、その年の作柄を占うと言い、鬼の投げた造花のついた榊や樒の枝（ハナという）や、松明の燃えかすを拾って、牛王宝印と一緒に水口田に差したりもする。行事終了後に鬼の付けた面を借りて、子供にかぶらせると健康に育つという民俗信仰も生まれており、この地の鬼は人々にその年の福をもたらす、という信仰がすっかり定着している。

一方、民俗行事にあっても、邪悪の象徴として追われる鬼もある。たとえば長野県下伊那郡阿南町新野の伊豆神社で、正月十四日夜に行われる雪祭り[36]は、古くは二善寺観音堂の御神事の名で呼ばれる修正会であったが、ここの行事の最後近くに登場する三匹の鬼は、それぞれ斧・片槌・両槌を振りかざし、しばらくは互いに持ち物を打ち合わせて足を踏みまわるが、神前に到ると、そこで待機する禰宜と問答をし、最後には負けて横飛びに楽屋に走り込む。見物はそれを見て「鬼様負けてお帰りだ」と囃したてる。しかし確かに、ここの鬼は禰宜と交わす問答に負けて追い払われはするのだが、村人が「鬼様」と尊称を付けて呼ぶように、この鬼の姿に半分は正月に訪れる「まれびと」を見る思いが村人にはある。

原形が、中央から地方の寺院などを経由して、はるばる山里に伝播された修正会という法会の鬼であっても、春迎えの祭りの場に登場する異形のまれびとを、礫を持って追い出してしまえない複雑な心情が、雪祭りの鬼には投影しているようである。

西浦の田楽「しずめ」（萩原三郎氏撮影）

新野にさして遠くない静岡県磐田郡水窪町西浦の観音堂の修正会[37]でも、最後に邪悪が追い払われるが、その方式は独特である。法会の祭主である別当が、祭場中央に出て反閇を踏み、鬼の面（しずめと呼ぶ）を付けて印を結ぶと、「とがめ」と称する別の一人がそれに向き合って「毘沙門の出させたもう所に、汝は来まいものだぞ、何しに来た（中略）いっちくとって元の本郷に帰れ」と言われ、別の一人に後手を取られて後ずさりして楽屋に引っ込む。ここでは直接毘沙門こそ出ないが、毘沙門が鬼を追うという形式を残していることが知れる。

愛知県稲沢市の大国霊神社で行われる修正会は、この宮が別名を国府宮というように、かつては吉

尾張大国霊神社の儺負神事（『尾張名所図会』後編）

祥悔過を行った尾張国の国庁の宮であったが故に、民俗的心意による変容は薄いが、それなりの変貌は遂げている。その一は本来の鬼役が鬼の姿をしない点である。鬼の代わりに、罪穢れを塗り込めた土餅と人形を背負わせた儺負人という者が登場し、裸の男たちに追いまわされる。

この行事は現在、旧暦正月十三日に行う裸祭りとして知られるが、もちろん古くは修正会結願の行事であった。『尾張名所図会』[38]後編によれば、江戸時代まで吉祥悔過の祭りとして行われており、人々に追いまわされる儺負人は、道行く旅人を捕えて役につかせた時期があったともいう。なお第二の変貌は、儺負人を追う者が裸の男たちになった事や、儺負人に触ると福が授かるというように、追い掛ける意味が逆転した事であるが、これは近代に入ってからの変化である。

この行事について『尾張名所図会』後編は、古くは吉祥天女像を供奉し、神主による献饌や祝詞、社僧による神名帳の読誦、宮福大夫による翁舞などがあり、儺負人も祠官などが節刀や大鳴鈴を打振って追ったと記すから、鬼面こそ付けないが、まさにかつては、正統なる修正会の結願の鬼追いの形式を伝承していたのである。

罪穢れを塗り込めた餅を背負わせて追いまわすという方式も、決して新しいものではない。史料上では先に『勘仲記』正応二年（一二八九）正月十八日条で、鬼が神前の餅を取って退場する記事をみたが、前述した神戸市の長田神社の追儺式で鬼が割る餅も、象徴的に邪悪を封じ込めた餅のはずであり、本来は竜天や毘沙門天こそが、打割られねばならぬものなのであった。

「おこない」滋賀県甲賀郡甲南町（萩原秀三郎氏撮影）

餅といえば、大寺院の修正会の仏前には、早くから多くの餅が献供され、法会の荘厳とされていたことは先に史料で検証した。それらの餅は所定の寺領荘園から納められたはずであるから、それが多ければ多いほど寺の繁栄の証となったわけで、史料などに「修正田」として、そのための田が確保されている例は枚挙に暇がない。

この修正会の餅に関する行事のみが、異常に発達した地方がある。滋賀県の北部（湖北）である。この地の村堂における修正会は、「おこない」の名で呼ばれるが、修正会を「行（おこない）」というのは古い名称で、延慶二年（一三〇九）三月二十五日付の「猿投大明神寄進状」（猿投神社文書）(39)にも「一月行壇供餅事」などと見えている。

湖北のおこない(40)は、当屋制度によって行われる場合が多いが、その行事の中心は餅を搗き神仏に供えることにある。行事の詳細をここに記す余裕はないが、二月八日におこないをする長浜市八条町の場合、現在でも六斗の糯米を、二斗分の大鏡餅と、四斗分を使っての大きな餅花用の餅に搗き氏神に供える。別に村内に配る黄粉餅も作るから、その量は大変なものとなる。なお、神仏に供えられる餅の種類は、村ごとに実に変化に富み、民俗が作り出した祈りの造形の豊かさを教えられる。

餅搗きとその献供が、村堂の修正会（おこない）の中心行事である所は他にもある。たとえば京都市南区久世地区である。夜叉講の名で呼ばれるこの地の行事は、上久世が古くからの村の紐帯である蔵王堂へ、中久世と下久世が近くの福田寺へとそれぞれ当屋で搗いた餅を献供する。昔はこの行事用の田から収穫した米で五斗の餅を搗き、菱餅・みずとり餅・おだいもくさんの餅などさまざまな餅を作って青竹などに差して堂に運んだといい、今でもその面影は残している。

南北朝以降、上久世の地は上久世庄、中・下両久世は下久世庄と呼ばれる教王護国寺（東寺）の荘園として推移した所で、史料こそないが、東寺の修正会に餅を献納する義務を負わされていた可能性もある。なお、奈良市の唐招提寺では正月三日の仏舎利悔過法要の日に、餅を献じた人の名を挙げ、続いて諸国に伝わるさまざまな餅五十余種を読み上げて、その功徳を述べるという事がある。これを「餅談義」と称しているが、やはり修正会に献じられた餅に関する行事である。

三重県阿山郡島ヶ原村の観菩提寺も通称を正月堂というように、早くから修正会を修する堂として知られている。この寺の修正会は別名を大餅会といわれ、平安時代初期作の本尊である観音菩薩に、当屋制度によって大きな餅柱が献じられる。また修法の途中に牛王杖にて本尊の厨子裏を乱打することがあり、これを乱声と称している。正月堂ではこの乱声を驚覚法と呼んで、本尊の眠りを覚ますのだと伝えるが、修正会に本堂などの壁板を叩き、乱声と称する所は意外に多い。

前述した長野県新野の雪祭りなどもその一つで、ここでは舞場に立てられた大松明に火を点じる時、奉仕者全員が楽屋（庁屋）の壁を叩きまくって「らんじょう、らんじょう」と叫ぶ。民間における修正会の「乱声」[41]は、奈良県の国中地方のものがつとに知られる。村堂などで行われるそれは、導師が法会の途中で「らんじょう」と声高に叫び錫杖を振るのを合図に、村人は持参した棒や藤蔓で堂の板の間や腰板を盛んに叩く。もちろんこれらの修正会には花餅を献じる事や、神名帳の読み上げ、牛王宝印の授与など一通りのことが行われるのは言うまでもない。

同じ奈良県下で鬼の出る修正会といえば、五條市大津町念仏寺の鬼走りが有名である。ここでも正月八日から鬼役三人の別火入りがあって、十二日が餅搗と松明作り、十四日がいよいよ鬼の登場ということになるから、修正会結願の鬼に間違いがない。

同県桜井市長谷寺の修二会の鬼などもそうであるが、これらの鬼の行事は、別に陀々《ただ》押しの名もあり、松明を持って堂内を走りまわるところに特色がある。もちろん鬼の「走り芸」は、竜天・毘沙門天とともに、権門諸大寺の修正会が当初から持つものであるが、既にここでは早くから民俗化して、追われる鬼から悪霊を踏み鎮める鬼へと、転化を遂げているのはいうまでもない。

「ダダ」という言葉は、おそらく鬼の走りまわる激しい音と、見物の発する乱声の音を象徴し、そこに祝福をもたらす春の「まれびと」の姿を見ているのであろうが、もともとの修正会における「乱声」は、既に史料でみたように法呪師の行法に使われたり（薬師寺蔵「呪師作法旧記」）、鬼の登場に発せられたりしている（「石清水八幡宮宮寺并極楽寺恒例仏神事惣次第」）から、その目的が音声による除魔にあった事は言うまでもない。天皇の行幸にこれが発せられるのもそのためで、転じて神の出現や芸能における登場楽としても用いられるようになるのである。

その意味では、村々の修正会や修二会で、乱声の音に春の訪れを聞くという民俗信仰は、本来の意味が伝承されているということができよう。

最後に牛王宝印について触れておかねばならない。修正会に参勤した印として、若木の枝に挟んだ牛王宝印を参会者が戴くことは、これも既に十一世紀初めの史料にみえているが、この牛王杖を田畠に立てるなどして、稲の虫除けや豊穣祈願に転用したのは民俗の切実な思いによる。

地方寺院の修正会では、法会の参会者に牛王宝印を配るばかりではなく、刷り置きを後で家ごとに賦るようにもなる。修験者などが自分の「かすみ」に賦るなどがその例であるが、これはそれだけこの札を人々が欲しがったからにほかならない。

なお、今日ではこの牛王杖を、神木とか宝木とか称して、大勢の者が奪い合う行事に発展している所がある。岡山市西大寺の会陽や、大阪四天王寺のドヤドヤなどがその代表であるが、これを奪うのが裸の男たちの特権になったのは、さして古いことではない。西大寺などでも近世の絵馬に描かれたそれは、着衣をした男たちである。

転じて今日では、牛王杖ばかりではなく、堂内の荘厳として飾られた造花や、芸能に使用した花、献供された餅などを法会の終了後に奪い合い、持ち帰って護札として神棚に祀ったり、田や畠に挿したりする習俗があちこちで見受けられる。

前述した静岡県の西浦や長野県の新野など、三河・信濃・遠江などの山間部の村々に残る祠堂の修正会では、祭祀の開始に先立って堂の背後や近くの山の斜面などにひっそりと祀られる「伽藍様」と呼ぶ小祠の祭祀を行う。主要な芸能などを捧げるところもあり、祀る人々にもよくわからないが、祭祀を怠ると祟る神として認識されている。これこそが地方に伝播した後戸の護法神であろうと思うのだが、もちろんそれを証する資料などはない。

結びにかえて

以上、修正会の地方伝播による変容の実態を、紙面の都合もあって大急ぎで述べてきたが、最後にこれまでにも何回か例に出した、静岡県磐田郡水窪町西浦の観音堂の修正会の全体像を提示し、若干の検証を加えて結びに代えることとしたい。

旧暦正月十八日に行われる西浦観音堂の修正会は、一般に田楽の名で呼ばれるが、古くはこの名はなく、単に観音堂の御祭りなどと呼ばれていた。戸数僅かな山間村でこの祭事を行うのは、観音堂の別当と呼ばれる祭主を中心に、能衆という特定の家の男たちである。正式の行事は全部で三十三番あるが、はじめが修正会の願文ともいえる①庭ならしで、全員で唱え事をする。次が②巫女舞で、これは男巫女の舞。③以下⑥までが、四方を飛跳ねるように踏み鎮めつつ、手にした槍や剣で払ってまわる呪術的な動きの舞。③が地固め、⑤をつるぎの手と呼ぶが、これにはそれぞれ「もどき」が付き、④と⑥をもどきの手と称する。これこそが今日に伝承された法呪師か、または呪師そのものの演技の残存ではないかと考える。もし法呪師の演技とするならば、もどきの手は呪師ということになるし、呪師の演技とすれば、もどきの手は猿楽ということになる。おそらくは後者であろうか。

⑦は高足。田楽に伝承された曲芸であるが、もとは散楽の芸である。これにも同じく⑧もどきが付く。⑨が滑稽な演技を見せる猿舞。⑩と⑪は舞庭の照明である大松明に火を点じる作業を、儀式として見せる曲。火が仕掛けで、するすると松明に近づくという幻戯的散楽芸が演じられる。⑫がその松明を礼拝する舞で、鶴の舞と呼ぶ。⑬が出体童子という曲で、四人が鈴を持って舞う。

⑭以下㉖までがいわゆる田遊びの範疇に入る曲で、⑭麦つき・⑮田打ち・⑯水口・⑰種蒔・⑱よなぞう・⑲鳥追い・⑳殿舞・㉑惣とめ（早乙女）・㉒山家そうとめ・㉓種とり・㉔桑とり・㉕糸ひき・㉖餅つきと続く。養蚕に関する予祝も入っているのが特色。

㉗は君の舞と呼ばれる曲であるが、おそらくは次の㉘田楽舞に関係ある曲かと思われる。㉘はいわゆる田楽躍で、修正会に田楽躍が行われることについては、この稿では触れなかったが、歴史的にも多くの史料がある。㉙が仏の舞。修正会において、さまざまな仏の面を付けた者が行道をみせることも、大寺院の修正会には早くからあったらしい。たとえば先に建治二年（一二七六）の年号がある「筥崎宮御神宝記」に「面十二色々渡面」とあることを記したが、この渡面がそれら行道の面であったと思われるのである。

㉚から㉝までの四番がいわゆる一連の翁猿楽で、㉚治部の手、㉛のたさま、㉜翁、㉝三番叟と分かれて演じられる。

以上が地能と呼ばれる曲で、これらが済むと、はね能と呼ばれる猿楽能十二番が演じられ、最後が番外の獅子舞としずめである。しずめが毘沙門天による鬼追いであることは先に述べた通りであるが、その前に演じられるのが獅子舞で、ここでは獅子舞が修正会の悪魔調伏戯として登場するのが古風である。

このように見ていくと、一見民俗色の強いように思える山間村の修正会も、原形は中央の大寺院のそれを踏襲したものであることが分かろう。もちろん民俗の側の心意や、伝承過程に生じた崩れが、原形をさまざまに変えてはいようが、よくよく検討すると、それはまさしく中央の修正会の形式が、地方の有力寺院に伝播し、さらに山間の地に分け入った宗教者によって、村々の堂祠に伝えられたものにほかならない。

民俗の行事や芸能の大部分は、それぞれの土地で工夫されたわけではない。中央で花開いた文化が、地方に伝播し、定着したものにほかならない。しかしその定着の過程で、その土地で生まれた独自の心意伝承や文化が反映され、中央からの文化をそれぞれに変容させるのである。原形をしっかりと知ったうえで、変容の独自性を探るのが民俗学の一つの方法ではないであろうか。

注

(1) 国家仏教における修正会については、酒井信彦「修正会の起源と『修正月』の出現」(『風俗』一九―一、一九八〇年)に詳しい考証がある。そのなかで氏は中川善教氏の「高野山修正会考」(『密教文化』六二、一九六三年)などを挙げて、この説を通説とする。

(2) 山岸常人氏は「悔過から修正・修二会へ――平安時代前期悔過会の変容」(『南都仏教』五二号、一九八四年)という論考において、奈良時代の吉祥悔過を直ちに修正会の前身とするのではなく、平安時代に入り神祇・陰陽道などを複合した形で呼称新たに摂関期に登場した寺院行事が修正会・修二会とする。しかし民間習俗との習合は当初からのものとも言えよう。

(3) このおりの停止は、称徳天皇の死去や、道鏡の失墜などと関係があるとされるが不明。

(4) 山岸常人氏は注(2)前掲「悔過から修正・修二会へ」で諸史料を検索した上で、昼は経典を転読し、夜は悔過を行うというのが本来の在り方であったが、九世紀中頃からこうした複雑な構成の法要が嫌われ出したと指摘している。

(5) 関口明「九世紀における国分寺の展開」(佐伯有清編『日本古代政治史論考』所収、吉川弘文館、一九八〇年)に詳しい。

(6) 酒井信彦氏の注(1)前掲「修正会の起源と『修正月』の出現」参照。

(7) 『続日本後紀』承和十一年(八四四)四月十日条に「如今比国皆有講読師之職、修正月・安居等事」とあり、飛抜けて早い事例であるが、これは『国史大系』本などが読む通り「正月・安居等の事を修す」で、「修正月」という熟語にはなっていない。しかし酒井氏はこの「修正月」の内容が「最勝王経悔過」であることより、悔過法要と修正会を繋ぐ論拠の一つとしている。

(8) 『平安遺文』三〇三号文書。

（9）『平安遺文』四〇五号文書。
（10）『平安遺文』二五〇四号文書。
（11）酒井信彦「法成寺ならびに六勝寺の修正会」（『風俗』二四―一、一九八五年）に詳しい。
（12）『大日本古記録』所収の『小右記』に収録。この記事については既に後藤淑氏が『能楽の起源』（木耳社、一九七五年）に紹介し、考察を加えている。
（13）後藤淑氏の注（12）前掲『能楽の起源』に詳しい。
（14）『大日本古記録』所収の『小右記』に収録。
（15）能勢朝次「呪師考」（『能楽源流考』所収、岩波書店、一九三八年）や、森末義彰「呪師と丹波猿楽」（『中世芸能史論考』所収、東京堂出版、一九七一年、初出一九三五年）などに優れた論考がある。
（16）能勢朝次氏の注（15）前掲「呪師考」に、薬師寺蔵「呪師作法旧記」を使って詳しい解説が載る。
（17）『大鏡』第五巻に記される。
（18）能勢朝次氏の注（15）前掲「呪師考」に詳しい論考があるが、私も「翁猿楽再考」（『芸能』二七巻二・三号、一九八五年）という論稿で論及したことがある。
（19）『平安遺文』五〇九八号文書。
（20）森末義彰氏の注（15）前掲論文に紹介がある。
（21）『大日本古文書　家分け石清水文書』に収録されるが、『日本庶民文化史料集成』巻二「田楽・猿楽」（三一書房、一九七四年）にも翻刻と解説が載る。
（22）『平安遺文』八二四号文書。
（23）服部幸雄「後戸の神」（『文学』一九七三年七月号）をはじめ、高取正男・小田雄三・丹生谷哲一氏など多くの人によって論じられている。
（24）『平安遺文』補遺四五号文書。
（25）酒井信彦氏の注（1）前掲「修正会の起源と『修正月』の出現」に考察がある。
（26）『愛媛県史　資料編　古代・中世』に収録される。

(27)『大日本古文書　家分け石清水文書』所収。
(28) 注(21)前掲『日本庶民文化史料集成』巻二「田楽・猿楽」に翻刻と解説が載る。
(29)『鎌倉遺文』四六二三号文書。
(30) 萩原龍夫「田遊びと中世村落」(『中世祭祀組織の研究増補版』所収、吉川弘文館、一九七五年)に紹介される。
(31) 萩原龍夫、注(30)前掲「田遊びと中世村落」参照。
(32) 黒田日出男「田遊びと農業技術」(『日本中世開発史の研究』所収、校倉書房、一九八四年)や、萩原龍夫氏の注(30)前掲「田遊びと中世村落」に論考がある。
(33) 後藤淑『中世仮面の歴史的・民俗的研究』(多賀出版、一九八七年)に報告が載る。
(34) 後藤淑、注(33)前掲『中世仮面の歴史的・民俗的研究』や、大嶽順公「国東半島六郷満山の『修正鬼会』」(『民俗芸能』四六号、一九七一年)に報告が載る。
(35) 喜多慶治『兵庫県民俗芸能誌』(錦正社、一九七七年)に兵庫県下の鬼追いに関する詳しい調査報告が載る。
(36) 中村浩・三隅治雄編『雪祭り』(東京堂出版、一九六九年)に詳しい報告と研究が載る。
(37) 須藤功『西浦のまつり』(未来社、一九七〇年)が詳しいが、私も「遠州西浦の田楽」(民俗文化研究所『紀要』第一集、一九六四年)に詳しい報告を載せたことがある。
(38)『大日本名所図会』などに翻刻されるが、『日本庶民生活史料集成』第二二巻「祭礼」(三一書房、一九七九年)にも翻刻がある。
(39) 萩原龍夫氏の注(30)前掲「田遊びと中世村落」に紹介されているが、長徳二年(九九六)十一月三日付の「伊福部利光治田処分状案」(『平安遺文』三六七号文書)に「毎年正二月行」とあり、これが「おこない」と読むとすれば飛抜けて早い初見となる。
(40) 井上頼寿『近江祭礼風土記』(滋賀県神社庁、一九六〇年)や、中沢成晃「『おこない』の研究——近江を中心として」(『まつり』二四、一九七四年)などに詳しい報告がある。
(41) 池田源太「乱声」(『大和文化研究』八―四、一九六三年)が、大和における乱声の用例を中心にその歴史を考察して参考になる。

小松和彦

簑着て笠着て来る者は……
——もう一つの「まれびと」論に向けて——

今も土佐国の小児、手々甲《ぜぜがかう》といふことをするは、いたく違へり。人をおどすわざにはあらで、小児集り、互に手をくみ合せ、手の甲を互に打ながめ、向ひ河原でかわらけ焼は、五皿、六皿、七皿、八皿、八皿めにおくれて、づでんどつさり、それこそ鬼よ、簑着て笠きて来るものが鬼よ、とこれをいひつゝ、手の甲を打なり。その終にあたる者を鬼と定む。これいづくにてもする鬼定めなり。

——喜多村信節『嬉遊笑覧』巻六下「児戯」

一　「まれびと」としての鬼

かつて日本には「鬼」と呼ばれるものが存在していた。日本人がいだくこの鬼の典型的なイメージは、姿かたちは人間に似ているが、筋骨たくましく、肌の色は赤や黒や青といった原色をしていて、頭に角をもち、虎の皮のふんどしを着け、手には金棒をたずさえている、というものであろう。たしかにその通りなのだが、鬼の登場する絵画や物語などを多少とも検討してみると、こうしたイメージとは相当異なった鬼がたくさんいることに気づく。鬼の多様性は、鬼とはなにかを考えようとする私たちをひどく困惑させる。だが、むしろそうした多様性がみられるからこそ、鬼らしく思われまた私たちの心を強くひきつけるのだろう。

　鬼とはなにか。これに答えることは難しい。私のとりあえずの考えを述べれば、鬼とは人間の分身である、ということになる。鬼は、人間がいだく人間の否定形、つまり反社会的・反道徳的人間として造形されたものなのだ。

　一般にいわれている鬼の属性を少し列挙しただけでも、そのことがよくわかるはずである。人を食べる、人間社会を破壊する、人に恨みをいだき殺そうとする、夜中に出没し、子女や財宝を奪い取っていく、酒を好みいつも宴会や遊芸・賭けごとに熱中する、徒党を組んで一種の王国をつくっている、山奥や地下界、天上界に棲んでいる……

　こうした属性はいずれも、人間それも社会的・道徳的人間の否定項として挙げられるものである。したがって、人が鬼の属性とみなされるような立ち振舞いをすると、その人は人間ではなく鬼とみなされることになる。

　このようにみると、鬼とは、実は人間という存在を規定するために造形されたものだということがわかってくる。日本人は、個としての人間の反対物として鬼を想定し、人間社会の反対物として鬼の社会を想定し、そうした反対物を介して、人間という概念を、人間社会という概念を手に入れたわけである。このために、人びとは人間社会の「外部」に棲むという鬼についての数多くのストーリーをつむぎ出してきたのだった。

　鬼とはまず恐ろしい姿かたちをした、したがって忌避し排除すべき存在であった。しかしながら、人間に

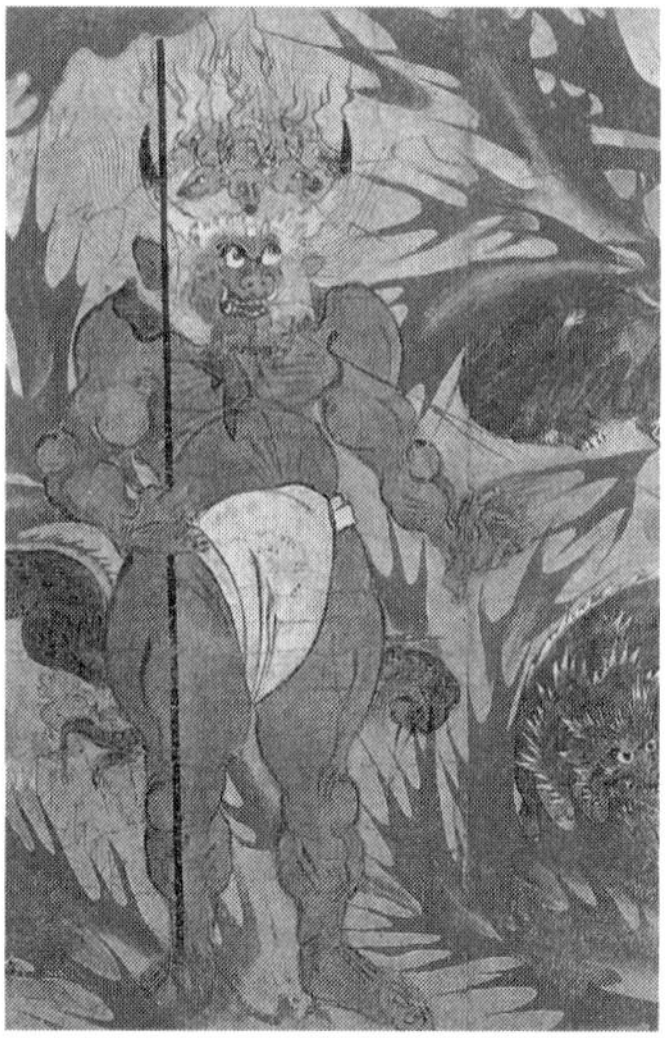
地獄の鬼（「北野天神縁起絵巻」より）

とって必要な存在でもあった。鬼がいなければ人間という概念が成り立たないからだ。それゆえに、人びとは絶えず鬼を人間社会に登場させ、そして社会から排除したのだ。すなわち、日本人にとって招かざる客であるがゆえに、招かざるをえない客であったということになる。日本人は、鬼を必要とし、鬼とともに生きてきたのである。

鬼は異界からやってくる。人間の求めに応じてやってくる。排除され追放され退治されるためにやってくる。それは、いうならば、もう一つの「まれびと」であった。だが、それだけではなかった。そこに鬼の魅力がかくされているように思われる(1)。

二　鬼を忌避する

「備後国風土記」の逸文として、「蘇民将来《そみんしようらい》」の話が伝えられている。この話は、疫隅《えのくま》の神の社の縁起という形をとっており、流行病をひき起す神を祀ったものだということは社名からわかる。神名を武塔神《むとうのかみ》という(2)。話の概要は次のようなものである。

昔、北の海に住むこの神が南の海に住む海神の娘のところによばいをしに出かけた途中、日が暮れてしまった。ちょうどそこに二人の兄弟の家があった。兄の蘇民将来の方はとても貧しく、弟の将来（後の文献では巨旦《こたん》将来とある）の方はたいへん裕福であった。神が弟の家に宿を乞うたが断わられ、兄の家をたずねたところ快く歓迎してくれた。数年後、八人の子とともに立ち寄った武塔神は「弟の将来の家を滅ぼすが、その家にお前の子孫はいるか」とたずね、「娘が一人いる」と答えたところ、「茅《ち》の輪を、その娘の腰につけよ」と教え、その娘一人を残して弟の一族をことごとく滅ぼしてしまった。そして「私はスサノオの神である。後の世に疫病が生じたとき、蘇民将来の子孫と唱えて茅の輪を腰に着けた者はその被害をまぬかれるだろう」と告げた。

この説話はこれまで「まれびと」歓待の説話として研究者に注目されてきた。「まれびと」＝武塔神を歓待したものは、神の恩寵を受け、「まれびと」を忌避・排除したものは、神の制裁を受けるというわけである。

しかし、別の観点つまり悪霊＝鬼神の来訪としてもこの説話を読み解くことができるだろう。この話に語られる武塔神は流行病の神であり、人びとを病気にしたり死なせたりする神である。したがって、弟の（巨旦）将来がこの神の来訪を忌避したのは充分うなずけることである。これに対して、蘇民将来の方は流行病の神をもてなして喜ばせ、快く神が退散することを願ったわけである。こうした解釈が妥当なのは、この武塔神がスサノオであると名乗り、後世では牛頭天王とも呼ばれて、祇園社に祀られていることに示される。祇園社も疫病神を祀った社であり、怨霊＝祟り神を祀った社であった。しかも、今日なお民間に残る茅の輪くぐりの行事や蘇民将来の札を戸口に貼るといった習俗は、流行病の来訪を忌避しようとする心意に支えられており、それを歓待することで退散を願うという心意ではないように思われるからである。つまり、この説話には、悪霊の来訪を「物忌み」によって避けようとする方法と、これを「歓待」することで退散してもらおうとする方法の、二通りの対処法が示されているのである。

いささか強引な解釈であるかにみえるかもしれない。だが、後世の「祇園牛頭天王の縁起」をみると、決して的はずれの解釈でないことがわかるだろう。「祇園牛頭天王の縁起」はいくつかのヴァリアントがあるが、ここでは東北大学図書館蔵のテキストに依りながら、その内容をみてみよう。

豊饒国の王武荅天王の王子は牛の頭をもった不思議の太子であったので、牛頭天王と呼ばれた。后を求めたが、その姿に恐れをなして誰一人后になるものがいなかった。そこで牛頭天王は家来を引き具して、竜宮に住む沙竭羅竜王の姫波利菜女を后にしようと竜宮へ向かうことにした。その途中、日が暮れて、人に古端将来という長者の家があることを教えられる。そこで古端将来の家に宿を乞うたが、「是は貧者にて候間、思もよらぬ事なり。この道の末に、有徳なる人の候、其にて、御宿を、めされ候へ」と断わられた。これを聞いた牛頭天王は蹴殺してやると怒り狂うが、家臣が后を迎えに行く途中だとなだめて、貧しいながらも慈悲ある蘇民将来の家に宿を取った。そして宿を借りた礼にと、蘇民将来に望みのものがなんでも出てくる牛玉という宝を与えた。竜宮入りをした牛頭天王は波利菜女を妻としてそこに住むこと八年、七人の王子と一人の王女をもうけて、妻子とともに帰国の途についた。そしてまた旅の途中、蘇民将来の家に宿をとり、古端が心にかかる事があると博士（陰陽師）を招いて、占いをさせているところであった。古端将来の家では、「見る目」と「聞く鼻」の二人の眷属（妖怪の類）に古端将来の家の様子を探らせる。博士の占いによれば、牛頭天王が三日の内に攻めてきて、古端将来の一族郎党をことごとく滅ぼす、という。これを聞いて嘆き悲しんだ古端将来は、我身に生じる災厄を他人の身に生じるようにする替りの祭りをして欲しいと頼むが、博士はそのようなことはできないと答え、「千人の法師を請て、大般若経を、七日、夜る日《よひ》るの間、読奉り候はば、此難遁《のが》るべきか」と教えて立ち去った。教えの通り、千人の法師を招いて大般若経を読ませると、六百巻の大般若経が高さ四十余丈、六重の鉄の築地と化し、箱は上の蓋となって、古端の家を取り囲んだ。これを聞いた牛頭天王は八万四千の眷属に、鉄の築地をよく調べよ、千人の法師のなかに目にキズのある法師がいて、経文の文字を読み落せば、その文字の部分が窓となって侵入することができる、と命令する。

案の定、文字を一文字読み落としたために、築地の鉄の窓があいていた。そこから侵入した眷属たちは古端将来たちを蹴殺してしまった。こうして、古端将来の家は滅び、蘇民将来の家は「今より後は、蘇民将来より初めて、末世に至るまで、蘇民将来可子孫と号せん者は、無病、平安にして、寿命長遠、福寿増長也」と牛頭天王の加護を受けるようになったというわけである。

この説話の作者の立場は牛頭天王の側にある。天王の側から人間の世界をみたとき、古端は自分を無視した不届な者であるから滅してしまってよい、これに対して蘇民将来は自分に親切にしてくれたので祝福してやろう、と考えたのだ。人間の側に立ったときはどうだろう。古端将来にとっては牛頭天王は恐しい鬼神＝悪霊であり、蘇民将来にとっては福の神であるということになる。

ところで、私の興味をひくのは、古端将来が牛頭天王の攻撃から身を守るために、まず博士を招いて胸さわぎの原因を明らかにしてもらい、その攻撃から身を守るための方法を教えてもらっていることである。しかも、その方法は、悪霊退散の修法、物忌みという方法であった。要するに、古端将来は千人の法師の読経で身囲い・家囲いとしての呪的垣根を張り巡らして身を守ろうとしたのである。

さらに興味深いのは、ちょうどこのときが十二月の末であり、正月十五日の間、人びとは牛頭天王の命令で、古端将来を呪詛したというのだ。しかもその呪詛の道具が正月の食物や門林（門松）年縄といった正月をしるしづけるものであったと語っている。要するに、古端将来は、牛頭天王の恨みを買って呪われたのであり、大般若経の修法は呪詛祓いであったのだ。

注意しておきたいのは、牛頭天王が古端将来を呪い殺そうとしたとき、古端の側は悪霊祓い、悪霊調伏の法で対抗し、もし千人の法師の一人が文字を読み落すことがなければ、助かったかもしれない、ということである。博士から古端将来は、こう告げられているのだ。「千人の法師を七日、夜る日《よひ》るの間、読み奉り候はば、此の難遁《のが》るべきか」と。(3)

これと同様のモチーフをもった、しかし神（悪霊）の側からではなく、人間の側から描いた物語として思い起こされるのは、橋姫伝説に素材を求めているお伽草子「鉄輪」である。

山田左衛門国時の妻が、夫に新しい女が出来たことを深く嫉妬し、鬼になって取り殺したいと思うほどであった。そしてとうとう貴船の神の教えに従って望み通り恐ろし気な鬼女となり、夫の屋形に向かう。ところが、夫の左衛門は、夢見が悪いのを不審に思い、天文の博士（陰陽師）安倍晴明に夢占いをしてもらう。晴明が占い判じたところ、「女の怨みを買い、今夜のうちにも命を落とすかもしれない」ということがわかる。左衛門を不憫に思った晴明は「祈念によって命を転じ変えてあげるから、あなたは宿に戻り、身を清め、部屋に引き窖もって、不浄の心をいだくことなく、ひたすら観音の咒を唱えなさい」と物忌みするように教え、晴明はかんたんを砕いて、鬼神退散の祭儀を執り行なう。その効果があって、物忌みする部屋に侵入してきた鬼女が夫を引っ立てようとしたそのとき、夫の枕もとにいた三十番神が「妄霊鬼神はけがらわしや、いでよいでよ」と攻め立てた。このため、さしもの鬼女もたまらず退散し、左衛門は命拾いをしたという。

巨旦将来は牛頭天王の宿乞いを断わったためにその攻撃を受け、悪霊退散の修法＝物忌みをしたが、修法のミスから取り殺された。これに対し、山田左衛門は新しい女を作ったために、鬼と化した古い妻に取り殺されそうになるが、晴明の悪霊退散の祈念の力と物忌みによって一命をとりとめる。もし古端将来が晴明ほどの博士をやとっていたならば、ひょっとして命を取りとめたのではなかったか、と思うほど両者の差は微妙であるかにみえる。

お伽草子「羅生門」にも、物忌みの様子が描かれている。鬼の手を切り落して持ち帰った渡辺綱は、鬼が手を取り戻すために再び攻撃してくるのではないかと考え、博士を召して吉凶を占ってみたところ、「鬼の手をば朱の唐櫃《からうど》に入れ、戌亥《いぬい》の隅の蔵におさめ、注連飾して、七日の間仁王経を講じ給へ。御殿の庭には十二人の宿直人を置き、一時づつ代りて、十二《ママ》人の方に向って、蟇目を射て守護し給え」と判じた。そこで博士の教えの通り、門戸を閉じ、不浄の者の出入りをかたく忌み、宿直人をすえ、弓の弦音（蟇目）を休まず鳴らして、物忌みしていた。ところが六日目に、鬼が頼光の母に化けて来訪し、気を許した綱から鬼の手を奪い返して去ったのだ。

すなわち、ここでは物忌みを守らなかったために鬼の侵入を許してしまっており、古端将来の話の方に近い。

こうした悪霊退散の儀礼と物忌みの話は数多く伝えられている。日本人の鬼や悪霊の来訪に対処する方法は、こうした方法が一般的であった(4)。

では、牛頭天王に祝福された蘇民将来のように、鬼を歓待することでその攻撃をかわすという方法はどうだろうか。すでに述べたように、「蘇民将来の子孫也」と唱えて、疫病にかかることを逸れようとする人びとも、牛頭天王＝スサノオ神を歓待してはいない。蘇民将来であっても、来訪者が疫病神であることがあらかじめわかっていたら、はたして宿を提供したかどうか怪しいものである。むしろこの話は蘇民将来の慈悲ある人柄を強調するために語られているとみるべきであろう。慈悲の心があれば、鬼神も心を動かされることがあったのだ。

これまでに紹介した物語からも明らかになったと思うが、鬼の登場、鬼の発生は、人間に対する怨みにあり、しかもそうした鬼を描くことで、人間とはいかにあるべきかということが、それとなくわかるようになっているのだ。読者もおそらく人間という存在について少しは思いを巡らせたのではなかろうか。

ところで、異界から来訪した鬼たちを歓待し饗応することで退散してもらうといった対処の方法を描いた物語があってもよさそうに思われる。しかし、私は残念ながらそうした話をすぐに想い浮かべられないのだ。もっとも、それらしき話は多少思い出してみることはできる。

たとえば、『今昔物語』に、陰陽師賀茂保憲が幼い頃、父の忠行に連れられて祓い殿で悪霊祓いをするのを見ていたとき、恐ろし気な人間とは思われない者が、二、三十人ほど出て来て、供え置いた物を取って喰い、造っておいた（紙製であろう）船や車や馬で四方八方に引き上げていったのを目撃したという。すなわち、鬼は食物を与えられると、退散したのである。

折口の「まれびと」論で「まれびと」に制圧される「土地の精霊」に分類される邪悪な神霊たちに対しての人びとの饗応も、考えようによっては悪霊歓待説話とみることもできる。たとえば、古代神話にみえる年に一度生贄を要求するヤマタノオロチや、『今昔物語』にみえる生贄を要求する猿神、あるいは説教やお伽草子「松浦長者」の大蛇（竜神）などは、年に一度、村落に姿を現わし、人びとを恐怖させ、生贄という饗応を受け取って去っていく。つまり、異界からの好ましくない「まれびと」なのである。そして、ここでは年一度の来訪とそれに対する人びとの歓待がなされる限り、悪霊は人びとに危害を加えず、共同体の秩序は保証される。つまり悪霊が生贄を受け取ること、食物を受け取ることが、ある意味で共同体の祝福であったともいえるだろう。

三　鬼に扮する

お伽草子「熊野の本地」に、鬼の来襲に驚いた善財王が最愛の后善法女御を捨てるというエピソードが描かれている。[5]この部分に関しては別のところで、呪詛という観点から多少詳しく吟味したことがあるので、ここでは、鬼というテーマに即してみてみよう。まず、この場面に至るまでの経緯をみておくべきだろう。善財王には千人の后がいたが、千人目の五衰殿に住む善法女御が大王の寵愛を一身に受け、懐妊するに至ったことに嫉妬した九百九十九人の后たちが、あれこれと陰謀を巡らした。鬼の来襲もその一つであった。抗全神社所蔵の絵巻からその部分を引用してみよう。

さて、二、三日有りて、妃たちは集まりて評定し給ふこそ恐ろしけれ。百歳ばかりの、嫗の色黒く、丈高く恐ろし気なるを、九百九十九人揃へて、皆々、赤き物を着せ、色々、恐ろし気なるいでたちをさせ、手には笏拍子をもたせ、夜半ばかりに大王の坐します五衰殿へ押し寄せ、叫びけるは、悪王をはらみける物に添う上、天下に七難起こりて、月日の光も失せ果てて、十万の眷属今宵のうちに、われら、皆々取り失ない、明日の巳・午の時に、大王の御たぶさを空に取り上らんに、急ぎ急ぎもとの殿上へ帰らせ給へ、と恐ろしき声を揃へて、九百九十九人の女ども、妃の教へのごとく喚《わ》めき叫び呼ばはりければ、大王、大きに驚き給ひて、妃に申給ふやう、哀れなるわざかな、おのづから子といふ物をもたざるに、嬉しと思ふところに、空より鬼ども降り来たりて眷属を皆々失なはんことこそ悲しけれ。

五衰殿を襲う鬼たち（抗全神社蔵「熊野の本地絵巻」より）

こうして后たちの企てはまんまと成功し、大王は女御のもとを去り、そして山中に誘い出された女御は殺害されてしまうのである。この場面で私たちの注意を引くのは、大王や善法女御たちにとっては、本当の鬼たちが空からやってきて、この世を滅ぼそうとしていると受け取られていることである。その限りでは、牛頭天王の来襲を受ける古端将来や鬼の来襲に備える渡辺綱と立場はそれほど変わらない。大王が物忌みをしたり鬼神退散の儀礼に及ばないのは、大王が女御のもとを去れば鬼の攻撃はないとの条件があり、それに従って大王が五衰殿から去れば、鬼の攻撃を避けられる、と大王たちが考えたからである。

だが、実際は、鬼に扮した女たちが五衰殿に押しかけて騒いでいたのである。この正体を知っているのは九百九十九人の后の側であり、読者なのである。

鬼は古くは人に姿がみえない存在であったが、時代が下るにつれて、その姿を目撃する人びとが現われてきた。そしてその鬼に扮することもやがてなされるようになったのだ。大東急文庫蔵「熊野の本地」には、はっきりと「鬼の面の恐ろしからんを着て」とあって、九百九十九人の女たちは、鬼の面を被って五衰殿に押しかけている。

「熊野の本地」が製作された中世後期には、鬼面を多用する猿楽が成立しており、鬼面を用いた芸能や儀礼の影響を受けて、こうしたエピソードができていることは容易に推測しうるであろう。お伽草子の「磯崎」はそのことを如実に物語っており、夫が新しい妻を迎えたことに嫉妬した古い方の妻が、猿楽師から借りた鬼面を着け打杖をもって、新しい妻を襲い、なぐり殺してしまう。

四　鬼を打つ

鬼の面がいつ頃から製作されるようになったかはわからない。しかし、おそらくは平安後期のことではなかったろうか。というのは、この頃から、奈良や京都の寺院で行なわれていた修正会に、鬼が登場する儀礼が執り行なわれるようになっていたからである。

修正会に登場する鬼について詳細な研究を展開した能勢朝次の『能楽源流考』(6)によれば、たとえば、大治五年（一一三〇）正月十四日の円宗寺の修正会の結願の日に、竜天、毘沙門天、鬼走りの三役による儀礼が執り行なわれている。仁安二年（一一六七）正月十四日の尊勝寺の修正会でも、建久二年（一一九一）正月十八日の蓮華王院の修正会にも、竜天、毘沙門天、鬼が登場する儀礼が組み込まれていた。この竜天と毘沙門天と鬼が登場する儀礼は、追儺《ついな》式であって、能勢朝次は「竜天に扮した者が、東西の両方より出て相舞のやうな舞を舞ひ、次に毘沙門天に扮した者が東方より出て舞ひ、最後に鬼に扮した者が出現するといふ順序である。そして鬼を打払ふ者は毘沙門天ではなく、参詣の者が杖で以てこれを打つたと思はれる」と述べている。しかし、後には、竜天や毘沙門天も鬼を追ったようである。

ここで疑問に思うのは、仏教の神々のなかでいかなる理由で竜天と毘沙門天が鬼を追うにふさわしい神格とみなされたかということである。竜天については定かな理由はわからないが、毘沙門天については、中世において鬼を調伏する呪力をもった仏神としてもっとも人びとに信じられていたことによっているようである。『今昔物語』にも、毘沙門天のおかげで、鬼の難を逃れた僧の話がみえ、お伽草子の「貴船の本地」にみえる節分の起源譚でも、鬼を封じ退散させる方法を人びとに教えるのは毘沙門天であった。

ここで注意しておきたいのは、この追儺式の開始にあたって「乱声《らんじよう》」と称する、竜天、毘沙門天、鬼の三者の登場を告げる騒音が発せられたことと、一部の寺院では一種の賤民である散所法師つまり後の猿楽法師に連なる人びとなどが鬼役をする者として定められるようになっていたということであろう(7)。「熊野の本地」にみえる鬼に扮した九百九十九人の女たち（「高女」と呼ばれることがある）が鬼の出現を告げる騒音を発する道具ともいえる笏拍子は、この乱声に相当するといっていいだろうし、「磯崎」にみえる猿楽師も、鬼役をする散所法師に類する者であったのだ。

こうした修正会の追儺式は今日でもなお行なっているところがある。たとえば、京都の相楽郡南山城村の観音寺では、正月六日の朝、子どもたちの手で「縁たたき」と呼ぶ乱声がなされる。奈良県吉野郡野迫川村の地蔵堂（徳蔵寺）では正月三日の夜に「シシオイノオコナイ」と呼ぶ修正会の鬼踊りがあり、京都の清水寺の西にあった念仏寺では、明治の末まで正月二日の夜、「天狗の酒盛り」ということが行なわれ、土地の人びとが本堂で酒をくみかわしての宴のあと、杖で本堂の床や扉をたたき、法螺貝を吹き、太鼓を打ち鳴らした。奈良県五条市の念仏寺では、正月十四日の夜、「ダダオシ」と呼ばれる鬼走りの行事があり、赤鬼の面をつけた父鬼、青鬼の面をつけた母鬼、茶色の面をつけた子鬼が登場し、このとき青年たちが内陣と後室の仕切りの板戸を思いきりたたく[8]。

こうした今日に残る修正会の乱声や鬼踊りについて、五来重の仕事によりながら、高取正男は、次のように述べる。「修正会や修二会のオコナイに含まれる乱声や鬼踊りは、素朴な民俗行事として村落や都市の一隅にあるのではない。国家の大寺とされてきた有名寺院の、護国の法会としてのオコナイに、その原型とよべるものがみられる[9]」。

ところで、修正会の結願の日に行なわれる追儺式での鬼は、やはり排除され追放される鬼である。そうした鬼を人間が演じたのだ。つまり儀礼としての鬼追いが平安時代末から今日まで続いてきたわけである。

また、高取正男は、修正会の追儺（オコナイ）と、猿楽起源説話として伝えられる世阿弥の『風姿花伝』のなかの提婆達多《だいばだった》の物語との関連を見出そうとしている。その話とは、昔、釈迦如来が天竺の祇園精舎で説法をしたとき、釈迦の従弟で仏敵となった提婆達多が一万の外道を率いて、木の枝や篠の葉に幣《ぬさ》をつけて振り、踊りさけんで邪魔をしたが、六十六番の物真似をしたところ、外道たちは物真似に見入って静かになった。この物真似から猿楽が始まったというものである。この外道の来襲のさまは、五衰殿に押し寄せた九百九十九人の鬼に扮した女たちを思わせるところがあり、騒音を発したという部分は乱声を思わせる。また、古くは修正会の鬼は達多の鬼とも称されることがあったことは意味深いであろう。こうした排除され追放される鬼の儀礼の延長上に、私たちがいまなお家々で行なっている「節分」があるわけである。

修正会の鬼も節分の鬼もけっして人びとを祝福するために来訪するのではない。それは排除され退散させられるために招き寄せられるのである。もっと正確にいえば、一年のうちでいつ訪れるかもしれない鬼の来訪、来襲を避けるために、あるいはすでに人間社会に侵入して犠牲となる者を探し回っている鬼たちを追放するために、そうした鬼を儀礼的に演じることであらかじめ排除してしまおうとの考えからこの鬼の儀礼が設定されたのである。

さて、有名寺院や地方寺院で行なわれる修正会や修二会の追儺式について、私たちがとくに留意したいのは次の点である。

まず、基本的にはここに登場する鬼は恐ろしい鬼で、竜天や毘沙門天あるいは人びとによって打ちすえられ、追い立てられて退散することになっている。僧や人びととの歓待を受け、酒や食物や金銭などの饗応を受け、人びとを祝福してなごやかに立ち去るわけではない。つまり、鬼は終始、邪悪な来訪者として位置づけられているのである。人びとが鬼に喜びを感じるのは、まさに鬼が打ちすえられて退散していくときである。鬼の退散――それは社会や個人の体から邪悪なもの、ケガレたものが消え去ってハレの状態がもたらせられたことを象徴しているからである。鬼は社会や個人のケガレを一身に背負って退散するのだ。

鬼が出現し暴れ回っているときに立てられる騒音つまり「乱声」も見逃せない要素である。それは鬼の出現を表わす音であるとともに、鬼の出現によって社会が無秩序の状態にあることを象徴する音でもある。この乱声＝騒音について、これまでは悪霊を祓うための音であろうと理解されてきた。そうした解釈も可能であるが、「熊野の本地」の九百九十九人の鬼たちが笏拍子などで騒音を立てて出現していることや猿楽起源説話の提婆達多らの外道たちがやはり騒音を立てて釈迦の説法を妨害しているといったことをも合せて考えると、やはり悪霊出現の音と解するのがもっとも妥当であろう。(10)

もう一点注目しておきたいことがある。それはこうした修正会の追儺式の多くが正月、とくに十五日の小正月の日の前後に集中して執り行なわれていることである。修正会の追儺から派生した節分の鬼追い・豆まきも、この日を年越しの日とする観念に基づいている。すなわち、修正会の鬼は一年に一度、正月に来訪する邪悪な「まれびと」、排除されるために来訪する「まれびと」であった。鬼に扮する儀礼によって、人びとは時を定めて鬼を登場させ、そして退散させることが可能となったのだ。

さらにもう一つ指摘すると、こうした諸寺院の修正会のなかには、鬼走りや鬼踊りの役をする鬼座や家筋などが定められているところがあったことである。古くは散所法師もそうした鬼役を務めたことが注意を引く。こうした鬼役の家筋の人びとのなかには、自分たちを鬼の子孫とする伝承をもつものもあった。たとえば、書写山の円教寺の修正会の鬼踊りは開山性空上人に従っていた護法童子の子孫と伝えられる者によって演じられている。鬼役の存在はさらに探究してみるべき大きなテーマであろう。

鬼は正月に来訪する「まれびと」であった。だが、この「まれびと」は、「まれびと」という概念を創り出した折口信夫が考えていた「まれびと」とはあまりにもかけ離れている。これは折口の「まれびと」を逆立ちさせた「まれびと」、裏返しにされた「まれびと」である。

折口にとって、「まれびと」とは異界から来訪する善なる神霊である。「まれびと」はこれを迎える人間の側の「あるじ」の饗応を受け、人間を苦しめる「土地の精霊」(悪霊)を鎮撫、制圧する。こうした「まれびと」観念をもっともよく表現しているのが、古代のスサノオ神話である。天から出雲に下ったスサノオは国津神（大山住命）に迎えられ、ヤマタノオロチを退治し、クシナダヒメを妻とする。すなわち、この神話ではスサノオが「まれびと」、国津神が「あるじ」、ヤマタノオロチが「土地の精霊」、そしてクシナダヒメが饗応の品の代表ということになる。(11)

ところが、修正会の鬼のような来訪神は、まったく逆転した構造を示す。異界から来訪する神霊は制圧されるべき邪悪な「まれびと」で、「土地の精霊」にあたる人間の側に立つ竜天、毘沙門天がこの邪悪な「まれびと」を退治するのである。したがって、「土地の精霊」は善なる神霊ということになる。また「あるじ」に相当する儀礼の祭主は、天皇や貴族たち、あるいは村びとたちであって、彼らは邪悪な「まれびと」を恐れ、竜天や毘沙門天を頼りこれを深く崇拝する。つまり、折口の「まれびと」「土地の精霊」「あるじ」の関係のあり方がまったく逆転してしまっているのである。

折口自身はこうした逆転は「まれびと」信仰の衰退・零落によって生じたと考えた。しかし、それは正しくはないだろう。これまでみてきたように、日本人が人間および人間社会という概念を成り立たせるために、その反対物として古代から悪霊の概念をもち、それを鬼という造形を通じて固定・定着してきたことからみてわかるように、いつの時代にあっても想定されていたもう一つの「まれびと」なのである。それは善なる「まれびと」と対になって存在し続けてきた超歴史的信仰概念といえるものなのである。

四　「ナマハゲ」の鬼——その二面性

著名な寺院や地方寺院の修正会の鬼は、小正月の頃の晩に出現した。これとほぼ同じ小正月の晩に、民俗社会でもさまざまな「まれびと」に混じって鬼が登場する儀礼を行なうところがあった。民俗社会は江戸や京、大坂などの都市社会と農山村の村落社会に大別できる。このいずれにも鬼が登場する儀礼があるのだが、都市の鬼それも排除される邪悪なイメージを強調した鬼（これは疫病神に代表される）の儀礼については、本書所収の高岡論文[12]などで紹介されているので、ここでは農村部の、それもやはり小正月の晩の頃に登場する鬼の儀礼に目を向けてみよう。その代表が有名な秋田県男鹿半島の「ナマハゲ」である。

「ナマハゲ」は民俗学ではいわゆる「小正月の来訪者」と呼ばれる儀礼・芸能に分類されているが、坪井洋文[13]や伊藤幹治[14]などが指摘しているように、その内実はまことに多様である。すなわち、一方には明らかに家々を祝福するためにやってくる善なる神霊と考えられる者の来訪儀礼があり、その対極として明らかに恐ろし気な仮面を着け乱暴を働く邪悪性を強調している鬼・悪霊の来訪儀礼があって、これをひとまとめに「小正月の来訪者」としていいものか疑問に思われるほどである。

鬼などの恐ろしい神霊が来訪してくる儀礼と考えられるものは、男鹿半島の「ナマハゲ」のほか、同じ秋田県下では、「ナマメハギ」「ナモミハギ」「ヤマハゲ」といった行事があり、県外では山形県遊佐町の「アマハゲ」、石川県能登半島の「アマメハギ」、新潟県村上市の「アマメハギ」、岩手県の「スネカ」、岩手県釜石市の「ナナミ」などがある。いまここでは、こうした小正月の晩に行なわれる、鬼もしくはそれに類する恐ろしい仮面・異装の行事をかりにナマハゲ系儀礼と呼ぶことにしよう。

ところで、男鹿半島の「ナマハゲ」についてもっとも古い記録を残したのは菅江真澄である。彼は文化八年（一八一一）正月十五日の晩に、美夜差波（現若美町宮沢）で見聞した「ナマハゲ」を「牡鹿の寒かぜ」のなかに次のように記している。

夕ぐれふかう、灯火とり爐のもとに円居してけるをりしも、角高く、丹塗の仮面《ヲモテ》に、海菅といふものを黒く染なして髪とふり乱し、肩蓑《ケラ》といふものを着て、何の入りたらんか、から〳〵と鳴る箱ひとつをおひ、手に小刀を持て、あといひてゆくりなう入り来るを、すはや生身剝《ナマ(ミ)ハギ》よとて、童は声もたてず人にすがり、もの〻の陰ににげかくろふ。これに餅とらせて、あなおかな、泣などおどしぬ。
菅江はまた、この「ナマハゲ」を描いたさし絵に添えてさらに詳細な解説を加えている。

　正月十五日の夜深く、わかき男ともの集り、鬼の仮面、あるはいふ可笑《オカシ》とて空吹の面《ヲモテ》、あるは木の皮の面に丹ぬりたるをかけて、螻蓑といふものに海菅てふ艸を黒塗としてふり乱し、手に小刀を持て、小筥の中に物ありてころ〳〵と鳴るを脇に掛て、たゝむきをいからし、蒲のはきまき、海菅のはきまきに雪沓をさしはき、人の家にゆくりなう飛入りてけれは、あなをかな、なまはきの来るとて、童の声も得たてす迯まとひかくろふ。

　奈万波義は寒さにたえず火に中《アタ》りたる脛に赤斑のかたつけるをいふなり。この火文《ヒカタ》を春は鬼の来て剝き去るちふ諺のあるにたくへて、しか鬼のさまして出ありく生身《ナマミ》剝《ハギ》ちふもの也。中国にて、かんことて元興寺の鬼をいひ、陸奥なとにて、もつことて蒙古国の襲ひ来るをいひ、此あたりにては生剝をいひて童をすかしぬ。

近世末のナマハゲ行事（『菅江真澄全集』第4巻口絵より）

　近世末期に行なわれていた「ナマハゲ」行事をまことに生き生きと要領よく記録しており、この記事を読むだけで、このナマハゲが恐ろしい鬼だとわかるはずである。

　板沢武雄が報告した釜石市付近の「ナナミ」と称する仮面・異装の行事も、これとほぼ一致する行事であった。

　自分の郷里釜石町附近で、旧暦正月十五日の行事の一つにナナミといふものがあつた。警察の制止があつて此頃はもう絶えて居る。村の若者連中が、神楽面の中から山の神や般若のやうな怖いものを選んで被り、腰には必ずチンダイと謂つて、門松の張つた大きな注連飾りを横綱見たやうに巻きつけ、突然家の一方の雨戸などを開けてあばれ込むのである。形相と云ひ声と云ひ縮み上る程怖いものであつた。家の子供召使の者などの、日頃の悪事悪癖を発いて攻める。自分などもよくノサバル（甘える）かどうかと言つてさいなまれたことを記憶して居る。そして結局は餅と銭とを上げて詫びをして帰すのであるが、これは村人の風儀の矯正に権威と実効とを有して居たやうである。尚この大ナナミに対して小ナナミと謂ふがあつた。子供等が幾組も隊を作つて玩具の面を被り、小さな笛をピー〳〵鳴らして家々をあるいたが、是は単に門祝ひの類であつた。ナナミの語義は不明であるが、或地方ではナナミに限らず、ナマミタグリなどゝいふもあつて、ナナミは即ちナマミの転訛であらうか。此地方では小正月のナナミと謂ふが、此方は通例はガンボウと謂つて居る。山を越した遠野郷に行くと、ガンボウのことをモツコとも謂つて居る。或人は蒙古を恐れた名残りかなどとも言つたが、それは決して確かでは無い。此地方で鬚の多い人をヒゲモツコなどと謂ふのは、此と縁のある方言であろう。(15)

こういったナマハゲ系来訪神行事の報告からわかってくるのは、この系統の行事に登場する神霊が、人間に危害を加えたり人間社会を破壊したりする可能性をもった邪悪で恐ろしい鬼もしくはそれに類する悪霊・妖怪と考えられていたことである。

こうした悪霊来訪儀礼は、古代から中世に流布した鬼・悪霊の来襲を描いた説話や修正会の追儺式の影響を受けてつくられた儀礼だと推測されるのだが、その経緯を明らかにすることは今日では充分にはできそうにない。しかし、多くの点で共通した特徴を示していることは指摘できるだろう。

まず扮装であるが、多くは鬼面を被り、天狗面や獣面を着けたりするところもある。鬼の面と称しつつ角のない面もある。これをもってナマハゲ系の神格をもとは鬼でなかったとする説もあるが[16]、たとえば「熊野の本地」の絵に描かれているように、鬼とはいわば悪霊の別称であって、角のない恐ろし気なる面を被った者や獣面らしきものを被った者も、九百九十九人の「鬼」たちのなかに含められており、とくに奇妙だというわけではない。むしろかつては異形なる者が鬼であり、その属性や行動が鬼であるかどうかを決定したのであった。

この儀礼に登場する神格は、人を殺すことのできる道具をたずさえ、折りあらばそれで刺し殺すぞとおどす。つまり、恐怖を人びとにひき起す神格であり、それゆえ邪悪な鬼と考えるのが妥当であって、これを祝福するためにやってきた善なる神霊＝「まれびと」だとか、その原質は「祖霊」だと説いたところであまり意味がない。そうした解釈はむしろナマハゲ系儀礼の本質を見逃すものである。

民俗学者がよくいうように、子どもたちの「地蔵遊び」を、これはかつて大人たちが口寄せをやとって行なっていた「地蔵憑け」が零落したものだと説明したところで、それは系譜関係の指摘ではあっても子どもたちの遊びの本質を解き明かしたことにはならないのと同じである。要するにナマハゲ系の儀礼の本質は恐ろしい鬼の来訪に求められるべきなのである。

ナマハゲ系の鬼はたしかに私たちが検討してきた鬼の属性と類似する属性をもっている。ナマハゲ系の鬼はその来訪を告げる騒音を立て、家の中に乱入してくる。家の一部や家具などの破壊さえも許されていた。これは明らかに修正会の「乱声」などに通じるものである。

鬼が簑を着けているというのも古くからの考えであった。とりわけ民間で信じられていた鬼はそうだったらしい。『枕草子』にも「簑虫……鬼の生みたりければ、親に似てこれもおそろしき、心あらむ」と語られ、よく知られたお伽草子「一寸法師」に描かれた、一寸法師に追い払われた鬼たちも簑、笠を着て出現している。上図を見ていただきたい。一寸法師に追われた鬼たちは簑と笠と打出の小槌を放り出して逃げ去っている。

このように、古くから鬼たちは簑笠を着ているのだとする考えが人びとの間に浸透していたのである。しかしながら、ナマハゲ系行事の異形者も簑笠を着けるからということだけで、ただちに悪なる「まれびと」なのだと説くわけにはいかないし、逆に善なる「まれびと」だと断定するわけにもいかないのだ。鬼が簑笠をつけてやってくることがあったが、それは善なる神霊の来訪時の服装でもあったし、死者があの世へ旅立って行くときの服装でもあったからである。

簑笠や打出の小槌を置いて逃げる鬼たち（お伽草紙「一寸法師」より）

ナマハゲ系の鬼は、村のなかに村びととして好ましくない人間がいないかと出現してくる。この出現のモティーフは、牛頭天王の古端将来への制裁など人間の側に邪悪な者がいるという理由で出現することと似ている。生身剝ぎとは火斑ができるほど火の周りに坐ってばかりいる怠け者の生身＝火斑を剝ぐという意であるという。それは怠け者を〝殺して食べる〟ということをも暗に意味している。つまり、恐ろしい鬼は人間が人間としていかに生活するのが好ましいかを教え込ませるために登場するのである。鬼は「村人の風儀の矯正には権威と実効」を挙げたのである。

もっとも、ナマハゲ系の鬼は、修正会や節分の鬼のように、牛玉杖で打たれたり、つぶてや豆をぶつけられて退散するのではなく、家の主人の歓待を受け、餅や金銭を貰って立ち去っていく。饗応された鬼の方も、この年の豊作や家人の無病息災などの祝福の言葉を述べる。この点に注意すれば、ナマハゲ系の鬼も異界から人びとを祝福するためにやってくる「まれびと」ということになる。ナマハゲ系の鬼はこうした二面性をもっている。この二面性を相手に応じて発揮させるのだ。

男鹿市飯の森に伝えられている「ナマハゲ」の文化人類学的調査に基づいて「ナマハゲ」の分析を試みたヨシコ・ヤマモトの見解は、ナマハゲの行事の本質がどこにあったのかをよくとらえている。[17]

彼女は、この集落の生業や同族や青年団といった社会構造や日常生活の調査結果をふまえつつ、青年団（若者組）によって演じられるナマハゲ行事が一見したところ、人類学者たちが報告する、社会を支配している大人たちへの儀礼的叛乱の様相を示しているものの、その本質はむしろ逆であって、村落社会の秩序や権威を再強化させることにあるとみる。

ナマハゲの攻撃の標的になるのは、子どもであり、まだ子どもが生まれていない若妻や、他所から来た養子あるいは奉公人たちであった。ナマハゲを演じる青年たちは村落共同体における権威をやがて手にする人びとであり、ナマハゲという神秘的存在の力をかりて、充分にそうした権威になじんでいない、いうならば共同体の周縁にとどまっている子どもたちや新参者たち、ときには警官などの外部の者を攻撃し、村落共同体の権威の存在を明示しそれへの服従を強制するのである。それゆえに、そうした共同体の権威を身につけている家の主人は、その来訪を歓迎＝歓待するというわけである。すなわち、ナマハゲは、村落の一員として好ましい〝人間〟をつくり出すために呼び招かれた恐ろしい鬼なのである。子どもや新参者たちに対しては恐ろしくも乱暴な鬼として臨み、社会の中心部を占める人びとには善良なる神格として臨むナマハゲは、言いかえれば、村落共同体が飼いならした鬼、コントロール可能になった鬼といえよう。鬼の儀礼に限らず、儀礼とは元来そういうものなのである。

しかしながら、忘れてはならないのは、そのような状態におかれていても、ナマハゲつまり鬼はその凶暴な属性を失なってはいないということである。ナマハゲの鬼は、心悪しき古端将来に対しては恐ろしい悪霊として死を、心良き蘇民将来に対しては富を授けた牛頭天王など、人間の性格の良し悪しで、属性の発現の仕方が異なる日本の鬼の仲間といっていいのではなかろうか。こうした鬼として想起されるのが、昔話の「瘤取り爺」の鬼や「姥皮」の継子を助ける鬼女（山姥）などである。

六　もう一つの「まれびと」論に向けて

「ナマハゲ」の鬼は鬼面を着け簑を着けてやってきた。すでに述べたように、「一寸法師」の鬼も、狂言「節分」の鬼も、簑を着て笠を着て人間界にやってくる。また、近世土佐の鬼遊びの唱え言も、「簑着て笠着て来る者が鬼よ」と述べられている。したがって、鬼の旅装束は簑笠姿だといっていいのかもしれない。しかしながら、簑笠姿の来訪者が鬼にかぎられていたわけではないのだ。そのことを私たちはしっかり心に留めておく必要があるだろう。

「小正月の来訪者」行事のなかで、太平洋岸の岩手県や宮城県などに分布している「カセドリ」と称する行事にも、こうした簑笠姿の来訪者が登場している。けれども、私たちはだからといってこの行事の異装の来訪者をただちに恐ろしい「鬼」だとも、善なる神霊だとも速断しえないし、してはならないのだ。それがいかに危険であるかを、遠野地方の「カセドリ」行事によって私たちは知ることができる。

遠野地方の小正月の晩には、たくさんの「まれびと」たちがやってきた。「福の神」「春駒」「畑まき」そして「カセドリ」……。遠野生まれの菊地照雄は、幼少の頃を思い出しながら、次のように書き記している。

福の神というのは、子どもたちが袋をもって七、八人が組になって家々をまわった。「福の神がきたゾ、アキの方からきたゾ」とさけぶと、中からアワ餅、干スルメ、ミカンなどをもったばあさまやら小さな孫達が縁側に出てきて、「御苦労様だごと、かぜっこひかねえよにナ」と手を合せ、「今年もどうかマメ（平穏で病気をしない）でありますように」と我々を拝むのがくすぐったい気持ちになった……この餅をもらい歩くのは我々だけではなかった。青年団の村兄貴たちはかせぎどりといって笠とケラを着た。今で言えば雨合羽だ。五、六人一組で家の前で「ホト、ホトホト、ホト」と訪れの合図をおくる。そうすると家では用意していた桶の水をひしゃくにくんで戸をあけるなり乱暴にも水を家族全員でかけた。終わって大きな鏡餅をくれる……このほか春駒といって腰に馬の鳴輪をつけ、チャラチャラと音をたてて庭にまいこむ一団がいた。また娘たちはそろいのたすきをかけて鍬をもってくりこんできた。畑まきといった。(18)

菊地によると、こうした来訪者たちが二十日の晩まで来訪したのであった。菊地は、このような来訪者をまとめて「ホイト神」（乞食神）と呼んでいる。まさしくこの晩の来訪者たちの第一の目的は餅や金銭を貰うことにあったのだ。では、若者や娘や子どもたちが演じている来訪者はいかなる神なのか、いかなる人物なのだろうか。

「福の神」は近世に流布した七福神を思わせる。「春駒」は新春に村々を門付けして廻った「春駒」と称する芸能を行なうことで米や餅や金銭を得ていた遊行の芸能者の芸を真似たらしい。「畑まき」についてはわからない。では、「カセギドリ」は何だったのか。簑笠をつけているから、鬼なのだろうか。それとも善なる神なのだろうか。正直なところ、これもよくわからないのだ。少なくともカセドリが鬼の属性である凶暴性をもっているというしるしはまったくない。しかし善神だというしるしもほとんどないといっていい。ひょっとして、これは村々を廻っていた「乞食」を真似たものなのかもしれない。乞食もまた簑笠姿で旅をしていることが多かったからである。他の地方のカセドリ系の儀礼をみるとその可能性が高い。村の貧しい家の者がカセドリに扮したり、カセドリで集めた餅や金銭が貧しい家に分け与えられたりしている例のあることがそれを暗示している。

このようにみてくると、遠野には恐ろしい鬼のような来訪者は訪れなかったかにみえる。たしかに儀礼として、それも村びとによる仮面・異装儀礼としては、以前には近くの釜石市にみられたナナミのようなナマハゲ系の儀礼があったのかもしれないが、菊地の幼い頃に存在していなかったようである。けれども、小正月に来訪する〝鬼〟はここにも訪れていたのだ。これを語っているのが、柳田國男の『遠野物語』である。

正月十五日の晩を小正月という。宵のほどは子供ら福の神と称して四五人群を作り、袋を持ちて人の家に行き、明の方から福の神が舞い込んだと唱えて餅を貰う習慣あり。宵を過ぐればこの晩に限り人々決して戸の外に出づることなし。小正月の夜半過ぎは山の神出でて遊ぶと言い伝えてあればなり。山口の字丸古立におまさという今三十五六の女、まだ十二三の年のことなり。いかなるわけにてか唯一人にて福の神に出で、ところどころをあるきて遅くなり、淋しき路を帰りしに、向うの方より丈の高き男来てすれちがいたり。顔はすてきにて赤く眼はかがやけり。袋を捨てて遁げ帰り大いに煩いたりといえり。(19)

すなわち、遠野地方の小正月の夜は、儀礼としては演じられることがない、恐ろしい「山の神」(おそらく天狗のたぐいだろう)が村を訪れるために、人びとは固く〝物忌み〟をしたのだ。少なくとも、この夜にやって来る「山の神」は邪悪な属性を発現させる、それゆえひたすら忌避するしかない存在、つまり鬼や悪霊のたぐいであった。この「山の神」こそ、私たちがこの小文で追い求めてきた、恐れられ忌避され排除すべき鬼の同僚であるといっていいだろう。遠野の人びとは、こうした「山の神」を儀礼化しなかった。ということは、儀礼を介在させることでコントロールすることをしえなかったということにもなる。

　このように、忌避され排除されるべき存在はつい最近までパワフルな力をもって存在していたのだ。その姿かたちや名称は異なっていても、それが日本の鬼の伝統を継ぐものなのである。

　簑着て笠着て来る者は誰か。それは鬼である。それは神霊である。それは死者である、それは旅人である、それは乞食である……要するに、たしかな答はないのだ。したがって、私たちはこう問い直すべきなのだ。人間もしくは人間社会の反対物はなにか。人間の概念をより明確にしてくれるものはなにか。つまり反社会的・反道徳的存在はなにか、と。それこそが、いかなる名称をもっていようと、日本においてかつて鬼と呼ばれた存在に相当するものなのである。

「簑着て笠着て来る者はなに？」と問うことは、「まれびと」を広いカテゴリーとして把握することを可能にするであろう。鬼も簑笠を着けてやってくることがある。だが、この鬼はやはり簑笠を着けてやってくる善なる神霊の対角に位置づけられる存在であり、折口の「まれびと」が逆転・逆立ちした「まれびと」なのである。多くの民俗学者のように、それを善なる神の零落ととらえることは、鬼の本質を見逃してしまうことになってしまうだろう。

　もう一つの「まれびと」としての鬼の文化史をこれまで以上に精緻なものにしていく必要が痛感される。

注

（1）こうした鬼の多様性については、馬場あき子『鬼の研究』（三一書房、一九七一年）や小松和彦・内藤正敏『鬼がつくった国・日本』（光文社、一九八五年）などを参照のこと。
（2）この疫隅国社は江熊牛頭天王社で、京都の祇園社の分社として勧請されたものと考えられている。したがって、この説話は京都・八坂の祇園本社でおそらく語られていた、疫病神＝スサノオ＝武塔神＝牛頭天王についての縁起譚の地方版であろう。この点については、西田長男「『祇園牛頭天王縁起』の成立」（『神社の歴史的研究』塙書房、一九六六年）を参照。

（3）高知県物部村に伝わるいざなぎ流「天刑星の祭文」には、「坊主を千人、太夫千人、山伏千人、三千人をそろふて、千部の経に万部の経に読ふで御祈念御祈禱いたしてござれば」とある。祈禱師が総動員されているわけである。天刑星とは牛頭天王の別称である。小松和彦「いざなぎ流祭文研究覚書（1）――天刑星の祭文」（『春秋』八・九月合併号、一九八九年）、を参照。

（4）悪霊祓いの儀礼については、たとえば、小松和彦「悪霊祓いの儀礼、悪霊の物語」（『密儀と修行』湯浅泰雄編、春秋社、一九八九年）を参照。

（5）小松和彦「熊野の本地――呪詛の構造的意味」『憑霊信仰論』ありな書房、一九八四年。

（6）能勢朝次『能楽源流考』岩波書店、一九三八年。

（7）能勢朝次、前掲書。

（8）五来重『続仏教と民俗』（角川書店、一九七九年）および高取正男「民俗と芸能」（『日本芸能史』1、法政大学出版局、一九八一年）などを参照のこと。

（9）高取正男、前掲論文。

（10）小松和彦「雨風吹きしほり、雷鳴りはためき……――妖怪出現の音」（『is』第35号、一九八七年）も参照のこと。

（11）折口信夫「国文学の発生（第三稿）」『折口信夫全集』第一巻、中央公論社、一九五四年。

（12）高岡弘幸には、本書所収の論文とは別に「都市と疫病――近世大坂の風の神送り」（『日本民俗学』第一七五号、一九八八年）がある。

（13）坪井洋文「年中行事の地域性と社会性」『日本民俗学大系』第七巻、平凡社、一九五九年。

（14）伊藤幹治「稲作儀礼の類型的研究」『国学院大学日本文化研究所紀要』第十二輯、一九六三年。

（15）板沢武雄「諸国新年習俗の比較――陸中閉伊郡釜石附近」『民族』第二巻第二号、一九二七年。

（16）稲雄次『ナマハゲ』秋田文化出版社、一九八五年。

(17) Yamamoto Yoshiko 1978, *The Namahage : a festival in the northeast of Japan*, Institute for the study of Human Issues. Inc. Philadelphia.

(18) 菊地照雄『遠野物語をゆく』伝統と現代社、一九八三年。

(19) 柳田國男『遠野物語・山の人生』岩波書店、一九七六年。

II　鬼の文学史

酒呑童子異聞（抄）

佐竹昭広

I

元和七（一六二一）年十一月二十一日のことである。近江国一帯に大風が吹いて、山間部は少なからぬ被害を生じた。近江源氏佐々木氏日記『江源武鑑』[1]（全十八巻、明暦二年刊）は、この大風について次のような記録をとどめる。

廿一日。大風近国ノ山木半吹倒ス。弥三郎風ト云。（巻十八、六十四オ）

当日の大風を、世人が「弥三郎風」という名で呼んでいる事実に注目したい。いかにも民衆の命名らしい「弥三郎風」という風の名前は、この風に対する民衆の、恐怖なり驚愕なりを具体的に表明したものと言えよう。名づけて「弥三郎風」という以上、この大風には、なんらかのかたちで弥三郎という人物が関係しているはずである。「弥三郎風」という名に托された恐怖なり驚愕なりの実相は、したがって、弥三郎その人を追尋することによってしか復原しえない。

弥三郎という人物は、近江国伊吹山を中心とする口碑の主人公であった。伊吹山中のあちこちには「弥三郎の蹴鞠場」「弥三郎の庭」(『近江国輿地志略』巻之八十二)、「弥三郎の泉水」「弥三郎の百間廊下」(『改訂近江坂田郡志』第二巻)などと称する場所があり、また山麓の原野には六、七尺の凹地のあるところを「弥三郎の足跡」(同上)と言い伝えている。

お伽草子『伊吹童子』(絵巻物三巻、東洋大学蔵、岩波文庫『続お伽草子』所収)によれば、弥三郎とは、「伊吹の弥三郎」と呼ばれた大変化の者であった。

この弥三郎殿は野山のけだものを狩りとりて朝夕の食物とし給へり。もしけものを得ざる日は田夫野人の宝とする六畜のたぐひ、たき木を負へる馬、田をたがへす牛などを奪ひ取り、うちころしなどして食しける有様、鬼神といふは是なるべし、のちには人をも食ひ給ふべしとして、見聞きし程の者、皆々所をすてゝ四方へにげ散りし程に、伊吹の里の近きあたりは人住まぬ野原とぞ成りにける。

物語は、右のようにまず伊吹の弥三郎という世にも猛く恐るべき人物を紹介し、次いで一つの求婚譚へと展開する。

そのころ、同じ近江の国に大野木殿という有徳人が住んでいた。かれには当年十六歳になる美しいひとり娘がある。この姫君のもとへ夜な夜な通ってくる男のあることを、たれも気づかないでいるうちに、いつか姫は身ごもってしまう。驚いた乳母が問いただすと、何人ともさだかには知りがたいけれども、「そのありさまけだかき人」が夜ごとに訪れてくるという答えである。乳母から事情を聞いて、母親は、おそらく変化のものに違いない男の正体をあらわすために、針のついた苧環《おだまき》を娘に渡し、男の衣のすそに縫いつけさせる。朝になって、帰って行った男のあとを、糸をたよりにたどってみると、垣の穴から外へ通じ、伊吹山のほとり、弥三郎の家に至っていることがわかる。かねて常人ではないと聞いていた弥三郎のしわざである以上、父大野木殿もおろそかに扱うことはできない。その晩は姫君のもとへ山海の珍物を贈って、夜もすがら好物の酒をもてなさせる。弥三郎は、胎内の子どもが尋常ならざる能力を備え、国の主ともなりうる男子であることを娘に予言する。酒を過して伊吹へ帰った弥三郎は、この大酒がもとで死ぬ。三十三ヵ月ほど経て、姫君には異様な男子が生れた。名前を伊吹童子と呼ぶ。

右は上巻から中巻の初めにかけての荒筋であるが、伊吹童子の誕生に関する求婚譚が、一見してほとんど完全な蛇聟入苧環型《へびむこいりおだまき》を示していることは、あらためて説くまでもないであろう。

『古事記』の三輪山神話以来、『肥前国風土記』『新撰姓氏録』『平家物語』『源平盛衰記』等々、数多くの文献に記録され、今日も全国の各地に、あるいは伝説として、あるいは昔話として語り継がれているこの型の伝承のいちじるしい特徴の一つは、娘のもとを訪れる男が、実は蛇体にほかならなかったところにある。

ある山里の家に一人の美しい娘があった。齢頃になると毎夜どこからとなく美しい若者が通うて来るようになった。母親はそれに気がついて心配して、毎夜お前の室に話声がしているが、誰か来るのかと訊いた。娘は先だってから毎夜どこの人だとも分らない人が来るが、名前も所もどうしても話さないと言うと、母親はそれでは今夜来たら、その男の衣物の襟に縫針を刺してミズ（糸）を長くつけておけと教えた。娘はその通りにした。翌朝起きてみると、昨夜帰って行った男の衣物の襟に刺した針のミズが障子の穴から通うて外へ引かれ、そしてどこまでもどこまでもずっと長々と引かれてあった。娘は怪しんでそのミズ糸の通りにどこまでもどこまでもその跡を求めて行ってみた。その糸は奥山の岩窟の中に引き入れられてあった。その岩窟の入口には格子戸が立っていてなかなか入れなかった。中には何者かがうんうん苦しそうな唸り声を出していた。娘が、俺ァ来あんしたと言って訪れると、中からいつもの男の声だけして、ああお前が来たか、お前が来るべえと思《も》っていた。俺は今大変な負傷《けが》をしているからお前に逢われない。今日は黙って帰れ。そしてもう二度とお前には逢われないスケこれが縁の切れ目だと言った。娘は悲しくなって、俺ァどんなことァあってもう魂消《たまげ》なえシケ話すとがんせ。そしてもう一遍どうか顔見せてがんせと言うと、男はどんなことァあっても魂消んなと言って顔を出した。すると昨夜衣物の襟だと思って刺した縫針が、大蛇の眉間に刺さって顔が血みどろとなっていた。大蛇は、俺はこんなになってしまったが、一向お前を怨まない。それどころかお前の腹に宿った子を大事にして生んでくれ。きっと偉い者になるべえシケにと言って命《め》を落した。（佐々木喜善『聴耳草紙』）

伊吹の弥三郎を主人公とする求婚譚が、蛇聟入苧環型によって形成されているという事実は、必然的に弥三郎なる人物の蛇身的性格を暗示するものでなければならない。

それでは、なぜ弥三郎の本性を特に蛇体として、蛇聟入型の求婚譚へと仕立てることができたかと言えば、それはかれが伊吹大明神の申し子だったからである。伊吹大明神は林道春の『本朝神社考』に、

素戔嗚尊在テ㆓出雲国ニ㆒斬タマフ㆓八岐ノ大蛇ヲ㆒。尾ノ中ニ有リ㆓神剣㆒。所謂天ノ叢雲ノ剣也。尊献ル㆓之ヲ于天照大神ニ㆒。大神曰。
是レ吾レ入シ㆓天ノ岩戸ニ㆒時隕シ㆓於近江ノ国異布貴山ニ㆒者也。其後及テ㆓天孫降臨ニ㆒授タマフ㆓此剣ヲ㆒。世々相承テ。以テ為ス㆓天子ノ護
身ト㆒。崇神帝ノ御寓。改テ鍛キタイテ㆓新剣ヲ㆒置キ㆓于宮中ニ㆒奉ル㆓旧剣ヲ于伊勢大神宮ニ㆒。逮テ㆔日本武ノ皇子征スルニ㆓東夷ヲ㆒詣デタマフ㆓伊
勢ノ大神ニ㆒。大神託シテ㆓大和姫ニ㆒授タマフ㆓其剣ヲ㆒。皇子到テ㆓駿河ノ国ニ㆒夷賊燎ク㆓原野ヲ㆒。不㆑可㆓撲滅ス㆒。皇子抜テ㆑剣ヲ揮㆑之ヲ。
草木悉ク靡キ熾焰焚ク㆑賊ヲ。皇子無㆑恙ガ。至テ㆑是ニ改テ名ク㆓草薙剣ト㆒。已ニ而東征シテ帰リ㆓于尾張ニ㆒聞テ㆔近江ノ国異布貴山ニ有ト㆓荒
神㆓而欲シテ㆑伐ント㆑之ヲ以テ行ク。神化シテ為テ㆑蛇ト当ル㆑路ニ。皇子以為テ㆔此ノ蛇非ズト㆓真ノ荒神ニ㆒。因テ跨デ㆑蛇ヲ径ニ行ク。時ニ山道雲霧大ニ起ル。
皇子迷テ而失フ㆑路ヲ。遂ニ痛テ㆑身ヲ如㆑酔ルガ。偶得テ㆑泉而醒ム。因テ号シテ㆓其処ヲ㆒曰㆓醒カ井ト㆒。世俗以㆓此故ヲ㆒謂テ㆓胆吹ノ神ヲ㆒為ス㆓八岐ノ
大蛇ノ之所変ト㆒也。（中之三、胆吹明神）

と見えるように——この草子においても挿話の形で述べられている——古くから八岐大蛇が本地であると

信じられていた（『源平盛衰記』巻四十四、神鏡神璽都入並三種宝剣事）。伊吹明神の申し子であるということは、ゆえに八岐大蛇の申し子であるというに等しい。大酒が災いして、ついには一命を落したほどの弥三郎の酒好きは、八岐大蛇の流れをくむ身であれば、きわめて自然である。伊吹の弥三郎とは、まさしく蛇神の化現だったのである。

＊

お伽草子『伊吹童子』以前、弥三郎についての記録は『三国伝記』（一四〇七年成、全十二巻）に見いだされる。(2)

和伝。近江美濃両国《ノ》境《ニ》伊福貴《イフキト》云太山《アリ》。……近曾彼《ノ》伊福貴山《ニ》弥三郎《ト》云《フ》変化《ノ》者栖ケリ。昼《ハ》崔嵬畳嶂洞壑《ニ》住《シテ》、夜《ハ》関東鎮西《ノ》遠境《ニ》往還《シ》、人家《ノ》財宝《ヲ》盗奪《ヒ》、国土《ノ》凶害《ヲ》成《ス》事不レ斜《ナラ》、天下《ノ》大《ナル》愁《ヘナル》故《ニ》、当国《ノ》守護佐々木備《ノ》中守《ノ》源《ノ》頼綱卿《ニ》勅命《ヲ》下レテ分国之狼藉可レ令二対治一云々。頼綱《テ》任二宣旨《ニ》一、嶮難《ノ》峯《ニ》分入伺《テウカヾフ》二彼物《ヲ》一。是《ニ》在《カト》スレバ忽焉《トシテ》移《リ》二他郷《ニ》一、適此《ノ》山《ニ》有《ル》時《モ》、本栖《ノ》家《ヲ》捨去《テ》、人倫都《テ》不レ通龍池《ノ》辺《ニ》隠《レ》ケリ。サル程《ニ》治罰已《ニ》延引《シテ》両年《ヲ》過《シ》タリ。爰頼綱思ケルハ、彼《ノ》盗跖《ガ》巨悪、柳下恵《ガ》大賢ナリシモ不レ罰《セ》。丹朱《ガ》不肖《ヲバ》唐尭帝《ノ》大聖《モ》難レ治。彼等《ハ》父子兄弟《ノ》間ナリシスラ尚如レ此。何況《ヤ》雲泥《ヲ》交隔《タル》野心違勅《ノ》悪党《ヲ》打捕《トラン》事、豈輙《タヤスカラン》哉。雖レ然若《シ》彼《ヲ》遁《シ》タラバ、一身《ノ》不覚万世《ノ》口遊《ミ》タルベシト思入《ヒテ》、摩利支天《ノ》秘法《ヲ》伝《ヘ》、隠形《ノ》術《ヲ》修《シテ》、彼《ノ》盗賊《ヲ》伺《フニ》、高時河《ノ》河中《ニシテ》近付会《ヒ》、忽《ニ》彼《ヲ》誅戮《シ》、四海《ノ》白浪《ヲ》静《メ》一家《ノ》名誉《ヲ》播《ホドコセリ》。其《ノ》後彼《ガ》怨霊毒蛇《ト》変《ジテ》、高時川《ノ》井口《ノ》碧潭《ヲ》成《トシテ》、用水《ヲ》大河《ニシ》落タリ。是《ニ》依《テノ》多田代枯潑《シテ》、青苗黄枯《レ》、飲水忽尽《ニ》、民間悉《ク》窮竭《セリ》。人無二九年《ノ》畜一、飢饉死亡《ノ》者其数《ヲ》不レ知。依レ之《テ》其《ニノ》所祠《ニヲテ》建、悪霊神《ヲ》崇《トメ》、井明神《ト》号《ス》。礼典《ヲ》儲《テ》致二如在儀《ス》一。故生《ニテノ》怨死《モシテノ》歎《ト》毒心《ヲ》改《メテ》井口《ノ》守護神《ノ》成《トリタマフ》。所以《コノユヘニ》風雨随二天時《ノ》一、水津潤《セリ》二地利《ヲ》一。然《ニ》九夏三伏《ノ》比、猶一年《ニ》一度、伊吹《ノ》禅定《ニ》上《リテ》、昔《ノ》跡彷徨。其時《ノ》晴天俄《ニ》曇《テ》、霹靂空《ニ》動《ヒテ》凍霰地《ニ》降《ル》。見《ル》者アハヤ例《ノ》弥三郎殿《ノ》禅定通給《ヒフ》ハトテ、惶怖セズト云《フ》事ナシ。（巻六ノ六、飛行上人《ノ》

事、付伊吹弥三郎殿事）

弥三郎の本性の蛇体であったことは、殺されてから身を毒蛇に変じたというくだりが証明している。その本貫が伊吹山であったことも、かれが死後なお年に一度伊吹の禅定へ通ったという内容をもって裏づけうる。お伽草子『伊吹童子』の所伝と、なかんずく大きく相違するところは、もっぱらかれの死に関する部分である。

『伊吹童子』は弥三郎の死を大酒によって説き、『三国伝記』は誅伐によって説く。しかし、お伽草子『伊吹童子』を読むとき、かれの死が必ずしも偶然の事故によるものとは思えない。なるほどそこには、弥三郎の命を絶とうという大野木殿の殺意は書かれていない。けれども、夜もすがらさまざまに酒を強い、七つの酒甕にたたえた酒を残り少くなるまで飲みほさせたというような記述には、八岐大蛇の末裔、弥三郎を、八岐大蛇と同じく酒で謀殺してしまおうとする意図が感じられてならない。（補注）市古貞次氏の指摘するように、中世小説の怪婚談は多く怪物退治と並行して語られる傾向を持つ（『中世小説の研究』第三章武家小説、3怪物退治談二一九頁）。蛇聟入譚の弥三郎も、多分その例外ではなかったであろう。『伊吹童子』と『三国伝記』は、ともに弥三郎が誅伐されたことを、一方は消極的に、他方は積極的に述べているだけの違いにすぎない。

＊

ここで近世の雑史『北条九代記』（全十二巻、延宝三年刊）をひもといてみる。同書巻二の終りに「柏原弥三郎逐電」と題する章がある。

近江国ノ住人柏原弥三郎ハ、故右大将家ノ御時ニ西海ニオモムキ抜群ノ働アルヲモツテ、平氏滅亡ノ後勲功ノ賞トシテ江州柏原ノ荘ヲ給ハリ、京都警衛ノ人数ニ加ヘラレ、仙洞ニ候シテ奉公ヲツトメケル所ニ、恣マヽニフルマフテ法令ヲ破リ、神社ノ木ヲ伐リ、仏寺ノ料ヲウバヒ、公卿殿上人ニ無礼緩怠ヲイタシ、シバ〳〵帝命ヲソムクコト重々ノ罪科アリ。加之オノガ領地ニ引コミテ鹿狩川狩ヲコトトシ、百姓ヲ凌礫スルヨシ、院宮ハナハダ悪ミ給ヒ、頭弁公定朝臣奉行トシテ弥三郎追罰ノ宣下アリ。佐々木左衛門尉定綱飛脚ヲモツテ鎌倉ニ告申ス。同十一月四日将軍家ヨリ畏マリ申サレ、渋谷次郎高重、土肥先次郎惟光ヲ使節トシテ手ノ郎等ヲ引率シテ上洛ス。カヽル所ニ関東ノ左右ヲモマタズ、京都伺公ノ官軍四百余騎江州ニ押ヨセ、柏原ノ荘ニイタリ彼ノ館ニ向ヒシニ、三尾谷十郎夜ニマギレテ先登シ、館ノ後ノ山間ヨリ鬨ノ声ヲ発セシカバ、弥三郎オソレマドヒ、妻子郎従モロトモニ館ヲ逃テ逐電ス。ソノ行ガタヲ尋ヌレドモ更ニ聞エズ。関東ノ両使ハソノ詮ナク押返シテ下向アリ。官軍モマタ寄カケタル甲斐ナシ。三尾谷ガ所行更ニ軍事ノ法ニ非ズ。柏原ヲ取ニガシタリ。サダメテ関東ノ御気色、仙院ノ叡慮ヨロシカルベカラズト思ハヌ人ハナカリケリ。サレドモ別ニ仰せ出サルヽムネモナケレバ、何トナク静マリヌ。

柏原弥三郎討伐は史実である。『北条九代記』は、その主な資料を『吾妻鏡』に仰いでいるのだが、『吾妻鏡』巻十六には、この事件を、

〔正治二年十一月〕一日。癸巳。晴。相模権守並佐々木左衛門尉定綱等飛脚自京都参着。去月廿二日、為頭弁公定朝臣奉行、可追討近江国住人柏原弥三郎之由被宣下。是近年於事背帝命之故也云々。

四日。丙辰。陰。小雨常降。今日、渋谷次郎高重、土肥先次郎惟光、為使節上洛。是為追討柏原弥三郎也。各先相模国所領、自彼所可進発云々。

〔十二月〕廿七日。巳酉。晴。先日上洛渋谷次郎高重、土肥先次郎惟光等帰着。申云、高重等上洛以前、官軍発向彼柏原弥三郎住所近江国柏原庄之刻、三尾谷十郎襲件居所後面山之間、賊徒逐電畢。今両使雖伺其行方、依無所拠帰参云々。

と報じている。ただし宣下の日付については『明月記』に、

〔正治二年十一月〕二十六日。天晴。……又参此御所。頭弁参奉宣旨。柏原弥三郎云者、年来所聞也。依物可追討之由宣旨云々。見参之後、頭退出之次、聊相逢、明後日可参内之由相語。此事昨日頭中将以書状又所触也。可有相定由、両頭結構云々。宣旨今夜被下可宣由可申之由相触退出。仍其由以宮女房申達了。今夜以御書遣公定弁許云々。

と記してあり、『大日本史料』は『明月記』の十一月二十六日説を採る。『北条九代記』は、柏原弥三郎逐電の事件を、将軍頼家の政治的無力にもとづく幕府の権威失墜の一例として取り扱っているために、逃亡後の弥三郎の動静は述べていない。しかし『吾妻鏡』巻十七には、

〔建仁元年五月〕十七日。丙寅。佐々木左衛門尉定綱飛脚参着。申云、柏原弥三郎、去年為三尾谷十郎被襲之刻、逃亡之後不知行方之処、広綱弟四郎信綱伺得件在所、今月九日誅戮之云々。

という記事が見え、これによって柏原弥三郎は建仁元（一二〇一）年五月九日誅伐されたことを知りうる。柏原弥三郎は名を為永といった。『江源武鑑』天文十四（一五四五）年十一月十三日の項に、

十三日。香津ヨリ四尺三寸ノ長太刀ヲ観音城へ上ル。彼浦ニテ引上ルヨシナリ。太刀ノ銘ニ曰ク柏原弥三郎為永所持之治承四年ト書付ケリ。屋形此太刀ヲ則柏原美作守時長ニ下シ玉フ。時長ガ家ノ宝ハ是ナリ。（巻四上、八ウ）

と、その名を見る。

柏原荘は、伊吹・大久保・藤川・板並・上野・大清水・杉沢・須川・大野木・柏原・梓河内・長久寺の諸郷の総称であった。『近江国輿地志略』は「柏原弥三郎領地たりし故に、柏原庄とはいひしなり」と述べているが、柏原荘の名は、応徳二（一〇八五）年五月八日の太政官牒（『改訂近江坂田郡志』第七巻、第二十八編

三宝院文書）にまで辿ってゆくことができるから、『輿地志略』の言には従えない。柏原の地より勃興し、戦功あって同荘の地頭に補せられ、柏原姓を称したものかと考える。

応徳二年以来、柏原荘は堀河天皇の菩提寺山城国醍醐寺三宝院の寺領で、不輸租の特許を与えられていた。この地の地頭に任ぜられ、全域の警察権・徴税権・土地管理権を握った柏原弥三郎は、地頭名その他、自己の給田を拠点に農民支配を拡大した。あるいは寺領を押領し、貢納を奪い、あるいは『北条九代記』に列挙するようなかずかずの非法が目にあまった。形勢はあきらかに幕府の権威を背景とする地頭の荘園侵略であった。これよりさき、あらたに設置された守護・地頭の制度によって、政治上、経済上の大打撃を受けたのは、もちろん荘園領主、すなわち皇室・貴族・寺社であった。後白河院は頼朝に対し、新制度の修正を要求し、文治二（一一八六）年、地頭の設置区域の規制に一応成功したが、それも十分ではなく、荘園領主と地頭等の抗争はいよいよ激しさを加えつつあった。かくて三宝院は、柏原弥三郎の非法を院へ訴えてでた。「大犯三ケ条」の一、謀叛人の検断は守護の責任である。時の上皇後鳥羽院は、院宣を近江守護佐々木定綱にくだして柏原弥三郎討伐を命じた。五畿内・山陰・山陽・南海道を中心とする三十七カ国については、武士の濫行停止等、すべて院宣によるという宗主権が、院にはゆだねられていたのである。三尾谷某の抜駆けに象徴される討伐軍の無統制は、弥三郎に逃亡の隙を与える結果となった。かれは案内知った伊吹山中に逃げこみ、それから神出鬼没、付近を劫掠してまわったものと思われる。

もはやかれは柏原荘に君臨した地頭柏原弥三郎ではない。伊吹山中の凶賊、伊吹の弥三郎である。『三国伝記』が伊吹弥三郎を「人家《ノ》財宝《ヲ》盗奪《ヒ》、国土《ノ》凶害《ヲ》成《ス》」「盗賊」、「野心違勅《ノ》悪党」と規定し、お伽草子『伊吹童子』が、かれの猛く恐るべきことを強調して「伊吹の里の近きあたりは人住まぬ野原とぞ成りにける」と述べていることは、その間の状況を偲ばせる。

＊

柏原弥三郎が伊吹山深く姿をくらまし、佐々木信綱の手で誅伐されるまでの約一年半は、伊吹周辺の住民にとって、まさに恐怖のどん底であったろう。いや、かれが誅に服した後においても、依然その恐怖はつづかざるをえなかった。今度はかれの悪霊が畏怖の的となったのである。弥三郎にまつわる恐怖の印象は、里人の口づたえにつぎつぎと語りつがれていくうち、しだいにかれを実在の人物としてよりも、むしろ空想上の人物として、史実の主人公より伝説の主人公へと変貌させていった。弥三郎の正体は大蛇で、実は伊吹大明神の申し子なのだとか、本当は天狗だったのだとか、大足の巨人なのだとか、多くの伝承がとりどりに成長をとげてきたのも[3]、かれをめぐる恐怖の記憶があまりにも強烈だったからにほかならない。里人は水が涸れれば弥三郎の怨霊のしわざとして恐れ、大風が吹けば弥三郎のたたりを信じて疑わなかった。

元和七年十一月、湖国に吹き荒れた大風を、時の民衆がなぜ「弥三郎風」と呼ばなければならなかったか。柏原弥三郎誅伐の事あって四百年余、弥三郎はいまだ近江の国人の胸に根強く生きていたのである。

注

（1）佐々木氏の嫡流と自称する沢田源内の著。『国書解題』に言う、「伊勢貞丈の『安斎随筆』巻二十一によるに、本書は偽書なりと断定して其の由来を叙し、江州坂本の農沢田喜太郎なるもの佐々木の嫡流なりと偽り、佐々木の系図に加筆して己れが先祖にこしらへ、且、佐々木の日記と偽り本書を作りて刊行せるなりと云へり。……然れども本書の記事諸家の旧記と符号する点も多ければ全く偽妄なりとも評し去るべからず。読者宜しく鑑別する所ありて可なり」。

（2）引用は寛永十二年刊本による。

（3）柏原弥三郎の誅伐以後数百年、史実の凶賊から伝説の鬼神へと変貌し、事あるごとに里人を震撼させた数多の弥三郎伝説のなかには、つぎに引くような異聞もあった。仮名草子『日本二十四孝』（寛文五年刊）第十四、山口秋道事の項に挿入された弥三郎伝説である。

さて又、近江の国伊吹山に弥三郎と云ふ者あり。その身は鉄のごとくにて、力は千人が力にも超えつべし。国中の者ども是を怖ぢて鬼伊吹とぞ申しける。然るにこの伊吹、東国北国より大内へ奉る御調物を中にて奪ひ取りしかば、御門はかの伊吹を退治せんとし給ふに、この伊吹、切るをも突くをも痛まず。まして射る矢もその身に立たず。その上、山野を走る事、飛ぶ鳥の如し。さていかにとしてかこの伊吹を平げんと公卿僉議ましまして、近国の兵を召され、この伊吹討ち取て奉るものならば、勲功勧賞《けじやう》あるべしと宣旨を下し給ひけり。こゝに同国に三上《みかみ》と聞えし兵法達せし大剛の者あり。この人優なりし娘を一人持てり。しかれば彼伊吹たび〳〵来りて娘を所望せしかば、三上はこの伊吹を討たんため、娘を伊吹に取らせけり。その後、娘を呼び寄せ、伊吹が身のありさまを尋ぬるに、娘語りていはく、人の膚《はだへ》とおぼしき所は右左脇の下より外になしと云ふ。三上はこれを聞き、はかり事をめぐらし、よろづの大石を集め、庭を作らせ、中にもすぐれたる石二つ三つ、庭のまん中に直しかねたる体にて引きすてて置きつつ、伊吹を請《しやう》じ入れつつ、山海の珍物をとゝのへ、伊吹をもてなし、酒をすゝめける。酒も半ばの事なるに、伊吹庭のけしきをきつと見て、面白と作れる庭かな、さてこれなる石をば何とてかくては置き給ふらんと云ひしかば、三上申すやう、あなたへ直したくは候へども、あまりに石が重き故、さてかくて候ふと答ふ。伊吹聞きて、あらことごとしや、あれほどの石をば飛礫《つぶて》にも打つべくは候へ。さらば直して参らせむと云ふままに、座敷を立つて鎧を脱ぎすて、広庭に飛んで下りたりけり。頃は水無月半ば、暑さは暑し、酒には酔ひぬ、日頃の用心もうち忘れ、左右の肩をひん脱いで、小山のやうなる大石を宙にずんと差し上げたり。三上この由見るよりも、あはやここぞと心得て、伊吹が左の小脇を右へ通れとかつぱと突く。伊吹きつと見て、すはやたばかられたる口惜しさよと云ふまゝに、持ちたる石を投げ捨て、三上を取らんと飛んでかゝる。叶はじとや思ひけん、後《うしろ》さまに八尺築地を躍り越え、行方しらず逃げ失せたり。伊吹大きに怒って、我が女房をば八つ裂きにして投げ捨て、雷の激する如くに屋形のうちを鳴りまはり、女わらんべともいはず、当る物を最後に踏み殺し、ねぢ殺し、多くの人を亡ぼして、その身は門に立ちすくみ、居なり死《じに》にぞ死したりける。三上、伊吹が首をとり、大内へ捧げたりしかば、御門御感に思し召して、官も禄も望みのまゝに成し下し給へば、三上は栄花をきはめけり。

一篇のお伽草子に仕立てれば、結構まとまりのよい『あきみち』型の作品が出来そうな説話だが、お伽草子としての存在を聞かない。

（補注）弥三郎に対する大野木殿の殺意は大英博物館蔵『伊吹童子』（絵巻三巻）に明記されていた。

さるほどに大野木どのはこのよしをきこしめし、大きにおどろき給ひ、……いかにもしてこれを害せばやとおぼして、ひそかにはかりことをめぐらし、……色々の珍物をとゝのへ、さまぐ〳〵にもてなし侍りけり。

〔弥三郎ハ〕さしも大上戸なりしが、ともかくおびたゝしき事なれば、正躰もなく飲み酔ひ、跡も枕もわきまへず、そのまゝ座敷に倒れふしたり。運のきはめこそ無慚なれ。大野木殿はたばかりおほせたりと勇みよろこびつゝ、やがてかのふしたる枕に立より、脇の下に刀を突きたて、あなたへ通れとさしこみて、わが館にぞ帰られける。

平凡社版『酒呑童子異聞』刊行の翌年（一九七八年八月）、ロンドン・ダブリン・ニューヨークで開催された奈良絵本国際研究会議に参加した時、初めて本書の存在を知った。一九八九年七月刊、新日本古典文学大系『室町物語集 上』に全文収録（沢井耐三校注）成る。

II

伊吹弥三郎と柏原弥三郎は同一人である。お伽草子『伊吹童子』に伝えられる弥三郎の最期と、『三国伝記』のそれとでは、あらためて史実と較べてみるまでもなく、信憑性は後者の方がはるかに高い。とはいえ、『三国伝記』と史実の間には、一カ所だけどうしても気にかかる食違いがある。『吾妻鏡』に伝える柏原弥三郎誅伐の功労者は佐々木信綱である。この勲功により、弥三郎の館地は信綱に賞与せられた（『近江蒲生郡志』巻二、第二編第四章佐々木信綱）。しかるに『三国伝記』は、弥三郎誅伐の主人公を「当国守護佐々木備中守源頼綱」と伝える。

『湖路名跡志』も「中古佐々木備中守源頼綱、伊吹弥三郎を誅」したと伝えている（『近江伊香郡志』下巻、

第九章社寺篇）。『続群書類従』系図部「佐々木系図」を手もとに、信綱と頼綱の続きがらを要約すると、

定綱——四男信綱——三男泰綱——二男頼綱

のごとくで、その間二代の隔りがあり、頼綱の生存期間（一二四四—一三一〇）は、とうてい柏原弥三郎誅伐の建仁元（一二〇一）年に結びつかない。『三国伝記』の頼綱説は史実に徴して容認しがたいのだ。しかし史実に照して正しくないということは、それがいかなる真実をも含んでいないということではない。史実の信綱が、あえて頼綱と伝えられるにいたった背後には、きっとそれ相応の必然性があったのだと思う。簡単に誤伝とか改竄としてしりぞけられてはならないであろう。

*

お伽草子『伊吹童子』によれば、弥三郎の胤を宿した大野木殿[1]の姫君は、三十三カ月目に見るも恐しい怪童を生んだ。胎内にあること三十三カ月といえば、承平・天慶の乱を起した平将門と同記録（『法華経直談鈔』[2]一末）であるが、この怪童こそ伊吹童子こと後の大江山酒呑童子であった。

『伊吹童子』の中巻から下巻に大要して左記のような筋が述べられている。

> 母の胎内に宿ること三十三カ月、生れ落ちた伊吹童子は、髪の毛が黒々と肩のまわりまで垂れ、歯は上下ともはえそろっていたばかりでなく、抱きあげられた乳母の手の中で目をあざやかに見開き、「父はいづくにましますぞ」と人語を発して皆を驚かせた。世間には大野木殿の姫君が恐しい鬼子を生んだといううわさが広まる。姫君の兄、大野木の太郎は父大野木殿に対して、「世の人伊吹童子をば鬼神の変化なりと申して、大きに恐れ騒ぎ候。まことにかの童子の気色、よのつねの人とは見え侍らず。人人しくなり侍らば、世の為に悪しき事などもや出で来らん。その時後悔するとも益あるまじ」と憂える。大野木殿も、伊吹童子があの凶悪無比な伊吹の弥三郎の血を受けていることを思うと、行く末が心配でな

らない。ついに意を決して、伊吹山中の谷底に童子を捨てる。童子ははじめの間こそ泣き叫んでいたけれども、後にはけろりとして、あたりを駆けまわって遊ぶようになる。この童子の出現に、山中の虎狼野干の類はかえってかれを守護し、花や食物を捧げる。捨てられて死ぬどころか、童子はますます元気に成長する。

伊吹童子の場合とほとんど同趣の誕生譚はお伽草子『弁慶物語』のなかに見いだされる。京大国文研究室蔵の写本『弁慶物語』について梗概を示すと——紀州熊野の別当べんしんは五十になっても子に恵まれず、若一《にやくいち》王子へ参籠、申し子を祈念する。北の方は懐妊し、三年三ヵ月を経て三歳ぐらいの男子を生む。「髪長く、眼《まなこ》は虎の如くなるが、奥歯、向歯生ひ揃ひ、足手も太くたくましう」、生れるやいなや、ひじをついてかっぱと起き上がり、東西をにらみまわし「あらあかや」と言い、からから笑った。鬼子を授かって激怒したべんしんは腰の刀を引き抜いて、まさに殺そうとしたところを、北の方にいさめられ、深山に捨てる。七日目に様子を見に人をつかわすと、子どもは木の下で元気に木の実を食べ、「制する人のあらざれば、思ひのまゝに狂ひけり」という有様。使いの者を見つけ、「おのれは迎ひに来てありけるか、連れて行け」と追いかけ、使いの者は命からがら逃げ帰る。山中の鬼子は、若一王子の氏子ゆえ、虎狼野干も守護の役を勤める。やがて、同じく若一王子に申し子を祈念した都の五条の大納言が、お告げに従って山中に入り、この子を拾い育てることになる。

『弁慶物語』の発端はこのような筋で始まるのであるが、『自剃り弁慶』『橋弁慶』などのお伽草子にも、大同小異の話を載せているところを見ると、弁慶という異形怪力の大男には、鬼子として生れ、熊野山中へ捨てられる一件が必ず伴っていたらしい。

弁慶以外にも類例は少からずある。

小角生時。握二一枚之花一出胎也。生而能言。其母愕然曰。此児鬼神也。棄二之於山林一。雖レ経二数十日一
無二衰色一、無二飢色一。狼狐不食之。却守護。于時大和之商人行路之次観之。則抱取之帰家 字《ヤシナフ》レ之。

（『役行者顛末秘蔵記』(3)）

これは修験道の開祖と仰がれた役行者についての伝説であるが、とりわけ皮肉な例は、頼光と共に酒呑童子の誅伐に従った平井保昌についてのそれであろう。延喜帝の世。元方民部卿の家は、ながらく嫡子に恵まれなかった。しかし、仏神に祈願をこめた効験あって、程なく若君を授かった。若君四歳の秋、元方卿はその子を呼び寄せ、膝の上に置いてじっと顔を注視していたが、「これは家を継ぐべき者ではない。心根はきわめて不敵、山野に交わるべき不吉な相がある。家を譲れば、さだめて世のそしりを受けるようになる」と、ただちに家臣に命じて荒血山の奥、深い谷底へ捨てに行かせた。捨て去られた若君は、仏神三宝の加護によって、猛獣さえもかれを害しようとはしない。ある朝、比叡山に住む狩人が、谷底からこだましてくる叫び声を聞きつけて若君を発見し、連れ帰って養育につとめた。若君は成人するにつれ武名天下にとどろき、帝に召されて勲功をあらわした。これが丹波守保昌であるという（妙本寺本『曾我物語』巻二）。

『熊野の本地』の物語によれば、善哉王の後宮九百九十人の妃たちのねたみを受け、ついに山中で殺されることになった五衰殿の女御は、首を切られる際、胎内の王子を生み落した。その王子が死んだ母君の乳房にすがってはぐくまれていた時、夜昼となく番をしたり、一緒に遊んだりして守りをしたのは、ほかならぬ山の虎狼野干であった。この点において、『熊野の本地』と弁慶伝説とは非常によく似ている。『自剃り弁慶』では、弁慶は若一王子の社の後ろの山に捨てられるのだが、『熊野の本地』はその若一王子の縁起を説く物語なのだ。岡見正雄氏の説（「近古小説のかたち㈠」『国語国文』二二ノ一〇）のとおり、この二つは必ずや本来は同じ種に帰するものであって、熊野にはもと一つの山中誕生譚があったのではないかと推測される。

山中の虎狼野干とは、すなわち山の神の使令であり、さらには山の神そのものを意味する。なかでも、特に狼は山の神としてもっとも崇敬された動物であった。お伽草子『をこぜ』の奈良絵本には、山の神の姿を狼の絵で描いたものがある。全国の各地には、今も「狼の子育て」「狼の産養い」「狼の産見舞」などを信じ伝えているが、狼はなぜか産育に深い関係のある動物と考えられてきた。一方、山の神は古くから女身であるとも信じられていた。山の神に対する人びとのイメージには、しばしばこの二つが混在している。したがって、山中の虎狼にかしずかれて育った子どもの話は、さながら後世の金太郎によって代表される「山姥の子育て」と重なり合う。そうしてこの「山姥の子育て」こそ、霊山にまつわる貴い神子誕生の神話へまでもさかのぼりうる伝承であった。

霊山には、遠い古代から山の神の産育に関する信仰が伝わっていた。霊山のあるところ、厚く山の女神が尊崇され、神子誕生の伝承が信じられていた。中世にはこうした山中誕生のモチーフがいろいろな形をとって現われている。

いまわしい鬼子を山奥に捨てたところが、山の動物に守られて、いよいよ強く育ったというモチーフは、山中異常誕生譚の一類型としてとらえるべきである。捨てられた鬼子がただひとり山中で成育するという筋立ては、並はずれた威力を発揮する英雄の生い立ちを説明するのに、たいへん似つかわしい[4]。

*

不思議な誕生をした子どもが深山に捨てられ、山の動物に守護されつつたくましく成人し、威力を世に振るうというモチーフは、中世口承文芸の典型的な一類型であった。この類型を、山中異常誕生譚「捨て童子」型と命名することができよう。伊吹童子、役行者、武蔵坊弁慶、平井保昌、かれらはおしなべて山中の「捨て童子」だったと言える。

伊吹山中の「捨て童子」は、後の酒呑《しゆてん》童子である。シュテン童子の前身を「捨て童子」だったとするお伽草子『伊吹童子』は、シュテン童子なる者の原像をはからずも露呈しているかのようだ。たとえ室町時代にシュテン童子が一般には、

さて御名を酒呑童子と申し候は、何と申したるいはれにて候ぞ。わが名を酒呑童子といふ事は、明暮酒を好きたるにより、眷属どもに酒呑童子と呼ばれ候。（謡曲『大江山』）

かの鬼、常に酒を呑む。その名をよそへてしゆてんどうじと名付けたり。（渋川板『しゆてん童子』）

このちご（伊吹童子）酒を愛して飲み給ふよし聞えしかば、世の人しゆ天どうじとぞ名づけける。（『伊吹童子』）

のごとく、「酒呑童子」の意で解されていたことは事実であっても、しかしこれらはむしろ原義を忘れた二次的三次的な意味づけだったのではなかろうか。シュテン童子の原義を「捨て童子」として把握しなおすならば、鬼子が山中に捨てられ、大きく育って鬼となり、暴威を振るうに至る筋道は、きわめて無理なくたどられる。

シュテン童子の原像が「捨て童子」であるかぎり、頼光の武勇談のみがいたずらに増大した大江山の酒呑童子にも、以前は山中「捨て童子」の異常成育譚が伝承されていなかったはずはない。大江山酒呑童子系の諸本、謡曲『大江山』などに、怪童が山に捨てられたという一件は見いだされないけれども、くだって『前太平記』、

サレバ彼本姓ハ越後国、何某ノ妻胎メル事十六箇月ニシテ産ニ臨ム。苦ム事甚クシテ、終ニ不産得、悶エ死ニ死《ジニ》ケリ。母死テ後、胎内ヨリ自這出テ、誕生ノ日ヨリ能歩ミ言事、四五歳計ノ児ノ如シ。諸人怪ミ不恐ト云者ナカリシカ共、父子ノ恩愛難捨テ、五六歳ニ成マデハ育置シガ、其為人不尋常、戯遊ブ正

ナ事マデモ更ニ人間ノ所為トモ不見ケレバ、父モ流石恐シク覚エテ、遂ニ幽谷ノ底ニ棄テケリ。サレドモ狐狼ノ害モ無ク、木実ヲ喰ヒ、谷水ヲ飲テ生長シ、其長八尺有余ニシテ、力飽マデ逞シク、然モ外法成就シ、或ハ陸地ニ人ヲ溺シ、或ハ空中ニ身ヲ置、様々ノ術ヲ成ス。（巻二十、酒顚童子退治事）

のような話から、「捨て童子」説話の存在は察知しうると思う。

しかし、以上はあくまで原義の問題である。「捨て童子」という原義は、時の経過とともに忘れられ、語形もくずれてシュテン童子と転訛し、「酒呑童子」の意味に付会された。シュテン童子の由来を、大酒によって説明した前引の諸例は、この主人公に対する新しい意味づけが、おおむね完了していたことをあらわしている。狂言の『家童子』で、「むかし丹波の国大江山に酒呑童子というて大酒飲みの鬼があつた」と語られ、サントリー美術館蔵『鼠草子』の絵詞に、「わればかり二十ぱい三十ぱい飲んで、つらはしゆてんどうじのやうにて」という鼠のせりふも見えるように、室町時代の人びとにとって、シュテン童子とは、なにしろ大変な大酒飲みだったのである。

大酒飲みという特徴は、伊吹山の弥三郎についても力説されていたところである。

又酒を愛して多く飲み給ふに、ためしなき有様也。（『伊吹童子』）

年ごろ日ごろ酒を好みて、ゆゝしく飲み給ひしかども、かくの如くに酔ひ乱れ給ふことはなかりき（同右）

伊吹弥三郎は八岐大蛇を祀る伊吹大明神直系の子孫だったのだから、かれの大酒は当然であった。弥三郎の大酒と大江山酒呑童子の大酒、二人は大酒飲みという点で一致する。大酒飲みという意味でなら、弥三郎もまた立派な酒呑童子である。この一致を不用意に見のがしてはならない。両人の間には他にも重要な一致点が指摘されるからである。酒呑童子は大江山の凶賊であった。弥三郎は伊吹山の凶賊である。山中の凶賊である点、両者は一致している。酒呑童子は源頼光の討伐に逢って退治された。弥三郎は、史書によれば佐々木信綱に誅伐された。勇士の誅に服したという点、両者は一致している。三項にわたる両者の共通性が示すもの、それは弥三郎における歴然たる酒呑童子的性格である。

大江山酒呑童子伝説が、一方では伊吹山における事件としても伝えられた積極的条件は、弥三郎の酒呑童子的性格に求められる。本来ならば、この弥三郎こそ伊吹山の酒呑童子というにふさわしい人物であった。お伽草子『伊吹童子』が、弥三郎と伊吹童子を親子に分けて物語っているところは、大江山の酒呑童子と接合させる必要が生じた、物語作者の作意と解すべきであろう。

大江山の酒呑童子に相当する凶賊が、伊吹山において、正しくは伊吹の弥三郎であるなら、頼光に相当する武将はさしずめ佐々木信綱でなければならない。ところが史実に背いて、『三国伝記』は年代的に相容れない佐々木頼綱を弥三郎誅伐の武将としていた。いつの間にか信綱が頼綱にすり替っているのだ。この疑問は、酒呑童子に酷似する凶賊を退治した武将が、おのずから源頼光に擬せられるという可能性を参照すれば氷解すると思う。『三国伝記』の伝える近江国守護佐々木備中守「源頼綱」という人名に注目しよう。頼綱の字音ライカウは、頼光の字音ライクヮウにきわめて近い。頼光に擬せられうべき凶賊退治の武将の名として、頼綱《らいかう》の方が、信綱よりはるかに直接的に頼光《らいくわう》を連想させる。柏原弥三郎討伐の武将は源信綱であったが、伝説化した伊吹弥三郎退治の英雄は、「源頼光」への連想を伴う「源頼綱」でなければ、一般に受けいれられなくなってしまったのであろう。後に岩瀬文庫本、大東急文庫本、龍谷大学叢書本などの系統の物語があらわれて顕在化した伊吹山酒呑童子退治の伝説は、こうして『三国伝記』以前、すでに形成されつつあったのである。

*

大江山から伊吹山へ、舞台の移動を可能にしたもう一つの要素として、地名の共通性という問題も考慮されていい。酒呑童子の住みかについて、大江山系の本文には、大江山の「せんちやうかいはや」（慶応義塾大学蔵『しゆてん童子』）と伝え、伊吹山系の本文には、伊吹山の「せんちやうかたけ」（大東急文庫本）、「千町か嶽」（岩瀬文庫本）と伝え、期せずして一致している。「せんちやう」は、おそらくは「禅定《ぜんぢやう》」の意であろう。「禅定」とは高山の頂上を意味する修験道関係の語彙である。修験道の修法が、「白山禅定」「富士禅定」「立山禅定」などと称して、霊山の頂上で行われたところから、「山頂での修行」「山頂への登攀」「霊山の頂上」の意を、この語はになうようになった。『修験道初学弁談』(5)にも左の記事がある。

問。称レ登二山嶺一俗云二禅定一者何耶。答。禅者具禅那云。梵語也。華静慮云。破二散乱一故。……役優婆塞於二諸山一兼修レ之。其旧跡於レ今有レ之。称レ入二山嶺一禅定云者由レ之也。是本朝為二俗語一雖二千歳今一称レ登レ山禅定云。（巻下、称レ登二山嶺一云二禅定一弁）

伊吹山に修験の「禅定」のあったことは、前引『三国伝記』の「伊吹ノ禅定」という一句がはっきり示しているが、『近江名所図会』四（文化十一年刊）伊吹山の部に、

伊吹禅定六月の中《うち》土用に登る。山中に先達あり。山頂には石を畳み小洞を築く。霊場其中にありといふ。

と「伊吹禅定」のことが見え、その存在は疑いを残さない。大江山の「禅定」についても、『役行者本記』(6)（小角経歴分第四）に、役行者の踏破した山の一つに丹波大江山があげられていること、あるいは鷺流狂言『蟹山伏』（朝日古典全書『狂言集』所収）の冒頭、

これは丹波の国大江山より出でたる駆け出の山伏です。

と号する山伏のせりふなどを通して、修験道の霊山であったことは明白であるから、これも疑う余地はない。

大江山、伊吹山は、修験道の霊山として「禅定」の名を有する山頂をもち、その共通性によって、大江山

の伝説はいっそう無理なく伊吹山のそれと結合しえたのかもしれない。少くとも右の共通地名が、大江山と伊吹山を架橋する一つの要素として参与したであろうことは想像できる。

注

（1）大野木殿の大野木は、伊吹山麓、近江坂田郡の地名大野木であり、中世の大野木郷である。しかし、この物語において弥三郎の妻問いの相手に大野木郷の大野木殿の姫君がえらばれたという選定には、単に地理的な条件ばかりにとどまらず、「大ノギ」ということばを通じて、弥三郎の蛇身性を裏づけようとする作者の意図も働いていたかもしれない。方言を顧みると、秋田県の一隅に、「虹《にじ》」のことを「ノギ」と称する地域がある。地理的に正反対の南島方面にも、同じことばは、ノーガ（奄美大島・徳ノ島）、ノーギン（徳ノ島）、ノーギリ（奄美大島・沖縄島）などの形で散在している（柳田國男「虹の語音変化」『西はどっち』所収）。南北に隔たる語の分布状態を周圏論的な解釈と結びつけて、「虹」の名称がノギであった時代の、かつて国の中央部にもあったという推定を試みることは必ずしも不可能ではなさそうだ。一方われわれの祖先には、つとにニコライ・ネフスキー氏によって唱えられ、柳田國男たちによって普及されたように、「虹」を「蛇」の一種としてながめる信仰があった。「蛇」を意味する方言として広く分布し、鎌倉期にも『名語記』に文証をとどめるナブサという語が『夫木和歌抄』では、「虹」に対して

　高野に参りける時かづらき山に虹の立ちければ
さらにまたそり橋わたす心地してなぶさかゝれる葛城の山（第一九　虹）

のごとく用いられているのは、「虹」を「蛇」と観じたよい例である。「虹」の意を有する南島方言のノーギ・ノーギン・ノーギリも秋田方言のノギも、「虹」を「蛇」の一種に含めて観取した昔の信仰にもとづくなら、正確には「蛇」を表わす語であったと見られる。内地の方言でアオナブサと言えば、例の青大将という蛇のことであるが、南島方面ではこれを、オーナギ（奄美大島）、オーナギリ（佳計呂麻島）、オーナガ（奄美大島・沖縄島）などと称する（柳田國男「青大将の起源」『西はどっち』所収）。このナギ・ナギリ・ナガの一群が、「虹」の名称ノーギ・ノーギリ・ノーギンの一群と別語であるとは考えられない。ノーギ・ノーギリ・ノーギンは、元来は「蛇」をさすことばであったこ

とが十分にうかがわれる。「虹」の名称としてのノギが、往古は本州中央部にも存在したと推測される場合、その語義は、「虹」であると同時に「蛇」の意をもになうものであったろうということが、かくて認められるのではなかろうか。伊吹の弥三郎が妻問いした姫君の家が、ほかならぬ大野木郷の大野木殿であったことは、固有名詞「大野木」が、同時に、ことばとしては「大きなノギ」、すなわち「大蛇」の意とも解しうることと、はたして完全に無関係であったか。もし関係があったと仮定すれば、「大蛇」の意をあわせ持つ「大ノギ」の姓は、八岐大蛇直系の弥三郎に関する婚姻譚の性格を暗示する隠れた指標だったことになる。

（2）「久胎内在《ニコト》三国共有。天竺《ニハ》羅睺羅。唐《ニハ》老子也。八十一《ニシテ》生《タリ》。鬢髪白《シテ》生故名《ニ》二老子《ト》一也。本朝《ニハ》相馬《ノ》将門也。三十三月《ニシテ》生也」（寛永十二年刊本）。

（3）『日本大蔵経』修験道章疏三所収。

（4）昭和二十一、二年ごろ、東京世田谷の拙宅の隣人から、今度生まれた子はいかにも弱そうなので、籠に入れて横の路地に捨て、近所の奥さんに拾ってもらった上で、あらためて家に入れたという直話を聞いたことがある。隣家は佐渡の人であった。その後、大藤ゆき氏の『子やらひ』（昭和十九年刊）という著書を読んで、あの時の隣人の処置がはじめて了解できた。

生れた子が丈夫に育つか何うかは人の親の最も心痛の種でした。それ程に嬰児期に世を去つて終ふ者の数は少くないのであります。従つてこれに対して色々な防禦手段が講ぜられました。拾ひ親の習慣などはその代表的なもので、肥後の阿蘇地方では育ちの悪い家に子が生れると近所の子育ちのよい家の戸口のもとに生れたばかりの嬰児を捨てます。捨てられた家ではその子を拾ひ三日目の名附祝まで育て、神立の祝ひまで行つてやつて、仮名をつけます。この日、捨てた夫婦は酒一升と肴とを携へて行き、その子をどうぞ私達に下さいませと云つて、貰ひ受けて帰ります。かうすればその子はよく育つと信ぜられてゐます。拾ひ親は丈夫な子を持つてゐるとか、裕福であるとか云ふ人を選んで、それにあやかるやうにします。然し多くは親戚に頼んで拾つて貰ふらしいのですが、拾親に頼んだ人には、其子供は一生仮親として仕へ、折目毎に贈物をして挨拶する風があります。……捨子にするのは子供が虚弱の場合の他に、親の厄年に生れた子が厄子といつて同じ運命の下にあります。……厄年に生れた子は特別な取扱ひを受けました。先づ一番普通に見られることは名前を捨子とか捨松とか付けることです。

「捨」という名から、人は誰しも、天正十七（一五八九）年五月二十七日、山城国の淀城で、淀君の生んだ男子を、秀吉が「棄《すて》」と名づけたことを思いだすであろう。長子の誕生を歓喜し、その順調な成長を念じて命名した秀吉の願いもむなしく、「棄君《すてぎみ》」は三歳で病死した。四年後の文禄二（一五九三）年八月三日、淀君はふたたび待望の男子を出産する。肥前名護屋の陣営にあった秀吉が、さっそく北の政所あてに書き送った八月九日付書状は、幼名を「拾《ひろい》」とつけたゆえんに触れている。

返すぐ〳〵子の名は、ひろいと申し候べく候。こなたを二十五日にいで申すべく候。やがて参り候て、御目にかゝり、御物がたり申し候べく候。はやぐ〳〵と松浦人を越し候事、まんぞくにて候。そもじより礼申し候べく候。さだめて、松浦子を拾ひ候て、はやぐ〳〵と申しこし候間、すなはち、この名は、ひろい子と申すべく候。したじたまで、おの字も附け候まじく候。ひろい〳〵と申すべく候。やがて凱陣申すべく候。心やすく候べく候。めでたく、かしく。

太かう

八月九日

おねへ

まいる

大坂城二の丸では、誕生した若君を近臣松浦讃岐守重政に拾わせるという儀式を行っていたのである。豊家の先途を知る後人から見れば、かれらの心情、一抹のあわれなきを得ない。

（5）『日本大蔵経』修験道章疏三所収。

（6）同右。

Ⅲ

伊吹山の「捨て童子」、伊吹童子のその後を追って、さらに梗概の紹介をつづけることにする。

山深く捨てられはしたが、山の神に庇護されながら丈夫に育った伊吹童子は、不老不死の薬と言われる伊吹山の「さしも草」の露をなめ、そのしたたりの水を飲んで、たちまち仙術を得、通力自在の身となった。それから長い長い歳月が流れる。あの大野木殿の話などは、遠い昔語りとなって、詳しいいわれを知る人もいなくなってしまった。しかし、いくら年月がたっても伊吹童子は、少しも年をとらない。いつも十四、五歳くらいにしか見えない。力の強いことは、山を動かし谷をとどろかすほどだし、空を飛ぶことは、稲妻にも似ていた。多くの鬼神を奴として従え、したいほうだいの乱暴に倦むことを知らない。ついにかれは、伊吹大明神の怒りにふれて、山から追放され、比叡山の東の峰に飛び、次いで大比叡の山に移るが、伝教大師の法力と山王権現の神力には勝てず、さらに西をさして逐電して行く。

下巻に脱文のある東洋大学本『伊吹童子』は、ここで話が切れている。市古貞次氏は「多分比叡山を追われた酒天童子が西方へ赴き大江山に棲むことで結んだものであろう」（岩波文庫『続お伽草子』あとがき）と推定されたが、その後、国会図書館から、上巻にあたる部分を欠いた『伊吹どうじ』（絵巻物一軸）が発見された。物語の結末は、はたして、酒呑童子が大江山へ移り住み、暴逆栄華に誇るところで終っていた。

＊

不老不死の仙薬「さしも草」の露・したたりを飲んで以来、年久しく「老いもせずしてただ十四五ばかりのかたちにぞ見えし」伊吹童子、国会図書館の本文は、「老いもせずして十四五ばかりのどうじのかたちにぞ見えし」と、「どうじの」四字を含む。「十四五ばかりのかたち」、「十四五ばかりの童子《どうじ》のかたち」、その最大特徴は、かれの頭髪の「かたち」に示されていたと見る。

大江山の酒呑童子は、『俳諧類船集』（延宝四年刊）巻二、「禿《カブロ》」の項に「大江山の鬼」という付合語が掲げられていることからもうかがわれるように、「かぶろ」頭という「かたち」をもって顕著な特徴としていた。酒呑童子の「かぶろ」頭は、もとより大江山系の諸本も特記することを忘れていない。

その丈《たけ》二丈ばかりにて、面《おもて》の色うす赤うして、髪をばかぶろに、肩のまはりに切りまはし、（慶応大学蔵『しゆてん童子』)
丈《たけ》七尺あまりにて、そのころ四十ばかりにやあらん、髪はかぶろに切り、色白く、肥えふとり、容顔ことに美麗なり。(麻生太賀吉氏蔵『酒典童子』)
色うす赤く、せい高く、髪はかぶろに押し乱し、(渋川板『しゆてん童子』)
舞台を大江山から伊吹山へ移しただけで、物語の内容は変らない伊吹山系酒呑童子の本文も、同様である。
高さ二丈斗もあるらんと見え、髪はかぶろに、白く肥えふとり、容顔美麗にして、年四十計に見えたる。(岩瀬文庫蔵『酒顚童子絵詞』)
丈二丈ばかりあるが、髪はかぶろに、色白くして肥えふとり、容顔美麗にして、年は四十ばかりに見えにけり。(大東急文庫蔵『しゆてん童子』)
髪を結い上げず、肩のあたりに垂らした「かぶろ」頭は、いうまでもなく幼い垂髪子《うなゐこ》の頭である。いとほしやまだかぶろなるうなゐども焼野にあまた茅花《つばな》つむなり(『夫木和歌抄』第三十五、垂髪子)
酒呑童子の年齢が「四十ばかり」であろうと何歳であろうと、とにかく童子の《わらべ》「かぶろ」頭をしていたことはまちがいない。ヴァチカン文庫所蔵のキリシタン文書集『バレト写本』に、dôji(童子)の語をvarabe(わらべ)、vosanaico(幼い子)と注する。
伊吹童子の場合も、その「かぶろ」頭は、絵巻の絵を一見するだけで十分である。いつまでも「十四五ばかりの童子《どうじ》のかたちにぞ見えし」と書かれた「童子のかたち」は、童子《わらべ》の「かぶろ」頭を保ちつづけるかぎり失われることはない。
そもそも伊吹童子は、生れ落ちた時から生え揃った上下の歯、(1)および「黒々と肩のまはりまでのび」た髪をそなえた鬼子であった。同じく鬼子として生を享けた弁慶またしかり。頭髪については、簡単に「髪長く」（京大国文研究室蔵写本『弁慶物語』）と伝える本文もあり、詳細に「髪は首のまわりまで生ひさがり」（慶安四年刊『弁慶物語』）と伝える本文もあるが、つまりは両人とも、江戸初期の無法者、大鳥一兵衛の誕生譚のごとく、鬼子ゆえの「かぶろ」頭だったということである。

見しは今、大鳥一兵衛と申す者、江戸町にありて世にまれなる徒者《いたづらもの》、是によつて禁獄す。……然るに一兵衛、籠中東西を静め、大声あげて言ふやう。何某、生前の由来を人々に語りて聞かせん。武州大鳥といふ在所に利生あらたなる十王まします。母にて候ふ者、子のなき事を悲しみ、この十王堂に一七日籠り、満ずる暁、霊夢の告げあり、懐胎し、十八月にしてそれがし誕生せしに、骨格たくましう、面《おもて》の色赤く、向歯ありて、髪はかぶろにして、立ちて三足歩みたり。皆人これを見て、悪鬼の生れけるかと驚き、既に害せんとせし所に、……（『慶長見聞集』巻六）

『義経記』の所伝によると、これも「十八月にして」出生した鬼子の弁慶は、六歳の時、疱瘡を病んだ。

六歳と申しける時、疱瘡《もがさ》といふものをして、いとゞ色も黒く、髪は生れつきのまゝにてあれば、肩より下へは生ひざりけり。（田中本『義経記』巻三）

かろうじて命はとりとめたものの、「肩の隠るゝほどに生ひて」（同上）生れた弁慶の「かぶろ」頭は、以後「肩より下へは生ひざりけり」という後遺症を残す。髪の成長が停止し、「かぶろ」頭のまま成人して行くべき宿命を負わされてしまったのである。

成人しても結い上げる長さに達しない弁慶の「かぶろ」頭は、「年久しくなりしかども」「十四五ばかりの童子のかたち」でありつづける伊吹童子の「かぶろ」頭に、なんとよく似かよっていることであろう。前者は疱瘡の結果、後者は不老不死の仙薬の力で、それぞれ垂髪の童形に固定されることになっているが、しかし、弁慶は本当に疱瘡をわずらう必要があったのだろうか。伊吹童子は本当に仙薬のおかげをこうむる必要があったのだろうか。二つの疑問は、成人に及んでもなお、童子《わらべ》の「かぶろ」頭でいることが、鬼子の指標として大切な「かたち」であったことを考えさせる。

『前太平記』の酒呑童子は、越後山中の幽谷に捨てられたが、「狐狼ノ害モナク、木実ヲ喰ヒ、谷水ヲ飲テ生長シ」、外法を修めて自在の通力を身につけた。伊吹童子のように、わざわざ「さしも草」の露・したたりを飲むまでもなく、山中の「捨て童子」は、超凡の通力を獲得することが約束されていたのである。

不老不死の「さしも草」は、たまたまそこが「かくとだにえやは伊吹のさしも草」などの古歌で著名な伊吹山であったところから付会された趣向だったであろうし、弁慶の疱瘡も、本来はかかる必要もない病いだったと思う。

*

鬼子の誕生を鬼神の誕生と畏怖した古人の心理は、「鬼子《おにご》」ということば自体に体現されている。「大野木殿の姫君は鬼子を生み給へり」と取り沙汰した口さがない人びとは、伊吹童子を「鬼神の変化なりと申して、大きに恐れ騒」いだ。弁慶誕生の直後、かれの相貌をまのあたりに見た父別当は、「あたはぬ子を申すにより、鬼子を給はりけり」（京大写本『弁慶物語』）と悲しみ、また、「さては鬼神ごさんなれ」（『義経記』）と激怒した。ちなみに『義経記』の弁慶は、幼名を鬼若《おにわか》という。『弁慶物語』の弁慶は、即日、山へ捨てられたが、七日目に様子を見に来た使いの男を恐ろしい形相で追いかけた。

あらあさましや、この山に鬼一人出で来て、我を食はんとし給へるを、やう〳〵のがれて帰りぬと言いければ、（京大写本『弁慶物語』）

申すも恐れ入りて候へども、この山は鬼のすみかとなるべく候。それをいかにと申すに、生れ給ひていまだ十日にも足らざるに、あらけなく生ひ立ち給ひて、それがしを目がけ追ひ給ふを、やう〳〵逃げのびてこれまで参りたる由、申しければ、（慶安四年刊『弁慶物語』）

鬼子はあくまで鬼の子であり、長じて鬼になるものと確信されていたのである。

柳田国男の『山の人生』に「鬼の子の里にも生れし事」という題の一章がある。そのなかで紹介された『徒然慰草』と『東山往来』(2)は、近世以前の鬼子の処置を知る最適の資料と言える。

「日本はおろかなる風俗ありて、歯の生えたる子を生みて、鬼の子と謂いて殺しぬ」と、徒然慰草の巻三には記してある。江戸時代初め頃の人の著述である。尚それよりも遥かに古く、東山往来といふ書物の消息文の中にも、家の女中が歯の生えた子を生んだ。是れ鬼なり山野に埋むるに如かずと近隣の者が勧めるが、如何したものだらうかといふ相談に答へて、坊主にするのが一番よろしからうと謂つてゐる。

（『定本柳田国男集』第四巻）

世に受け入れられない鬼子の運命は、結局、殺されるか、山へ捨てられるか、寺へやられるか、以上三つくらいしかなかった。第一の鬼子殺しについて、『奇異雑談集』巻二の六に録する鬼子殺害の事例は、実説だったとしても残酷すぎて引くに忍びない。第二の山中に連行遺棄された鬼子には、伊吹童子をはじめとする「捨て童子」たちがいる。第三に寺へ送られた鬼子といえば、まず弁慶であろう。

殺されかけ、山へ捨てられ、寺へやられた弁慶は、鬼子の運命を一人であらかた経験しつくした感がある。もっとも『義経記』には、山へ捨てられる一件が伝わっていない。「さては鬼神ござんなれ、きやつを置ては仏法の仇《あた》となりなんず。水の底に柴漬《ふしづけ》にもし、深山に磔《はつけ》にもせよ」と命ずる父別当を、別当の妹、山の井の三位の北の方が慰撫して弁慶をもらい受け、京へ連れ上って養育するという筋になっている。悪僧武蔵坊弁慶の武勇談に重点を置く『義経記』は、どうやら「捨て童子」の一件をはぶいてしまったらしい。弁慶が寺へやられた話は『義経記』にも『弁慶物語』にもある。『弁慶物語』の弁慶は、お世辞にも美貌とは言えなかったが、容儀・骨格・魂にいたるまで人にすぐれ、七歳の春、叡山に送られたというのみで、登山の理由は書かれていない。『義経記』の方は、叡山送りの理由を疱瘡の後遺症、肩より下へは伸びない頭髪のせいにしている。

髪の風情も男《をとこ》になしては叶ふまじ。法師になさんとて、比叡の山の学頭、西塔桜本の僧正のもとに申されけるは、三位殿のためには養子にて候ふが、学問のために奉らん。みめかたちは参らするにつけ恥ぢ入り候へども、心は賢々《さかさか》しげに候へば、文《ふみ》の一巻をも読ませて給び候へ。心の不調《ふでう》なるをば直し給ひ候て、いかやうにも御はからひ候へとて上《のぼ》せけり。(田中本『義経記』巻三)

叡山に登った弁慶は、利根聡明、才学群を抜き、この稚児に肩を並べる者はなかった。だが、持って生れた「心の不調」という不逞な欠点はどうしても直らなかった。日の暮れ方にもなると、「庭の白洲に躍り出で、袴のそばを取るまゝに、直垂《ひたたれ》のそばを押しつゝみ」、早わざ、軽わざ、力わざ、太刀・長刀を鞘をはずし、たれかれの見さかいなく、襲いかかり飛びかかり、喧嘩を吹っかけては武芸の稽古に余念がない。鍛冶に金《かな》ぶちを打たせ角《かど》に刃をつけた八角棒の凶器を振り回すので、老僧・中臈・若大衆・稚児・学匠にいたるまで無傷の者はいなくなった。やがてかれは一山の爪はじき者となり、叡山を去るはめになるが、俗体で下山することをいさぎよしとせず、みずからの手で剃髪する(『弁慶物語』、『義経記』)。いわゆる「自剃り弁慶」である。いよいよこれから娑婆に下りて悪僧の名をほしいままにする武蔵坊弁慶の活動が開始される。鬼子の運命を負うて生れた一人の「捨て童子」は、このようにして異形怪力の荒法師と化したのだった。

叡山は大江山の酒呑童子も稚児として修行したことがある。戒を犯して山から追放された前科も弁慶と共通する。かれは、頼光のすすめる酒に酔い、「そもそも我をばいかなる者とか思しめす」と身の上ばなしをしはじめた。

先生《せんじやう》の事は、ことながければ申すまじ。いまこの生には、ある公卿の子とうまれ、叡山の稚児となり、ひとたび実相の室《むろ》に入りしより、蛍雪のさとりを開き、一実円頓の春の花に詠じ、三諦即是の秋の月に吟ず。もとより容色嬋娟、世にすぐれ、三塔一の稚児学匠の名を得たり。これより惰慢の心日々にをこり、観学の心月々に怠る。われ天性酒を好む。我が山に酒を許さず。はじめの程こそ忍ぶ心もあれ、後には他坊の稚児・同宿を呼び集め、歌ひかなでて酒宴をなす。その時、山を追ひ出され、此所に来り……

これほど明言をしていないまでも、「我むかし叡山にありし時、常はかやうの酒を飲みて候」(慶大本『しゆてん童子』)という告白にせよ、謡曲『大江山』の

シテ童子もさすが山育ち、
ワキさも童形の御身なれば、

という一節にせよ、叡山の稚児だったことを多分に匂わせているようである。

渋川板『しゆてん童子』の所伝はいささか趣を異にするけれども、山寺の稚児が殺生戒を破って追放されたという経歴は、またしても弁慶に似ている。

本国は越後の者、山寺育ちの稚児なりしが、法師にねたみあるにより、あまたの法師を刺し殺し……

どのみち、寺へやられるような身の定めだったのなら、酒呑童子の場合、それは『前太平記』に記されたような鬼子、十六カ月目に難産の母の胎内から這い出し、よく歩み、よく人語を発すること四、五歳ばかりという鬼子だったために相違ない。鬼子と生れた以上、深山幽谷に捨てられもしただろうし、寺へ送られもしただろう。

しかし、寺に送られたところで鬼子の「不調」な心はいつか必ず事を起さずにはすまない(3)。戒を破って寺

から追放されれば、「心の不調」は一段と燃えさかり、荒れ狂う。寺に送られて稚児となっても、なおかつ「心の不調」を持てあました二人の鬼子のうち、一人はみずから「かぶろ」頭を剃り落し、鬼をもひしぐ悪僧となった。一人は「童子のかたち」のままで、生きながらこの世の悪鬼となった。『俳諧類船集』巻一、「童子」の項に、「大江山の鬼」と出てくる付合が印象的である。

注

（1）「歯が生えるといふことは赤児の成長の一つの大きな段階であります。しかも他の事柄に例があるやうに余り早く初生歯の生えるのを忌み、生れた時から又は四ケ月以内に歯の生えるのを鬼子といつて嫌ふのは全国何処でも同じです」（大藤ゆき『子やらひ』）。

（2）『続群書類従』第十三輯下所収。「謹言。愚昧之人。非聞不悟。賢知之士。非教不敏。誠哉斯言。弟子於有不審事者。必諮貴房。貴房随被垂恩答。為悦莫如之也。抑弊宅。有雑使女。以今朝産男。而其子口生歯。似成人之貌。近隣彼此奇之言。此児不吉。生歯是鬼也。不如埋山野云々。爰自暫留置之。先承案内。取捨随仰也。仍先驚聴。謹言」（往状）。「所令問給。生初有歯之児事。乍悦承畢。相法所判。生有歯之児。為才智相。都無害事。且出一両証。所謂震旦之珍后。有歯而生。貽美名於後代。離凶悪於宮内。斉代曇衍法師者。沼州人也。生而有歯。遂為華厳祖師。終昇天門之大虚。是則善財第三十三智識歟。沙門法礪。是震旦人也。生時牙歯全具。入道以来。深窮大教。名聞四海云々。我朝反正天皇誕生時。歯如一骨。是又未即位時。号為瑞歯皇子。即位之後。天下泰平。人民豊饒云々。而近代人。聞学浅故。恐異相耳。須養件児。令成法侶者也。謹言」（返状）。

（3）古浄瑠璃『酒呑童子若壮』の悪童丸（酒呑童子）は、越後戸隠明神の申し子として三年三月目に生れたが、「国一ばんのくせものにて、父母の制言をも聞きいれず、日々に悪事を好」んだので、両親は、「あの悪童丸を、このまゝ打すて置くならば、たちまちに生きながら悪鬼神ともなるべきなり。何とぞ仏道におもむかせ、慈悲の心をすゝむべし」と、国上寺に送り、学問に専念させようとするが、登山後も乱暴狼藉、無法な殺生を重ねた挙句、寺に火を放って下山した。弁慶説話との類似が注目される。

「酒天童子」考

天野文雄

はじめに

南北朝期には確実に発生していた酒天童子の物語は、いわゆる室町物語として多くの伝本を産み、近世初頭の渋川板御伽草子二十三篇中に収録されるにいたって、ようやくその流動に終止符が打たれることになる。能作者が接したのは、あたかも流動期の酒天童子の物語であって、錯綜する物語の中に能の説話的な位置づけが要請される所以だが、こうした状況の下、能は酒天童子の物語に取材した二つの曲を産み出した。すなわち、『自家伝抄』は世阿弥の作として「朱天童子幽霊」を掲げる一方、宮増作として「頸在朱天童子」を掲げている。同時代の作者付『能本作者註文』には世阿弥作の「酒呑童子」が掲出されているだけだが、これを『自家伝抄』の「朱天童子幽霊」に該当するものとすれば、十六世紀初頭までに成立していた曲趣を異にする二つの「酒天童子」は、その作者について少なくとも齟齬は認められないことになる。「頸在〈現在〉」にあたるものは現行曲「大江山」であり、「幽霊」の方は廃曲となったが、「幽霊酒呑童子」「語酒呑童子」などの曲名で謡本が伝存する。二種の「酒天童子」の先後関係などは厳密には不明だが、構成が室町期に流布した酒天童子の物語に忠実な「現在」の方が享受面での主流であったと考えられる。そして、本稿が考察の対象とするのも「現在」の「酒天童子」であって、多彩な室町物語との関係や〝しゅてん童子〟の原義などを究明することによって、「酒天童子」一曲の特異性を闡明し、ひいては伝宮増作品との関連にも及ぼうとするものである。

一　酒天童子絵巻との関連

「酒天童子」についての緻密な本説研究はまだなされていない。と言うより、作品研究の対象として「酒天童子」がとりあげられたこと自体がそう多くはないのであるが、本説の問題はそこでは比較的軽く扱われてきたようである。たとえば、数少ない作品研究の一つである金井清光氏「作品研究『大江山』」(「観世」昭41・5、『能の研究』所収)では、「酒天童子」の詞章や構成は渋川板御伽草子の「酒呑童子」に近いという結論だけが示されているが、それはトータルな作品研究にほとんどかかわりをもっていない。もちろん、渋川板と能との関係にしても吟味の余地がないわけではなく、事実、菊地勇次郎氏「最澄と酒呑童子の物語」(『伝教大師研究』所収)では、能の作品研究ではないものの、かなり詳細な比較の結果、能の「酒天童子」に近いのは香取本「大江山絵詞」だと結論づけられているのである。「酒天童子」の本説研究はこのような基本的な点においてさえいまだ定説というべきものを持たないのであるが、ここに新しき本説研究が看過すべからざる一事がある。すなわち、近年進展しつつある室町物語研究がそれで、酒天童子の物語に関しても多くの伝本の紹介という形で成果があげられているが、こうした状況下における「酒天童子」の本説研究が、比較的早くから紹介されている香取本「大江山絵詞」や渋川板「酒呑童子」との関係だけで論じられて十分なはずがない、ということである。従って、能「酒天童子」の本説研究は、最古の伝本たる香取本と渋川板との間に位置する多くの伝本をも含めた多様な酒天童子の物語を視野に入れてなされなければならないことになる。

ところで、酒天童子の物語には童子の棲処を大江山とするもの（大江山系）と、近江の伊吹山とするもの（伊吹山系）とがあるが、物語の展開にはそう大きな差は認められない。両系統のなかには地名以外はほとんど同一の筋立てをもつような伝本もあり、両系統間の複雑な交渉が想定されるのだが、最古本の香取本「大江山絵詞」が大江山系であることから、大江山系の物語が先行したものとされている。この他に、この二系統とはまったく別の筋立てをもつ、童子の前生譚である。「伊吹童子」系の伝本もあり、酒天童子の物語は都合三系統に分類できる。そして、能の「酒天童子」は、言うまでもなく大江山系に属すべき作品なのである。すなわち、「酒天童子」の本説をめぐっては、とくに大江山系の諸本を中心に考察することが妥当だと思われる。そこで、「酒天童子」の構成を示すならば、次のごとくである。(1)

①宣旨をうけた頼光以下五十余人が山伏姿で大江山に向う。
②山中の川でものを洗う女に出会い、その女の手引で酒天童子に対面する。
③頼光たちを前にしての酒天童子の昔語り（㋑酒天童子という名の由来、㋺伝教大師によって叡山を追われたこと、㋩諸国の山々を彷徨したこと）。
④頼光たちと酒天童子の酒宴（㊁「一児二山王」のこと、㋭「草花尽し」のこと、㋬「赤きは酒の科ぞ」の宴歌）。
⑤酒天童子、酔って寝所に入る〈中入〉。
⑥頼光一行、女房の手引で寝所に入り、鬼神姿の酒天童子を討ちとる。

舞台芸能としての能には、常に本説の改竄省略という問題があり、それは能作者の作風措定に重大な要素となるべきものであるが、当然のことながら「酒天童子」の場合にも大幅な省略がなされている。安倍晴明の占・頼光たちの八幡・住吉などへの参詣、山中における諸神の援助等、室町物語においては右の①②の間にあって、相当の紙幅を費して語られるのであるが、能はそれをワキ（頼光）とワキツレ（保昌・綱等）による簡潔な謡で処理し（①）、あるいは、アイの演技にゆだねたりしている（②）。後場（⑥）に至っては、都への凱旋など室町物語の長大な後半部が、鬼能の類型によって構成されているため、能との比較の余地は殆んどないと言ってよい。従って、室町物語と緻密な比較が可能なのはわずかに酒天童子と頼光一行の対面から酒宴まで（③④）にすぎないことになるが、これは同時に、能という芸能が関心を示した部分を如実に示すものにほかならない。そこで、能における童子の昔語りから酒宴までの構成要素（㋑〜㋬）について、披見し得た大江山系諸本における有無をみたのが次の表である。(2)

香取本は酒宴の場面の本文に欠損があるが、現存する昔語りの場面についてみるかぎりでは、該当する㋑㋺㋩の構成要素をすべて備えている。しかも、能のように酒天童子の昔語り（③）から酒宴（④）へと展開するのは香取本だけであり、他の諸本はことごとくその逆の展開となっている。また、頼光たちと対面する直前、アイの女とのやりとりの中で、童子は「我昔桓武天皇に御請申し……」と言っているが、諸本中、桓武天皇に言及するのは香取本のみであり、酒宴場面の欠落はともかく、菊地勇次郎氏の指摘された通り、能と香取本との緊密な関連は動かないようである。

だが、ここで注目すべきは慶大本である。慶大本は表中の㋑を除いた他の要素を一応備えており、とくに酒宴場面（㋥㋭㋬）における能との符合は他本を圧している。そればかりではなく、慶大本と能との間には

「酒天童子」の説話要素 ＼ 大江山系諸本	1逸翁美術館蔵香取本「大江山絵詞」絵巻二軸	2東洋大学図書館蔵「大江山記」二軸	3大東急記念文庫蔵「大江山絵詞」絵巻三軸	4慶応義塾大学図書館蔵「しゅてんとうし」絵巻三軸	5麻生多賀吉氏蔵「酒典童子」六軸	6渋川板「酒呑童子」二冊
㋑名の由来	○					△
㋺伝教大師による追放	○			○	△	△
㋩諸山彷徨	○	○	○	○	○	○
㊁一児二山王	散佚(?)			○		
㋭草花尽し	散佚			△		
㋬「赤きは酒の科ぞ…」	散佚			△		○

○印はほぼ能と同等の構成を有する場合。○印は、簡略だったり、表現に多少の相違がある場合。無記入は該当部分を欠く場合。

直接関係すら想定し得るような本文の合致がいくつか認められるのである。[3] 香取本の場合には構成の一致こそあれ、直接関係を認めてもよいような本文の一致はなかった。ここに、香取本が能の本説としての位置を獲得するためには慶大本の吟味が不可避となるのである。

まず、大江山系諸本中に占める慶大本の位置を大雑把ながら把握しておかなくてはなるまい。香取本を除く他の五本は近世に入ってからの制作になり、そのうち、東洋大本・大東急本・慶大本は近世初期に相前後して書写されたものと思われるが、それぞれの内容をどの程度まで溯らせることができるかが問題となる。

ところで、東洋大本と大東急本とは構成・詞章ともきわめて近い関係にあり（前掲の表にもそれは表われている）、しかもそれは伊吹山系の古法眼本の構成・詞章にも重なる点が注目されるのである。最近、佐竹昭広氏によって、現存の島原文庫や岩瀬文庫本が、まさしく古法眼本の本文を伝えているという画期的な報告がなされた（『酒呑童子異聞』）のであるが、古法眼本は伊吹山系の最古本と目されてきた本である。従って、古法眼本とほぼ構成を同じくする東洋大本・大東急本の内容も、必然的に古法眼本の成立時期にまで溯らせることができるのであって、その時期とは古法眼元信（文明八年—永禄二年）の活躍期ということになる。それに対して、少なくとも慶大本にはその本文の成立を溯及せしめる要因は認められないことをここで確認しておこう。

さて、伝教大師のために酒天童子が叡山を追われる説話（ロ）をみると、他本がまったく記さないか（東洋大本・大東急本）、あるいは「傳教と云ふ法師、佛達を語らひて、我が立つ杣とて追ひ出す」（渋川板・麻生本）と簡単にしか触れていないのに対し、慶大本は香取本とともに童子追放の一部始終をつぶさに語っている。これは能における童子の述懐と著しい一致を示すものだが、ただ、慶大本はこのあとに、今度は弘法大師による童子の調伏という説話を続けているのである。この説話は香取本には認められず、勿論、能にもなかった。ところが、伝教大師による追放譚を軽く扱っている他の諸本においては、むしろ弘法大師による追放譚の方が詳細に語られているのである。酒天童子の物語における弘法大師の登場は明らかに後補であるが、これは弘法大師譚をもつ諸本の冒頭にも弘法大師の祈禱が語られていることと対応するもので、中世における弘法大師説話の影響力をよく物語ってもいよう。原態としての伝教大師譚に弘法大師譚がとって代るのは香取本以外の大江山系諸本のみならず、伊吹山系にも認められる現象である。すなわち、能との間に同文的な箇所をいくつかもつ慶大本は、能とは明らかに構成を異にする諸本の特色をも有しているのである。

慶大本が酒天童子の名の由来（イ）を記さない点も、それと同様の事例である。そして前述のように東洋大本などの伝教大師譚をまったく駆逐してしまった本文がおよそ一世紀ほど溯及し得ることを考え合わせると、慶大本に伝教・弘法両大師が登場することは、この本が能をも含めた諸本の集大成的な性格をもった伝本であることを証するものと思われる。

結局、直接関係すら想定しうるほど緊密な能と慶大本との関係は、慶大本が能の詞章をとり込んだものと考えるのが妥当であり、本説の検討について慶大本は除外されなければならない。その結果、その構成が能に最も近く、かつその成立時期も能に先行する酒天童子の物語は香取本以外に見あたらないことになる。(4)これが菊地氏の提示された結論に一致すること前述の通りだが、問題はそれで片付いたわけではない。香取本が本説と確定した以上、そのことが能の「酒天童子」にとっていかなる影響を及ぼすことになったのか、それが新たな問題として設定されなければなるまい。そして、その問題の検討のためにも、その前に〝しゅてん童子〟という鬼神の形成について考察しておかなくてはならないのである。

二　酒天童子と護法童子と

能の酒天童子は頼光たちを招じ入れるや、やや性急に己れがこの大江山に住むに至るまでの経緯を語り出す。すなわち、伝教大師による叡山からの追放がその内容だが、この話が酒天童子の物語において大事な要素であったこと、また、後代の伝本にこの話が正当に継承されていないこと等は前述の通りである。しばらく童子の語りに耳を傾けてみよう。

（詞）我昔比叡山を重代のすみかとさため、既地をひき草をとり、ふもとに七社のれいしんをあがめ、峯に昆本中堂をたつる。(5)ここに大師坊といふくせ物に重代のすみかをながくとられし無念さに、一夜に三十余丈の楠となってきすいを見せしに、大師坊一首の哥に、（節）あのくたら三ミやくさほたいの仏たち、(詞) 我たつ杣に冥加あらせ給へとありしかは、仏たち皆大師坊にかたらハされ、出よ〳〵と責給へハ、力及す重代の、(節) 比叡のお山を出し也。

この話は、酒天童子の物語ではあくまでも童子の追放譚だが、裏返しにみるなら叡山開闢説話であること論を俟たない。後代の伝本には殆んど継承されなかったものの、唯一「伊吹童子」系の物語に、この話が趣向を変えながら息づいていることを知るならば、酒天童子と叡山・最澄との関連は思いのほか根深いものがあると思わずにはいられない。〝しゅてん童子〟なる鬼神的存在を解明するのに、この童子追放譚すなわち叡山開闢説話を足がかりにすることは十分な理由があるのだ。

初期の大師伝、たとえば『叡山大師伝』(仁忠撰) などによると、最澄の比叡入山は延暦四年、世間の無常を悟ったがためとされており、入山後の状況は「卜二居草菴一、松下巌上、与二蝉声一、争二梵音之響一」などと記されている。ここには能の「酒天童子」や香取本の叡山開闢説話につながるような要素は認められないが、諸社の垂迹本縁起を記した南北朝初期成立の『惟賢《いけん》比丘筆記』などになると、最澄入山譚は興味深い変貌を示している。

延暦四年歳以乙丑夷則朔丙寅十七日壬午。忽出神宮寺院。始登比叡山高峯。乃至廿四日。北巒林行。一人霊童逢。冣澄問而白言。童子何人。童子答曰。我是天地経緯霊童。衆生本命同生神也。我則一名日生天。一切衆生日生天故。二名遊行神。衆生本命遊行神故。三名十禅師。十方衆生与禅悦食。当来結縁能化師故。

すなわち、入山した最澄が最初に出会ったのは「一人霊童」であり、それは実は十禅師権現であったと説く。『山家最略記』にも同様の伝承があり、室町期成立の山王神道書『厳神鈔』にも「高祖大師御登山ノ時。十禅師権現大師ハ遇ヒ奉リテ」とみえているので、中世にあってはごく一般的な伝承であったと思われる。

十禅師が童子の姿で現じたことについては、『惟賢比丘筆記』に「十禅師若僧形童子形」とあるのが参考になろう。『山家最略記』には、このあと最澄が「身長ヶ大余。佩頂ニ金光ニ」という「化人」（実は大宮権現）に出会ったことを記すが、ここでは山中で最初に出会ったのが童形の地主神であったことを確認しておきたい。

ところが、『日吉山王利生記』には、これとは別種の入山譚が録せられている。すなわち、

桓武天皇御宇延暦四年に。伝教大師御年十九にて。始て叡山によぢのぼり給ひしに。倒たる枯木を見守る青鬼あり。大師問給はく。汝何者ぞ。鬼答申云。未来に聖人来て仏像を彫刻すべし。其祚木のために不可踏守と。地主権現の仰によりて。此木の二葉より守護之云々。大師感涙甚し。

と。ここでは、最澄が会ったのは「青鬼」ということになっているのである。この話のさらに発展したものが室町期の談義本『法華経鷲林拾葉抄』にみえていて、そこでは「二人ノ鬼」が杣木を守護しており、最澄が「阿耨多羅三藐菩提(?)ノ仏達我ガ立ソマニ冥加アラセ給へ」と詠ずるや、鬼は速やかに東北の方に去ったという(6)。

ここで能や香取本の童子追放譚に却らなければならない。これを叡山開闢説話として眺めるならば、入山した最澄が出会ったのは、比叡山を重代のすみかとする酒天童子だったことになるのである。

入山した最澄が出会ったものが説話によって異なっているのはなぜか。それは、この説話の可変部分である〈霊童〉〈鬼〉〈酒天童子〉の三者の性格に何らかの類似点があったためと思われるのである。それでは、その類似点は何か。たとえば、『惟賢比丘筆記』の「霊童」は地主神（十禅師権現）であり、『日吉山王利生記』の「鬼」も地主権現の命によって杣木を守護していたと明言している。すなわち、叡山開闢説話は新来の仏教が地主神に代って比叡山の新しい主になった事件を鮮やかに照らし出していると言えよう。その地主神が鬼と意識されていたことは、叡山が王城の鬼門にあたるという古代以来の通念を挙げれば十分であろう。

能や香取本の酒天童子も文芸上の脚色は施されてはいるものの、かつては比叡山を重代のすみかとしていたのであって、その童子が伝教大師の法力によって山を追放される姿は、どうしても地主神の童に重なるのである。

ここでようやく〝しゅてん童子〟の「童子」の意味を考えねばならぬことになった。〝しゅてん童子〟という不思議な名の究明が、「酒呑」「酒天」「酒典」「朱天」という多彩な用字に眩惑されて、「しゅてん」にばかり向けられたのはやむを得なかったとしても、「童子」はやはり留意さるべき最大なポイントであった。酒天童子を〈童子〉として把握すると、最澄が山中で出会った地主神は〈童子〉と〈鬼〉であったと要約することができようが、この両様の姿を統一的に備えた存在として想起されるのが護法である。

護法とは何か。宮地直一氏『神道史』は「第三篇・鎌倉時代」に「当代の新しき神々」なる一章を設け、護法を次のように説明する。

一体、護法といふは仏教の思想にして、正法（正しき仏の教）を擁護する意なり。本来は此の任務を負へる梵天・帝釈・四天王等の外護の神々を斥せるも、此にいはむとするは其の本来の義とは異なり、それより一層位置の低きもの、即ち是等諸天善神は固より、我が日本の神祇にも、延きては人間にありても修業の功つもれる有徳の高僧・験者等に使者となり、之が駆使の役に当る、一種の霊物の謂ひなり。即ち、委しくいへば、護法天童・護法童子にして、之を略して単に護法といへるなり。

すなわち、護法的な思考は釈迦に対する普賢・文殊のごときから、熊野の烏・稲荷の狐のごとき鳥獣の使わしめにいたるまで随所に認め得るが、狭義には、固有信仰としての色彩を濃厚にもった精霊《スピリット》のごときをさすもののようである。代表的な護法としては『信貴山縁起絵巻』に描かれた剣の護法童子などがあるが、重要なのは護法の殆んどが蓬髪裸身の童子の姿で出現して霊異を発揮していることである。諸文献に遺された護法の実相は筑土鈴寛氏『使霊と叙事伝説』(『筑土鈴寛著作集』第一巻所収)・近藤喜博氏『古代信仰研究』に網羅されているが、ここでは天台僧谷阿闍梨皇慶に仕えていたという護法童子についてみることにしたい。

　薄暮有一童子。來曰。將爲牛馬走。闍梨見之。身體肥壯。其首如髡。視瞠意氣。殆鬼神中之人也。問曰。自何處來哉。童子曰。多年仕播磨國書寫山性空上人。彼山蒼頭。偸上人中食之上分。不堪忿湛。以棒歐之。其人委頓。上人因茲。長以謝遣。(匡房撰『谷阿闍梨伝』)

すなわち、この護法童子はもと書写の性空上人に仕えていたところ、故あって人を殺したため、山を追われ皇慶の許に参上したのである。この護法は四五日の道のりを瞬時のうちに移動する能力をもっていたというが、ここでは「殆鬼神中之人也」というその姿に注目せねばなるまい。童形を常とした護法が鬼神にも通ずる風体をもあわせもっていたことは、とりもなおさず『惟賢比丘筆記』の童子と『日吉山王利生記』の鬼とが別のものではないことのよき証拠となるであろう。事実、『日吉山王利生記』の鬼は地主神の使わしめであることを自ら告白していたし、また、『惟賢比丘筆記』の童子は山王の護法である十禅師であったのだから、入山後の最澄が最初に出会った鬼と童子とは、いずれも護法とみなしうるのである。

　従って、酒天童子なる存在も、当然、護法という視点から見直される必要があろう。すると、酒天童子こそ護法の属性をことごとく備えた存在であることに気付くのである。皇慶に仕えた護法は、髪はかぶろで眼差は鋭かったとある。これが酒天童子の風貌に合致することは言うまでもないとして、興味深いのは「身體肥壯」と形容されている点である。延暦寺の別院である葛川明王院には元久元年(一二〇四)の年記をもつ碑伝《ひで》が現存するが、そこに描かれている蓬髪裸身の護法童子は、まさに「身体肥壯」という体であって、『信貴山縁起絵巻』の剣の護法童子の躰軀ともども、護法の典型を表わしていると思われる。ところで、諸絵巻に描かれた酒天童子の姿は葛川明王院の碑伝に描かれた護法と驚くべき類似を示しているのであって、その絵様は「そのたけ一丈ばかりなるが、かミハかぶろにて、色白くふとくいつくしく、としのよハひ、四十ばかりにみへたり」（「大江山記」）という詞章とも合致しているのである（付図参照）。護法はまた、地震を起す地霊的な性格をも有していたとされる（近藤喜博氏『古代信仰研究』）が、これは酒天童子が必ず大地の震動とともに登場することに符合するであろう。

かくして、酒天童子の護法的性格については疑問の余地がないが、唯一、善神たるべき護法が酒天童子の物語において邪悪な存在である点に問題が残されている。だが、この点については、皇慶の護法が書写山を追われた事件の中に解明の糸口が潜んでいよう。『元亨釈書』の皇慶伝によれば、誤って人を殺したあと、護法は己れを追放しようとした性空に対して、「故投師焉」という行為に出ている。従順な眷属であるはずの護法が「法」に敵対するものに変貌する可能性のあったことが窺えるのである。[7] そして、叡山を追われた酒天童子と書写山を追われた護法には、なにか偶然以上の符合を感じさせられるのである。

酒天童子を護法童子・護法天童として捉えるならば、「しゅてん」の用字としてふさわしいのは「酒呑」でも「酒典」でもなく、「酒天」であろう。それを裏づけるかのように、最古の伝本たる香取本の用字も「酒天」であり、記録類では早い時期の『看聞御記紙背文書』の「物語目録」にも「酒天童子物語一帖」とある。ただし、「酒天」の酒が初めからのものであるかは疑問である。これに関連しては、『信貴山縁起絵巻』の剣の護法が赤ら顔に描かれていることも気になるが、『渓嵐拾葉集』には相応和尚につき従った二人の護法を「乙護法赤色童子也」としているのであって（「相応和尚護法事」）、「赤きは酒の科」というのは「赤色」の護法に付会したものではなかろうか。とすれば、「朱天童子」とある『自家伝抄』の用字が〝しゅてん童子〟の原義をよく留めていることになるが、一つの仮説として提示しておきたい。

もちろん、酒天童子が護法的属性を過不足なく備えているということは、物語の享受者が酒天童子を護法と認識していたことを意味しない。護法としての酒天童子は、あくまでも物語の原質にかかわる問題だからである。従って、酒天童子の物語の発展とともに、そうした原質的なものが忘れられ、そこに新たな変化が惹起されたことは当然であって、能の「酒天童子」は、まさしくそうした段階に生れたのであった。酒天童子の原質が護法であったことを踏まえ、さて、能は室町物語などに対していかなる独自の変化をそこに顕現させているか、これが最後に残された問題でなければならない。

三　一児二山王の変貌

昔語りが終るや、酒天童子は頼光とのやりとりを通じて、次のような調子で他言を戒めている。

頼（詞）我ハもとより出家のかたち、シテカヽル童子もさすか山そたち。頼カヽルさも童形の御身なれは。シテカヽルあはれみ給へ神たにも。同音一児二山王と立給ふハ神をさくる由そかし。御身ハ客僧我ハ童形の身なれは。なとかあわれをたまハさらん。かまいてよそにて物かたりせさせ給ふな。

寺院における児愛翫の風は中世に至ってようやく盛んになりつつあったが、叡山におけるそれは、山王より児を上位におくという「一児二山王」の成句がよく物語っている。そして、「酒天童子」のこの場面が、酒天童子と頼光を児と僧との関係に置換したものであることは言うまでもない。しかも、それは単なる座興として部分的な趣向だったのではなく、「酒天童子」の前場全体を貫く趣向であることは、『閑吟集』にもとられている次の一節が、引き続く酒宴の場面の中心になっていることからも明らかである。すなわち、

上シテ実まこと同〳〵。丹後丹波の境なる。鬼か城も程近。たのもしや〳〵。呑酒ハ数そひぬ。おもても色つくか。赤ハ酒のとかそ。鬼とな覚しそよ。おそれ給ハてわれになれなれ給ハヽ。けうかる友と覚し

めせ。我もそなたの御姿。うち見にハ。おそろしけれと馴てつほいは山臥。
「つほい」なる中世語は「かわいらしい・親しみがもてる」との謂であるが、この場面の童子を「嬋娟の極み」[8]とする見方は正鵠を射たものと思われる。「酒天童子」の前場は一貫して童子を児として設定しているのであって、その象徴が「一児二山王」なのである。

ところが、「一児二山王」は、必ずしも児愛翫を意味する成句ではなかったらしいのである。すなわち、『渓嵐拾葉集』には、

問。付二山王一、一児二山王云事如何。
答。山内記録説曰、高祖大師、最初御登山之時、二人化人値給。先現二天童一、次山王影向給、故一児二山王云也。

とあって、入山後の最澄が山中で出会ったものの順を表わしたものだというのである。この説明の信憑性はもちろん問題となろうが、他にも『惟賢比丘筆記』や『厳神鈔』にもこれと同様の説明があることをもってすれば、鎌倉期に相当流布していた解釈であったことは間違いあるまい。これに従うなら、「一児二山王」とは単に十禅師権現と山王権現の効験の差を説いたものになるわけであり、この頃には「酒天童子」におけるがごとき直截な児愛翫の意味は、胚胎していたとしても、いまだ顕現してはいなかったことになろう。

ところが、周知のごとく、「弁慶物語」や「七十一番歌合」では、「一児二山王」を明らかに「酒天童子」と同じ意味に用いているのであり、ここに時代的な意味の変化が認められる。しかし、以上の比較だけでは、この意味の違いは時代的なものというより、天台神道の教説と文芸という領域の差に帰せしめることも可能であろう。そこで僧院内における「一児二山王」についての解釈を、宝徳二年（一四五〇）写「弘児聖教秘伝」にみると、

……粗犯にてもあれ犯して後十二刻の程は仏神に詣るべからず。その故は煩悩の火に焼死する所の八万四千虫の香くさし。是をば仏きらひ給ふなり。天魔は是を悦びて障礙を成すなり。されば仏法僧は堪忍すべきものなり。是は浅略一分の道理なり。忍び難き時はただ沙弥と小児に付て煩悩の炎を消すべし。されば稚児は菩提山王の垂迹なり。故に一児二山王といふなり。(9)

とあって、『渓嵐拾葉集』などの説明には遠く、『七十一番歌合』などに近い説明がなされているのを知る。「一児二山王」の、こうした語義の変化は、室町期における児物語の隆盛と軌を一にするものであるが、能の「酒天童子」の「一児二山王」も、そうした風潮の産物であったということができよう。しかも、前述のごとく、児物語的色彩は単にこの語にのみとどまるものではなく、「酒天童子」の前場全体を支配していた。

ところで、能の本説的位置にある香取本には、「一児二山王」について言及するところがない。もっとも、詞章にかなりの欠落がある香取本であってみれば、言及がなかったと一概に論断することはできないかも知れないが、能では「一児二山王」のあとに「かまへてよそにて物語りせさせ給ふな」と他言を戒めているが、その他言の戒めをもたないことからして、香取本では「一児二山王」への言及はなかったとしてよいのではあるまいか。とすれば、能の影響を受けたと思われる慶大本を除いて、室町物語の酒天童子の物語は「一児二山王」に言及していないことになる。これは酒天童子像をめぐる能と室町物語との落差を示すよき事例と言わねばなるまい。

たとえば物語では「どうじ申やう、そもそも御辺たちハ、なに事にこの所にハきたりたまふぞ、ミやまといひ、がんせきといひ、道あらばこそまよひたりともいはめ、あら心えずやといひちらし、ときどきまかげをさして、見めぐらす、おそろしき事申はかりなし」(「大江山記」)のように、恐るべき鬼と対座しての酒宴の場面を終始緊張感を漂わせつつ描いているのであって、「一児二山王」に言及して児物語的な雰囲気を濃厚に醸し出している能と鮮やかな対立をみせている。なお、諸本の多くは、能の「赤ハ酒のとかそ……馴てつほいは山臥」の〔段哥〕に該当する件りを欠いているのであり、この点も縷述してきた能と室町物語との懸隔を物語るものであろう。そして、絵巻諸本に児物語的な要素が殆んど認められないことは、その挿絵によっても証明することができる。すなわち、絵巻における酒天童子の姿が葛川明王院の碑伝に描かれた護法童子に酷似していることはすでに述べたが、それは寺院において愛翫された児とはおよそ隔った姿だとせざるを得ない。具体的な児の姿は、たとえば『秋の夜の長物語』などにみられるごとく、背にまで伸びた児髪と女人にも紛うような容貌を備えているのであって、そもそも、「たけ一丈ハかり有かかミハかふろに白して、肉つきふとりようがんひれいにして、とし四十はかりに見えたり」(大東急記念文庫本)などという姿が、愛翫の対象になり得ようはずもなかった。

だが、ここで改めて香取本に注目しなければならない。というのは、香取本の童子の姿も、他の絵巻同様にむくつけき姿で描かれているのだが、ただ一葉、宮殿の御簾のかげから到着した頼光一行の様子をうかがう童子は紛れもなく児髪姿の麗わしい姿をしているからである。この場面のみ、姿が異なるのはいかにも不自然だが、詞章にもこの絵に相応する部分があるから、むげに後代の改変とすることはできない。とすれば、これは香取本に、酒天童子を児として捉えようとする意識があったことを意味してはいないだろうか。(10) そう言えば、香取本では、酒天童子に酒を勧められた頼光が、次のようなうけこたえをしているのである。

童子にて、おはしますうゑは、児にてこそ、おはしませ、御さきには、いかてか、さかつきはとるへき

結局、香取本においては、一貫したものではないにせよ、酒天童子を児と把握しようとする意識があったことは確実と思われる。すなわち、香取本の酒天童子には、護法の鬼神的な印象と、その児化した印象とが混在しているのだが、後代の絵巻がいずれも前者の童子像を継承したのに対して、能の「酒天童子」のみが

後者のそれをうけ継ぎ、児物語的雰囲気の濃厚な前場を構成したと言うことができるであろう。これに相似する成立の事情をもつ曲が「鞍馬天狗」で、鞍馬山の児牛若と大天狗との恋情は、牛若の鞍馬時代を描く『義経記』・『平治物語』・幸若舞曲「未来記」などの諸作品には認められない傾向なのであって、本朝の衆道を列挙した『嵯峨物語』序文が「舎那王は僧正が谷のちぎりにて剣術をならふ」と記したのは、まさしく能を念頭においてのことであったと思われる。児物語が数多く制作された時代の風潮が能に投影した事例と言えようが、この点にかかわって導き出されてくるのが、「酒天童子」の作者と目されている宮増の作風上の一傾向である。

確実な宮増作品を指定し得ない現在、その作風について論議することはかなり危険であるが、なお、三十六曲にのぼる伝宮増作品から〈宮増的なもの〉を抽出することは有効であろう。そうした立場から、すでにいくつかの〈宮増的なもの〉が指摘されているが、ここに、伝宮増作品には寺院の児の登場する曲が多い事実を指摘しておきたい。すなわち、

粉川寺　石子積　鞍馬天狗　熊野参　延年那須　満仲　御坊曾我　調伏曾我

などがそれである。このうち、典型的な児物語的作品は「粉川寺」だけであるが、他の曲の多くも寺院内の児愛翫の風を濃厚にかもし出している。伝宮増作品以外で、これほど寺院の児を登場させている例は、知られているどの能作者にもないようである。当然、こうした傾向を作品にもたらした要因について、伝説的な能作者宮増の生活圏などが究明されなければならないが、ここではさしあたって、縷述してきた「酒天童子」の特色が伝宮増作品の一傾向に合致するものであることを認識するにとどめておきたい。

注

（1）テキストには淵田虎頼等節付本（大永―天正頃写）の「酒天童子」を使用した。本曲の謡曲は、室町期の写本が上掛り・下掛りあわせて六点ほど存在する。現行曲も含めて、諸本間に大きな異同はなく、淵田虎頼等節付本と妙庵玄又手沢本（「酒天童子」）に共通の小異が認められる程度である。

（2）この他に佐竹昭広氏によって渋川板に近い名波本などが紹介されている（『酒呑童子異聞』）が、この六本で一応大江山系の全貌を把握できよう。2・3の伝本は未翻刻。

（3）酒天童子が自ら語る叡山追放の件り（能の詞章は本分中に提出したので比較されたい）。

その時、よりみつ、ひえいさんより、この山へは、なにしにうつり給ふぞと、とはせ給へは、とうし、われ、むかしは、ひえいさんを、ちうたいのすみかと、さため、せいさうを、ふりしところに、おもひまうけぬ、てんけうといふ、ゐせほうしに、あふりやう、せられ候ほとに、あまりのいこんさに、一夜に、三十よちやうの、くすの木となつて、ひとつのきすいを、みせしかは、

大師はう、一首の哥に

　あのくたら、三みやく三ほたいの、佛たち、わかたつそまに、みやうかあらせ給へ

と、よみ給ふほとに、三世のしよふつ、十方のさつた、こと〳〵く、大師に御ちからをあはせつつ、我に出よと、せめたまへは、つゐにかなはて、おひいたされ、身はいつくとも、さためなき、かすみにまきれ、雲にのり、ひきやうのたひに、あくかれいて、あまさかる、ひなのなかちや、とをゐ中、

また、童子が寝所に入ろうとする場面。

〔慶大本〕なをしもめくる、さかつきの、かすかさなれは、ありあけの空もはなにや、えらるらん（一七九字略）ついたちて、ゆくとみえしか、あしもとは、よろ〳〵とたゝよふかいさよふ雲、をりしきて、いつしか、めに見えぬ、おにのまの、あらうみのしやうし、をしたてゝ、よるのふしとに、こもりにけり。

〔能〕猶々めくる盃の、たひかさなれは有明の、天も花にゑゐりや下足もとハよろよろと、たたよふかいさよふか雲折敷て其まま、目にみえぬ鬼のまにいり、あら折の障子をしあけて、よるのふしとに入にけり〳〵。

その他、冒頭の〔一セイ〕の「秋風の音にたくへてにし川や、雲も行なり大江山」の「にし川」が出てくるのも慶大

本だけであり、「うち見には、おそろしけなれと、なれてつほいは、やまふし」の宴歌も能と一致する点である。

(4) 渋川板と能との係わりについて殆んど言及しなかったが、松本隆信氏「伝本から見た御伽草子二十三篇について」(『図書学論集』)によれば、渋川板には新たに本文を創作している痕跡があるという。『酒呑童子』の場合にもその傾向が認められるのであって、慶大本同様、渋川板は集大成的な性格を持つ本だというのが本稿の立場である。

(5) この部分は他の謡本との間に小異がある個所であって、根本中堂を建てたのが酒天童子のように読みとれる。他の謡本の方がよい詞章だが、そのまま引用した。

(6) 永井義憲氏「伝教大師の和歌」(『伝教大師研究』)参照。

(7) 近藤喜博氏は「壺坂寺古老伝」にみえる護法の乱暴狼藉のことを紹介されている(『古代信仰研究』)が、これも護法が邪悪なものに転換する可能性を暗示するものである。

(8) 徳江元正先生「しゅてん童子の話」(「沖」昭47・1、2)参照。

(9) 今東光氏「稚児」(「日本評論」昭11・3)所引。

(10) この点については『元亨釈書』の性空上人伝に、性空の護法を十五六歳の「容皃奇麗、音韵清雅」な童子としている記事を引いて、「こうした傾向は、恐らく寺院内の稚児の問題につながってゆくものでなくてはならぬであろう」(『古代信仰研究』)とされた近藤喜博氏の指摘が参考になるはずで、香取本に児姿の酒天童子が混入する素地は十分醸成されていたのである。

付　図

上　葛川明王院の碑伝の護法
下　渋川板の酒呑童子

「百鬼夜行」譚

伊藤昌広

はじめに

民俗学研究所編の『綜合日本民俗語彙』[1]の巻四、「ヤギョウサン」の項に

徳島県で聞く怪。三好郡山城谷などでは、節分の晩にくる髭の生えた一つ目の鬼だといい、お菜のことをいっていると毛の生えた手を出すという（民伝三ノ二）。いまは威されるのは小児だけになったが、以前は節分、大晦日、庚申の夜の外に、夜行日という日があって夜行さんが、首の切れた馬に乗って通路を徘徊した。これに出逢うと投げられ、また蹴殺される。草鞋を頭に載せて、地に伏していればよいといった（土の鈴一二）。夜行日は『拾芥抄』に百鬼夜行日とあるのがそれであろう。正月は子の日、二月は午の日、三月は巳の日と、月によって日はきまっている。

という説明や、また同書の巻二、「クビキレウマ」の項に

首切れ馬。クビナシウマとも。福島県、伊豆八丈島、福井県、四国、壱岐など各所で聞く怪。神様が乗

って、または馬だけで、或いは馬の首だけで飛び回るという。徳島県三好郡の祖谷山《いややま》地方では、大晦日、または節分の晩に通るので、四辻に行くと見えるという(ひだびと九ノ一)。兵庫県淡路島では、夜口笛を吹くと首切れ馬が寄ってくるという。愛媛県では、これを見ると怪我をするものと信じている。という説明を見ることができる。さらにこのほかにも『西郊民俗』第八一号の中岡之子女史による「阿波北がたの昔話(二)――徳島県美馬郡――」[2]の〔首切れ馬〕や、森正史氏の『えひめの昔ばなし』の「首なし馬の話」[3]などに、実際の採集例を見ることができる。特に四国地方で著しいように思われる。

このような「ヤギョウサン」とか「クビキレウマ」なる語句は、本朝の文献資料にしばしば見出すことのできる「百鬼夜行」と深く関連している語句であることは容易に推察することができるであろう。そして、この「百鬼夜行」は、文献資料の分野ばかりでなく、芸能の分野にも登場し、「田峰田楽」における田楽踊りの前に演じる「さいはらいの舞」[4]などに見ることができる。

そこで、本論文においては

(一) 本朝の文献資料を中心とする。

その話の「場」が本朝でなく海外に求めることのできる場合でも、一応本朝の文献として取り扱う。また、本朝の文献の出典として考えられる海外の文献に関しては、ある程度の考察を加える。

(二) 年代の下限を南北朝末期(十四世紀)までとする。

室町時代には、広義に「御伽草子」と呼ばれる通俗短編小説が数多く成立し、それらすべてを網羅することが不可能に近いと判断し、江戸時代には作品形態が微妙に変化してきて、前の時代の作品と一括して考えるのには問題があると判断したからである。しかし、前の時代の文献と同話・類話の関係をなす文献に関しては、たとえその文献の成立年代が南北朝以後であっても資料として取りあげることにする。

というように、二つの条件を踏まえ「百鬼夜行」と判断できる文献を集め、いくつかの項目をたてて論究していきたい。

注

(1) 平凡社刊

(2) 西郊民俗談話会刊　二〇頁

(3) 南海放送刊　二五三頁〜二六六頁

(4) 「さいはらい」という一種の鬼面をつけたもので鎮魂の意味をもって舞うもので、このほかにも各地の田楽に見ることができる。「田楽」と「鬼」、もしくは「百鬼」とは深い関係を持っていると考えられる。

一　「百鬼夜行」と本朝文献資料

本朝における「百鬼夜行」の文献資料をあげる前に、この「百鬼夜行」をどのように規定するのかが問題になってくるであろう。これについて、種々の辞典類の「百鬼夜行」の項を引いてみると、岩波書店の『広辞苑』では、

①さま〳〵の妖怪が列をなして夜行すること

②多くの人が、怪しく醜い行いをすること

となっている。また、小学館の『日本国語大辞典』では、

①いろいろな妖怪が列をなして夜歩くこと
②多くの人々が徒党を組んで、奇怪な行動をとること

と説明し、大修館書店の『大漢和辞典』では
いろいろの妖怪が夜あるくこと。転じて悪人の時を得て跋扈する喩。

と、説明している。本論文で中心となるのは各辞典の第一の部分である。さきの三つの辞典は「百鬼夜行」の「百鬼」にあたる部分をすべて「妖怪」と説明している。はたして「百鬼」を一括して「妖怪」としてよいのか私は非常に疑問を持ち、私なりの規定を設けることにした。それは、「百鬼夜行」を「百鬼」と「夜行」との二つに分けて、

百鬼――諸々の人間とは異なる異類異形のもの、
夜行――市中なり山中を夜半に徘徊するとするものである。

このような二つの規定を満たす文献資料を成立年代の順に番号をほどこしながらあげてみよう。なお、成立年代に関しては、至文堂の『増補新版・日本文学史』の「総説・年表」（昭和五二年刊）と、東京美術社の『日本の説話・別巻』の「説話文学必携」（昭和五一年刊）を使用する。また、各文献資料の末尾の（ ）の中には、「百鬼夜行」に関係した人物名、もしくは身分を書き加えておく。

資料1　『栄華物語』巻第八「はつはな」(1)（藤原頼通）
資料2　『大日本国法華経験記』上巻　第十一「吉野奥山持経者某」(2)（比丘沙門義睿）
資料3　『大鏡』第三巻「師輔」(3)（右大臣藤原師輔）
資料4　『今昔物語集』巻第四　第二十「天竺人、為国王被召妻人、依唱三帰免虵害語」(4)（鄙土の男）
資料5　『今昔物語集』巻第六　第六「玄奘三蔵、渡天竺伝法帰来語」(5)（玄奘三蔵）

資料6『今昔物語集』巻第十三　第一「修行者義睿、値大峯持経仙語」[6]（聖人・修行者義睿）

資料7『今昔物語集』巻第十四　第卌二「依尊勝陀羅尼験力遁鬼難語」[7]（大納言左大将常行）

資料8『今昔物語集』巻第二十四　第十六「安倍晴明、随忠行習道語」[8]（陰陽師加茂忠行・天文博士安倍晴明）

資料9『今昔物語集』巻第二十七　第卅一「三善清行宰相、家渡語」[9]（宰相三善清行）

資料10『江談抄』第三　雑事「野篁幷高藤卿遇百鬼夜行事」[10]（小野篁・中納言中将高藤卿）

資料11『打聞集』「玄奘三蔵心経事」[11]（玄奘三蔵）

資料12『打聞集』二十三「尊勝陀羅尼事」[12]（大将経行）[13]

資料13『古本説話集』下　第五十一「西三条殿の若君、百鬼夜行に遇ふ事」[14]（西三条殿の若君藤原常行）

資料14『宝物集』巻三「（師輔公）陀羅尼利益ノ事」[15]（九条右大臣藤原師輔）

資料15『宝物集』巻三「（三条大将光行卿）陀羅尼利益ノ事」[16]（西三条大将光行卿）[17]

資料16『梁塵秘抄』巻第二　二句神歌　491『さ夜《よ》更けて鬼人衆《きにんし》こそ歩くなれ　南無や帰依仏南無や帰依法』[18]

資料17『古事談』第三（六八）「永超魚食事」[19]（永超・永超に魚を布施した男）

資料18『発心集』第四（三八）「三昧座主の弟子法華経の験を得る事」[20]（聖・修行者義叡）

資料19『宇治拾遺物語』巻一ノ三「鬼に癭とらるゝ事」[21]（右の顔に大きな瘤のある翁）

資料20『宇治拾遺物語』巻一ノ一七「修行者百鬼夜行にあふ事」[22]（修行者）

資料21『宇治拾遺物語』巻四ノ一五「永超僧都魚食事」[23]（永超・永超に魚を布施した男）

資料22『宇治拾遺物語』巻一二ノ二四「一条桟敷屋鬼の事」[24]（一条桟敷屋にとまっていた男）

資料23『五常内義抄』「智ハ賢也。不妄語戒」第十四『人ノ云事ニ聞耽テ……。』[25]（額に瘤のある法師）

資料24『古今著聞集』巻第十七　変化　第廿七　五九〇「延長七年四月宮中に鬼の足跡の事(26)」（北陣の衛士）

資料25『古今著聞集』巻第十七　変化　第廿七　五九二「延長八年七月下野長用殿富門武徳殿の間にて鬼神と出会の事(27)」（右近の陣の者下野長用）

資料26『古今著聞集』巻第十七　変化　第廿七　五九三「承平元年六月弘徽殿の東欄に変化の事(28)」（六衛府の下役人）

資料27『古今著聞集』巻第十七　変化　第廿七　五九四「天慶八年八月群馬の音の事幷に鬼の足跡等怪異の事(29)」（近衛・左兵衛の下役達）

資料28『沙石集』巻第五（本）（一）「円頓学者鬼病免タル事(30)」（天台宗の山僧）

資料29『沙石集』巻第七（二〇）「天狗ノ人ニ真言教タル事(31)」（修行者）

資料30『元亨釈書』巻第二十九　志三　拾異志「藤常行(32)」（藤原常行）

資料31『元亨釈書』巻第二十九　志三　拾異志「大峯比丘(33)」（比丘・沙門義睿）

資料32『真言伝』「常行大将(34)」（大将常行）

資料33『真言伝』巻第四「九条右大臣(35)」（九条右大臣師輔）

資料34『太平記』巻第五「相摸入道弄田楽幷闘犬事(36)」（相模入道北条高時）

資料35『三国伝記』巻第二　第二十三「玄奘三蔵渡天竺二事。明ニ般若心経一也(37)」（玄奘三蔵）

資料36『三国伝記』巻第四　第二十七「南京永超僧都事(38)」（永超・永超に魚を布施した男）

資料37『三国伝記』巻第十一　第九「貧僧依山王恵勤彼岸事(39)」（比叡山の学徒）

資料38『山王絵詞』下巻　第九巻（八）『山門に楽音樹坊といふ人ありけり……。(40)』（天台宗山門派の楽音

樹坊）
資料39『醒睡笑』巻之一「謂被謂物之由来」二十三『鬼に瘤を取られたといふ事……。』(41)（目の上に大きな瘤のある禅門）
資料40『醒睡笑』巻之六「推はちがうた」（百二十）『あるところに禅門……。』(42)（目の上に大きな瘤のある禅門）
資料41『本朝高僧伝』巻第七十五　願雑十之七　感怪五「沙門義睿伝(43)」（比丘・沙門義睿）

の以上四一例をあげることができる。しかしながらこれらの例の中には、さきに私が「百鬼夜行」について規定した二つの条件に必ずしも合致していない例も少なからずある。例えば、資料1では「百鬼夜行」に関連した部分が

　六条に明暮の御歩きも「路の程などに夜行の夜なども自らありあふらん。いとうしろめたき事なり(44)」

となっている。つまりここでは「百鬼夜行」に実際には遭遇してはいないが、この文は明らかに「百鬼夜行」の存在をその背後に意識していることは明白である。

　また、資料4では、確かに「百鬼」（多くの鬼神）は登場してくる。しかし本文中からは「夜行」しているかどうかは、読み取ることはできない。だが、ここでの「百鬼」は、道筋に登場してきていることから判断し、「夜行」は考えられないこともない。

　資料9の例は、話の「場」が「五条堀川のほとりの荒れた古い家」となっている。これだけでは「百鬼夜行」の「夜行」の部分が存在していないように見える。だが、この話の末尾に

　宰相仰セテ云《イハ》ク、「此レ極《キハメ》テ賢キ事也。速ニ一孫引キ烈《ツ》レテ、其ノ所（大学ノ南ノ門ノ東《ヒムガシ》ノ脇《ワキニ》ナム徒《イタヅラ》ナル地）へ可渡《ワタルベ》シ」ト。其ノ時ニ、翁《オキナ》、音《コエ》ヲ高クシテ答ヘヲ為《ス》ルニ付《ツキ》テ、四五十人許《バカリ》ノ音《コエ》ナム散《サ》ト答ヘ

ケル。(45)

という部分がある。このことから家の中にいた「百鬼」が、他の場所へ移動するために「夜行」したと想像できるのである。

資料17・21・36の三例は、夢の中での出来事である。しかし、夢の中での事ではあるが、私がさきにあげた「百鬼夜行」の二つの条件を満たしているので、ある程度考える余地があろう。だが、この三例は、見方によっては「地獄からの使者」とも考えられないこともないのである。

『古今著聞集』から取りあげた資料24・26・27の三例は、恐ろしい物音や残された足跡などによって怪異と結びつけている。これらは当時の人々（延長・承平・天慶――九二三～九四七――つまり十世紀初頭頃）の記憶にかなり強烈に焼き付いていたとみえ、特に資料24については、『扶桑略記』の「延長七年（九二九）四月二十五日の条に

夜。鬼跡踏㆓宮中㆒。玄亀門外内。及桂芳坊辺。中宮庁。常寧殿内最多。殿壇入寸余。似㆓大牛跡㆒。二蹄或三蹄云々。其蹄雑㆓青赤毛㆒。一二日間自滅云々。或云。北陣衛士夜見㆓大熊十三頭入㆑陣。越㆑闇即不㆑見云々。或云。常寧殿見㆑鬼。高余㆓殿棟㆒云々。或云。鬼跡間有㆓小児跡㆒云々。(46)

という記録があり、資料27については、藤原通憲の『本朝世紀』の「天慶八年（九四五）八月八日」の条に

今日。右左兵衛陣官吉上舎人。左近陣吉上舎人等申云。去来子丑時許。酒駕馬百疋許程。如人乗。自件陣入来。高声行事。指梨壺方入矣。陣官吉上等迷心神。恐懼不出。騎馬者入畢。共出見之。更無人云云。(47)

という記録が残されている。これも『古今著聞集』の百科事典的性格を考えればもっともなことと考えられる。それはさておき、これらの例については、怪異な事があったのは夜であり、多数異常な足跡や騒ぎ声などから、十分「百鬼夜行」と見ることができる。

資料34では、田楽に興じる異形異類の姿が描かれており「百鬼」の条件は十分満たしている。しかしこの田楽に興じたのは相模入道の邸宅で、市中を徘徊するという「夜行」の部分は欠落している。私がこれを資料として取りあげたのは、田楽に興じて騒いでいる「百鬼」に注目したためである。

以上、資料の1・4・9・17・21・24・26・27・34・36の10例は、さきに私が設けた「百鬼夜行」の二つの条件を満たしてはいないにもかかわらず、これを文献資料として取り扱った理由である。

注

(1)『栄花物語上』　日本古典文学大系　岩波書店　二八二頁
(2)『往生伝　法華験記』　日本思想大系　岩波書店　六六頁・五一八頁
(3)『大鏡』　日本古典文学大系　岩波書店　一二七頁
(4)『今昔物語集一』　日本古典文学大系　岩波書店　三〇一頁
(5)『今昔物語集二』　日本古典文学大系　岩波書店　六五頁
(6)『今昔物語集三』　日本古典文学大系　岩波書店　二〇六頁
(7)同注（6）　三三五頁
(8)『今昔物語集四』　日本古典文学大系　岩波書店　二九九頁
(9)同注（8）　五一九頁
(10)大江匡房『江談抄』　全六巻　『群書類従』経済雑誌社　第十七輯雑部　巻第四百八十六　五八八頁
(11)中島悦次氏　『打聞集』　白帝社　七六頁
(12)同注（11）　一一五頁
(13)常行のこと。藤原良相の子に「経行」の名はない。「常行（トキツラ）」を「ツネユキ」「ツネツラ」と誤読し、それに漢字をあてたための誤りか

(14) 『古本説話集　本朝神仙伝』　日本古典全書　朝日新聞社　一六四頁
(15) 平康頼『宝物集』　全七巻　大日本仏教全書第九一芸文部四　名著普及会　三三一頁
(16) 同注(15)
(17) 「西三条大将光行」は不明。「光行」は「常行」の誤りか
(18) 『和漢朗詠集　梁塵秘抄』　日本古典文学大系　岩波書店　四二九頁
(19) 源顕兼『古事談』　全六巻　『宇治拾遺物語・古事談・十訓抄』　新訂増補国史大系18　吉川弘文館　六八頁
(20) 鴨長明『発心集』　全八巻　角川文庫　角川書店　一〇七頁
(21) 『宇治拾遺物語』　日本古典文学大系　岩波書店　五五頁
(22) 同注(21)　七六頁
(23) 同注(21)　一七二頁
(24) 同注(21)　三五七頁
(25) 『続群書類従』　続群書類従完成会　第三十二輯下雑部　巻第九百四十八　六一頁
(26) 『古今著聞集』　日本古典文学大系　岩波書店　四五六頁
(27) 同注(26)　四五七頁
(28) 同注(26)　四五八頁
(29) 同注(26)　四五八頁
(30) 『沙石集』　日本古典文学大系　岩波書店　二〇〇頁
(31) 同注(30)　三一七頁
(32) 師錬撰『元亨釈書』　全三〇巻　大日本仏教全書第六二史伝部一　名著普及会　二二四頁
(33) 同注(32)　二二五頁
(34) 栄海製『真言伝』　全七巻　大日本仏教全書第六八史伝部七　名著普及会　三八頁
(35) 同注(34)　三八頁
(36) 『太平記一』　日本古典文学大系　岩波書店　一六一頁

(37) 玄棟撰『三国伝記』全一二巻 大日本仏教全書第九二纂集部一 名著普及会 二三八頁
(38) 同注(37)二六二頁
(39) 同注(37)三三六頁
(40)『中世神仏説話 続』古典文庫 九六頁 奥書に、「応永三〇(一四二三年)」とある
(41) 安楽庵策伝『醒睡笑』全八巻『醒睡笑全 一休咄全 曾呂利狂歌咄全』有朋堂文庫 有朋堂書店 八頁
(42) 同注(41)二七三頁
(43) 師蛮撰『本朝高僧伝』全七五巻 大日本仏教全書第六三史伝部三 名著普及会 四〇五頁
(44) 同注(1)二八二頁
(45) 同注(9)五二一頁
(46)『扶桑略記 帝王編年記』新訂増補国史大系12 吉川弘文館『扶桑略記』第廿四 醍醐天皇下 二〇二頁
(47)『本朝世紀』新訂増補国史大系9 吉川弘文館『本朝世紀』巻第七朱雀天皇 一一一頁

二 本朝文献資料における同話・類話

さきに文献資料の四一例すべてを通観してみると、同話・類話の関係で複数の文献に繰り返し掲載されている例が、非常に多いことに気づく。例えば特に目をひくのは、藤原常行が登場する資料7・12・13・15・30・32と藤原師輔が登場する資料3・14・33と、小野篁と藤原高藤(高藤卿は『尊卑分脈』『公卿補任』その他の資料より「藤原」姓であると思われる)が登場する資料10の10例である(群I)。これらは登場人物こそさまざまであるが、一〇例すべて、

A貴人が夜中に、市中を供を連れて外出している。

B外出の途中で「百鬼夜行」に遭遇する。

C「百鬼夜行」の難を「尊勝陀羅尼（尊勝真言）」の功徳によって退ける。

の順番で話が展開している。これは全資料四一例中の実に二五％弱にも達している。これは何を意味しているのであろうか。

しかし、同話・類話の関係を持つものはこればかりではなく、資料2・6・18・31・41の例もある（群II）。これらは、法華経を聴聞に来たものの中、異類異形の「百鬼」が登場してくる例である。この背景には、釈尊の涅槃の時に人間ばかりでなく、やはり異類異形のものが数多く集まって来たという話が考えられる。また、この群IIの中に法華経の聴聞かどうか明確ではないのであるが、異類異形のものが多数集まって来たというところから資料37も入れて考えてもよいように思われる。

さらには資料5・11・35もある（群III）。これらは玄奘三蔵にまつわる説話で、その出典として漢籍の『三宝感応要略録』・『神僧伝』・『続高僧伝』があげられる。しかしながら、玄奘三蔵が「百鬼夜行」に遭遇し、それを般若心経によって退けるという部分の出典については不明とされている。私はこの部分に関しては、本朝において創作された玄奘三蔵もしくは般若心経に関する説話に書き加えられたものであると思う。

また、資料19・23・39・40の例もある（群IV）。これは昔話における「隣の爺」型の中の「瘤取爺」と呼ばれるものの本朝においての文献資料である。これらの出典として漢籍の『産語』（「瘤取爺」の世界最古の文献資料で、成立は戦国時代から秦―紀元前四・三世紀―頃までとされている）巻上「皐風第六」があげられる。ここでは特に、この「瘤取爺」の話が、資料19・23のようにお互いになんら交流も持たずに、ほぼ同時に成立した文献に記載されたことや、資料39・40のように同じ話の前半（良い爺の成功譚）と後半（悪い爺の失敗譚）の二つに分けられて、同一本（『醒睡笑』）中に散在していることが大変興味深い。

このほかにも、一の「「百鬼夜行」と本朝文献資料」にもあげた資料17・21・36の例もある（群V）。

このように同話・類話の関係をなす文献資料例は、五種類にものぼっている。これらについて考察を加えてみよう。

群I〜IIIに限ってみてみると、

群I尊勝陀羅尼（尊勝真言）＋貴人

群II法華経＋聴聞にきた異類異形の多くのもの

群III般若心経＋玄奘三蔵

の組合せにしぼられる。これは、仏典の功徳を説くために種々の話が結びつき、その結びついた話の中にたまたま「百鬼夜行」の考え方が存在したのだと考えられる（「百鬼夜行」という特異なものを強調することが第一で、それに仏典の功徳によって「百鬼夜行」から免れるための手段としての話が結びついたとは考えにくい）。そしてそこには、仏典の功徳を説く際に必ず「百鬼夜行」の考え方を結びつけなければならないという必然性はまったく存在しない。たぶん「百鬼夜行」と仏典との結びつきは、仏典の功徳を強調し一般人に講話する際に、その講話を作る創作者（僧侶か仏教に精通した知識人であろう）に全面的にゆだねられたのであろう。このようにしてできた多くの型の話の中からいくつかの型の話が固定化し、それが一般に受け入れられ定着し、それがやがて複数の文献に繰り返し掲載されてきたと考えられる。つまり、仏典の功徳を説くのが第一義で、そこにたまたま「百鬼夜行」の考え方がはいりこんだにすぎなかったと思われるのである。しかし、群Iにおいては「登場人物の特異性」もしくは「話のたね」として「百鬼夜行」が語られたものであるということも少なからず考えられるのである。

また群IVは、「瘤取爺」という昔話の一つであることは前に述べた。私はこの話は、たぶん文献資料に先に取り入れられ、それから昔話に入ったと思われる。それはさておき、この群IVのみが確かに「善因善果・

悪因悪果」・「超自然的援助者[1]」という見方もあるが、ある程度「百鬼夜行」の考え方を中心として、山中の怪異を描いたものであると考えることができる。

群Ⅴでは、「夢の中で、知らされた事がその通りに現実化した」という正夢的な形態がその中心をなし、夢の神秘性・呪術性について説いているように思われる。このような夢についての話は、本朝において決して珍しいことではなく、「夢の世界」と「うつつの世界」が自由に交流していた上代・中古の時代では極めて一般的であったと見ることができる。特にこの群Ⅴの形式は、すでに『摂津国風土記逸文』の「夢野[2]」(ここでは「夢解き」という一段階をおいている)に見ることができるばかりでなく、昔話の世界においても「夢見小僧」や「夢買長者」などの一連の「夢」を題材とするものの中に認めることができる。つまり群Ⅴでは、群Ⅰ〜Ⅲと同様に「百鬼夜行」の考え方に「夢」が結びついたのではなく、本朝が古来から有していた「夢」の持つ神秘性・呪術性の世界を語るための種々雑多な話の中に、たまたま「百鬼夜行」の考え方が含まれていたのであろうと考えるのである。そしてそれが、「夢」を中心として諸文献に伝播していったものと思われる。しかしながらこの群Ⅴは、「永超」という高僧が出て来ていることや、魚という「生臭いもの」を永超が食していることから考えて、かなり仏教色が強くこの話に出てくる「百鬼夜行」も「地獄からの使者」と取れそうである。それでは何のための使者かというと、『よくぞ永超に、生臭いものを食わして不浄の身としてくれた』というお礼の意味での「地獄からの使者」ということになるのであろう。

以上、このように文献資料四一例中に同話・類話の関係にあたる話が多い理由として、群Ⅳを除いては「仏典の功徳」や「夢」について語るために、その話を創作し、展開させていくうえで「百鬼夜行」の考え方が利用されたにすぎず、あくまでも「百鬼夜行」の考え方は第二義的な存在であったものと思われる。そして、このように創作された話が、各々の目的を第一義とする話として伝播されていって、そのために同話・類話にあたるものが多くなったのであろう。これは言い換えれば、「百鬼夜行」はあまり一般的に流布せず、ある固定化、定着化した話ばかりのみが多かったということになるのであろう。

注

(1)『日本の昔話——比較研究序説——』関敬吾氏 日本放送出版協会 昭和五二年 二二四頁

(2)『風土記』日本古典文学大系 岩波書店 四二三頁

三 「百鬼夜行」と「百鬼」の姿

第一節においてあげた本朝文献資料の大部分は、平安時代に話材を求めている。そして各文献資料中の本文において「百鬼」の姿を形容するために、じつに種々様々な語句を用いて描いている。そこで、この節では「百鬼夜行」における「百鬼」について述べてみよう。

まず、四一例の文献資料において「百鬼」がどのような姿で表現されているのであろうか。それは

資料2
異類衆形鬼神禽獣。数千集会。馬面牛形鳥頭鹿形。(1)

資料4
多ノ鬼神(2)

資料5
早ウ、人ニハ非デ異形ノ鬼共ノ極テ怖シ気ナル者共ノ行ク也ケリ。(3)

資料6

様〻ノ異類ノ形ナル鬼神共来ル。或ハ馬ノ頭、或ハ牛頭、或ハ鳥ノ首、或ハ鹿ノ形、如此クノ鬼神出来テ、(4)

資料7

早ウ、人ニハ非デ鬼共也ケリ、様〻ノ怖シ気ナル形也。(5)

資料8

艶ズ怖キ鬼共(6)

資料9

天井ノ組入ノ上ニ、物ノコソメクヲ見上タレバ、組入ノ子毎ニ顔有リ。其ノ顔毎ニ替レリ。(中略)南ノ庇ノ板敷ヨリ、長一尺許ナル者共、馬ニ乗次キテ、西ヨリ東様ニ四五十人許ニ渡ル。(中略)塗籠ノ戸ヲ三尺許引開テ女居ザリ出ツ。居長三尺許ノ女ノ、檜皮色ノ衣ヲ着タリ、髪ノ肩ニ懸リタル程、極ク気高ク清気也。匂タル香艶ズ馥バシ、麝香ノ香ニ染返タリ。赤色ノ扇ヲ指隠タル上ヨリ出タル額ツキ、白ク清気也。額ノ捻タル程、眼尻長ヤカニ打引タルニ尻目ニ見遣セタル、煩ハシク気高シ鼻・口ナド何ニ微妙カラムト思ユ。宰相白地目モセズ守レバ、暫許居テ居ザリ返ルトテ扇ヲ去タルニ、見レバ、鼻鮮ニテ匂ヒ赤シ。口脇ニ四五寸許銀□作タル牙咋違タリ。「奇異キ者カナト」見ル程ニ、塗籠ニ入テ、戸ヲ閇ツ。(7)

資料11

えもいはず怖げなる鬼共(8)

資料12

手三付には□一付物有。面に目一つ付物有。目三付物有。早鬼なりけりと(9)

資料13

手三つ附きて足一つ附きたる者あり。目一つ附きたる者あり。「早く鬼なりけり」(10)

資料16

鬼人衆(11)

資料17

オソロシゲナル者共(12)

資料18

様々の形したる鬼神、諸の猛き獣、数も知らず集まる。馬面なるもあり、牛に似たるもあり、又鳥の頭なるもあり、鹿の形なるもあり。(13)

資料19

大かた、やう〳〵さまぐ〳〵なるものども、あかきいろには青き物をき、くろきいろには赤き物をたふさぎにかき、大かた、目一ある者あり、口なき者など、大かた、いかにも言ふべきにあらぬ者ども、百人ばかりひしめきあつまり、(中略)鬼、(14)

資料20

百人ばかり、此堂の内に来集ひたり。ちかくて見れば、目一つきたりなどさまざまなり。人にもあらず、あさましき物どもなりけり。あるひは角おひたり。頭もえもいはずおそろしげなる者ども也。(15)

資料21

おそろしげなるものども、(16)

資料22

大路に、「諸行無常」と詠じて過ぐる者あり。(中略)長は軒とひとしくして、馬の頭なる鬼なりけり。[17]

資料23

夜打深テ、天狗モ多ク集テ田楽ヲゾシケル。[18]

資料24

大なる牛の跡にぞ似たりける。そのひづめのあと、あをくあかき色をまじへたりけり。(中略)大なる熊、陣中にいりてすなはちみえず。其鬼のあとの中に、をさなきものゝ跡もまじりたりけるとぞ。[19]

資料25

黒きものきて太刀はきたるもの、(中略)白笏をぞもたりける。(中略)陣の内より三位一人いであひたり。とものもの火をともしたりけり。三位老臨を相待とて、他事をもかたらひけり。火ともしたるものは、すりぎぬをきたり。長用鬼神にこそとおそれ思て、走帰て殷富門のもとにいたりて、さきの所を見ると、火百あまりばかりともしたる物みえたり。やゝひさしくありてぞきえける。[20]

資料26

衣冠着たる鬼の長一丈あまりなるが、(中略)人馬のこゑ、東にむかひておほくきこえけり。まことにはなかりけり。これも鬼のしはざにや。[21]

資料27

馬二万ばかりをとしけり。(中略)はじめは馬の音はひなりけり。後には又、人数百人がをとなひにてきこえける。(中略)鬼のあしあと・馬のあし跡など、おほく見えけり。[22]

資料28

行疫神ノ異類異形ナル[23]、

資料29

白クキヨゲニ太リタル法師ヲ、手輿ヲ昇テ、小法師二三十人トモシテ、此《の》堂ニ入ヌ[24]。

資料30

皆鬼也。或隻眼一手三目二頭奇形……甚可レ怖也[25]。

資料31

異類衆形鬼神禽獣不レ知二其数[26]一。

資料32

手三ツツキ足一ツツキタル物。面ニ目一ツ付タルナント有ケリ。ハヤウ鬼也ケリト思ニ[27]。

資料34

或觜匂テ鵄ノ如ナルモアリ、或ハ身ニ翅在テ其形山伏ノ如クナヲモアリ。異類異形ノ媚者共ガ姿ヲ人ニ変ジタルニテゾ有ケル。（中略）誠ニ天狗ノ集リケルヨト覚テ、踏汚シタル畳ノ上ニ禽獣ノ足迹多シ[28]。

資料35

火ヲ燃シタル鬼神五百人許リ[29]

資料36

異形異類ノ鬼王共[30]

資料37

老若尊卑ノ山伏トモ我慢ノ翅憍慢ノ觜有キ。或ハ牛頭馬頭ノ像鳥禽獣ノ姿ナル物共[31]

資料38

異類者ども[32]

資料39
天狗共[33]

資料40
鬼（中略）何とも知れぬ者ども[34]

資料41
異類衆形鬼神禽獣。不㆑知㆓其数㆒[35]。

でわかるように、じつに様々な「百鬼」の形容がほどこされている（資料番号24・26・27は、「百鬼」の物音や残していったものの描写である）。

このように「百鬼」の姿が形容されている文献資料は35例あり、その中には必ずしも「百鬼」の形容に「鬼」の語句を認められない例もある（資料9・17・20・21・23・28・29・34・37・38・39・40の12例）。しかしながら、これら「百鬼」の形容に「鬼」の語句が使用されていなくとも、十分に「百鬼夜行」の概念を満たしているのである。

またこれらの文献資料を通観して思うことは、「百鬼」の姿を形容するためにある程度の共通点を持っていることである。それは

(1) 人間とは異なる異類異形のもの
(2) 恐ろしいもの

の二点であり、この二点が相互に関係しあって「百鬼」の形容を形成しているのである（資料29のように恐ろしさを伴わない「百鬼」も存在する）。そしてこれら「百鬼」に登場してくる「鬼」の中には、我々が現在イメージとして持っている「鬼」の姿を見ることのできるものもある。

(a)「一眼鬼」・「牛頭鬼」・「馬頭鬼」のように、体型は人に似ているが、頭や手足など体の一部分が異なっているもの
(資料2・6・9・12・18・19・20・22・30・31・32・37)

(b)「一角鬼」・「三角鬼」のように角を持っているもの
(資料20)

(c)「赤鬼」・「青鬼」のように人間とは膚の色が異なっているもの
(資料19・20)

また、これらの「百鬼」が登場してくる例の中に資料4・7・11・12・13・20・25・30・32・35のように「火」を点しながら出てくる例もある。足元を照らす火さえ事欠く当時、月光があるとはいえほぼ闇に近い夜に、突然数百の火が点るのを目にすることは、安堵感よりは恐怖感が先だって、「百鬼」の登場を告げるには誠に都合のよい演出といってよいであろう。そして、この「火」が後世に「人魂」に混入されていったと思われる。

しかし、これら文献資料中の「百鬼」には「鬼」ばかりでなく、ほかのものも多く登場している。それは「禽獣」をはじめとして、資料23・29・34・37・39の「天狗」や、資料28の「行疫神(疫病神)」があげられる。特に「天狗」に関しては、資料34・37においての「山伏姿」・「觜」・「翅」などの形容から、我々が現在もっている「烏天狗」のイメージを重ね合せることもできる。資料29において

天狗ト云事ハ、日本ニ申伝付タリ。聖教ニ慥ナル文証ナシ。先徳ノ釈ニ、魔神ト云ヘルゾ是ニヤト覚へ侍ル。大旨ハ鬼類ニコソ[36]

とあるから『沙石集』の成立(弘安六年―一二八三―)当時は「天狗」は「鬼」の眷属の一種と考えていた

ようである。

さらには「百鬼」の中には、人間への変化も可能な「もの」もいたらしく、資料9の「檜皮色ノ衣ヲ着タ」女や、「浅黄上下着タル翁」の姿や、資料25・26のように「衣冠」をつけた身分の高い人物に化けたり、資料34のように「田楽師」に変化したりしているのである。

そのほか、「馬に乗って」いたり、「顔」だけであったり、細かくあげていったならきりのないほど実に様々な「百鬼」の姿を見せてくれるのである。

このように35例の文献資料を見て来たなかで、一番特徴的なのはここに現われた「百鬼」は、そのほとんどが人間の体型に似ていることに気づく。このように「人型」が多い理由として、「百鬼＝鬼人」・「百鬼＝疫病神」・「百鬼＝強盗」・「百鬼＝怨霊」というように、また『倭名類聚抄』第十七の「鬼魅類」よりの

鬼　四声字苑云鬼居偉（和名於爾）或説云隠字（音於亦訛也）鬼物隠而不欲顕形故俗呼日隠也人死魂神
　也一云呉人日鬼越人日魕音蟣又祈反[37]」

から考えて「百鬼＝亡魂」・「百鬼＝山に隠れ籠る人」というように、「百鬼」そのものが「人間の変形体」であるという考えが強かったのであろう。また、「百鬼」を考えるうえで、どうしても「人間」を下敷としてイメージを発展させていったためだとも考えられるのである。

本朝の平安時代における「百鬼」は、だいたいにおいてこのようなものとしてとらえられている。これが漢籍においては、「百鬼」はどのようにとらえているであろうか。

私が目にした最も古い「百鬼」の語句は、『漢書』の「礼楽志」の「鄒子楽」の

登成甫田。百鬼迪嘗。

で、ここでの「百鬼」は、唐代の顔師の古注に

百鬼百神也(38)

とあるところから「多くの神」と同意義語として用いられていたことがわかる。

また、もう一つは六世紀頃成立した『荊楚歳時記』の「正月末日」の

夜蘆萓火照井廁中則百鬼走(39)

で、ここでの「百鬼」は、神というよりは少々「怪しげなもの」としての感じがつよい。

このようにもともと同意義であった「百神」と「百鬼」が分化した理由として、神の二面性より「陽」と「陰」とに分かれ、人間に不利な事を及ぼすものが「陰」となり、それが「鬼」に合致して、「百神」が「百鬼」に転化したものと考えられる。そして、特に本朝において、「百神」の陰の部分となった「百鬼」が強くあらわれているように思われる。

私が、本朝において最も古い「百鬼」の文献資料としている、『古事記』の「伊邪那岐命の黄泉国の訪問」においての

故 刺二左之御美豆良一、〔三字以レ音。下效レ此。〕湯津津間櫛男柱一箇取闕而、燭二一火一入見之時、宇士多加礼許呂呂岐弖、〔此十字以レ音。〕於レ頭者大雷居、於レ胸者火雷居、於レ腹者黒雷居、於レ陰者柝雷居、於二左手一者若雷居、於二右手一者土雷居、於二左足一者鳴雷居、於二右足一者伏雷居、幷八雷神成居。於レ是伊邪那岐命、見畏而逃還之時、其妹伊邪那美命、言レ令レ見レ辱レ吾、即遣二予母都志許売一〔此六字以レ音。〕令レ追。爾伊邪那岐命、取二黒御縵一投棄、乃生二蒲子一。是摭食之間、逃行。猶追、亦刺二其右御美豆良一之湯津津間櫛引闕而投棄、乃生レ笋。是抜食之間、逃行。且後者、於二其八雷神、副二千五百之黄泉軍一令レ追。爾抜下所二御佩一之十拳劒上而、於二後手一布伎都都(40)〔此四字以レ音。〕逃来、猶追、到二黄泉比良〔此二字以レ音。〕坂之坂本一時、取下在二其坂本一桃子三箇上待撃者、悉迯返也。

にこの影響が顕著にあらわれていると思われる。そして、この『古事記』の中に現われた黄泉の国の住民のイメージである「奇なるもの」・「凶なるもの」・「あしきもの」・「醜いもの」が、そのまま後世の「百鬼」に受け継がれたのではないかと思われる。また『万葉集』の巻第四に「鬼」を

547　天雲之《あまくもの》　外従見《よそに見しより》　吾妹児尓《わぎもこに》　心毛身副《こころもみさへ》　縁西鬼尾《よりにしものを》(41)

727　萱草《わすれぐさ》　吾下紐尓《わが下紐に》　著有跡《つけたれど》　鬼乃志許草《しこのしこぐさ》　事二思安利家理《ことにしありけり》(42)

のように、「モノ」・「シコ」とも読ませていることも参考にあげておく。

しかしながら「百鬼」は、今まで述べてきたような「百鬼＝人型」では把握しれきないものもある。大徳寺の塔頭真珠庵に所蔵されている、土佐光信画と伝えられる『百鬼夜行絵巻』をみると「唐櫃の中から杓文字、擂鉢、五徳、鍋、釜等に目鼻、手足がついて続々と輩出している」図が目につく。これは、大乗仏教の思想的副産物である「草木国土悉皆成仏」という考え方から派生した

器物百年を経て精霊を得てより人を誑かす。これを付喪神と号すといへり。(43)

という「付喪神」の考え方である。これによって先の『百鬼夜行絵巻』に見える「百鬼」が創造されたのである。そしてこの「付喪神」の考え方は、

爰に康保のころ（九六四〜九六八）にや件の煤払とて、洛中洛外の在家より、とりいたして捨たるふる具足とも一所に寄合て、評定しけるは、さても我等、多年家々の家具となりて、奉公の忠節を、つくしたるに、させる恩賞こそなからめ、剰、路頭に捨をきて、牛馬の蹄のかゝる事、恨の中の恨にあらすや、詮する所、いかにもして、妖物となりて、各あたを報し給へと、儀定するところにや(44)

の文章をもつ、『御伽草子』の『付喪神記』や『化物草子』・『調度歌合』・『御茶草子』等の「草子の世界」、さらには化物話の『化物寺』・『舌切り雀』などの「昔話の世界」にもみられる。ということは、当時の人々

の実生活に「付喪神」の考えが浸透定着して、広く伝えられていたと推察できるのである。
このように、「百鬼夜行」における「百鬼」は、あらゆる形態をとりながらも、我々の実生活にともなう諸々の危機感とあいまって広く信じられていたように判断できるのである。

注

（1）『往生伝　法華験記』日本思想大系　岩波書店　五一八頁
（2）『今昔物語集一』日本古典文学大系　岩波書店　三〇二頁
（3）『今昔物語集二』日本古典文学大系　岩波書店　六五頁
（4）『今昔物語集三』日本古典文学大系　岩波書店　二〇八頁
（5）同注（4）三三五頁
（6）『今昔物語集四』日本古典文学大系　岩波書店　三〇〇頁
（7）同注（6）五一九頁
（8）中島悦次氏『打聞集』白帝社　七六頁
（9）同注（8）一一五頁
（10）『古本説話集　本朝神仙伝』日本古典全書　朝日新聞社　一六五頁
（11）『和漢朗詠集　梁塵秘抄』日本古典文学大系　岩波書店　四二九頁
（12）『宇治拾遺物語・古事談・十訓抄』新訂増補国史大系18　吉川弘文館　六八頁
（13）『発心集』角川文庫　角川書店　一〇九頁
（14）『宇治拾遺物語』日本古典文学大系　岩波書店　五五頁
（15）同注（14）七六頁
（16）同注（14）一七二頁
（17）同注（14）三五七頁

(18)『続群書類従』 続群書類従完成会 第三十二輯下雑部 巻第九百四十八 六一頁
(19)『古今著聞集』 日本古典文学大系 岩波書店 四五六頁
(20)同注(19) 四五七頁
(21)同注(19) 四五八頁
(22)同注(19) 四五八頁
(23)『沙石集』 日本古典文学大系 岩波書店 二〇〇頁
(24)同注(23) 三一七頁
(25)『元亨釈書』 大日本仏教全書第六二史伝部一 名著普及会 二二四頁
(26)同注(25) 二二五頁
(27)『真言伝』 大日本仏教全書第六八史伝部七 名著普及会 三八頁
(28)『太平記一』 日本古典文学大系 岩波書店 一六一頁
(29)『三国伝記』 大日本仏教全書第九二纂集部一 名著普及会 二三八頁
(30)同注(29) 二六二頁
(31)同注(29) 三三六頁
(32)『中世神仏説話 続』 古典文庫 九六頁
(33)『醒睡笑全 一休咄全 曾呂利狂歌咄全』 有朋堂文庫 有朋堂書店 八頁
(34)同注(33) 二七三頁
(35)『本朝高僧伝』 大日本仏教全書第六三史伝部三 名著普及会 四〇五頁
(36)同注(35) 三一八頁
(37)『倭名類聚鈔』 巻二 四頁表 第十七「鬼魅類」「鬼」
(38)『王先漢書補注』 巻廿二之四「禮楽志第二」「郷子楽」 十二頁ウラ・十三行目
(39)『荊楚歳時記』 五枚目・三行目 臺中華書局
(40)『古事記 祝詞』 日本古典文学大系 岩波書店 上巻 六四頁

（41）『萬葉集一』　日本古典文学大系　岩波書店　二六二頁
（42）同注（41）　三〇七頁
（43）『御伽草子集』　新釈日本文学叢書　第二輯　第七巻　四〇五頁
（44）同注（43）

四　「百鬼夜行」と百鬼夜行日

さきにあげた文献資料において、もう一つ気づくことがある。それは、

資料1
路の程などに夜行の夜なども自らありあふらん。(1)

資料7
暦ヲ見ケレバ、其夜、忌夜行日ニ当タリケリ。(2)

資料12
暦を見給ければ、夜行に其夜当たりけるとぞ、人云ける。(3)

資料13
暦を見たまひければ、夜行にて、その夜ありけり。(4)

資料32
暦ヲ見給ケレハ、其日夜行ノ日ニテナンアリケル。

というように、「忌夜行日」もしくは「夜行の夜（日）」という語句がしばしば出てくる（もっとも資料1以外はすべて藤原常行が登場してくる話ではあるが）。このように「百鬼夜行」に出会った日を暦で調べたらは

たして「夜行の日」であったということは、裏を返せば「百鬼夜行」の出現する日は、前もって暦により知ることができたということになる。そうすると、ここでいう「忌夜行日」や「夜行の日」とは総じて「百鬼夜行」が出現する日、つまり「百鬼夜行日」ということになろう。そして、ここでいう「忌夜行日」は『夜出歩くのを忌む日』であり、「夜行の日」は『百鬼夜行が出現する日』ということであろう。この「忌夜行日」と「夜行の日」が、「百鬼夜行日」と結びつく用例として、応永二十一年（一四一四）に暦法博士加茂在方によって編まれた『暦林問答集』下の第四九「釈夜行日」の条の

　或問、忌夜行者何也、答曰、暦図云、忌夜行者、百鬼夜行日(6)

にみることができる。また、「忌夜行日」については、藤原経房の日記である『吉記（吉御記）』（一一八八）の「治承四年（一一八〇）四月一日」の条の

　今日賀茂初斎院、禊東河可入紫野院定事（中略）予進、上卿披見勘之被示云、来十二日公家御衰日、往亡日道虚日忌夜行日也、有如此難可何様哉(7)

や、葉室定嗣による『寛元御譲位記』「寛元四年（一二四六）正月廿二日」の条の

　今夕行幸大炊御門第、（中略）今日忌行日也(8)

等のように公家の日記にしばしば出てきており、必ずしもすべて「百鬼夜行日」のみをさす語句ではなかった。

　では「百鬼夜行日」とはいかなる日であったのであろうか。この日について具体的な日を記したものとして、安倍晴明の『簠簋内伝金烏玉兎集』がある。この本の巻二の三九「忌夜行日」の条に

　正節切子子午午巳巳戈戈未未辰辰
　右古今二箇日（忌遠行日、忌夜行日をさす）摠而出行等凶之、敢以不企歩行儀曰也。(9)

とあり、また洞院公賢撰、実熙補による『拾芥抄』（一四〇九）第六巻下ノ末の第三八「諸事吉凶部」の「百鬼夜行日」の条にも

百鬼夜行日不可夜行

子（〻）正　午（〻）二　巳（〻）三

戊（〻）四　未（〻）五　辰（〻）六

とある。つまり『簠簋内伝金烏玉兎集』では正・二月は子の日、三・四月は午の日、五・六月は巳の日、七・八月は戊の日、九・十月は未の日、十一・十二月は辰の日ということになり、また『拾芥抄』では、正月は子の日、二月は午の日、三月は巳の日、四月は戊の日、五月は未の日、六月は辰の日ということになり、月に少なくとも一・二回は「百鬼夜行日」が存在していたことになり、かなり頻繁であることがわかる。

しかしながら、さきに述べたように『簠簋内伝金烏玉兎集』による日は、「忌遠行日」や「忌夜行日」であって必ずしも「百鬼夜行日」とは結びつかない。だが、これの影響を受けて、『拾芥抄』中に「百鬼夜行日」として取り入れられたと推察できる。

また、これらと別な資料として『下学集』上巻の「時節門」第二の

百鬼夜行　節分之夜也(11)

というように先の資料よりは「百鬼夜行」の出現する日がかなりしぼられている。

このようにみていくと、「百鬼夜行日（百鬼の活動の日）」というのは、『簠簋内伝金烏玉兎集』が成立した九世紀頃にはまだ「忌夜行日」というように単なる「物忌日」であったと考えられる。そして、この「物忌日」の理由づけとして「百鬼夜行日」が付属されたのが、『拾芥抄』や『下学集』などより、遅くとも十五世紀頃であったと判断できるのである。

そして、『拾芥抄』で指す日の他に、『下学集』にいう季節の区切りである「節分（立春・立夏・立秋・立冬）[12]や「大晦日」・中国の道教の影響による「庚申」[13]、漢籍にいう「伏日」[14]などがあげられる。このことについては、「えひめの昔ばなし」の二六五頁で、森正史氏が

拾芥抄に指定するような（百鬼）夜行日は、ずっと後世の産物であって、もともとは節分、大晦日、庚申などの特定の祭りに関係する物忌の時期であった。夜行というのは、もとは神祭に際し、常人に見せない深夜の神事を指すものであったらしい。[15]

と述べておられる。確かにそうなのではあるが、考えてみると『拾芥抄』にいう十二支やその他の節分、大晦日等は中国の暦法が日本に輸入されてきてからの話であって、そこにおいて「百鬼夜行日」の指定の早い遅いはいえないのではないかと思う。

そこで私の考える「百鬼夜行日」を森正史氏の説の助けをかりて述べると

〝そもそも夜行日という、もとは神祭に際しての神事を常人には見せないために「忌夜行日」として「物忌日」を定め、それが中国の暦法の伝来によって、「節分」等の日が決まり、更に『簠簋内伝金烏玉兎集』でいうところの十二支が導入されたのは遅くとも十世紀頃までと考える。そしてそれに「忌夜行日」の理由づけの一つとして「百鬼夜行」の考え方が取り入れられ、『拾芥抄』や『暦林問答集』・『下学集』にいうところの「百鬼夜行日」が十五世紀頃までに確立した。

と考えるのである。

そして「百鬼夜行日」に関しては、前記の日のほかに、「盆」・「月の朔日」・「晦日」・「十五日」等の仏教に関係した日、もしくは月の区切れや、さらには地方においては、その土地の神仏を祭る日なども考えられるのである。

このように見ていくと、全般的に「百鬼夜行日」の中心となった日は、やはり季節の区切りである「節分」や、年の区切りである「大晦日」ではなかったかと考えられる。そして「節分」の四つの中でも、新旧の交替時期を表わす「立春」の前夜、もしくは当日が「百鬼夜行日」の中核をなしていると考えるのが最も妥当であろう。

また、こうして「百鬼夜行日」に関しての諸々の資料を見ていった中で、次のような資料も存在した。それは、先にあげた『暦林問答集』と同じ条の注6の続き

名百鬼夜行日。但忌時不忌日、今按、子時忌文、是子陰陽之始終、故此時不レ可出行、遠近皆死亡。

というもので、ここで注目すべきは「百鬼夜行日」などという日は存在せず、かわりに「百鬼夜行時」が存在し、それが「子ノ刻」というのである。時刻と関係して「百鬼夜行」が出現するというのはこれ以外に類例を確認できなかったが、「子ノ刻」は現在のおよそ「午前零時」にあたることから、理論的には、一日の終始のけじめと考えられる。従って、先の「百鬼夜行日」と考え合わせて、「百鬼夜行」が出現するにはまことに好都合な頃合であり、理にかなっていると思われる。

注

(1)『栄花物語上』　日本古典文学大系　岩波書店　二八二頁
(2)『今昔物語集三』　日本古典文学大系　岩波書店　三三七頁
(3) 中島悦次氏『打聞集』　白帝社　一一七頁
(4)『古本説話集　本朝神仙伝』日本古典全集　朝日新聞社　一六八頁
(5) 大日本仏教全書第六八史伝部七　名著普及会　三八頁
(6)『群書類従』経済雑誌社　第一八輯雑部　巻第五〇六　三一八頁

（7）『吉記一』増補史料大成二九　臨川書店　一〇三頁

（8）『群書類従』経済雑誌社　第五輯公事部　巻第九六　七二三頁

（9）『続群書類従』続群書類従完成会　第三一輯上雑部　五六　巻第九〇六　三九一頁

（10）『禁秘抄考証　拾芥抄』新訂増補故實叢書　第二三巻　吉川弘文館　五〇九頁。なお、『拾芥抄』は諸本により「百鬼夜行日」の記し方や日時が異なっている（本文中の『拾芥抄』は天文二三年―一五五四―の写本）。

慶長古活字版には

百鬼夜行日　不可夜行

正子　二午　三巳　四戌　五未　六辰

明暦二年（一六五六）刊本には、

百鬼夜行日　不可夜行

正二子　三四午　五六巳　七八戌　九十未　十一十二辰

と記載されている。

（11）中田悦夫・林義雄著『古本下学集七種　研究並びに総合索引』風間書房　昭和四六年、九八頁（「春秋本」二二頁四行目）

（12）季節の変わり目。四季それぞれの季節の分かれる日。立春、立夏、立秋、立冬の前日をさす。特に立春の前日。四季のうち、冬から春になる時を一年の境と考えた時期があり、大晦日と同類の年越行事が行なわれる。

（13）庚申待（「庚申祭」の変化した語）干支の庚申（かのえさる）日の夜に行なう祭事。祭神として仏教では青面金剛、神道では猿田彦をまつるが本来は、中国の道教における「守庚申（人の体内にすむ三尸虫が庚申の夜に天に上って、その人の罪科を告げるという信仰から、その夜は潔斎して三尸の昇天をはばむ）」の行事がわが国に伝わり、それに仏教と神道とが混交して独特の民俗的行事となったという。

（14）盛夏三伏の日。三伏とは夏の極暑の期間、夏至後の第三の庚の日を初伏、第四の庚の日を中伏、立秋後の第一の庚の日を末伏という。

（15）森正史氏「えひめの昔ばなし」南海放送　二六七頁

おわりに

以上、「百鬼夜行」について各節に分けてみてきた。そこでいえることは「百鬼夜行」という怪異なものが、人々の実生活においてかなりな密度で入り込んでいることである。その実態については「鬼」とか「天狗」とかをあげているが、もともとは人間が心の奥深くに持っていた、目に見えぬなにか（もの）に対する恐怖心であった。その恐怖心の投影によって生みだされた「百鬼夜行」は、さらにあらゆるものを取り入れながら発展し、それが平安末期に頂点をむかえたのである。

しかしながら時代とともに増大する人々の知識欲によって、人間の奥底にひそむ恐怖心は解明されずにはおかず、この「百鬼夜行」も、徐々に消え去っていく運命にあったのである。

雨月の夜の鬼たち

高田衛

秋成の『雨月物語』も今はたいへん著名になって、その九話のひとつひとつの文学的読解もかなり進んでおり、現時点で多くを付け加えることもなくなっている。

しかし、そうはいっても、これを江戸時代の膨大な怪談の世界を背景にしたならば、話は別である。たとえば『雨月物語』全九話の全体の中で、「鬼」という語が用いられるのは、わずか十四例でしかないことなどはあまり知られていないであろう。他に「鬼」の字をふくむ成語があるが、それも「鬼化《もののけ》」、「窮鬼《いきすだま》」、「鬼畜」各一例のみである。そして、興味深いのは、以上十七例のうち八例までが『青頭巾』の章に集中していることである。

周知の通り、『青頭巾』は人肉食《カニバリズム》の話であった。下野国富田の里、その後に聳える深い山中の、由緒ただしい大寺の阿闍梨の寵童が、ふとした病にとりつかれてあつい看護のかいもなく死んでしまう。阿闍梨の悲しみは云いようがない。

ふところの璧《たま》をうばはれ、挿頭《かざし》の花を嵐にさそはれしおもひ、泣くに涙なく、叫ぶに声なく、あまりに歎かせたまふままに、火に焼《やき》、土に葬る事をもせで、臉《かほ》に臉《かほ》をもたせ、手に手をとりくみて日を経給《へ》ふが、終《つひ》に心神《こころ》みだれ、生《いき》てありし日に違はず戯《たはむ》れつつも、其の肉の腐り爛《ただ》るを吝《をし》みて、肉を吸《すひ》、骨を嘗《なめ》て、はた喫《くら》ひつくしぬ。

ということになった。

気の狂った僧が、美少年の屍体を姦しながら、すこしずつその肉を啜り骨を吸って、とうとうその全部を喰《くら》いつくす――などという話題は思い浮かべるだけで、鬼気迫るものがあるといってよい。それは人間が生きながらに鬼に化してゆく過程であるにちがいない。

寺中の人々は、僧も俗も「院主こそ鬼になり給ひつれ」と、あわただしく山を下りて逃げ散ってしまう。その後、阿闍梨は「夜々《よなよな》里に下りて人を驚《おど》殺し、或は墓をあばきて腥々《なまなま》しき屍《かばね》を喫《くら》ふ」ことが度かさなった。里人は阿闍梨を「山の鬼」と呼んで恐れ、かつて阿闍梨の信者であり、親しい交際のあったこの里の庄屋も、「実《まこと》に鬼といふものは昔物語には聞きもしつれど、現《うつつ》にかくなり給ふを（今こそ、この目で）見て侍れ」と嘆き悲しむのである。

『青頭巾』は、この阿闍梨が史に実在する快庵禅師（一四二二〜九三）によって、教化され済度される話なのだが、この段階《レベル》では、秋成の用いる「鬼」の観念は明快ではっきりしている。すなわち日本人が古くから伝える心意伝承としての「鬼」の観念がそっくり引きつがれているといっていい。

第一にそれは、山中に住むものであり、第二に人間を食うものであり、第三に人間ばなれした怪物であることである。さらにいえば、人の化したものという性格を付加できるかもしれない。いずれにしても、『雨月物語』の「鬼」の語例が『青頭巾』に集中している理由は、そのあたりに原因があると考えられよう。

しかし、日本古来の「鬼」の観念をそっくり引き継いだからといって、秋成がその素朴な伝承をまるごと肯定していたわけではないことはいうまでもない。一般論的にいっても江戸期に入り新しい都市文化が成立してゆく過程で、鬼など妖怪一般はその伝承は尊重されながらも、実否については否定的な考えの人々が、儒者や宗教家をふくめて多かったのであった。百物語や化物咄の怪談会がはやくから盛行していたことじたいが、妖怪一般についての信憑が薄れていたことの証拠である。

秋成が白話小説学上の師（医学の師でもあった）とした都賀庭鐘（一七一八〜一七九九頃）は、中国白話小説の翻案小説『繁野話』の第五話で独自な鬼神論を説いている。その要点は左の文につきる。

上古山川草木いまだ開《ひら》けず、人居も密ならず。山魅の類、人に近く、形を現じて人間《じんかん》に来り交る。人皆山魅の為す所を知る。後世人民繁息し、山を開き海を築きてその食を足し、険しきを通し水を引いてその運輳にたよりす。人行《ゆ》くの処自ら蹊を成し、地平かなれば人あつまりて居とす。龍蛇犀狼恐れて人に遠ざかる。山魅罔両尤も霊なれば、なほなほ深く避けて人間《じんかん》に近づかず。後の人、多くの目に見ざるが故に、鬼と魅との分を知らず、混じて一とし、又古《いにしへ》の怪事を聞いて今見ざるを以て疑をおこすもあり。古に有りしを以て、今も有りとし理を誣《し》ひるもあり。又古あるの事は今もあり、今なきの事は古もなしといへるは時変をしらざる夏虫の見なり（略）深山大沢何の怪か、なしとせん。

要するに古代には人間と共存した妖怪も、現在は深山に隠れて人間の目にはとどかなくなった、というのである。「山魅罔両」というのは、広義な「鬼」をふくめた妖怪のことである。

秋成もまた白話小説の読解を通して得た、「太平之世、人鬼相分。今日之世、人畜相雑」（『古今小説』「楊思温燕山逢故人」その他による。太平の世では人と鬼ははっきり分れているが、今日の如き乱世では人と鬼は入りまじっている、の意）という認識を深く抱えこんでいた人であった。彼にとっての「太平之世」とは、現在である。「今日之世」は逆に、中世以前の乱世であった。その鬼神論は庭鐘の説に近いけれども微妙に異なる所がある。秋成にとっては、「鬼」は「人」の世界の何らかの反映体であったのである。

話をもとに戻す。

『青頭巾』の阿闍梨の化した「山の鬼」は、秋成によれば、その実体は「眠蔵《めんざう》（寝室）より」「漸々《よわよわ》とあゆみ出て、咳《からび》たる声して」物いう、ひところの結核患者のような「痩枯《やせがれ》たる僧」にすぎない。その猟奇的な人肉食も、「終《つひ》に心神《こころ》みだれて」の狂気の所業であるにつきる。この辺は、先頃話題となったパリ人肉食事件のS青年に対する、パリ検察当局の認識（精神病者の行為）とたいして違わないのである。

ただ、秋成はこの阿闍梨のなかに、はっきりと「鬼」を見ている。人間界の埒外にはみ出したがゆえに、追放されるべきものの負性の価値を見とどけている。

そういう意味では『青頭巾』は、上田秋成という稀有なる江戸期幻想詩人にして書き得た、「鬼」の発生論でもあった。

阿闍梨は、密教（真言宗）の高僧であった。平安朝の昔、密教は現世と他界とを結ぶコスモロジーを管掌して宗教的な中心聖域を形づくっていた。しかし『青頭巾』の設定では、阿闍梨ははじめからそのような中心的聖域とは無縁である。逆に鎌倉新仏教の一宗派、曹洞宗の旅僧快庵禅師に宗教的な聖性を賦与するという設定は、下野国富田の里の奥深い山寺の閉鎖空間に阿闍梨を封じ込めたことを意味し、阿闍梨がになうべき聖性を、正統的な中心から疎外された負性の領域において発現させようとする構想に他ならない。

これは、妖怪や鬼を、その時代や領域の中心から追われて、負性を帯びた価値として捉えようとする最近の考え方と一致する設定なのである。

阿闍梨は、その周縁化し負性化されてゆく古い聖性によって、「鬼」に変じてゆくのである。阿闍梨の人肉食《カニバリズム》は、「人」としては狂気の所業であるとともに、疎外そのものを生きる「鬼」としての聖なる所業に

『青頭巾』桂眉仙画（想定）

他ならなかった。

だから快庵禅師は、阿闍梨のあさましい所業を評して、こう述懐する。

さるにてもかの僧（阿闍梨）の鬼になりつるこそ、過去の因縁にてぞあらめ。そも平生《つね》の行徳のかしこかりしは、仏につかふる事に志誠《まごころ》を尽せしなれば、其の童児《わらは》をやしなはざらましかば、あはれよき法師なるべきものを。一たび愛欲の迷路に入りて、無明の業火の熾《さかん》なるより鬼と化したるも、ひとへに直《なほ》くたくましき性《さが》のなす所なるぞかし、心放《ゆる》せば妖魔となり、収《をさ》むる則《とき》は仏果《ぶつくわ》を得るとは、この法師（阿闍梨）がためしなりける。

『青頭巾』一編の、クライマックス的文章だが、「鬼」と化する阿闍梨の堕ちた聖性のなかに、「ひとへに直くたくましき性のなす所」、すなわち「人」がまだ世間知や秩序の規範性については素朴であった古代的心性の原像を、ストレートに見出し、現在には永遠に失われてしまったその高貴さを逆説的に措定したところに、秋成の幻想詩人としての面目が発揮されているというべきであろう。

新時代の宗教唱導者快庵禅師は、「鬼」と化した阿闍梨を、かく透視することによって既に勝利者であった。阿闍梨の聖なる敗北は、そのあさましくグロテスクな所業を里人の面前にさらし、快庵の教化を求めるという二重の敗北を重ねることによって、いっそう悵然たるものがある。彼は月光の中で「鬼」として乱舞し、朝日の前に一片の白骨を残す。『青頭巾』は秋成によって絶唱された「鬼」の悲歌であった。

しかし、『雨月物語』の「鬼」たちが、常にかくも幻化されたかたちで書かれるとは限らない。『青頭巾』にしても、文中で中国随筆『五雑俎』に載せるところの、数多の女の人肉食《カニバリズム》の例や女人の鬼と化する例を列挙しながら、阿闍梨のケースとの違いを主張するのに執拗であった。何かそれだけの理由があったのであって、『雨月物語』で女人の「鬼」を書くときの、どこか不思議に憎悪のこもった筆致とそれは関係があるはずである。

『雨月物語』のなかで、「鬼」の語例が『青頭巾』についで多いのは、『吉備津の釜』の六例である。もちろん「鬼」の語例が『雨月物語』の中に展開する怪異の世界の指標となるわけではないが、今かりにこの『吉備津の釜』に話題を転ずることにする。

『吉備津の釜』は、その凄惨な結末でよく知られている。現在の目から見れば、全体の構成はむしろ平凡な妬婦譚にすぎないが、しいていえば女主人公の妬婦への転換が、常識をこえて過激であり徹底的であるところに、強烈な印象を与えないではおかぬものがあるというべきであろう。

作者によって磯良《いそら》と名づけられた、その女主人公はあまりに貞節にすぎ、温良に努めすぎた。豪家の嫡子として生れながら、「奸《たは》けたる性《さが》」にしか生きられない夫正太郎の、再三にわたる裏切りは、彼女を絶望につき落とし、その絶望が彼女を悶死へ導く。

「窮鬼《いきすだま》」という語がここで用いられる。生霊《いきりよう》のことである。生きながらの「鬼」となって、彼女は正太郎に祟るのである。

まず、その生霊は印南野まで逃げた正太郎とその情婦の袖を襲う。袖は「鬼化《もののけ》のやうに狂はしげ」となり、狂死する。次に生霊は、袖の墓に詣でを欠かさぬ正太郎を、荒野の草庵に誘いこむ。正太郎が出逢うのは磯良の生霊である。

あるじの女、屛風すこし引きあけて、めづらしくもあひ見奉るものかな、つらき報《むく》ひの程しらせまゐらせんといふに、驚きて見れば、古郷に残せし磯良《いそら》なり。顔の色いと青ざめて、たゆき眼《まなこ》すざましく、我を指《さし》たる手の青くほそりたる恐しさに、あなやと叫んでたふれ死す。

「たふれ死す」というのは、気絶したのである。これが頓死したのであれば、正太郎はどんなにか仕合せであっただろう。

かつて「生れだち秀麗《みやびやか》にて、父母にもよく仕へ、かつ歌をよみ、筝《こと》に工《たく》み」であった、貞節な妻は、いま恐ろしい青女房の姿となって出現し、正太郎に向って「青くほそりたる」その指を突きつける女鬼である。この女鬼の姿像は、これ以後いっさい描写されない。この生きながらの磯良の怨霊は、死後に至ってさらにその恐ろしい魔力を強大化するのだが、読者は二度とその女鬼（死霊）の視像を与えられはしないのである。ようやく妻磯良の怨霊の祟りをさとった正太郎は、所の陰陽師をたのみ、身体中に呪文を書いてもらった。その上自宅の出入口のすべてに護符をはりつけて、四十二日の厳重な物忌にこもった。その夜から怨霊は夜毎に家に訪れて、護符をみては罵しりの言葉を吐く。

松ふく風物を僵《たふ》すがごとく、雨さへ降りて常《ただ》ならぬ夜のさまに、（正太郎は友と）壁を隔て声をかけあひ、既に四更《しかう》にいたる。下屋《しもや》の窓の紙に、さと赤き光さして、あな悪《にく》やここにも（護符を）貼《おし》つるよといふ声、深き夜にはいとど凄しく、髪も生毛《うぶげ》もことごとく聳立《そばだち》て、しばらくは死に入りたり。

女鬼はどうやら「赤き光」をともなって、中有から現われるらしいのである。少なくとも「鬼」は得体のしれないかたちに肥大化しているようである。

恐ろしい四十二日間ではあった。「かの鬼も夜ごとに家を繞《めぐ》り、或は屋の棟に叫びて、忿《いか》れる声夜ましにすざまし」。だがついにその四十二日間の夜も明けた。女鬼はついに正太郎をとり得なかったのだ。正太郎は隣家の友に大声で呼びかけて、久しぶりに外へ出た。友人は次の瞬間に、正太郎の絶叫を耳にした。

　こは正太郎が身の上にこそと、斧引提《さげ》て大路《おほち》に出づれば、明けたるといひし夜はいまだくらく、月は中《なか》空《ぞら》ながら影朧朧《ろうろう》として風冷やかに、さて正太郎が戸は明けはなして其の人は見えず、内にや逃げ入りつらんと走り入りて見れども、いづれに竄《かく》るべき住居にもあらねば、大路にや倒れけんともとむれども、其のわたりには物もなし。いかになりつるやとあるいは異《あや》しみ、或は恐るおそる、ともし火を挑《かか》げてここかしこ見廻《めぐ》るに、明けたる戸腋《とわき》の壁に腥々《なまなま》しき血灌《そそ》ぎ流れて地につたふ。されど屍《しかばね》も骨も見えず、月あかりに見れば軒《のき》の端《つま》にものあり。ともし火を捧げて照し見るに、男の髪の髻《もとどり》ばかりかかりて外には露ばかりのものもなし。浅ましくもおそろしさは筆につくすべうもあらずなん。

「鬼」はいったい何をしたのであるか？　秋成があえて、そこに起った戦慄的な事態を不可視化し、わずかに家の軒の端におそらく血にまみれてぶら下がる男の頭髪だけを顕示した方法の特異さについては、すでにあまりに多くが語られている。ぶちまけていえば、鬼は正太郎の頭髪部を残して、他のすべてをとり尽したのである。「鬼一口」のためしはすでに古典的であったのだ。

　だが注意すべきは、そこに行なわれた闇の力による光の詐術であろう。女鬼は、四十二日目の深更にいたって、正太郎とその友に光の時刻〈夜明け〉を錯覚させた。鬼神の底知れない魔力が、夜の闇の中で、ある種の時間帯を昼にもまごう白光の世界に塗りかえてしまう例は、『雨月物語』巻頭の『白峰』にもみられる。

『吉備津の釜』　桂眉仙画（想定）

だが、闇の力によって、夜の暗黒を白光の時刻に塗り変えることじたいは、大いなる倒錯でなければならない。それを行ない得る「鬼」とはいったい何であったのか。それはほとんど「夜」の世界を管理する、恐ろしいカミの発現に他ならないではないか。

血まみれの髻の宙づりについて、思い出される「鬼」の伝承もないではなかった。渡辺綱が羅生門の鬼退治に出かけて、逆に鬼に髻をつかまれ宙吊りになる話である。綱は宙吊りになりながらも劔を奪って鬼の腕を斬る。腕を斬り落とされた鬼は、光り物となって夜空を飛空して愛宕山に消えるという話である。『平家物語』や『太平記』の一部の伝本が、本文の余録として特設した神劔伝承、いわゆる『劔の巻』によって伝わるこの種の「鬼」の伝承は、秋成の時代には誰もが知っていた鬼の伝説であったろう。「髻」と「光り物」という二つの要因をそなえたこの伝説が、近世になると、鬼が老女に扮して物忌にこもる渡辺綱を訪ね、わが腕を取りかえして再び光り物となって去るという、世に云う「茨木《いばらき》」の鬼伝説となる。『吉備津の釜』の執筆にあたって、作者の心底にこうした「鬼」物語が揺曳していたとしてもおかしくはない。

しかし、こうした「鬼」伝承をいくらあてがってみても、不可視の中に包まれた『吉備津の釜』の女鬼を語る、せいぜい一つの語注にしかなりはしない。

『吉備津の釜』の挿絵は、たった一度だけ正太郎の前に出現した女鬼磯良（生霊）の姿を描く。それは角《つの》こそないが、思いなしか能の女鬼面「生成《なまなり》」を思わせる。能の世界が、女鬼面（般若面）を、鬼女の度合によって「生成」「中成《ちゅうなり》」「本成《ほんなり》」と区別してきたことに特徴的なのは、日本文化が古来から発展させてきた、「妬婦＝鬼女」の観念である。

妬婦譚という本質に即するならば、『吉備津の釜』の女鬼復讐譚成立の下地となったのは、むしろこのような一見通俗化してしまった「妬婦＝鬼女」伝承のなかの「女」と「鬼」の観念連合ではなかったか。そしてこうした妬婦譚や鬼女譚はどこかに因果論的俗解をともなって語られるのが、秋成以前の常態であったのである。

『吉備津の釜』が、「鬼」の伝説の国、吉備国の通称一品吉備津大明神の世界、特にその著名な神事、「吉備津の御釜祓」を物語の根底にすえたのは、そういう「妬婦＝鬼女」伝承の因果論的俗解に対する、秋成のきわめて大胆な反措定としての設定であったにちがいない。因果論的俗解を捨象することによって、「妬婦＝鬼女」伝承は、そのもっとも凶々しい本来の姿を現わすのである。

御釜祓神事が沈黙をもって、はっきりと「凶兆」を告げたのに対して、吉備津大明神の社家香央《かさだ》氏と、同じ国の豪族井沢家は、家と家との結合を急ぐあまり、磯良と正太郎を早々にめあわせてしまう。井沢家の新婦磯良は、両家結合の象徴であり、「家」という制度を保持する希望でもある。

しかし、秋成は『吉備津の釜』の冒頭で、妬婦を作り出すのは男（夫）であることを強い口調で力説して

上：火車　下：濡女
（いずれも鳥山石燕「百鬼夜行」より）

いた。

まさに女は男によって作られる。磯良は吉備津の神の裔、吉備鴨別命の血をひく、神職家の深窓の姫であり、この上ない良質な女として作られていた。その彼女を別な女に作りかえていったのが夫の正太郎である。正太郎の「奸けたる性」によって、節婦は、「家」を司どる女が絶対に犯されてはならない二つのプライド、主婦としてのそれと、女としてのそれを決定的に傷つけられてしまう。それによって節婦は妬婦に作りかえられるのである。

秋成がここで妬婦に変じた磯良の〈妄執〉を書くのであれば、それは因果論的な説話作りになる。しかし秋成はそうは書かなかった。妬婦に変じたといっても、磯良は井沢家や香央家の人々の目には、憂悶の内にひたすら衰弱し、生命の火の尽きてゆく病者の姿としてのみ映る。だが、彼女じしんが自意識を超えておのれの内なる「鬼」を抽き出すのだ。

正太郎はまた、自分が妻の磯良を作りかえたとは思ってもいない。彼の側からいえば、妻から旅費をだましとって、愛人の袖と駈け落ちしたことは、別に妻ひとりを裏切ったことではなく、彼が自己意志によって、井沢家を捨てて、逃亡したに過ぎないのだ。彼が捨てた〈井沢家〉のなかに、その構成員として磯良がいただけのことである。その意味では、彼は自己の情動に忠実であったのであり、結果的には、親・妻・親戚などから成る「家」そのものに反逆したのである。しかし、何を捨てたとしても、磯良という女が、ただ一つのよるべとしていた、女のプライドまでをずたずたにしたのは、まさにパンドラの箱を開いたにも等しい所業であった。

秋成が書く「妬婦＝鬼女」物語は、このような男と女が相互に持つ、一種やむを得ぬ喰いちがいを、絶対的な深淵にし、一挙に拡大してしまう。いったん裂け目が生じてしまうと、事態は不可逆的に進行せざるを得ないのである。いわば疎外される女の極点としての「鬼」。

　ここに意味深長なのは、磯良が古代神一品吉備津大明神の血脈をひくという設定であろう。それは当然、妬婦と化し、内なる「鬼」を顕在化してゆく磯良の、負性の聖性の上に、現在ではうかがい知れぬ、古代の不可知的な神の怒りを重層させるという構想を予想させる。

　かつて松田修氏は、女主人公のなかに基本設定としての「女」と「鬼」の二重性を察知し、磯良という命名の時点で、この作品の表層文脈とは別に、醜悪なる容姿を持つ磯良神（海神）が導入されている、との説を立てた。妬婦の属性として醜貌が考えられた江戸期のことゆえ、その説は『吉備津の釜』という作品解読にあって、一定の有効性を持ったのであった。

　しかし、近時新しく注目されているのは「御釜祓」神事の行なわれる、吉備津神社「御竈殿」の由来である。遠い上つ代のこと、吉備国に百済国の鬼神がやってきて猛威を振っていた。朝廷では五十狭芹彦命《いさせりひこのみこと》（大吉備津彦命）を派遣して、この鬼神を討伐させた。悪戦苦闘が続いたが、最後に五十狭芹彦命はこの鬼神を追い詰めて打ち破り、その鬼神の首をうった。その五十狭芹彦命が、吉備津大明神の主祭神なのである。一方、その鬼の名は温羅《うら》（ウンラ説もある）といい、その首を吉備津宮の「御竈殿」のカマドの地下八尺に埋めたが、その首は昼夜を通して大声を発して吠えつづけて、止むことがなかった、というのである。

「温羅《うら》」という鬼の名は、磯良《いそら》に近似しているといえる。別に「御釜祓」神事に奉仕する巫女を、特に「阿《あ》曾女《そめ》」と呼ぶがアソメとウラを合せるならば、ますますイソラの名に近似することになる。

　森山重雄氏は、「御釜祓」神事の釜の唸りと、この悪霊温羅の咆哮とが無関係ではないという考えのもとに、磯良は言葉を持たないがゆえに、「しじま」の抵抗をもって鬼化する女であるという説を立てられた。興味深い説とすべきであろう。その他、磯良を巫女とみる説もある。

鬼神温羅退治伝説は、近世期の板行文献の中ではまだ発見されていない。吉備の鬼退治の話は有名であるが、「温羅」という名を明記した板行文献もない。しかし、吉備の荒神神楽の『吉備津』は鬼に温羅の名を冠せて大いに行なわれたといいうし、温羅退治の伝説は吉備地方では、桃太郎咄以上に有名な昔話であったともいわれている。秋成が耳にする可能性は一応あったと考えてよい。

そう考えるとき、磯良《いそら》の名と温羅《うら》伝説が微妙に呼応することは否定できない。妬婦と変ずるとともに、次第に不可視化の過程をたどりつづける磯良のなかの内なる鬼の、深更ごとに叫びつづけ、不可視なままに凄絶化してゆく経過に、磯良が巨大な悪霊温羅に憑依され、あるいは甦った悪霊温羅そのものに転生してしまったおもかげを見ることも不可能ではないであろう。

いずれにしても秋成は、いったん発動してしまえば、不可視であることによって逆に恐怖の源泉となる「鬼」を「女」一般の属性の中に見てしまったということができる。

『吉備津の釜』の凄惨な結末部を再読するとき、人はその背筋を凍らせる恐怖の行き場のなさを痛感するだろう。これほどに虚しい結末を作るという、作者の魂に対する恐怖といってもよい。女鬼は、逆に正太郎やその友という、凡人レベルに対して、避けようもなく押しかぶさってくる「夜」そのものでさえあるだろう。『雨月物語』を書くことによって、なかんずく『吉備津の釜』の不可視なる女鬼を書くことによって、秋成は安穏な日々に生きる人々に向って、一方的に襲撃してやまない「夜」の存在性を示唆したのである。

ここでは「女」そのものの存在に、常に発動の機を伺う「鬼」の内在性と、その逆に「女」という疎外圏の肉体こそが、「鬼」にとっての現世への通路であったという、怖ろしい両義的な真実が凝視されていたのである。

深沢徹

羅城門の鬼、朱雀門の鬼

——古代都市における権力産出装置としての楼上空間——

一　取りはらわれた梯子

羅城門の楼上には、古来から〈鬼〉が棲むとうわさされ、容易に人の近付かぬ場所であった。だとしたら、今それを楼と呼ぶことは正しくないかもしれない。なぜなら、人間が自由に往き来でき、なおかつ高所からの眺望を楽しめる場所であることが、楼という建造物のそもそもの機能であった筈だから。中国の詩人達によって作られた、幾多の登楼詩に徴してみても、このことは明らかである。地上と連結された楼上は、士大夫《しだいふ》達が自己の鬱情をはらい、浩然の気を養うといった高踏的な場とはなっても、少なくとも日常的な生活世界との断絶を見るようなことはなかった。つまり、地上と楼内とは梯子でもってシッカリと連結されており、楼上はあくまでも人間世界の延長線上にあってその様々な活動の場に供される、極めて実用的な生活空間であったというわけなのだ(1)。

ところがどうしたわけか羅城門には、地上からその楼上へと人を導き入れる筈の、何んらの施設も存在していなかった。そこは通常、人間の立ち入りが許されぬ異質な空間として、厳重に封印をほどこされていたらしい。

例えば芥川龍之介の小説『羅生門』の原拠になったかと思われる、『今昔物語集』巻二十九の十八話では、盗賊になろうと都へ上って来た男が、羅城門の楼上へと踏み込む様子を、次のように記し付けている。

　門の上層に和《やわ》ら掻つり登りたりけるに、見れば、火髴《ほのか》に燃《とも》したり。

ここに、爪で引掻いたり、つかんだりといった動作を意味する「掻《かか》つる」という言葉が使われていることに注意してほしい。男はあたかも木登りでもするかのように柱にしがみつき、楼内へと攀じ上ったのだ。

京のメインストリートとも言うべき朱雀大路を中にはさんで、羅城門と南北に対峙していた朱雀門にも、やはり楼内へと至る通路はなかったらしい。というのも、朱雀門の楼上を舞台に奇怪な話を展開する『長谷《はせ》雄草紙《おぞうし》』（作者不詳、一三一〇年頃成立）の詞書によれば、楼内へと至るために、飛行術のごときものが使われているからだ。『長谷雄草紙』の詞書は、不明瞭な点が多いので、今その原拠になったかと思われる『続教訓抄』（狛朝葛撰、一二七〇年頃成立）の本文に沿って事件のあらましを述べるなら、次のようなことである。

中納言紀長谷雄《きのはせお》のもとに、ある日、一人の男が尋ねてくる。双六の勝負をして、もし負けたら、賭け物に絶世の美女を与えるというのだ。勝負の場所はと問うと、朱雀門の上にてと答える。この得体の知れぬ男の申し出に、長谷雄はすぐさま、「怪異の事を言うやつかな」と反応している。朱雀門の楼上は、容易に人の立ち入れぬ場所であり、ゆえにそこへと長谷雄を連れ出そうとするこの男がただ者でないことは、すぐに察しがついたからである。やがて朱雀門にたどりつくと、男は何もつかまらず、やすやすと楼内へと攀じ上ってしまう。原文を引いておこう。

物も捉《とら》へずして易《やす》く登りぬ。その時に、只者《ただ》にはあらずと知りながら、逆らふからにはと思ひて、「我はえ登るまじき、我を負ひて登れ！」とありければ、この男、調度（双六の道具―引用者注）をばさ脇にはさみて、かき負ひて登りたるに、紀納言の云ふらく、「汝は只者《ただ》にあらず鬼神か」と問ふに、男の云ふらく、「さ侍りぬ」と云ふ。

かくして、この素姓の知れぬ男が、実は朱雀門の楼上に巣食う〈鬼〉であったことが知れるのだが、このところが、芥川龍之介の小説『羅生門』では、羅城門と同様その楼内へと至る通路はなかったらしい(2)。記述に見るかぎり、どうやら朱雀門にも、羅城門と同様その楼内へと至る通路が新たに設定され、合理的な改変がなされている。「門の上の楼に上る、幅の広い、これも丹を塗った梯子」を眼にした下人は、吸い寄せられるようにして楼内へと上り始める。しかし「その梯子の一番下の段へ」と足を踏みかけた下人の姿は、次の場面では、「幅の広い梯子の中段に」とどまって動きをやめている。楼上に火ともす者の存在に気付いて歩みを止めた下人の、その切迫した息づかいまでもが聞えてきそうなこれらの叙述は、次に起こるであろう老婆との楼上でのかけ引きを準備する、作品構成上の重要なプロットとなっているのだ。

だがしかし、ここにはもはや、人の世と人に非ざる世界とを分けていた、あの空間構成上の断絶はない。楼内はあくまでも梯子を介して地上と密接につながれており、いかに腐れただれた死体が散乱し、そこを舞台として〈鬼〉にもまごう人間の醜悪なドラマが演じられようと、人間の立ち入りが可能な同次元的な場所としてのリアリティを、その楼上は決して手放そうとしない。そして、小説『羅生門』が物語でなく近代小説である所以は、まさにこの梯子の設定によって、人の世と人に非ざる世界との神話的な空間構成を無化し破壊した点にあった。閉ざされた楼内で起こった出来事が、いかに非人間的なものに映ろうと、それはあくまでも人間が構成する世界の延長線上の出来事なのだ、とでも言わんとするかのように。

確かに梯子の有無が、どれだけの意味を持つかは疑問だ。しかし、小説『羅生門』に見られるような通路の設定は、それこそ楼上の空間を様々な人間活動の場へと意味付けするための梯子を提供するに等しい。その時羅城門は、高みからの眺望を楽しみ、物見のやぐらや城塞として役立てるといったその実用的な機能によって、日常的な〈意味〉の世界へと構造化され、〈制度〉の中へとシッカリと組み込まれてしまうだろう。だが、事実において何ものでもないパリのエッフェル塔が、その無用性ゆえに、訪れる人々の上昇の夢をかきたてる底知れぬ〈力〉を持ち得たのと同様に[3]、通路がなく、梯子も階段もそこに見出せないとなれば、羅城門の楼上もまた、人間の立ち入りによって生ずるであろう様々な実用性のくびきから解き放たれて、人々の自由な〈想像力〉をかきたてる多義的な空間となった筈だ。そして、あらゆる有用性からも切り離された楼上のこうした〈意味〉不在の空間に仮託されたメタファこそが、実は羅城門の〈鬼〉の正体ではなかったか。ならば、芥川と共に近代を生きる私達が、そのことを充分に理解するためにも、人間を安易に楼内へと導き入れてしまう梯子は、ぜひとも取りはらわれていなければならなかったのだ。

二　幽閉空間

人間の立ち入りを許さぬタブー空間を、その内部に孕み持つという点では、羅城門や朱雀門は、様々な人間活動の場に供される楼よりも、むしろ塔の性格に近いかと思われる。聖なる空間をその内部に孕み持つことで、塔はしばしば、宗教建築に欠かせぬシンボリックな建築様式となっていたからである。例えば、ストゥーパから発展した東洋の仏塔は釈迦の墳墓として築かれており、ゆえにその内部空間は、仏舎利を入れるだけのスペースがあれば事足りた。塔の内部に人が身を入れることの可能な居住空間を作り出そうとする試みは、初めから放棄されていたのだ。

マグダ・レヴェツ・アレクサンダーによれば、神との交信をはたす供犠《くぎ》の祭壇として古代バビロニアに始まった、西洋における塔建設の営みは、当初のその宗教的機能を離れても、なおかつ歴史の中でくり返され、ついにはあのパリのエッフェル塔に、究極的な形で具現されるという。なぜなら塔は、人々の高所衝動をかきたて、その無限の上昇へのあくなき志向を形象化したものだからであると。しかし、アレクサンダーの観点からすればあくまでも二義的なものでしかないかもしれないが、西洋の塔は、しばしば囚人を幽閉し、処刑する場としての機能を発揮したこともあったのだ。(4)そのとき塔は、ひたすら天上を志向する外観構成上のオメデタさとは裏腹に、暗い虚ろな空間をその内部に秘めた陰惨なイメージを帯びて、別の相貌をもって私達の前に立ち現われてくる。しかもそれは、自ずからにあの羅城門や朱雀門の楼上に巣食う〈鬼〉のイメージと、何ほどか重なってくるのである。

石造建築物を主とする西洋にあっては、通常の人間の居住空間と激しく対立する形で、地下室と屋根裏部屋とが鉛直線上に対峙していた。(5)それは、日常性から隔絶した異質な空間としてイメージされ、例えば狂った妻を幽閉する貴族の館や、惨殺された女達の死体置き場と化した地下室へと形象化されて、(6)しばしば文学の世界を賑わせた。つまりはそこは、極めて猟奇的な〈性〉と〈死〉との猥雑きわまりなき饗宴の場でもあったわけなのだ。

こうした塔内部のおぞましき一面を伝える事例として、テムズ河畔のロンドン塔があげられよう。塔といっても実際は地下牢なのだが、数多くの王侯貴顕が、政治犯としてこの塔の内部に幽閉され、生きて再びそこから出ることがなかった。「生け贄」という言葉が示すように、供犠の場に供すべく選ばれた人間を、一定期間殺さずに飼っておく場所、(7)実はそれこそが、中世以降の塔が持っていた、もうひとつのおぞましき貌

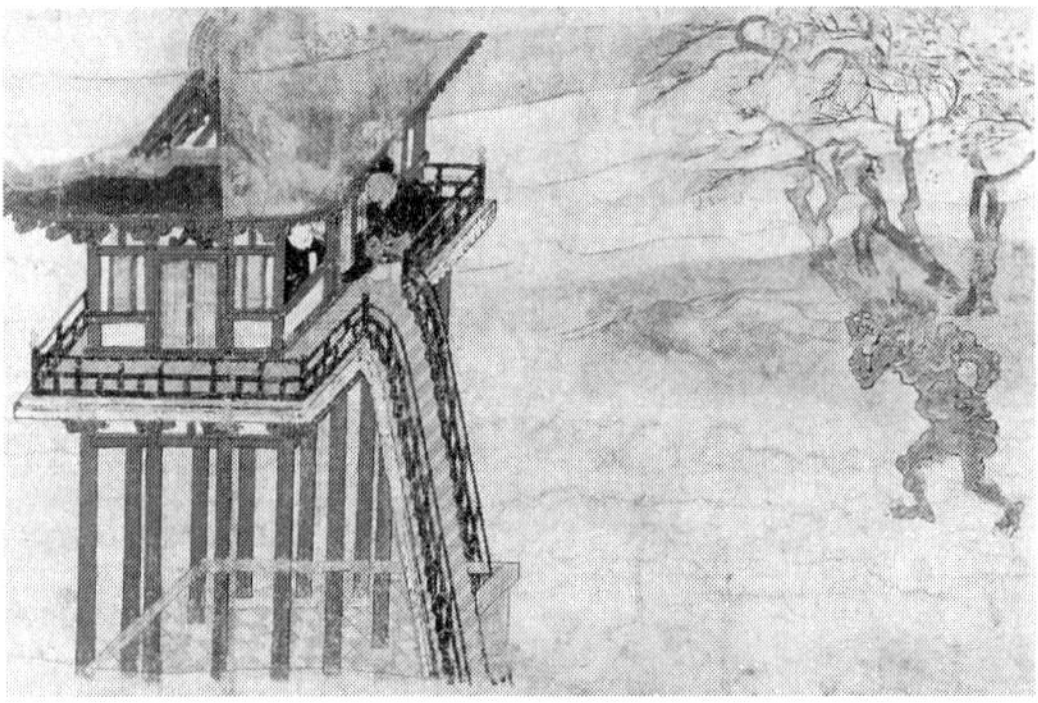

楼上に幽閉された吉備と仲麿の鬼（『吉備大臣入唐絵巻』）

であった。あるいはそれは、神への供犠の祭壇として天をめざした塔の始源の記憶が、内側へとめくれ込むようにして、内部の閉ざされた秘儀空間へと移し換えられた結果でもあったろうか[8]。

　ところで、梯子を取りはらうことで密室化した羅城門や朱雀門の、あの楼上空間もまた、こうした西洋の塔における囚人幽閉の場としての機能と同じはたらきを、その外界に対してははたしていたものと思われる。その傍証資料として、たとえば『吉備《きび》大臣《だいじん》入唐《にっとう》絵巻《えまき》』（作者不詳、一三五〇年頃成立）に描かれた、唐土の楼があげられよう。『吉備大臣入唐絵巻』は、遣唐使節として唐土に赴いた右大臣吉備真備（六九五～七七五）が、唐人達によって楼上に幽閉され、様々な無理難題を課せられる物語だ。もちろん楼であるからには、地上から楼内へと人を導き入れる急峻な梯子が、そこではくり返し描かれている。しかし、加えて幽閉のモチーフが持ち込まれ、人為的に地上との交通が遮断される時、くり返し描かれた筈のその梯子は、機能としては死んでおり、ゆえに象徴的には取りはらわれたも同じことなのだ。そして、ここにもまた、あの〈鬼〉が登場することは言うを俟たない。

　ここで登場する〈鬼〉の正体は、安倍仲麿の幽霊であったと、大江匡房は『江談抄』（藤原実兼撰、一一一一年頃成立）中で述べている。『絵巻』は、そもそもこの『江談抄』所収話[9]を原拠として描かれたものなのだが、唐人達との送別の宴で、「天の原、振りさけ見れば春日なる、三笠の山に出でし月かも」の望郷の歌を詠んだことでよく知られたあの仲麿が、こともあろうに楼に幽閉され、唐人達によって餓死させられたというのだ。そして今また、同じく唐土の楼上に幽閉された吉備は、この仲麿の〈鬼〉と遭遇し自ら「日本国遣唐使」と名乗りをあげることで、互いに一致協力して唐人達にあたり、その課せられた無理難題を次々と解決して、無事日本へと帰りつくこととなる。この時、楼上の幽閉空間は、一転して外界に対する堅固なナショナリズムの砦へと変換され、「異郷」としての日本へとつながる特権的な場所の性格を帯びはじめるだろう。

どうやらこうして、楼《ろう》はまた牢《ろう》でもあったらしいことが、明らかとなってくるのである。[10]そこはたとえば、死者のむくろや廃疾者、あるいは犯罪者や異邦人といった、私たちの共同体社会から排除された者達を封じ込め、扼殺する、牢獄でもあった。『吉備大臣入唐絵巻』は、楼の持つそうしたおぞましい一面を、排除され疎外される者の側から裏返しに語ることで、あます所なく伝えた物語であったといえよう。では翻って、羅城門や朱雀門の楼上に幽閉されていたあの〈鬼〉とは、いったい何であったのか。しかも、なぜ日本の古代国家は、そうした幽閉空間を、都の玄関口に必要としたのか。

事はどうやら、共同体社会を構成するメカニズムの問題へと展開して行かざるを得ないようだ。しかもその先には、古代国家の奇怪な権力機構を解き明かすやっかいな作業が、待ちうけているに違いない。

三　パンドラの箱

平安京の宮城諸門、その中でも最大の規模を誇った羅城門と朱雀門とは、創建当初から門としての実用性よりも空間を仕切る〈境界〉としての象徴的機能を優先させた建造物であったように思われる。なぜなら、唐の長安城を模してプランニングされていながら、平安京はついにその市街を囲む城壁を持たなかったから

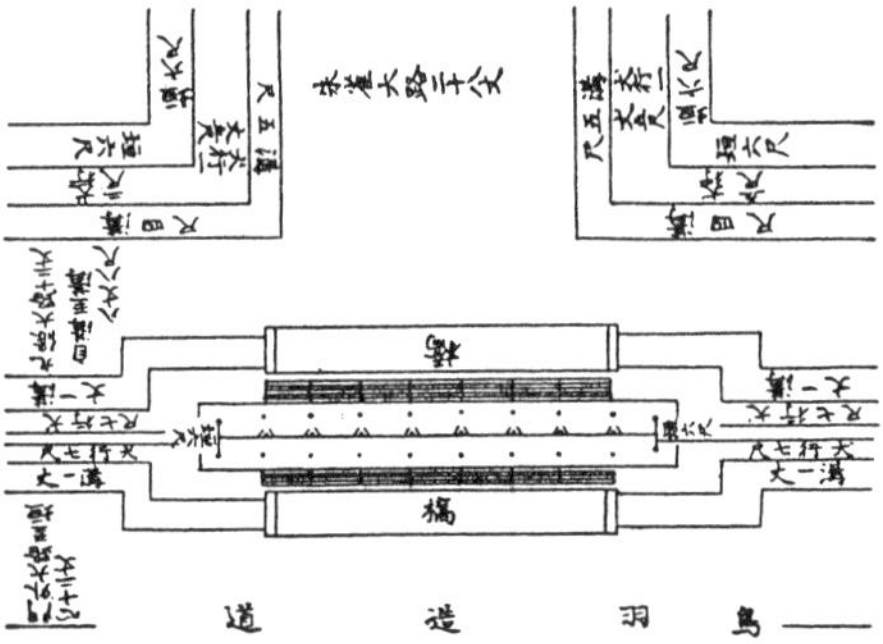

九間の列柱が並ぶ羅城門平面図（『大内裏図考証』）

だ。

鷹尾純は、神社の境内を仕切る〈結界〉としての鳥居との比較を通して、こうした羅城門の境界性について言及している。[11] わずかに大内裏の周囲と、京城の南辺とに、形ばかりの築地がめぐらされていたとはいえ、それとて外敵の侵入を食い止める何んらの効力も持ち得なかったとすれば、確かに羅城門は、そこからだけ出入り可能な城塞門としての実用性を、ほとんど備えていなかったといえよう。ましてや宮城諸門の内、上東門と上西門とは、いわゆる土御門《つちみかど》と呼ばれて、屋蓋を持たぬ単なる築地の切り通しにすぎなかった。[12]

だがしかし、単なる境界を徴づける標識としてのみ羅城門を規定するとしたら、それには、大いに疑問がある。確かに羅城門が、「繁栄する帝都のサイン」として、それにふさわしいだけの規模と構造を要求されたことは事実だ。だからそこでは、建築学的な力学構造への配慮は、二義的なものとして簡単に無視された。間口四五・五メートルに及ぶその規模（ただし奥行きは二間で、わずか一〇メートルしかない）は、木造建築物としては、ほぼ限界に近かったし、頭でっかちに巨大な楼閣をささえる九間の列柱は、高く不安定にすぎた。[13] 例えば『世継《よつぎ》物語』（作者不詳、一二五〇年頃成立）によれば、桓武天皇が造営中の平安京を視察した際、余りに高過ぎるこの門の柱を、もう一尺切りつめるよう命じたところ、工匠達はその偉容のそこなわれることを恐れて、五寸しか減じなかったという。その結果羅城門は、幾度か風に吹き倒され、[14] ついに円融天皇の天元三年（九八〇）七月の大風によって倒壊して以降、二度とその魁偉な姿を見せることはなかったのだ。

だが、羅城門の楼上は、高く楼閣をかかげ外観の偉容を誇るためだけにしつらえられた単なる建築学上のアソビの空間であったわけではない。確かに内部を虚ろにしない限り、こんな巨大な建物を、不安定な列柱でささえることなど、到底出来る筈もなかったのであるが、ここで問題とされねばならないのは、むしろ、中国の影響いかんにかかわらず、城壁を欠いてまでも、なぜ羅城門や朱雀門が、楼門形式を採らなければならなかったのかという点である。

羅城門造営のそもそもの目的は、実のところ、楼上に密室を作り出すことそれ自体にあったのではと思い至るなら、何かが新しく見えてくる。なぜなら、人間の立ち入りを拒絶した、日常的にはまったく無意味な空間であるがゆえに、一方でその楼上は底知れぬ〈力〉を秘めた聖なる場所とも成り得た筈だからだ。

そもそもは、死者の亡魂を意味した〈鬼〉という漢字が、中国から新たに移入された時、日本人はこれに〈モノ〉という大和言葉を当てて理解しようと試みた。それは、アニミズム崇拝の対象となる諸々の精霊の意であり、物怪《もののけ》のモノ、化物《ばけもの》のモノ、さらには物語《ものがたり》のモノにも通ずる、幅広い意味領域を持つ言葉であった。また〈オン〉という音を与えて、これをオニと仮名表記した。それは〈隠〉に通じて、形なく姿なき存在の意でもあった。したがって「楼上に鬼が棲む」という言回しは、〈鬼〉が形あるものと考えられるに至った後世のさかしらであって、そもそも〈鬼〉とは、意味不在の楼上空間そのものの謂であったろう。そこはだから、抑圧された無意識の領域や、母胎内の未成の空間にも通ずる、混沌とした異世界だった。そうした異世界を内部に宿しながら、羅城門が京域の南の玄関口に立地していたとしたら、城壁を欠いてまでも楼門形式を採らねばならなかったその理由が、かろうじて見えてくる。

実は、羅城門それ自体が、外敵の侵入を食いとめるために設けられた巨大な「塞《さえ》の神」であり、「守宮神《しゅぐ》」

だったのではなかろうか[15]。しかも、その象徴的な外敵防備の〈力〉を発揮するためには、どうあっても、神の祠堂《しどう》としてのガランドウの空間を、その楼上に必要としたのである[16]。〈鬼〉とはつまり、そうした神々の別称でもあったのだ。

だが、内部にこうした密室空間を持つ楼門形式の建物は、なにも羅城門や朱雀門に限られなかった筈である。その規模は比較にならぬほど小さかったとはいえ、他の宮城諸門にも楼閣を持つものがあり、そこにもやはり怪異な話が、いくつか伝えられていた。例えば、大内裏北面の安嘉門《あんか》にまつわる『江談抄』の、次のような話がそれである。

入道師《そつ》(藤原資仲—引用者注)、談ジテ曰ク、「安嘉門ノ額ハ、髪逆サマニ生フル童ノ、靴沓《かとう》ヲ着スノ躰《てい》ナリ。昔、件《くだん》ノ門ノ前ヲ渡リ行ク者、時ニ踏ミ伏セラルルニヨリテ、竊《ひそ》カニ人ノ登リ行キテ中央ヲ摺《す》リ損《そこな》ウナリ。」ト云ヘリ。

安嘉門の額は、残念ながら今失われて伝えられていないので、代りに内裏東面の宣陽門《せんよう》の扁額を紹介しておく。その奇怪な形状に、怪異なイメージの一端を、うかがい知ることが出来よう。ここでは〈鬼〉は登場していないというものの、門の扁額が、その形態ゆえに擬人化されて、人々に害を及ぼすと考えられた。つまりは、扁額それ自体が〈鬼〉であったのだ[17]。

だがしかし、こうした額にまつわる怪異譚は、その額を揮毫した人物への畏怖の念にささえられて、初めて可能なものであった[18]。ちなみに安嘉門の額は、「承和の変」で失脚し怨霊となった、あの橘《たちばなの》逸勢《はやなり》の筆とされている[19]。だとすれば、羅城門や朱雀門が持っていた筈の、あの密室空間としての性格を、この話は決定的に欠いている[20]。

それに対して藤原忠実(一〇七七〜一一六二)の談話集『富家語《ふけご》』の一四〇話には、神泉苑南面の「小二階楼」に巣食う〈鬼〉の話が伝えられている。小野宮実頼が神泉苑近くの三条大宮辺に方違えした際、「青摺《ず》り」の服を着た霊物があいさつに訪れ、やがて楼を蹴破って行方しれずとなった。そのとき破壊された楼は以後再建されずに終わったが、霊物の正体はおそらく龍神（＝雷神）であったろうと忠実は語る。言うまでもなく神泉苑は、国家主催の下で「祈雨」のための奉幣や修法が行われる祭場であり、楼上の霊物は、その儀礼との係わりを抜きにして考えられまい。

羅城門及び朱雀門の楼上では、なぜその霊威の多くを、その扁額よりも背後にひかえる密室空間の力に負うかと言うに、その理由は神泉苑の楼と同じで、それらの門前がしばしば国家的な儀礼の場となったことによるらしい。

平安中期の史書である『続日本後紀』や『三代実録』には、大嘗会や仁王会《にんのうえ》に関連して、羅城門の門前でも祭事の催された記事が見える。[21] 大嘗会は、天皇の代替りの際に行なわれる即位の大典であり、また、護国の経典を講じて国家安泰を祈念するため、即位に連動して一代に一度行われる法会が、仁王会であった。しかし、羅城門を挟んで京域の南辺に立地する東寺や西寺でも、同時に法会や祭事が行なわれていたとすれば、日本の古代国家にとって最も重要なこの二大祭典が、帝都の正門である羅城門でも行なわれなければならなかった理由は、実にその楼上空間の存在にあったとは言えまいか。なぜなら、国家に仇《あだ》なすモノ〈＝物・霊・鬼〉どもをその楼上に封じ込め、同時に、その底知れぬ破壊的な〈力〉を逆手に取って、外敵の京域への侵入をはばむ暴力装置《ゲバルト》として羅城門を機能させるべく、こうした象徴儀礼が行なわれていたようにも思われるからだ。

伝空海筆「宣陽門」扁額（『集古十種』）

この、「パンドラの箱」にも似た羅城門の役割は、朱雀門においてさらに著しく、年中行事にまで組み込まれて、制度化されていた。人々が、無意識裡に犯した様々の罪穢を祓い捨て、清める、「大祓《おほはらえ》」儀礼が、天下万民に替って国家主導のもとで行なわれる場所、実はそれが、朱雀門の門前であったからなのだ。[22] その式次第については、大江匡房の有職故実書『江家次第』に詳しいが、毎年二回、六月と一二月の晦に、百官朱雀門門前に参集し、神祇官主催のもと、極めて厳粛な儀礼が執り行なわれた。さらには臨時に「大祓」儀礼が行われることもしばしばで、たとえば天皇の代替りに関連して行なわれる様々な儀式（前帝の服喪・大嘗会御禊・伊勢斎宮発遣等々）に際しても、そのつど行なわれたし、加えて災害や疫病の蔓延、政変による公卿の左遷で、世上不安のはなはだしい時などにも、やはりその門前で「大祓」儀礼の行なわれたことが、史書には見えている。

式次第の中で、必ず祭師が誦習《しょうしゅう》することとなっていた「祝詞《のりと》」の文言によれば、どうやらこの儀礼は、〈水〉の持つ浄化力と密接な関連があるらしい。[23] 河岸や海辺で禊ぎすることで、身に負った穢れを遠く海のかなたの〈他界〉へと流し遣るといった、あの神話的な発想が、ここにも底流しているのだ。だがしかし、朱雀門の門前には、わずかな側溝しかない。だとしたら、世上に瀰漫した諸々の穢れや災厄を、楼上の密室に祓い捨て封じ込めることで、水の持つ浄化力に代える象徴儀礼が、そこで行なわれていたとしか考えられまい。どうやら朱雀門の楼上は、あの「根の国」へと通ずる黄泉比良坂《よもつひらさか》にも似て神話的な〈他界〉への通路であったらしい。[24]

かくして、様々の穢れや災いが刈り移され封じ込められた朱雀門の楼上は、単なる虚ろな空間などではなくて、諸々の悪しき〈力〉でもってはち切れんばかりに内圧の高まった、濃密な空間であったろう。人々はそれを〈鬼〉と呼んで恐れはしたが、しかし単に一方的な封じ込めで終ったわけではない。災厄をもたらす魑魅魍魎《ちみもうりょう》たちの、その破壊的な〈力〉は、一旦楼内へと封じ込められた上で、再び小出しに活用される時、非常な有効性を発揮する武器ともなった筈だからである。その時、羅城門や朱雀門の楼上に押し込められていた悪しき〈力〉は、国家管理のもとに、新たに京域へと侵入して来る様々な災厄を排除し撃退する善なる〈力〉へと変換され、例えば先に述べた「塞《さえ》の神」や「守宮《しゅぐ》神」と同等の、いやそれ以上の機能を担って、古代国家の安泰に奉仕することとなるのだ[25]。

中国長安城を模してプランニングされた平安京が、ついに城壁を持たなかった理由が、こうしてようやく見えてくる。羅城門や朱雀門の楼上に宿された、その両義的な〈力〉が、実は、中国の都市に必須だった堅固な城壁を、象徴的に代替していたのである。

四　権力の母胎

ところで例の『江談抄』は、皇室伝来の宝物であった琵琶玄上《げんじよう》にまつわる次のような話を伝えている。舞台はここでは朱雀門となっているが、類話と思われる『今昔物語集』巻二十四・二十四話では羅城門とされており、説話の伝承圏の中では、両者はしばしば互換性を持っていたことが知られる。言うまでもなくそれは、両者が担っていた象徴的機能の同一性に基づく互換性に外なるまい。

> 玄上《げんじよう》、昔、失セ了《おわ》ンヌ。所在ヲ知ラズ。仍《すな》ハチ公家《おおやけ》、件《くだん》ノ琵琶ヲ求メ得ンガタメニ、二・七日ノ修法セラルル間、朱雀門ノ楼上ヨリ、頸ニ縄ヲ付ケテ漸《ようや》ク降ルト云々。コレ則《すな》ハチ、朱雀門ノ鬼ノ盗ミ取ルナリ。シカシテ修法ノ力ニ依《よ》リテ顕ハルルナリト云々。

朱雀門前で行なわれた十四日間に及ぶ修法は、仁王会のそれであったろうか。ならば土俗の荒ぶる神（＝物・鬼）が仏法によって調伏される、古代信仰の史的変遷過程を示したものと、この話を読むことも出来よう。しかし、王権のシンボルとしての玄上の喪失とその復活を語ることで、一時的に衰退した天皇の権威のさらなる活性化をはかることが、むしろこの話の主旨ではなかったか。なぜならそれは、失なわれた国家権力の再生と復活を願う、院政期に特有の〈神話〉だったのだから。

当時、玄上のような鳴り物としての楽器は、天皇家の文化的占有権を象徴し、その権威を補完する宝物と考えられていた。中でも琴《きん》のことは、天皇家の庇護のもと、皇室関係者にのみその奏法の伝授が許される特権的な楽器として、いち早く秘匿化され、『宇津保物語』や『源氏物語』では、それがまた作品構成上の重要なモチーフともなっている。

たとえば、主人公清原俊蔭《としかげ》からその娘へ、さらにはその子の仲忠《なかただ》へと、親子三代にわたって伝えられた琴の秘曲が、今まさに外界を遮断した楼上の密室で、俊蔭四代の孫に当る犬宮《いぬみや》へと伝授を完了するのは、そのものズバリ、「楼の上」と名付けられた『宇津保物語』最終巻においてなのである。かくして、俊蔭の悲劇的な漂流譚で始まった長大な琴の家の物語も、その最後を飾る秘曲披露の場をもって、ようやく大団円をむかえることとなるのだが、その秘琴の弾奏にあずかろうと、嵯峨院・朱雀院をはじめ、多くの皇室関係者が、俊蔭の旧邸京極邸へとつめかける時、京の〈辺境〉というその立地条件にもかかわらず、京極邸は世界の〈中心〉として、あたかも内裏のごとき様相を呈するに至る。だが一方で作品は、今や人少なとなった内裏に一人残された世俗の権力者である天皇の姿を、忘れることなく描き出す。なぜなら『宇津保物語』は、琴の独占によってはたされた、俊蔭一族による象徴的な王権（＝中心）奪還の物語でもあったからなのだ。(26)

もうひとつの王権奪還物語とも言うべき『源氏物語』にも、やはり琴の弾奏がしばしば描かれる。言うまでもなく主人公光源氏は、琴の名手として設定されており、他に琴を弾ける者はと言えば、いずれも皇室の血を引きつつもそこから排除された、それゆえまた象徴的に王権を担う資格を潜在させた末摘花と宇治八宮だけなのである。

琴の天皇家による独占は、その楽器としての実用性を離れて、天皇家による文化総体の独占と、その支配管理を象徴する行為だった。やがて後世になると、こうした象徴化の動きは他の楽器へも波及して行き、例えば先に見た琵琶玄上や、さらには横笛にも及ぼされる。葉二《はふたつ》と名付けられた横笛は、実は朱雀門の〈鬼〉の所持していた笛であったと、『江談抄』は伝えている。(27) 天皇の周囲はこの世ならざる異世界と接触することで聖別された、こうした様々な器物でもって満たされ、実質的な権力基盤の喪失と逆比例する形で、そのカリスマ性をますます誇示強化して行くことになるのだが、それはとりもなおさず、天皇家による文化的な支配管理を貫徹するための象徴的な権力産出装置として、羅城門や朱雀門の楼上が重要な役割をはたしていたことの証なのだ。(28)

ところで、鳴り物としての楽器には、ある共通した形態上の特性がある。琴も琵琶も笛も、すべてその妙なる調べの秘密は、内部に虚ろな共鳴体を持つことに由来するということだ。そしてこの特性に注目する時、『宇津保物語』の秘琴伝授が、なぜわざわざ楼上にしつらえられた密室の中で成されねばならなかったかが、見えてくる。

実はこの「楼の上」巻での秘琴伝授は、物語の初発に語られた山中の杉の「うつほ」の変奏形態《バリエーション》に外ならない。ユング派の分析によれば、あらゆる物を飲み込んでは産み出す、〈生〉と〈死〉とが共存した両義的な空間として、母胎が意識されていたという。俊蔭が苦難の末に異国から持ち帰った琴は、原木である巨木の霊力をその内部の空洞に宿しながら、やがて仲忠母子が住まう山中の杉の巨木の「うつほ」へと移し換えられて、秘めやかな母子空間のユートピアを提供するだろう。それは同時に、外部の荒ぶる自然から仲忠母子をやさしく庇護してくれる巨大な子宮でもあった。そして今また京極邸での秘琴伝授のために、わざわざ楼上の密室が作られたとしたら、まさしくそれは、琴の霊威をはぐくむ子宮を、人為的に作り出そうとする試みに外なるまい。

玄上や葉二が、なぜ〈鬼〉の棲む楼上から取り出されてこなければならなかったのか。その理由の一端が、こうして明らかとなる。帝都の中軸線上に屹立する羅城門や朱雀門は、巨木伝説の形象化であり、その内部の虚ろな空間は、人為的に作り出された権力の母胎に他ならなかったのだ。

人々を恐怖させる暴力装置《ゲバルト》を背景として、初めて権力は権力として機能する。それは共同体を外部からおびやかす敵に対してだけでなく、共同体内の異物を排除し抑圧するためにも行使される〈力〉だ。(29) しかし、早くにそうしたゲバルトを失っていた日本の古代国家は、今や儀礼の中からその擬似物《シミュラークル》をくみ取ることで、実質的なそれに替えざるを得なかった。かくして、様々な〈意味〉のネットワークとして構造化された私たちの日常的な生活世界の総体を、背後からおびやかす〈意味〉不在の空間を、羅城門や朱雀門の楼上に作り出し、独占的に維持管理することで、日本の古代国家は、自らのゲバルトに換えたのだ。

五　跳梁跋扈する鬼ども

円融天皇の天元三年（九八〇）七月の大風で、羅城門が破壊し、以後再興されなかったことはすでに述べたが、このことは同時に、古代国家による権力産出装置の放棄をも意味していた。荒廃はなはだしい平安京の南辺に、巨大な楼閣を構えるだけの力を、もはや当時の朝廷は、持ち得なかった。

加えて朱雀門の楼上が、国家管理の手をはなれたのは、天元五年（九八二）十二月十七日の内裏焼亡によってであったろう。玄上以下の累代の御物《ぎょぶつ》の多くが灰燼に帰したこの火災によって、以後天皇は、一条院や堀河殿などの有力貴族の邸宅を借りうけ、そこを仮設の内裏として点々とわたり歩く、いわゆる「里内裏《さとだいり》」の時代へと入って行く。この時、大内裏を守護する宮城諸門、中でも南の玄関口としての朱雀門の意味はまったく形骸化し、その巨大な図体を、野づらにさらすこととなった。[30] 門前でのあの「大祓」儀礼も、すでに内裏正門の建礼門や八省院東廊へと略式化され、今や忘れられた形の朱雀門の楼上は、本来の反社会的な悪しき〈力〉を増大させつつ、その内圧を高めていたことであろう。[31]

一条天皇の永祚元年（九八九）八月には、その朱雀門も、ついに倒壊する。以後、再建の試みは幾度となくなされはしたが、こうして朱雀門の楼上空間もまたこの地上から姿を消し、永遠に閉ざされてしまう。その内部に巣食っていた筈の〈鬼〉も、どこかへ飛び去って杳として行方の知れぬままに、古代国家の崩壊が加速度的に始まるのだ。

ところで、今まで紹介してきた楼上の〈鬼〉にまつわる話は、どれもすべて院政期以降に採集されたものばかりである。しかも『江談抄』にその初出をあおぐ話が多い。この事実は、非常に興味深い問題を私たちに投げかける。というのも、この説話集の語り手である大江匡房（一〇四一～一一一一）は、院政期という特異な時代を生き、その失われた社会システムの再建に自らの一生を賭《と》した人物であったからだ。詳細については第二部以降に譲るとして、今その方策を一言で要約するならば、言語の象徴化作用を最大限に駆使して聖なるものとの〈交通〉を仲立ちし、弱体化した古代国家の威信の回復をはかることにあった。

たとえば『江家次第』の編纂に見られる、有職故実の整備拡充も、そのひとつだ。失われた幾多の儀礼を言葉の中で復活させ、管理統制することで、自らの体現する国家権力の再生強化をはかることが、その編述の最大の目的であったろう。そして『江談抄』にしばしば見える楼上の〈鬼〉の話も、そうした古代国家の復権に奉仕すべく、記憶のかなたから呼び起こされた権力産出装置の、象徴的な奪還作業であった。

他の後続説話集に比して、『江談抄』の〈鬼〉は、形なきものとしてのその本来の姿を忠実に伝えている。[32] またその性格も多分に両義的である。たとえば平安中期の漢詩人、都《みやこの》良香《よしか》（八三四～八七九）の詩句にまつわる話でも、そこに登場する羅城門の〈鬼〉は、同時に〈神〉でもあり、漢詩文への理解を示す文化的教養の持ち主として描かれている。(33) そこには、国家権力のみならず、文化総体をも補完する善なる〈力〉としての〈鬼〉へと注がれた、匡房の熱いまなざしが見て取れよう。

匡房の生きた院政期には、羅城門も朱雀門も、すでにこの地上には存在していなかった。もはや言葉で語り継ぐことでしか、その楼上の失われた空間を奪還するすべはなかった。唯一残された「希望」(34)は、物語を介して呼び起こされる過去の記憶の中にしかなかったのだ。しかし、こうして記憶の裡に再建された羅城門や朱雀門を幻視し、その門前で、これまた言葉によって再興された儀礼が模擬的に演出される時、たとえ一時的とは言え、匡房の象徴化政策は、充分その効力を発揮し得たのではなかったか。なぜならそれは、杳として行方の知れなかった〈鬼〉どもを再びかり集め、改めて言葉という牢獄に封じ込めることで、国家権力を補完するゲバルトとして転用すべく試みられた、あの「大祓」儀礼の象徴的な代替行為でもあったはずだからである。(35)

だがそれもつかの間のこと、ひとたび眼を辺境に転ずれば、実質的なゲバルトを手にした寺社勢力や在地武士団が、各地に跳梁跋扈して、すでに中世世界の幕明けを告げていた。楼上の〈鬼〉に替わる聖なるものの新たな顕現（エピファニー）が、そこでは激しく求められていたのである。

注

（1）登仙の場として著名な黄鶴楼の故事は、楼が仙界との通交の場となった事例であるが、楼自体はあくまでも人間世界の延長線上にある。

（2）応天門にも通路はなかった。『宇治拾遺物語』一一四話は、楼上から下りてくる伴大納言の様子を、「柱よりかかぐり降る者あり」と記す。

（3）M・L・アレクサンダー『塔の思想』（池井望訳、河出書房新社）。

（4）アレクサンダーにおける、塔内部への視点の欠落は、「塔は構造物それ自体なのであり、空間を確保するための建築物ではない。内部空間が広いばあいでも、それは二義的なものにすぎない」（三一頁）とするその発言に、端的な形で示されている。

（5）S・ブロンテ『ジェーン・エア』。

（6）A・フランス『青ひげ』。

（7）西郷信綱「イケニエについて」（『神話と国家』所収）。

（8）川口正秋「中世教会堂建築について」（『塔・人間・風景』所収）。

（9）巻三の一「吉備入唐間事」及び三「安倍仲麿詠歌事」。

（10）腹中の碁石や鬼を封ずる結界、双六の筒に日月を封じ込める秘術など、この物語には当初の幽閉のモチーフが、様々のバリエーションを通してくり返される。

（11）鷹尾純「今昔物語集、巻二十九・十八話の考察」（『淑徳国文』二〇所収）。

（12）上東・上西門に通ずる土御門大路は、当初のプランでは一条大路に当たり、その北側に広大な大蔵省の倉庫群が立地していた。後にそれらを大内裏の郭内に取り込むプランに変更されたため、上東・上西門は物資搬入路として屋蓋を持たぬ切り通しのまま残されたらしい。その結果、一条大路は現在のように半条分北辺に押し上げられたのである。

（13）奈良平城京から出土した朱雀門跡の、柱間五・〇五メートルを基準に算定した。ただし平城京の朱雀門は大伴門とも呼ばれ、他の氏族名称を付した諸門（たとえば佐伯門とか壬生門）と均しなみに扱われて、大内裏の正門としての資格をまだ充分には備えていなかった。そのため、間口五間の比較的小規模なもの（最近出土した難波宮の朱雀門はさらに小規模で、間口五間、柱間、四・八メートルしかなかった）にとどまったようである。従って柱間五・〇五メートルというのは最小の数値であって、後に見る『世継物語』の逸話からしても、平安京の場合には、さらにその規模を拡大した可能性が高い。

（14）『日本紀略』弘仁七年（八一六）八月条。なお、寛弘元年（一〇〇四）に丹波守高階業遠の成功《じょうごう》（国家の造営事業を肩代わりすることで官職を得る制度）によって羅城門の再建が計画されたが、実現しなかったようである。

(15) 磯野英生「永遠の舞台」（上田篤・多田道太郎・中岡義介編『空間の原形』所収）。

(16) 垂水稔「カミの祠堂」（同掲書）。

(17) こうした扁額の擬人化は、諸門に土牛童子像を立てる中国の迎春儀礼に触発されて発生したものかもしれない。

(18) 他に、皇嘉門に関しては『高野大師広伝』に、朱雀門及び美福門に関しては『本朝神仙伝』『古今著聞集』等に、それぞれ類話がある。

(19) 『江談抄』巻の一の二六「大内門額等書人々事」。ちなみに嵯峨天皇の宸筆とする説もある。

(20) 『愚管抄』巻七は、藤原百川の死について「井上の内親王を、穴をえりて獄をつくりて籠めまゐらせなんどせしかば、現身に龍に成りて、つひに蹴殺させ給ふと云ふめり」という話を伝えている。「霊物」の出現には、内部空間への封じ込めのモチーフが必須であった。

(21) 『続日本後紀』承和元年六月十五日、『三代実録』貞観元年十月十五日、及び仁和元年四月二十六日条。

(22) 儀礼の際に読誦される『大祓祝詞』本文は、天津罪として、「畔放ち・溝埋み・樋放ち・頻蒔き・串刺し・生け剝ぎ・逆剝ぎ・屎戸」を挙げ、国津罪として「生膚断ち・死膚断ち・白人・こくみ・おのが母犯せる罪・おのが子犯せる罪・母と子と犯せる罪・子と母と犯せる罪・畜犯せる罪・昆虫の災・高つ神の災・高つ鳥の災・畜仆し・蠱物する罪」を挙げている。桜井好朗『祭儀と注釈』（一九九三）によれば、それらは、たとえば「畜犯せる罪」は始祖伝承としての異類婚姻譚の否定を意味しているように、多分に神話的な性格のものであった。また、「罪」と「災」との関係について山本幸司『穢と大祓』（一九九二）は、人間が意識するとしないとに係わらず犯してしまう神に対する冒瀆行為が「罪」であり、その「罪」を謝罪しないと神によって「災」がもたらされるとする。

(23) 『祝詞』の末尾に「四国《よくに》の卜部《うらべ》等、大川道に持ち退《まか》り出でて、祓《はら》ひ却《や》れ」とある。

(24) 西郷信綱『古代人と夢』四章「黄泉の国と根の国」。

(25) 東寺に伝わる毘沙門天像が、かつては羅城門の楼上に置かれていたとする伝承も、門のこうした性格から生じたものと思われる。また、念仏堂の床板として使用されている巨大な一枚板は、羅城門の門扉を流用したものとの伝承もある。なお楼上の毘沙門天については、高橋昌明「羅城門内の兜跋毘沙門天」（『立命館文学』五二四号、一一九一・

六）参照のこと。
（26）三田村雅子「宇津保物語の〈琴〉と〈王権〉」（『東横国文学』15所収）。
（27）巻三の五〇「葉二為高名笛事」。
（28）中世になるとそれらの楽器は、蓮華王院や宇治の「宝蔵」に収められて秘匿され、聖遺物としての扱いを受けるようになる。詳しくは田中貴子『外法と愛法の中世』（一九九三）の第二部第三章「宇治の宝蔵──中世における宝蔵の意味」参照のこと。
（29）廣松渉『唯物史観と国家論』補説（二二七頁）。
（30）『江談抄』巻三の第一七「惟成弁号田ナキ弁事」によれば、花山天皇の頃、朱雀門周辺は耕地となっていた。
（31）儀礼の場所の変遷による「大祓」の質的変化については（注22）の山本幸司「平安京大祓のトポロジー」（『穢と大祓』所収、一九九二）を参照のこと。
（32）『撰集抄』巻八所収の同話は「赤鬼の白きたふさぎして物おそろしげなるが、大なる声して」と、その具体的な姿を記す。
（33）『江談抄』巻四の二〇「気霽風櫛新柳髪、氷消浪洗旧苔鬚」。ちなみに『本朝神仙伝』の類話では、舞台は朱雀門となっている。
（34）人類最初の女として地上に下されたパンドラ（「すべての贈物を与えられた女」という意味）は神々から与えられた箱を好奇心にかられて開けてしまう。中からあらゆる「災い」が飛び出して四方に飛び散ったが、あわてて蓋を閉じたため、かろうじて「希望」だけが箱の底に残されたという。
（35）匡房没後の一一五三年十二月、後白河天皇の即位に際して朱雀門以下の大内裏の殿舎や宮城諸門が、藤原信西（実兼の子）の手によって創建当時そのままに改修されたことが『保元三年番記録』や『愚管抄』に見えている。しかし、このいささかアナクロニズムの試みは、崩壊を目前にした古代国家の最後のあがきでしかなく、二十年あまり後の安元三年（一一七七）四月二十八日の火災（いわゆる太郎焼亡）で、早くも烏有に帰す。その時の火災の様子は、遷都以来三百年続いた平安京を実質的に消滅させた特筆すべき事件として、鴨長明の『方丈記』に詳述されている。

III

鬼の歴史

池田昭

鬼の子孫の一解釈
――宗教社会学的考察――

はじめに

鬼という言葉は、宗教的、政治的、あるいは社会的脈絡において使われている。たとえば祭の鬼、鬼畜米英、鬼筋の人々など、多種多様に、鬼の概念が理解され、夫相応に使われている。こうした多種多様の鬼の概念が理解され、使用されている場合に、鬼とは一体いかなる意味内容をもっているのか、この問題をケースに即して多く考慮しなければなるまい。その道としては、一つは、文献のうえで時代的変遷や同時代の種々な類型を辿ろうとすること、二つは、中国的、印度的なものとの異同を考えること、三つは、フォクロアにみられる諸概念を検討することなどがある。

ここでは、第三のフォクロアにみられる場合を考慮してみたい。とくに「鬼の子孫といわれる村民」があり、その村民がそのことを誇っていた伝承がある。この場合、ある村民が鬼といわれた理由は、何であるのか。ある村民の性格を分析し、他に用いられている場合と比較し、その理由を考えてみたい。「鬼の子孫といわれる村民」として、すでに柳田國男氏、喜田貞吉氏、林屋辰三郎氏等が指摘している「京都市左京区八瀬」のケースをとりあげ、これらの諸氏の見解を考察しながら述べてみたい。

一　八瀬の「鬼の子孫」という伝承

八瀬の村民が鬼の子孫であるといわれていた伝承には、次のような記録がある。まず第一に、早くは室町時代と思われる蹇驢嘶余には「門跡御輿舁事、八瀬童子也、従閻魔王宮帰時、輿舁タル鬼ノ子也」(1)とある。また江戸時代の黒川道祐の遠碧軒記には、村民の髪形について次のように述べられている。「恵心の生身にて冥途へ参られし時、こんがらせいたかの二天童現じて供奉す。冥官この者どもは何者ぞとあれば、しかじかと答給う、奇代の事也。一人は此方に留置たきとあり、其代には安楽花の実を可レ遣として三粒あたう。これを種て菩提を願うものは、既滅無量罪と申す。携帰りて安楽寺の庭に植給う、今に三本ありて不レ枯、葉の裏に実なりて菩提樹子に似たり、このこんがらせいたかの天童の体をにせて、髪を長く童子の体を表すという」(2)とある。さらに、華頂要略には、大智院の項に「旧号二西方院ト一。寛永中改名名テ二松寿院ト一。元禄七年又更二今ノ名一。座主院源僧正ノ嘗テ所レ住スル也。相伝フ寛仁中閻羅王請二師ヲ陰府ニ一講二読セシム法華ヲ一或ハ伝テ云レ為ト二法華十万部供養ニ導師ト一因テ告テ曰。今適具ニ観二脂獄苦報ヲ一。我還二人間ニ一以レ何為レ証ト。以テ説キ二知シメニ諸人ニ一。冥王乃チ為ニ授ケテ二一宝印ヲ一。具ク曰若人持セバ二是ノ印ヲ一其人設ヒ有二重咎一我当ニ二方便メ赦一レ之。其印ノ文彫テレ版ニ伝テ而見ル在リ。又其往クニモ　奉二去シ弥陀迎接ノ聖像ヲ一。慧心僧都所二手写一名二迅雲弥陀一以テ福ス二冥界ノ衆生ヲ一。其像初在二本山ニ一。後展転流伝今在二西教寺ニ一。其縁詳ナルコト　見二梶井盛胤親王筆セル　像ノ記ニ一。已ニ而師将ニ二言ニ還ト一王発二鬼卒ノ二人ヲ一。護送ノ二鬼乃チ舁テレ輿ヲ頃尅ニ而致シレ坊ニ放テ二輿ヲ階下ニ一拋レ石ニ相憩フ。其ノ石在二院ノ旧址ニ一。伝テ曰二鬼之腰掛石ト一。其二鬼留テ二山下ニ一遂ニ生二孫子ヲ一。即八瀬之奴童皆其種ナリ也。是故ニ奴童以二当坊ヲ一称ス二八瀬ノ本坊ト一」(3)とある。

これらの鬼の記録をみると、八瀬の鬼の意味は、仏教的に言って、延暦寺の座主、あるいは門跡の御輿舁をし、しかも護法童子としての意味をもって考えられていたのである。このように、御輿舁をし、しかも護法童子としての意味をもった鬼は、大和の前鬼、後鬼村の村民にも使われている(4)。

八瀬の鬼が、一方に仏教的な護法童子の意味をもっていたとともに、他方に次のような意味をもって考えられていた。江戸時代の北肉魚山記には「此所のもの各々髪を長くし、丸く結び、かりそめに見たときは、男女の差別見分難し、天武帝暫く御座せり、民人共官家の体を学し、余風なりと云、一説に此一村は鬼の子孫なり。古は髪をも結す、首に被てありしを、中世より結レ之、故に今毎年七月七日より十五日まで、比奥鬼洞とて鬼の住し所あり、それは村中児女毎日行き、鉦をならし念仏を修す。これ先祖鬼の弔と云(5)」とあり、また出来斉京土産には、この鬼洞の別名鬼城について、「八瀬の里より西北の方に鬼が城とて物おそろしき岩やあり、その内に鬼石とて、角菱あらけなき石あり、むかし酒典童子比叡の山より追出されて此いはやにこもり、此石のうへに起きふしけりという後に丹波国大江山にして源の頼光にころされしとかや(8)」とある。さらに明治四十一年の愛宕郡村誌には、「本山西山字岩山の半腹に在り登路五町余険なり、洞は南に向い高二丈余入口広八尺口隘く内広し殆ど四帖敷許なり、天然の岩窟なり、口碑に八瀬童子の旧跡なりと云う今に至り毎年七月十五日洞の前にて念仏供養をなすとぞ(7)」とある。この念仏供養の行事は、大正期になって、なくなったといわれている。これらの記録からみると、鬼は、村民の風俗の奇なることに因んで、物語で有名な酒典童子の意味で使われている。

すなわち八瀬の鬼の子孫という意味が、一つ護法童子、一つ酒典童子として理解されている。このような鬼の意味を八瀬の村民に附与したのは、その時代に使われていた鬼の概念から類推し、あてはめたのであろう。

しかしこのような評価があるにもかかわらず、何故に鬼の子孫たることを誇っていたのであろうか。このことは、座主の御輿舁としての護法童子や山賊の首領としての酒呑童子では説明できないのであり、他に理由を求めなければならない。そのことを述べる前に、柳田、喜田、林屋の三氏の見解を考慮してみたい。

二 柳田國男説

柳田國男氏は、「山の人生」、「鬼の子孫」において、八瀬の鬼に言及している。要約すれば、八瀬の人々は、天皇の祖先が日本にくる前に存在していた国津神系の先住民族で、常民と混合せずに、異風俗をし洞穴の生活を営み、山にとどまった山人であるという。この山人といわれる者は、神を奉じて此の地に来訪した最初の一団体であり、一般的には特殊な宗教的機能をもって居り、山の神の信仰に関与していた。常民の山に対する不安、奇怪さから、山の神に親しい山人が鬼とせられたといわれる(8)。

この説明では、鬼といわれた理由が、八瀬の山人のどのような宗教的性格ととくに結びつけられているかが、説明されてはいない。たとえ山人が常民に「異人」「まれびと」として映じ、奇怪なものとして感じられたとしても、その奇怪さが鬼といわれる理由となるものには充分ではない。先住民族—山人—奇怪—鬼の論理にも、なお問題があろう。それには鬼の宗教的意味とそれに応ずる八瀬の宗教的機能とが研究され、その後に両者に符合するものが見出されたときに、八瀬の鬼の伝承が正しく証明されるのではなかろうか。

三 喜田貞吉説

喜田貞吉氏も、柳田氏とほぼ同じ見解に立っている。村民は、山人であり、天孫降臨族によってアーバナイズされずに古い形態の風俗を残し、そのために天孫降臨族からみて、怪奇な体をしていたから鬼であるとみられたという。[9] もちろん喜田氏も鬼に関連して特殊な宗教的性格を認めている。「彼の英邁なる白河法皇を閉口せしめ奉った叡山の山法師は、何人も抵抗しがたい呪咀という武器をもっていたのであった。……鬼の子孫も、天狗の子孫も、普通の人間と何等違ったところはない。ただ違うところは筋を異にするというのみで、所謂鬼筋や護法胤はかくの如くにして、他の点ではすべて融和した同一人民の間にあっても、永く其の筋の区別を保存するの傾向を免れがたいものである。しかして其の中でも特に祖先の有した不可思議力が伝統的に信ぜられたところに、所謂「物持筋」すなわち憑物系統が認められるのである。……八瀬人が八瀬童子と呼ばれる其の名の根源が、果して護法童子の意味であるならば（筆者註、「民族と歴史」、八巻1号 二一―二二頁では肯定されている）、彼等もかつては或る霊能を信ぜられたのであったろうが、それは後世忘られて其の、名称のみが残って居るかも知れない[10]」といい、又「里から遠くはなれて住んだ地主たる先住民の或る者が或る特殊の霊能を有する鬼類であるとせられ、……護法筋とせられ、其の他陰陽筋、神子筋、禰宜筋などといわれて、卜筮祈禱者の徒ともなる[11]」といい、鬼について特殊の霊能をみとめている。ただ、この鬼の由来と特殊な霊能と、どの点で交叉するのか換言すればいかなる特殊の霊能が鬼と結びつくのか、この問題が残されている。その場合に、柳田氏と同様に、異風俗のみをもってしても、村民が鬼とせられた理由を明にし得ないのではなかろうか。

四　林屋辰三郎説

林屋辰三郎氏は、八瀬の社会的性格、すなわち散所的性格から「鬼の子孫」の理由を説明している。この見解は、社会経済史的ないしは文化史的観点に立ちながら、柳田、喜田両氏並びに森末義彰氏の散所論を批判的に展開し、含蓄ある「散所の歴史」から「鬼の伝承」の解釈を主張している。

まず、林屋氏は八瀬の村落を散所と規定して、古代の賤民の歴史的系譜をもつと主張されている。

散所の歴史的性格は次のようなものである。日本の古代国家は律令時代に崩れゆく奴隷制を賤民という身分で固定するために、律令体制をとった。この体制は、大別すると良民と賤民の二つに分られるが、前者には公民のほかに品部、雑戸があり、この品部、雑戸は殆ど賤民と大差のない取扱をうけて居り、後者には、官戸、陵戸、家人という家族的結合を認められる場合と私奴婢という完全な奴隷に相当する場合と両者がある。ところがこのような体制は国家自身が健全で手工業生産を掌握しうる条件で成り立つものであるから、国家の動揺の時期、延喜、天暦の頃には、一省一司の制度がとられ、廃絶官司にはたらく賤民の解放がなされる。この解放されたはずの民衆は、この古代国家の崩壊の過程に、荘園領主に転化していった皇室をはじめとして貴族階級に再び隷属することになった。「こうした賤民制の解体とそれにともなう新しい荘園領主に対する隷属の基本的形態が、実は散所の発生という問題にほかならない。そしてこの事実は、賤民的民衆の身分的差別を職業別差別のみならず、地域的差別に転化させることともなった。その意味で散所の発生は、部落という特殊地域を、はじめて地域的に表現したものとして、部落史の序章ともいうべき位置を占めている。」[12]このように、林屋氏は散所の起源を古代の賤民の解体と荘園領主としての貴族階級への隷属に求めているのである。この散所の問題に関しては、いちはやく喜田氏あるいは柳田氏は、民俗学の立場から考察し、さらに森末義彰氏は、歴史学の立場から中世の資料に基づいて新な見解を表明された。それに続いて最近、林屋氏は部落史の立場にたち、散所の古代と中世のかかる歴史的連関に注目して新な見解を表明している。

では林屋氏の展開する「賤民の解放―散所の発生」の具体的な論点を考察する前に、われわれは喜田、柳田両氏の見解を批判した森末氏の論を述べてみたい。

まず、森末氏の見解によれば、柳田氏の散所論は、こうである。柳田氏は「山荘太夫考」において、主として近世の散所法師を取扱い、散所は算所と書くのがその本来の意を表わすものであり、「要するに山荘は自分の所謂ヒジリの一種である。サンショのサンは『占や算の算』で、算者又は算所と書くのが命名の本意に当つていると思ふ。卜占祈禱の表芸の他に、或は祝言を唱え歌舞を奏して合力を受け、更に其一部の者は遊芸売笑の賤しきに就くをも辞せなかつた為に、其名称も区々になり、且色々の宛字が出来て愈々出来が不明になつたものと考える」と定義し、この徒輩は唱門師や陰陽師と類を同じくし、且つ又場合によっては、唱門師即算所とも言い得るのであって、「博士と言ひ院内と言ひ散所と言ふも、名の相異は決して職業や生活の相異で無かつた」と解釈している。

こうした柳田氏の所説に対し、喜田氏が歴史学的立場から反駁していると、森末氏は言う。喜田氏は、「柳田君がサンジョを以て唱門師、陰陽師の徒であるとする研究には全然同意を表するところ」であるが、けれどもその名義の解説については、別の考えがあり、はじめは「民族と歴史」第二巻第一号で、産所について「彼等はもと産小屋の地に居て、産婦の世話をすることを以って、生計の重なるものとして居ったものらしい。然るに後には産小屋の風も次第にやんで、それだけでは生活が出来なくなったので、或は掃除人足ともなり、或は遊芸人ともなり、遂に今日では各所とも殆ど消えてしまったのである」と説明したが、中世の記録等を渉猟された結果、中世の記録類には「散所」と記されていることが多いので、それではなお説明し兼ねることがあるので、「一定の住居を有せず、所在に散居する浮浪民の謂ではなかろうか」という推論に到達せられたという。

森末氏は、これらの柳田氏の算所、あるいは喜田氏の産所の定義については、散所の本来の性格を失なった近世の形態から類推された結論であって、近世の散所、あるいは算所を説明する場合には正当であるが、けれども散所の本来の意義は説明されないという。[13]

それらの意見とは異なって、森末氏は散所本来の意義について、喜田氏の後の説のように「一定の居所なく、随所居住浮浪生活者を指すものであった[14]」と言い、その散所の人々は形は沙門に似て心は屠児の如き輩であり、諸所を浮浪して居る中に、同類相集って一箇の団体を形成し、その身柄を権門勢家あるいは社寺に投じて、その所領の中に固着し、社寺あるいは権門の雑役を勤めることによって、生活の安定を得るに至ったものであろう[15]」と結論され、その名称が散所と呼称されるに至ったのは、これらの人々のもつ浮浪性によるとされている。[16]

ところで、林屋氏は、森末氏が散所は、浮浪生活者の一つの集団を形成したものであるという説に対して、次のように反論している。「森末氏によると、散所は本来一定の居所なく、随所に居住せる浮浪生活者をさすが、やがて同類相集って一個の団体を形成し、その身柄を権門、勢家或は社寺に投じて、その所領の中に固着し、社寺或は権門の雑役を勤めることによって、生活の安定を得るに至るものであるといわれている。この研究の当時は、なお部落史研究の意義もみとめられていなかったのであるが、この定説によって、その起源を所在に散居する浮浪生活者に求めると、その賤民的系譜が明らかにならないし、やがて部落として所領の中に固定する事実を説明するのにも、かなり飛躍を生ずるのではないかと考えられる[17]」と主張されている。林屋氏は、ここで論じている八瀬をとりあげ、散所も論証しているので、資料をあげながら論をすすめてみたい。

まず八瀬の人々が童子と称していたことに、林屋氏は注目し、古代の性格を推論し、奴婢の系譜をもつと考慮している。童子というのは、その出自からみて奈良朝以来寺院に施入された奴婢の後裔であった[18]。この童子は元来学生（学僧若しくは大衆）に召仕われていたもので、成長して堂衆となって雑事を行っていたのである。林屋氏は「源平盛衰記巻九堂衆軍」の叡山の堂衆の記事、「抑堂衆ト申ハ、本、学生召仕ケル童部ノ法師ニ成タルヤ、若ハ中間法師ナトニテ有ケルカ、金剛寿院ノ座主覚尋僧正御治山ノ時ヨリ、三塔ニ結審シテ、夏衆ト号シテ、仏ニ花奉シ輩ナリ、近来行人トテ、山門ノ威ニ募、切物奇物責ハタリ、出挙借上入チラシテ徳附公名付ナントシテ以外ニ過分ニ成、大衆ヲモ事トモセス、師主ノ命ヲ背、加様ニ度々ノ合戦ニ打勝テ、イトト我慢ノ鋒ヲソ研ケル」をあげ、童子の成長した堂衆が仏供を備える雑用を奉仕していたのであり、更に平田俊春氏の「平安時代の研究」の資料によって、この堂衆が東大寺においては奈良時代に施入せられた奴婢の子孫であり、寺院の雑役に従事していたことを指摘して[19]、八瀬の童子も駕輿丁等の雑役をしていたので、奴婢の系譜をもつと論じられている。

これらの奴婢が寺院に属して中世に散所的活動をするのである。この散所雑色の特徴は、一〇—一一世紀の荘園制の成長期から現われ、その称号によって外部からの所役の賦課を拒否できるのであり、また地子物の弁済を免除されることであり、その身分が神社の寄人に共通していることである。こうして散所の仕民は、地子物免除のかわりに、封建的な耕作民ではなく、その身柄のすべてを提供して隷属し、他の領主からの圧力を受けずに、領主のために雑役を勤仕するのである。この地子物免除は表面的には特権のように見えるが、実際は封建社会において一般の農民が農奴として成長したのに反して、なお奴隷の賤民的境遇をつづけていたのである。この領主の散所民に対する支配は、散所長者を通じて行われ、散所の労働力を掌握し支配していた。したがってこの散所長者は、きわめておくれた形態で領主に隷属せしめられた散所民を、さらに中間にあって支配し、これを二重に隷属せしめていたのである。長者の多くは、領主権力を背景として、隷属下の散所民を苛酷に駆使し、特権にまもられて現実に富裕な長者となるものが多かったと思われる[20]。

ところでこのような散所の名称は、散田に由来しているという。散田は元来荘園の一部において、耕作民の逃亡などによって地子物の運上せられなくなった田地なのである。無足畠として地子免除が行われていた場合があったらしいのである。散所はすでに指摘したように人身支配の必要から地子物の運上を予定していないのであるから、この散田の場合と同一と考えられる。かくして「散所は中世のなかに古代をのこした地域であったのであるが、それにもかかわらず、しだいに拡大化の傾向をとり、そのような地域は、さらに注意すると、意外なほどに多く分布している。その住民は主として賤民的系譜をひく人々であり、これに社会的に没落した班田農民が加わって行ったのである[21]」といわれている。

林屋氏は、八瀬の古代的性格を右のように奴婢的性格をもつものであることを指摘し、さらに中世において延暦寺の荘園に編入され、延暦寺の座主のために駕輿丁などの雑役勤仕をし、すぐれて散所的性格をもっていると述べている。

かかる散所においてこそ、その社会的性格の故に、「さんせう太夫」の物語、「酒典童子」の物語、さらにここでとりあげた「鬼の子孫」の伝承が形成されるのであると主張されている。

では具体的に林屋氏の散所説と関連した鬼の解釈をみてみよう。散所民は領主権力の支配のもとに、散所の長者によって二重に苛酷な生活をしていたのである。この長者は散所民を支配し、特権にまもられて富裕な生活をしていたといわれるが、この歴史的社会背景のもとで、いわゆる由良長者という「さんせう太夫」の物語が形成され、それが長者没落という形で、当時の民衆の素朴な解放への夢をもたせ、民衆の共感と同情を呼びおこしたという。林屋氏は柳田氏の「さんせう太夫」の散所太夫が物語の伝播者の名と誤解せられたとする説に対して、こうした散所の社会構造に基きながら、物語の「さんせう太夫」自身が散所の長者であったと説かれている。同時に「酒天童子」の物語の童子も又散所の長者ではなかったか、という新しい説を提出されている。散所的活動として領内の清掃雑役、駕輿丁の夫役、神事法会等の勤仕をした童子部落にも、太夫なり長者なりに当る酒呑童子が居り、鬼として恐れられていたのであるという。この酒呑童子も、さんせう太夫も、いずれも鬼形にあらわされているのだという。

すなわち八瀬の鬼の伝承の由来は、第一に、このような部落内部の権力者と同時に、隷属民の抑圧者である長者に対する恐怖、二つには当時の散所部落に対する中世の差別意識、三つには社寺の神事と関係していることなどによる。この社寺との関係は、追われる鬼役をこうした散所の隷属民におしつけたのであり、したがって「八瀬の散所法師に鬼の観念を重ね合わすことには大いに役立てられたと思われる」と考えているのである。

五　八瀬の古代の社会

林屋氏がこの散所説から鬼の解釈をされたことは、甚だ興味深く、示唆にとむと言えよう。われわれは、知り得る資料や林屋氏の助言を基にして、八瀬の古代的性格を述べてみたい。

寡聞であるが、文献に最初にあらわれた八瀬は、早くは十一世紀初頭の太政官符に関する記録にみられる。

寛仁元年十一月

太政官符、民部省

応下以二山城国愛宕郡捌箇郷一奉上寄二賀茂大神宮一事

四至　東限延暦寺四至　南限皇城北大路同末　西限大宮東大路同末　北限郡界

御祖社肆箇郷

蓼倉郷　栗野郷　上栗野郷　出雲郷

別雷社肆箇郷

賀茂郷　小野郷　錦部郷　大野郷

右亥年十一月廿五日行二幸彼社一以二件八郷一被レ奉レ寄畢今商二量便宜一平二均田圃一所レ定如レ件

抑諸郷所在神事所領及斎王月料勅旨混沌《ミソロイチ》埴川氷室徭丁陵戸等田并左近衛府馬場修理職瓦屋其守丁使人皆是百王之通規曾非二一時之自由一仍任二旧跡一不二敢改易一加以二延暦寺領八瀬横尾両村田畠等一代々国宰以二祖税一、宛二禪院之灯分一令三住人勤二彼寺之役一者久作二仏地一何為二神戸一哉但除二社素所レ知之神山一採レ葵山之外諸山者或是寺社領末之処或又公私相伝之地自歴二年紀一難二輙停止一且置二千戸田一限二田造畠等一者社司領主共撿二公験一租分令レ納二於社一地子可レ免二本主一此外田地官物官舎等類自今以後悉為二神領一即以二其応レ輸物一永充二恒例祭礼神殿雑舎料上下枝属神社神館神宮寺等修造及臨時巨細之料一矣正二位行右近衛大将藤原朝臣宣奉勅依レ件分宛者宜二承知依レ宣行一レ之符到奉行

右少弁正五位下兼行近江守源朝臣

正五位下行左大史兼播磨権介但波朝臣

寛仁二年十一月廿五日

（傍点筆者）

とあり、[23]八瀬が国司のもとに治められていたが、いつしか延暦寺に属して寺院の雑役をつとめていたことがわかる。

さらに、赤松俊秀氏が紹介された十一世紀末の座に関する資料がある。

八瀬刀禰之丸解、申請青蓮房僧都御房政所裁事

請被殊蒙茲恩、任本免除道路、妻子細令申大僧正御室給、早令免除俄杣夫役充責凌、不安愁状

右乙犬丸謹検案内、年来之間、為彼里刀禰職、尤偏所被免除雑役也、然今年始俄充負杣伐夫役、所被

責凌轢、甚以非例尤深、只寺家下部等上下之間、供給等勤仕之、於此杣条者、為愁、不知之
又子童太郎丸、為彼里交衆、勤仕座役、主酒有事六度也、然秦重行既指座役酒肴之勤、常論企座条、
甚既其謂、如此所ハ、以座役功労、所号座囙也、望慈恩、任道理、子細令申徹大僧正御室給、且被免除
件杣役、且又被停止件重行非道座論、如本道理、被令着坐者、将仰正道之貴、弥知御威之強、国事子細

謹解

刀禰乙犬丸

寛治六年九月三日

とあり(24)、村民が雑役として杣役、駕輿丁供奉をしていたことがわかる。

かかる駕輿丁供奉の雑役が、八瀬童子の名称をもって文献にあらわれるのは、十三世紀の前半からである。

華頂要略四巻によると

寛元三年乙己正月十九日

入二西山道覚親王室一、正月十八日戌刻俄依レ召参二十楽院一、今日自二西山宮一被レ進二御書一、其間事被二仰合一之間、当初御因縁不レ浅定有二子細一歟。尤可レ有二御参一之由言上畢、中略　中山之辺八瀬童子二十人許参会頗付レ力畢、仍御力者満足之間、私力者返賜乗輿訖云々

とあり(25)、天台延暦寺関係の駕輿丁勤仕は、徳川の文化年間まで記録にみられる(26)。他方天皇の鳳輦に供奉したのは、室町以降現在までである(27)。

これらの資料によって、八瀬は、荘園成長期といわれる一〇―一一世紀に延暦寺の荘園に属して、杣役、駕輿丁勤仕などの雑役を果していたことがわかる。

ではこうした散所的活動をしていた八瀬が、延暦寺の荘園にくみいれられる前には、どうであったろうか。

まず手がかりとして、林屋氏と同様に、「童子」の意味をさぐってみよう。現在八瀬の村民は「八瀬童子」ということを誇りとしているが、中世の「童子」の機能は、一般的にみてどうであったろうか。

森末氏の示した史料によると、函中秘抄修法外儀雑事第一仁和寺記録十三の「召仰役人事」の職事の条には、

当時僧侶入滅時、所召仕之童、坊別一人駈召之、号散所御童子、件童随器量勤之、御童子惣長所計召也、彼童国催（多分用什印、官職、童預、職事、小行事、所従相共召具、□々雑掌□本饗ヲハ賦之、上臈為先、本寺饗ヲモ立預、職事、小行事、所従等召具、饗頭賦之、上臈為先、□本、寺本等雑掌、小膳人別一前ヲ賦使ニ自往古所給来也

とあり、又駈仕の条には

大法ニハ八人、小法ニハ四人、大旨如此、而大法ニハ格勤、散所各四人召、両方職事、小行事下知之、小法ニハ格勤、散所隔度勤之、件両度、法師原ハ子細如散所御童子、但番恪勤ハ散所隔度駈召之、此条旧古以来例也、而真乗院僧正被申止云々

とある(28)。仁和寺の散所御童子と称する者が僧侶入滅の時の雑事を行い、又童子とは称しない散所法師も大法、小法に雑事をしていたのである。この他の寺院、たとえば東大寺の散所にも散所御童子と称する者のいたことが森末氏の史料に示されている。

これらを通じてみて、寺に帰属した散所の童子と称する者が寺の雑役の機能を果していたことがわかる。この点、八瀬の童子も、全く同じ機能を延暦寺のもとで果していたのである。

中世における童子が右のような性格をもつと考えられるが、さらにおしすすめて、いかなる古代の系譜をもつのか、という観点で童子の性格を考慮してみよう。

童子に関する呼称は、すでに延暦寺のものでは、八二四年天長元年五月廿三日の左の記録にみえている。

延暦寺禁式二十二条

凡仏子、以二慈悲一為レ心、以二柔軟一為レ語、所以大師存日、告日、我同法一衆、不レ打二童子一、又於二院内一、不レ得二刑罰一、若不レ随レ意、不二我同法一、非二仏弟子一、非二学仏法人一也、因レ茲今録二大師語一、告二示後代一、為レ護二持仏法一、各勿二刑罰一、不レ得三指掌尚打二童子一。為レ有二違反一、非二同衆一、名二異類之人一、異類之人、豈同レ院哉

とあり、(29)さらに前述した源平盛衰記、巻九堂衆軍には、

抑堂衆ト申ハ、本、学生召仕ケル童部ノ法師ニ成タルヤ、若ハ中間法師ナトニテ有ケルカ云々

とあり、(30)さらに平田氏は「元来令制では『凡僧聴下近親郷里取二信心童子一供侍上、至二年十七一各還二本色一』と定められているのであるが、すでに良源の時に沙弥童子にして、岳仗をたずさへしもののゐたことが二十六箇条制式に見える」(31)と述べている。

これらの記録や平田氏の示した史料によって、童子が学侶の召仕として低いものとみられ、十七才以下の今日の意味と全く同じ童子であったことがわかる。しかも学侶の護衛の役も果たしていたのである。

さらに平田氏の資料によると、永延二年の太政官符には

太政官符　治部省

応レ停下止僧綱凡僧乗二違法式一多率中弟子童子上事

今定

僧正各従僧六口　童子十人

僧都各従僧五口　〃八人

律師各従僧四口　〃六人
凡僧各沙弥二人　〃四人
右検二案内一、僧綱凡僧弟子引率之数、載在二格条一、非レ有二改定一、何得二過差一、而今近年間、奢僭之輩不レ慎二憲法一、所レ率之従類、各二三十人、以レ多為レ楽、以レ少為レ耻、志乖二禅定一、旨渉二放逸一、其尤甚者、好着二奇服一、間挿二短兵一、恐耀二威武一、動致二闘乱一、非三唯忘二皇憲之厳重一、還亦致二仏法之澆醨一、仍可レ力二禁遏一之状、下二知左右衛職、左右近衛府、左右非違使先了、左大臣宣、奉レ勅、宜下加二炳誡一依二件定一行上者、省宜二承知一、依レ宣行レ之、不レ得二違越一、符到奉行、
正四位下行右大弁藤原朝臣
正五位下行左大史兼備中勅介大春日朝臣
永延二年六月二日

とある。(32)

童子が学侶のみならず、僧侶一般に召仕えて、一種の護衛兵の機能を果していたことがわかる。

ところでこの童子が八世紀においても長じて堂衆となり且つ雑役をしたと仮定し、さらに東大寺の場合と比較が許されると、次の記事は、中世において童子といわれる者が古代の奴婢の系譜をもっていたことを示してくれるのである。


勝宝二年、可レ買二進形貌端正良人一被レ下二綸言一者、五畿七道諸国司等、各買二進奴婢一、以二同年二月二十二日一、太上天皇皇太后共雙二鳳輿一、親二臨伽藍一、以二件奴婢二百口一、施二入東大寺一、寺家請納、択二史幹之人一、預二供仏施僧事一、為二上司職掌一、以二良匠之器一、為二造寺之工一、文伝歌舞音楽之曲、備二供仏大会之儀式一、其子々孫々相継為二寺奴婢職掌一、干レ今勤二仕寺役一、供二奉諸会一、巳朝払二霜雪一備二

大仏供一、廻二毎日不闕之計一、暮戴二星辰一、侍二宝蔵辺一、防二盗賊火難之畏一、寺家要人只在レ此耳と、東大寺要録の記事がある(33)。これは国司が、奴婢を買って、天皇、皇后の鳳輦を舁がせ、そのまま、その奴婢が東大寺の雑役、あるいは法会の供奉の役についたことを物語り、この雑役をした堂衆が奴婢であったことを示してくれる。しかも東大寺の雑役をした堂衆と延暦寺の雑役をした八瀬の堂衆と全く同じ機能を果していたと考えられる。そして八瀬の場合も、国司から延暦寺に施入せられたと考えられるから、先に述べたように東大寺の場合と同じように歴史的系譜を辿ることができよう。

　われわれは、以上の考察によって林屋氏と同様に、八瀬が律令体制においては国司のもとに奴婢の状態にあり、平安時代、確実なところでは十一世紀には延暦寺の散所であったことが論証されよう。

六　古代の宗教

　ところで林屋氏はこうした散所的性格から八瀬の鬼の解釈をしているが、この説明について論ずる前に、村民の宗教的性格を考察してみたい。

　八瀬という一村落の古代の宗教的性格を論ずるのには種々な資料の限界を感ずるが、いままでに知り、推定できるレヴェルで論じてみよう。

　まず手がかりとして、すでに述べた鬼の伝承のうちでも、黒川道祐の「恵心の生身にて冥途へ参られし時云々」の伝承が暗示してくれるように思える。勿論、伝承はフィクションが含まれているので、そのまま事実とみることはできない。しかし「其代には安楽花の実を可レ遣とて三粒あたう。これを種て菩提を願うものは即滅無量罪と申す、携帰りて安楽寺の庭に植給う、今に三本ありて不レ枯、葉の裏に実なりて菩提樹子に似たり、云々」(点線筆者) の点線の部分は事実とみてよかろう。とすると、八瀬の人々が安楽花と関係のあったことがわかる。このようにみると、堀一郎氏のシェーマが関連してくる。つまり堀一郎氏のヤスライ花に対する解釈である。堀氏は「百練抄」久寿元年四月の条の「近日京中ノ児女、風流ヲ備ヘ鼓笛ヲ調ヘテ紫野ノ社ニ参ル。勅有リテ禁止ス」、あるいは「詞林拾葉集」の「里人が色々の装束を著けつ、鼓笛を打ち吹き、踊りめぐり、榊に幣など取りかけ、うちかざしつつ、ここかしこに渡りて、そのはやし物の詞に、『やすらい花よ、あらよい花』と言いて、拍子をうち、渡りめぐることあり」、あるいは「倭訓栞」(中編)の「やすらきなるや、やすらなるや、すしや」などの平安時代における京都紫野の今宮社にみられるヤスライ花の踊の事実を指摘している。この今宮の神は疫神である。この神に捧げられた踊りは「春花飛散する時に在りては、疫神分散して癘を行ふ、その鎮遏のために必ず此の祭あり」といわれた季春の大神、狭井二社の二大行疫神に対する鎮花防遏の祭から、発展したものであるから、このヤスライ花の機能は、この疫神を鎮めることにあるという。

さらに堀氏は、このような歌舞鼓吹の儀礼を古代の死者儀礼に由来すると考えている。すなわち古事記の天若日子の喪屋に、親族打集うて八日八夜に行われたという啼悲歌舞のエラギの伝承や、日本書紀の火の神を生んで神避りし伊弉冉尊の熊野有馬村の山陵において、土俗この神の魂を祭るに、花時また花をもって祭り、鼓吹幡旗を用て歌い舞いて祭った、という記事から、堀氏は、歌舞鼓吹のエラギが、アラミタマの鎮送を目的とする葬送習俗から発し、人神化し、御霊化する可能性を有する死者儀礼に基いていると推定している。そしてこの御霊神と今宮の疫神の間に歴史的にトウレイスすることが可能であると、堀氏は次のように述べている。

「すでに正暦五年の大疫に際し、奉幣御読経を行うと共に、五月十一日臨時仁王会を修し五月二十六日には宣旨によって諸司諸家、疾疫を救うために石塔を起し、六月二十七日には疫神のために御霊会をし、城中の人、伶人を招き音楽を奏したことがみられたが、これは疫神と御霊神の祭が習合してしまったことを物語っているという。さらに「平安時代の歴史上の御霊神は、古代に於ける『人神』とその性格を同じくするものであるらしい。『大物主』という神の名は、言はば多くのモノ、すなわち精霊の偉大なる統率者の意であろうが、この神が一面すぐれた巫女によってかしづかれると共に、畏るべき疫神としてもあらわれ、……この故に行疫神と御霊神とヒトガミとは、一つのすぐれた個性を持つ人のアラミタマの二つの類型機能を示す語であり、御霊神の祭が屢々疫神祭と同じ様式で祭られてきたことも怪しむに足りない[34]」と述べ、堀氏はアラミタマの祭りの発展の系譜に御霊神と疫神を置き、両者の習合する理由を考えている[35]。

このようにみてくると、ヤスライ花といい、エラギといい、両者は御霊化し人神化する可能性のある死者儀礼から発展した祭祀様式とみることができる。そうすると安楽花と関連ある八瀬の人々が古代において濃厚に人神化し御霊化する死霊に対する宗教感覚をもち合せていたと云うことができよう。

この人神化し御霊化する死霊に対する宗教感覚は、この安楽花との関係ばかりでなく、村落祭祀の司祭者の機能からも考えられる。

すでに堀氏は交代制の輪番神主の機能のうちに旧い神人の姿がひそまれているとみている。たとえば宮座制度のもっとも顕著な近江、山城の地方では、一年神主はコウドノ(神殿、督殿、高殿)と呼ばれ、この語はなお隠れたる今一つの神聖な機能を示している。八瀬においても、司祭者は同じく「神殿」と呼ばれている。したがってここの神主が神に扮し、神わざをする人であったことが指摘されている[36]。すなわち「殊に祭の際だけでなく、常時に烏帽子、洋衣、白扇、白足袋など、常民と異なる服装をする例もある。京都府八瀬村の天満宮の「神殿」は、毎日二度の社参献燈を行うのであるが、その際必ず梅鉢小紋の袴をはいて行く。祭礼の時は黒袍を用い、足に後かがりをし、供の者が朱傘をさしかけて行く。乗馬する時は一同が警蹕を唱えるといふ。託宣の有無は明らかではないが、ここでは神主が神に扮し神わざをする人であった残留は濃い[37]」という。

現在、われわれがみると、勤め人も「神殿」にあたることがあるので、神殿が普段常民と異なる服装をしているのをほとんどみることはできないが、しかし農業に従事している者があたると、上着の下に白衣を着ているものもある。神殿は毎朝自宅にとくに設けた湯殿で「垢離をかき」、それから朝のみ社参献燈をなし、途中で人にあっても無言であり、もし女子に出遭うと、帰宅後塩をふりかける。祭礼の前になると、「別火精進」と云って、自分で精進料理を作り、女子の手をかりない。春の祭礼の日になると、神が憑られたというシムボルとして頬に紅をつける。そして村人の礼拝の対象となるのである。たとえばいよいよ神殿が盛装し、床の間で腰掛（床几）に腰を下し、障子をかすかに細目にあけて置くと、神殿の供をする村人が、家に集り、その際、神殿に礼拝する。それから神社へ供が朱傘をさし、警蹕を唱えながら行き、直ちに天満宮の社殿の奥に入る。その間一列行列になった神輿渡御の駕輿丁衆は、礼拝を順次に行い、また神楽が巫女によって行われるが、その間、神殿は、社殿にいたままで姿をみせない。その後、お旅所に神輿とともにでかけるが、その途中村民が神殿に米や金を神輿に対すると同じく投げかける。秋の祭は、村のためにつくしてくれた秋元但馬守喬知の祭礼であるが、この時には湯立が行われる最中に、秋元神社の奥に坐している。これらの祭の時に、他の人々が正坐しているときにも「あぐら」をかくことができる。

ここで、神主の人神的性格と関連して、ふたたび、「鬼の子孫」という伝承に注意してみよう。

すでに指摘したように、柳田氏は「山人」が特殊な宗教的機能をもっていると述べられている。延喜式の宮内式にみえる諸々の節会の時、あるいは新春朝廷で奏したといわれる国栖の人、修験道の先達職を世襲し、聖護院の法親王御登山の案内役をし、鬼といわれた前鬼後鬼の人々、そして八瀬の人々など、かれらは山人であって、山の神の信仰に関連した特殊な宗教感覚をもっていたという。[38]事実、八瀬の人々がこの感覚をもっていた理由で、鬼と称せられたという論理には問題があるにしても、村民がある種の宗教的性格をもっていたという着想は、ここでは重要である。喜田氏も、この種の宗教的性格を指摘している。再び引用してみると、「彼の英邁なる白河法皇を閉口せしめ奉った叡山の山法師は、何人も抵抗しがたい呪咀という武器をもっていたのである。それがために彼等は可なり無理な希望でも、強いて押し通すことができたのである。所謂護法胤の人々が、之を有力な武器として社会の圧迫に抵抗し、山間に安全なる幽棲地を保有し得たことは之を想像するにかたくない。……鬼の子孫も、天狗の子孫も、普通の人間と何等違ったところはない。ただ違うところは筋を異にするというのみで、所謂鬼筋や護法胤はかくの如くにして、他の点ではすべて融和した同一民の間にあっても、永く其の筋の区別を保存するの傾向を免れがたいものである。しかして其の中でも特に祖先の有した不可思議力が伝統的に信ぜられたところに、所謂「物持筋」すなわち憑物系統が認められるのである。……八瀬人が八瀬童子と呼ばれる其の名の根源が、果して護法童子の意味であるならば(筆者のみるところでは、民族と歴史八巻、一号、一二一—一二二頁では肯定されている)、彼等もかつては或る霊能を信ぜられたのであったろうが、それは後世忘れられて其の名称のみが残って居るかも知れない[39]」と述べ、さらに「里から遠くはなれて住んだ地主たる先住民の或る者が……或る特殊の霊能を有する鬼類であるとせられ……護法筋とせられ、其の他陰陽筋、神子筋、禰宜筋などといわれて、卜筮祈禱者の徒ともなるのである[40]」と考えて、喜田氏は鬼といわれた理由として、先住民族のもつ特殊な霊能を挙げているのである。柳田氏の説く山の神と関連ある特殊な宗教的性格よりも、喜田氏の憑物における と同様に特殊な霊能という宗教的特質を認めたことは、大切である。ただこの特殊な霊能と鬼とが、どのように結びつくのか、この問題がさらに解決されねばならない。

七　宗教社会学的事実

正徳六年に村民の書いた八瀬記によれば、次のことが記されている。

悪魔払之事

一、禁裏御所方新造御殿安鎮之法執行之節童子めされし事

一、山門大会勅使御来向童子めされ勅使御輿に千手堂より山上迄童子六人参りし事

一、御八講懺法講座主御登山之節童子めされ、御輿に六人参りし事

一、小野山遷宮御寺務御参向之時童子めされ御輿に六人参りし事

一、天子山門行幸之時童子数十人めされし事

とあり(41)、さらに口碑には明治天皇が京都から東京に遷幸した時、駕輿丁として供奉した。すでに指摘したように、座主あるいは天皇の駕輿丁勤仕を行ってきたのであり、この駕輿丁勤仕こそ、悪魔払として考えられていたのである。散所民として延暦寺、あるいは皇室の支配権力に従属していた故に、かかる勤仕を遂行せねばならなかった。もちろんこの従属の仕方は、歴史的にはかなり意味を異にしているものの、この勤仕は続けられてきている。しかもそれが悪魔払と考えられているのである。

ところでこの悪魔払の行事とは一体なんだろうか。座主や天皇のカゴカツギをするのだが、その際、列の先頭に立った者が右手を頭上にあげて前指しつつ進行した。これを魔除と称したという。この魔除《まよけ》の機能は、重要である。折口氏によると、「まれびと」が年の暮、あるいは始に村を祝福し、生産を祝福しに来た。この「まれびと神」の妖怪変化きわまる存在は、鬼や天狗にまでになった。「春祭の行事に鬼の出ることの多

いのは、此為であるが、後世流に解釈して、追儺の鬼同様に逐ふ作法を加へるようになったが、実は鬼自身が守り主なのである」[42]といわれている。祭の行列の先頭に鬼の面や天狗の面をかぶった人が錫杖をもって地面に押しつけながら歩いているのを、しばしばみたことがある。この鬼、あるいは天狗は、御輿＝神の守り主なのである。このようにみてくると、八瀬の魔除は、座主、あるいは天皇＝仏あるいは神の守り主としての機能を果しているとなのである。換言すれば八瀬の村民は、座主、あるいは天皇の駕輿丁を勤仕し、宗教的には鬼役をつとめたのである。この鬼としての呪力を与えた宗教的能力には、すでにみたような八瀬の宗教的特質、人神的性格は、ふさわしいと思われるのである。

こうした八瀬の宗教社会学的な特質の故に、鬼ともいわれ、またそのことを誇っていたと思われる。（隷属民としてのイデオロギーの未熟とも関連するのだが）護法童子としての伝承もかかる特質から説明されよう。そのようにみることができるとすると、林屋氏のいうようにたんに散所の隷属民に課した追われる鬼役にその理由を求めることは、少し無理ではなかろうか。この理由では、村民の鬼の子孫たることを誇ったことが、充分説明されにくいのではなかろうか。もちろん林屋氏のいう散所的な隷属関係とその内部構造の社会的性格がないならば、そもそも悪魔払の役割もないし、酒呑童子やさんせう太夫の物語が、社会的に価値を（社会に物語が是認され、ひろまるという意味で）もたないと思われるし、物語形成のモデルとしての性格が失われもしよう。推測の域を出ないが酒呑童子としての鬼が、八瀬に適用されるのは、むしろわれわれのいう意味での鬼の子孫が形成された後ではなかろうか。

注

（1）山城名勝志坤、二八三頁

(2) 遠碧軒記、三七六頁
(3) 華頂要略、西塔堂舎並各坊世譜、四四頁、山門名所旧跡記巻第一、一四頁
(4) 前鬼、後鬼村の人々は、役の行者に仕えた二人の侍者の子孫であり、鬼の子孫であるといわれている。彼等は修験の先達をやっている。詳細は柳田國男「山の人生」二五一—二頁を参照されたい。
(5) 近畿歴覧記、一二六—七頁
(6) 出来斎京土産巻之五、九四頁
(7) 愛宕郡村志
(8) 柳田國男「山の人生」二三九—二六六頁
(9) 喜田貞吉「民族と歴史」特殊部落研究、六三—五頁
(10) 同「民族と歴史」八巻一号、二五—七頁
(11) 同「民族と歴史」八巻一号、二一—二頁
(12) 林屋辰三郎「古代国家の解体」二八七頁、同「歌舞伎以前」二二—二五頁
(13) 森末義彰「中世の社寺と芸術」三二三—四頁
(14) 同「中世の社寺と芸術」二二六頁
(15) 同「中世の社寺と芸術」二二六頁
(16) 同「中世の社寺と芸術」二二六頁
(17) 林屋辰三郎「前掲書」二八八頁
(18) 林屋「前掲書」三二四頁
(19) 平田俊春「平安時代の研究」二二二頁、並びに林屋辰三郎「中世文化の基調」五九—六〇頁、同「古代国家の解体」三二六頁
(20) 林屋「古代国家の解体」三二五頁
(21) 林屋「前掲書」二九〇頁
(22) 林屋「前掲書」三二五—七頁

(23) 続々群書類従、六三九―六四〇頁、鈴鹿連胤「神社覈録」上二三〇―一頁
(24) 赤松俊秀「座について」史林三七巻一号
(25) 華頂要略四巻九二、一五八、三一五頁
(26) 「前掲書」一六九、一八〇、一九九、二八二頁
(27) 「八瀬記」東大史料編纂所所蔵
(28) 森末義彰「中世の社寺と芸術」二八九―二九〇頁
(29) 華頂要略、天台霞標五編巻之一、五二二―三頁
(30) 平田俊春「平安時代の研究」二一九頁
(31) 平田「前掲書」二一九頁
(32) 平田「前掲書」二二〇頁
(33) 平田「前掲書」二二二頁
(34) 堀一郎「我が国民間信仰史の研究」四六四―八頁
(35) 堀「前掲書」四六五―六頁
(36) 堀「前掲書」七二三―五頁
(37) 堀「前掲書」七二五頁、井上頼寿「京都古習志」二〇三―七頁
(38) 柳田國男「山の人生」
(39) 喜田貞吉「民族と歴史」八巻一号二五七頁
(40) 喜田「民族と歴史」八巻一号二一一―二頁
(41) 「八瀬記」参照
(42) 折口信夫「民族学」篇、一部五九一頁並びに同篇二部鬼の話を参照されたい。

鬼と名楽器をめぐる伝承

稲垣泰一

一

鬼といえばいかつい様相をし、無慈悲で、底知れぬ恐ろしさを秘めた怪物と思われがちであるが、古代に於ては中には風流な鬼もいた模様で、鬼が楽器を愛好し、演奏していたとする話がいくつか見出される。勿論、鬼が愛好していた、また欲しがるほどの楽器であるということから、その楽器が無類の名楽器であることを喧伝する説話ともなっている。

本稿では、鬼と琵琶の名器〈玄象《げんじょう》〉、また横笛の名器〈葉二《はふたつ》〉とをめぐる伝承について、少しく探ってみたいと考える。

二

『今昔物語集』巻二十四「玄象琵琶為鬼被取語第二十四」に次のような有名な話が見られる。

今昔、村上天皇ノ御代ニ、玄象ト云フ琵琶俄ニ失ニケリ。此ハ世ノ伝ハリ物ニテ、極キ公財ニテ有ルヲ、此失ヌレバ、天皇極テ歎カセ給テ、「此ル止事无キ伝ハリ物ノ、我ガ代ニシテ失ヌル事」ト思シ歎カセ給モ理也。「此レハ人ノ盗タルニヤ有ラム。但シ、人、盗取ラバ、可持キ様无事ナレバ、天皇ヲ不吉ラ思奉ル者世ニ有テ、取テ損ジ失タルナメリ」トゾ被疑ケル。

而ル間、源博雅ト云人、殿上人ニテ有リ。此人、管絃ノ道極タル人ニテ、此玄象ノ失タル事ヲ□思ヒ歎ケル程ニ、人皆静ナル後ニ、博雅、清涼殿ニシテ聞ケルニ、南ノ方ニ当テ、彼ノ玄象ヲ弾ク音有リ。極テ恠ク思ヘバ、「若シ、僻耳カ」ト思テ、吉ク聞クニ、正シク玄象ノ音也。博雅、此ヲ可聞誤キ事ニ非バ、返々驚キ恠ムデ、人ニモ不告シテ、襴姿ニテ、只一人沓許ヲ履テ、小舎人童一人ヲ具シテ、衛門ノ陣ヲ出テ、南様ニ行クニ、尚南ニ此音有リ。「近キニコソ有ケレ」ト思テ行クニ、朱雀門ニ至ヌ。尚同ジ様ニ南ニ聞ユ。然レバ、朱雀ノ大路ヲ南ニ向テ行ク。心ニ思ハク、「此ハ玄象ヲ人ノ盗テ□楼観ニシテ、蜜ニ弾ニコソ有ヌレ」ト思テ、急ギ行テ楼観ニ至リ着テ聞クニ、尚南ニ糸近ク聞ユ。然レバ、尚南ニ行ニ、既ニ羅城門ニ至ヌ。

門ノ下ニ立テ聞クニ、門ノ上ノ層ニ、玄象ヲ弾也ケリ。博雅、此ヲ聞クニ、奇異ク思テ、「此ハ人ノ弾ニハ非ジ、定メテ鬼ナドノ弾クコソハ有ラメ」ト思程ニ、弾止ヌ。暫ク有テ亦弾ク。其ノ時ニ博雅ノ云ク、「此、誰ガ弾給フゾ。玄象日来失セテ、天皇求メ尋サセ給フ間、今夜、清涼殿ニシテ聞クニ、南ノ方ニ此音有リ。仍テ尋ネ来レル也」ト。

其時ニ弾止テ、天上ヨリ下ル、物有リ。怖シクテ立去テ見レバ、玄象ニ縄ヲ付テ下シタリ。然レバ、博雅、恐レ乍ラ此ヲ取テ内ニ返リ参テ、此由ヲ奏シテ、玄象ヲ奉タリケレバ、天皇極ク感ゼサセ給テ、「鬼ノ取リタリケル也」トナム被仰ケル。此ヲ聞ク人、皆、博雅ヲナム讃ケル。

其玄象、于今公財トシテ、世ノ伝ハリ物ニテ内ニ有リ。此玄象ハ生タル者ノ様ニゾ有ル。弊ク弾テ不弾負セレバ、腹立テ不鳴ナリ。亦塵居テ不巾ル時ニモ、腹立テ不鳴ナリ。其気色現ニゾ見ユナリ。或ル時ニハ内裏ニ焼亡有ルニモ、人不取出ト云ヘドモ、玄象自然ラ出テ庭ニ有リ。
此、奇異ノ事共也トナム語リ伝ヘタルトヤ。

この話に出てくる〈玄象〉（〈玄上〉とも書く）は、『枕草子』第九十三段に、

御前にさぶらふものは、御琴も御笛も、みなめづらしき名つきてぞある。玄象、牧馬、井出、渭橋、無名など。

と見られるように、古来琵琶の名器として珍重され、宮中に秘蔵されていたものである。醍醐天皇の所蔵品であったともいわれ、『江談抄』第三雑事「琵琶」の条、『二中歴』第十三名物歴「琵琶」の条、『拾芥抄』上、楽器部第三十五名物「琵琶」の条、『教訓抄』巻八管絃物語「琵琶」の条などにも、その名を筆頭に掲げて、名琵琶中の随一であることを示している。

この琵琶の伝来については、仁明天皇の御代に藤原貞敏が渡唐し、廉承武に琵琶を習学した時のもので、それを我が朝に伝えたものである（『禁秘抄』上、『十訓抄』第十など）とも、玄上《はるかみ》宰相の所有であった故、その名に因んで、〈玄上〉という名がある（『江談抄』第三、『文机談』巻二、『禁秘抄』上、『十訓抄』第十など）とも伝えている。また、この話の伝えるように、時折紛失したらしいが、室町時代頃までは存していた模様で、それは『徒然草』第七十段に

元応の清暑堂の御遊に、玄上は失せにし此、菊亭大臣、牧馬を弾じ給ひけるに

とあることからも窺い知れる。

ともあれ、この〈玄象〉が村上天皇の御代に紛失したのである。宮中に秘蔵される〈玄象〉を盗み出すの

は並の者ではあるまい。臆説は臆説を呼び、それは当然の帰結として、〈玄象〉を愛好し、弾奏することができるほどの〈鬼才〉の持ち主へと向けられよう。『今昔』話に「弊ク弾テ不弾負セレバ、腹立テ不鳴ナリ」とあるように、常人では弾けない琵琶なのである。もしや鬼のなせる仕業か……。かくして、鬼が盗んだとする説話が生まれてきたと言えようか。

その後〈玄象〉は再び現われた。誰が盗み出したのかは不明である。鬼かもしれない。しかし、それにしてもどうして、どのようにして戻ってきたのであろうか。『今昔』話では弾音がそれを解く鍵になっている。つまりその弾音をたよりに、時の管絃の名手源博雅が鬼の弾奏する羅城門に至り、天皇が捜し求めていることを訴えて、返し戻してもらっているのである。その弾音を〈玄象〉の音と聞き分けるほどの人物は、当時源博雅において他にはおるまい。

源博雅は俗に博雅三位と称されて、琴、琵琶、横笛、篳篥など管絃の道に卓抜していた人物である。[1] 醍醐源氏で、克明親王の第一王子、母は藤原時平の女である。天徳三年（九五九）右兵衛督になり、右近衛中将、皇太后宮権大夫を経て、従三位にまで至り、天元三年（九八〇）九月二十八日五十九歳（六十三歳『公卿補任』）で薨じた。『二中歴』第十三一能歴「管絃人」の条にその名が見えるほか、『教訓抄』『続教訓抄』『吉野吉水院楽書』『胡琴教録』『懐竹抄』『糸竹口伝』『体源抄』など、さまざまの楽書に彼の管絃の才能が記されている。琵琶は『琵琶血脈』によって、楽所預図書頭源修に習い、子息源信明、信義にそれを伝えたことが分る。

勿論、管絃にまつわる逸話も多いが、特に琵琶については、『今昔物語集』巻二十四第二十三話などに伝えるように、[2] 逢坂山に隠棲していた琵琶の名人蝉丸から、三カ年間毎夜通ったあげく、流泉、啄木の秘曲を伝授されたという話は著名である。

ところでこの『今昔』巻二十四第二十四話は、〈玄象〉が紛失した事件に関して、

(1)〈玄象〉が紛失した理由について

(2)〈玄象〉が戻ってきた理由について

の二つの要素が混在しているととらえることができる。(1)については、『今昔』話は羅城門の鬼が盗み出したものであるとしている訳であり、(2)については、鬼の弾奏する音を聞いて、源博雅がそれを取り戻したということになろう。それは弾音を〈玄象〉の音と聞き分けた博雅の管絃の才能が、鬼を感服、納得させたということなのである。言いかえれば、鬼の風流心と博雅の鬼をも恐れず弾音に心を寄せた精神――それは一芸にたけた者のみが有する――との触れ合いが、この『今昔』話の一つのテーマになっているのである。この点で、この話は芸能話としての位置を保っていると言えよう。

この『今昔』巻二十四第二十四話の出典は、残念ながら現在のところ未詳である。しかし、この話の異伝ともいうべき伝承が、大江匡房の説話を藤原実兼が筆録した『江談抄』第三雑事「朱雀門鬼盗二取玄上一事」に見える。それは次のようなものである。

玄上昔失了。不レ知二所在一。仍公家為レ求二得件琵琶一。被レ修二法二七日一之間。従二朱雀門楼上一頸仁付レ縄天漸降云々。是則朱雀門鬼盗取也。而依二修法之力一所顕也云々。

この『江談抄』の記事によれば、〈玄象〉を盗み出したのは朱雀門の鬼であり、またそれが戻った理由は修法の力によってであったということになろう。

先の『今昔』話と同じく羅城門の鬼が盗んだものとする伝承は、藤原博業が十二世紀末頃に撰したという楽書『胡琴教録』下「弾玄上時用意第十一」に、

就中玄上はべちだんの事に候。たかく霊物の名をあげて、おほくの世の宝物とす。因レ茲或為二羅城門

之鬼一被二盗取一。或迯二失内裏焼亡一。

とあるので、この『江談抄』の伝えるように、朱雀門の鬼の仕業とも、羅城門の鬼の仕業ともする双方の伝承が存したようである。

また、この『江談抄』の話には源博雅が登場してこない点が注目に値しよう。鬼に対して、それを修法の力によって調伏しているのである。仏法の験力が鬼を屈伏させた訳である。つまり『江談抄』の話では、仏法の力と鬼の力との対立話として、この説話が伝承されているととらえることができる。

この『江談抄』の系統の伝承は、のちのち『二中歴』第十三名物歴「玄上」の条、『十訓抄』第十「藤原資通琵琶上手事幷玄象琵琶事」、『古今著聞集』巻十七変化第二十七（第五九五話）へと伝えられている。

また、嘉暦二年（一三二七）天王寺の俊鏡が撰述した楽書『糸竹口伝』「琵琶宝物」の条には、これらと少々異なる伝承が見られるので次に記しておく。

又一条院御宇寛弘ノ比失ニケリ。コレヲモトメラレンガタメニ。山々寺々ニイミジキ僧ヲモツテ御修法ヲ行ハレケリ。或時朱雀門ノ上ニ四ノ絃ノ声シケリ。是ヲアヤシンデ人ヲノボセテミセタマヒケルニ无レ之。又或時七撥ノ音ス。前ノ如ク人ヲノボセテ見セタマヒケルニ更ニミエズ。是ニヨツテ。宣命ヲ以テ勅使ヲ向ヒテコレヲヨマセラル。仮令鬼神是ヲ犯スト云トモ。勅命ニシタガフベキヨシ宣命ニ載セラル。コレニヨツテ。人ノ声トモオボエズヲソロシキ音ニテ。勅命ノガレガタシトツブヤキケル。其後頸ニ緒ヲツケテオロシタリケリ。聊疵ツカズ。能々拭ヒ殊勝ニモテナセル姿也。鬼是ヲ盗ミケリ。カヽル鬼神ナレドモ。勅命ニ恐レノガレザラント云コトナシ。御修法ハジマリテ七日ニアタル日出ケルトゾ。

この『糸竹口伝』では、〈玄象〉が紛失した時を、一条天皇寛弘の頃としている。また、朱雀門の鬼が〈玄象〉を盗み出したとする点は、前掲『江談抄』の伝承と同じである。しかし、それが戻った理由については、寺々山々の僧達の修法の力とともに、勅命による天皇の威信が大きく働き加わっているところが注目されよう。仏法の力に加えて、天皇の権威をも示し、それに屈従せざるを得ない鬼の話へと増幅されていると言える。

これら『江談抄』の系統の伝承や、『糸竹口伝』の伝承に於ける鬼は、琵琶を愛し己れの技量を認め得た——つまり〈玄象〉の音と聞き分けてその音をたどった——源博雅の才能に感服して、〈玄象〉を戻したとする先記『今昔』話の風流心を持った鬼とは異質である。これらの鬼は仏法の力や皇威に抵抗するが、結局はそれに屈伏せざるを得ない、哀れな敗北者としての位置しか与えられていないのである。

以上見てきたように、この〈玄象〉紛失をめぐる説話伝承には、

(1)紛失した理由に関しては、

(イ)羅城門の鬼が盗んだ（『今昔』巻二十四第二十四話、『胡琴教録』）

(ロ)朱雀門の鬼が盗んだ（『江談抄』第三、『二中歴』第十三、『十訓抄』第十、『古今著聞集』巻十七、『糸竹口伝』）

の二つの系統の伝承が存し[3]、

(2)戻ってきた理由に関しては、

(イ)源博雅の管絃の才能によって戻ってきた（『今昔』巻二十四第二十四話）

(ロ)修法の力によって（『江談抄』第三、『二中歴』第十三、『十訓抄』第十、『古今著聞集』巻十七）、更に加えて天皇の威信によって（『糸竹口伝』）戻ってきた

とする二つの伝承があった。

一方の伝承は、管絃の名手源博雅を登場させ、名手と風流心を持った鬼とが名楽器を仲介にして、精神的

に相通じ合うという芸能説話としての位置を保った話として伝えられ、また一方の伝承は、仏法の力やまた天皇の権威と鬼の力との対立話として伝えられていると言えよう。

三

今一つ、異と名楽器とにまつわる話を紹介したい。それは名笛と称された〈葉二〉の笛をめぐる伝承である。これも〈玄象〉の話と同じく朱雀門の鬼に関係する話である。

〈葉二〉の笛も前掲『枕草子』第九十三段に、

御前にさぶらふものは、御琴も御笛も、みなめづらしき名つきてぞある。（中略）水龍、小水龍、宇陀の法師、釘打、葉二つ、なにくれなど、おほく聞きしかどわすれにけり。

とその名が見える通り、これまた宮中に秘蔵されていた名笛である。『江談抄』第三雑事「笛」の条、『二中歴』第十三名物歴「笛」の条、『拾芥抄』上、楽器部第三十五「笛」の条、『教訓抄』巻八管絃物語「横笛」の条などにも、名笛としてその名が挙げられている。

ところで『江談抄』第三雑事「葉二為二高名笛一事」には次のような記事が載せられている。

又被レ命云。葉二者高名横笛也。号二朱雀門鬼笛一是也。浄蔵聖人吹レ笛。深更朱雀門鬼大声感レ之。自爾此笛乎給二件聖人一云々。（以下略）

これによれば、〈葉二〉の笛は朱雀門の鬼の所有するところであったが、浄蔵が笛を巧みに吹いたのに感嘆して、鬼が浄蔵に授け与えたものであるというのである。

この『江談抄』の伝承はのちのち『二中歴』第十三名物歴「葉二」の条、『拾芥抄』上、楽器部第三十五「笛」の条、『教訓抄』巻七「舞曲源物語」の条へと伝えられている。

この話に登場する浄蔵は、参議三善清行の第八男で、寛平三年（八九一）に生まれた。母は嵯峨天皇の孫女である。七歳で出家し、熊野や金峰山など勝地を遊歴して修練し、十二歳で宇多法皇の弟子となった。その後比叡山に登り、玄昭律師について密教を受け、大恵法師に従って悉曇を学び、康保元年（九六四）十一月二十一日七十四歳で入寂した人物である。顕密、悉曇、天文、易筮、医卜、唄音、管絃、文章など諸道にすぐれ、験者、相者としての名声も高く、生涯に三度の名誉ある礼拝を受けたという(4)。

この浄蔵が管絃の道に達していたことについては、『二中歴』第十三一能歴「管絃人」の条に、前述した源博雅とともに「定額浄蔵」の名が見られることから推察される。また、『大家笛血脈』によると、

浜主——浄蔵貴所——正枝
本朝笛最祖。尾張氏。

と記されており、『続教訓抄』第十冊にも、

横笛ハ（中略）尾張ノ浜主、承知《マヽ》遣唐ノ後、是ヲ弘ム、仍浜主ヲ此器ノ祖トス、其弟子浄蔵貴所、其弟子石城正枝（以下略）

とあるので、横笛吹奏の祖尾張の浜主の弟子であったことが知られる。更に『続教訓抄』第十二冊横笛「名物等物語」の条に、

小蟬丸、甘竹ノ笛ナリ、元ハ浄蔵貴所ノ笛也、

と見られるので、浄蔵は王朝時代から鎌倉時代にかけて、横笛の名手として伝えられていたことが分る。

この浄蔵が朱雀門の前を横笛を吹いて通り過ぎた際、鬼がその吹奏の音に感嘆して、己れの笛を浄蔵に与えたのがこの〈葉二〉の笛であった訳である。

ところが、建長四年（一二五二）撰述された『十訓抄』第十「博雅三位於朱雀門自鬼得葉二笛事」には(5)、

この『江談抄』の伝承とは異なる話が見られる。それは次のようなものである。

博雅三位《兵部卿克明親王子》月のあかゝりける夜。直衣にて朱雀門の前にあそびて。終夜笛を吹れけるに。同様に直衣着たる人の笛吹ければ。誰人ならんと思ふほどに。其笛の音此世にたぐひなくめでたく聞えければ。あやしくて近よりて見ければ。いまだ見ぬ人なりけり。我も物いはず。かれもいふ事なし。かくのごとく月の夜ごとに行あひて。吹事夜比に成ぬ。彼人の笛の音ことにめでたかりければ。試にかれをとりかへて吹ければ。世にもなき程の笛也。そのゝち猶々月の比になれば。ゆきあひて吹けれども。本の笛をかへしとらん共いはざりければ。ながくかへてやみにけり。三位失て後。帝此笛を召て時の笛吹どもにふかせらるれども。其音を吹あらはす人なかりけり。そのゝち浄蔵といふめでたき笛吹有けり。召て吹せ給ふに。彼三位にをとらざりければ。帝御感有て。此笛の主朱雀門の辺にて得たりけるとこそきけ。浄蔵此所に行てふけと仰られければ。月の夜仰のごとくに。かしこに行て此笛を吹けるに。彼門の楼上に高く大なる音にて。猶逸物かなとほめけるを。かくと奏しければ。はじめて鬼の笛としろしめけり。葉二と名付けて天下第一の笛なり。（中略）富家入道殿《忠実後二条殿師通子》かたらせ給けるとぞ。（以下略）

この〈葉二〉の笛は、源博雅が朱雀門の前で鬼と笛を吹き合う間に、鬼の笛と取り替えて得たもので、博雅の死後、浄蔵が天皇の命によってその笛を吹き、それが鬼の笛であったことを確認したというのである。

源博雅は先の〈玄象〉の話にも登場したが、琵琶のみならず、笛をも感嘆せしめるほどの横笛の名手でもあったようで、『江談抄』第三雑事「博雅三位吹㆓横笛㆒事」(6)には、鬼瓦が笛の音に感じて落ちたとする次のような話が見られる。

被ㇾ談曰。博雅三位。横笛吹ニ鬼瓦吹落ルト。被ㇾ知哉如何。答曰。慮外承知候也。

さて、この伝承は『十訓抄』話の末尾に、「富家入道殿かたらせ給けるとぞ」とあることから、富家入道、すなわち知足院関白藤原忠実の談話から出たものらしい。
狛朝葛が文永七年（一二七〇）頃撰したという楽書『続教訓抄』第十二冊横笛「名物等物語」の条には、(7)『十訓抄』話とほぼ同文で次のように記されていて、このことがより明確に分る。

葉二ハ禅定殿下《忠実（朱）》ノ仰云、朱雀門ノ鬼ノ笛也、昔シ月アカキ夜、博雅（三位（イ）アリ）直衣ヲ著シテ、朱雀門ノ辺ニ遊テ、終夜笛ヲ吹、同ク直衣着タル人、又来テ笛ヲ吹、其音已ニ絶倫也、怪ク思テコレヲ見ニ、未夕曽テミサル人也、夜々会合シテ笛ヲ吹アヒタ、彼吹トコロノ笛、殊ニモテ目出ク聞ヘケレハ、博雅コ、ロミムタメニ、取替テコレヲ吹ニ、人間ニ比類ナシ、其後月ノ夜コトニ会合シテ吹ケレトモ、本ノ笛ヲカヘセトモイハス、ヨテカヘシアタヘスシテ止ニケリ、博雅卿早世ノ後天元三九廿八薨、六十二 聖主此笛ヲ召テ、当時ノ笛吹等ニ吹セラル、ニ、敢テナラス、時ニ浄蔵ヲ召テコレヲ吹セラル、ニ、博雅ニヲトラス、主上仰ラレテ云ク、此笛ノ主誰人トシラス、遺恨ノ事ナリ、博雅朱雀門ノ辺ニシテコレヲ得トイヘリ、浄蔵カノ辺ニシテコレヲ吹ヘシ、本主定テ出現セムカ、浄蔵綸言ニヨテ、月ノ夜、件ノ所ニ行向テコレヲ吹、朱雀門ノ楼ノ上ニテ、高声ニ感シテ云ク、日本第一ノ笛ノ音カナトイヘリ、コレニヨリテ、初テ鬼ノ笛タル事ヲシルトイヘリ（以下略）

この記事は、前掲『十訓抄』からの引用ではない。詳しくはここでは論ぜられないが、(8)『続教訓抄』にはこの記事のほかに、「禅定殿下ノ仰ニ云ク」「同仰ニ云ク」「又云ク」「知足院関白仰ラレケレハ」などとして、知足院関白藤原忠実の談話を典拠として示している部分が多く見られるのである。そして、それらはかならずしも『十訓抄』に見られるものではないこと、またこの記事にしても、『十訓抄』と比較すると、叙述に小異が存することなどからそれは分る。

ともあれ、両者が共にその源を、藤原忠実の談話に拠っていることだけは確かなようである。

藤原忠実は承暦二年（一〇七八）から応保二年（一一六二）までの人物で、関白師通の子である。摂政、関白、太政大臣を務め、従一位に至っている。世に知足院殿、富家殿と称する。摂関家の権威回復に努力し、次男頼長を推して、長男忠通と対立し、保元の乱を誘発させたことは有名である。学問、諸芸にも通じ、特に朝儀や有職故実などに関する彼の談話を、中原師元が筆録した『中外抄』、高階仲行が筆録した『富家語』が世に知られている。

ただし、現存本に関する限り、この『十訓抄』『続教訓抄』に見られる話は、『中外抄』『富家語』のいずれにも見出せない。

興味あることには、『続教訓抄』ではこの記事の後に、次のように記して、この話の真偽を考証しているのである。

但此記頗ル不審也、博雅ハ浄蔵ヨリノチノ人ナリ、生年トイヒ、死去トイヒ、コトノホカノ相違ナリ、
浄蔵《宇多天皇御宇（朱）》ハ寛平三年辛巳生ル、康保元年《村上（朱）》十一月廿二日入滅、
年七十四、
博雅《酉酉天皇御宇（朱）》ハ延喜十九年己卯生ル、天元三年《円融（朱）》九月廿八日薨、
年六十二

確かに、この『続教訓抄』の説く通り、浄蔵は康保元年（九六四）に入滅し、博雅は天元三年（九八〇）に薨じている。とするとこの話はつじつまが合わないのである。

『続教訓抄』は更に考証を進め、以下に掲げるような他の伝承をも合わせてこの後に記している。それらを便宜上符号を付して、次に掲げることにする。

(イ)大外記師遠語テ云ク、師任孫師平子昔殿上人、月夜一廻ト天歩行ニテ陽明門ヨリイテヽ、朱雀門ヨリ入ケリ、

人ミナ内裏へ参リテ後、業平中将一人此門ニトマリテ、月ヲ感シテ笛ヲ吹テ入ケリ、楼上ノ鬼大ニ感シテ、此笛ヲ給トイヘリ、

大外記師遠は、『中原氏系図』、『尊卑分脈』中原氏系図によると、

師任――師平――師遠――師清

とあり、大外記師任の孫、大外記師平の子で、天文密奏、図書頭、大外記になり、正五位上にまで至った人物である。『外記補任』によれば、

(1)父大外記子六位外記例

□ 長治二正廿七任権少外記于時父師遠為大外記

(2)大外記兼受領例

大外記師遠 永久五年正十九摂津守、外記

と見えるので、長治二年（一一〇五）頃から、永久五年（一一一七）頃にかけて大外記であったことが分る。

また、『江談抄』第二雑事「大外記師遠諸道兼学事」には次のように記されている。

被レ命云。大外記師遠諸道兼学者歟。今世尤物也。能達者不レ劣二中古之博士一歟。

これによると、彼は王朝時代末期に於ける第一級の知識人であったことが知られよう。(9)

この大外記中原師遠の談話がどのようにしてこの『続教訓抄』に伝えられたかは不明であるが、この説によれば、在原業平が朱雀門の鬼より得た笛が、この〈葉二〉の笛ということになる。

『続教訓抄』では、この師遠の談話を引いた上に、次のように記している。

業平ハ淳和天皇御宇（朱）天長二年乙巳生ル、陽成（朱）元慶四年五月廿八日卒、年五十六此人ノエタル笛ヲ、後ニ浄蔵ノ吹キタラムハ、

年紀符号セリ、博雅ハコトノホカノ相違也、

業平であるならば、時代的な矛盾は生じない。だからといって、博雅が鬼から得たとする忠実の談話の伝承が信頼できないというのは、早計であろう。

この〈葉二〉の笛と朱雀門の鬼に関する話は、浄蔵、博雅三位、業平を笛の吹き手とするいくつかの伝承が存在していたのである。そして、それらは一つの説話の型を構成し、その中で揺れ動いていたのである。

次に掲げる(ロ)、(ハ)のものは、浄蔵を笛の吹き手とする話である。

(ロ)或記ニ云ク、昔浄蔵貴所、笛ヲ吹テ深更ニ朱雀門ヲワタル、鬼大声ヲモテコレヲ感シテ、件ノ笛浄蔵ニ給トイヘリ、

これは、前掲『江談抄』第三雑事「葉二為二高名笛一事」の伝承と同じものである。

(ハ)或記ニ云ク、浄蔵ト云人、月ノ夜笛ヲ吹テ、朱雀門ヲスグ、時ニ鬼アリテ和《ス》レ之《ニ》、浄蔵吹止ハ、鬼モ又吹止、カクノコトクスル事再三ノヽチ、上人云ク、是何人ソ、子カハクハ謁スル事ヲエン、鬼応シテイハク、大徳ノ妙曲ニ感シテ、一声ヲ発ス、形体ヲアラワサハ、定天怖畏シ給ハム歟トイフ、上人サラ〳〵其儀アルヘカラサルヨシヲ、シメシ給フアヒタ、鬼ツイニ出タリ、コレヲミレハ、暴虎戟猛ノ勢、心魂キエヌヘシ、然而上人カツテ恐レル色ナシ、月ニ徘徊日道皎然両笛寥商又吹レ之《ヲ》、鬼ノ笛代ニ絶タリ、凡竹ノヲヨハサルトコロナリ、夜ヤウ〳〵徹明ニ向テ、鬼笛ヲトテ急キ去ヌ、強ニ追トモセス、翌夜又件ノ笛ヲ吹テ、彼門ヲスクルニ、鬼感シテ云ク、ナヲキヤツハチカラヲヨハヌモノヽ音カナト云々、

この話は、(ロ)の伝承に、朱雀門前での浄蔵と鬼との笛の吹奏の様子、また浄蔵と鬼との対話などが加えられて、少々文学的に潤色された説話になっていると言えよう。

(ニ)類聚国史ニ云ク、大戸清上、ムカシ京洛ニアソフ、月ノ夜笛ヲ吹テ、後院ノ町ヘムヲスク、鬼感シテ笛ヲフク、清上フキヤメハ鬼又フキヤムト云々、

これは朱雀門の鬼と関係する話ではない。しかし、鬼が笛の音に感じて、共に吹奏している点はこれまで掲げてきた伝承と同じ型のものであると言える。

『類聚国史』にはこの記事は見出せない。ただし『類聚国史』巻七十七音楽部「横笛」の条には、大戸清上について次のように記されている。

仁明天皇承和元年正月辛未。内㆓宴於仁寿殿㆒。是夕。勅授㆓正六位上大戸首清上外従五位下㆒。清上能吹㆓横笛㆒。故鍾㆓此恩弊㆒。

これによると、大戸清上も横笛の名手であったことが分る。『二中歴』第十三一能歴「楽人」の条にも「清上大戸笛」とその名が見える。どうやらこの話によって、横笛の名手の笛の音に鬼が感嘆し、共に笛を吹奏するという説話の一つの型が想定されてこよう。

さて、この㈡の記事の後、『続教訓抄』は次のように記して結んでいる。

国史ト江談ト、其旨頗ルアヒニタリ、鬼丸ノ事恐クハタタシカナル証拠ナキ歟、

鬼が横笛の名手の演奏に感嘆して、共に笛を吹奏するという型の説話が、〈葉二〉の笛が名笛であるゆえんを示す話として伝えられたため、同じ型の伝承が諸種見られるのである。それ故、その真偽を考証した『続教訓抄』の結論は、当然のこととして「タシカナル証拠ナキ歟」とならざるを得まい。

以上、〈葉二〉の笛と朱雀門の鬼とにまつわるいくつかの伝承を見てきたが、この説話伝承の原型は、おそらく㈡の話によって代表されるような、名手の演奏に鬼が感嘆して、共に合奏するという型のものであったと思われる。それがのちのち、朱雀門の鬼と結びついて、

⑴とある横笛の名手（浄蔵、源博雅、業平）が朱雀門の前を笛を吹いて通る。

⑵すると、朱雀門の鬼がその音に感嘆して、共に笛を吹く。

(3)名手は朱雀門の鬼から笛を得る。

の各要素を持った話の型へと展開していったと考えられるのである。人物は、時によって変わることもあったのである。

こういった点から、前掲『十訓抄』第十、『続教訓抄』第十二冊に引く富家入道藤原忠実の談話は、二つの部分に分けることが可能なのではなかろうか。前半部は源博雅を主人公とするこの型の話であったに相違ない。その意味で、前掲『江談抄』第三雑事「博雅三位吹二横笛一事」の話は示唆的である。そして、それに『江談抄』第三雑事「葉二為二高名笛一事」や『続教訓抄』に掲げる(ロ)、(ハ)の系統の伝承が結びついて、新たな一つの伝承として成立し、伝えられたものであったのであろう。そのため、『続教訓抄』が指摘するような時代的矛盾が生じたとも言えるのである。

四

鬼と名琵琶〈玄象〉、また〈葉二〉にまつわるいくつかの伝承を見てきたが、名楽器を名楽器として、その秀逸なること、またその権威、神秘性などを示す方法として、その楽器の道の祖たる人物、またはその楽器の名手として名声を博した人物に関係づけて、説話が構成されていることが窺える。また、それは特に鬼、それも羅城門、朱雀門の鬼と結びついた形で、芸能話として伝承されている傾向がある。名手はその道に達した才能、精神の持ち主であり、鬼もその才能、精神に感嘆するのである。つまり、名手と鬼とが心を通わせるというところに、これらの説話のテーマがあるのである。

それは、名手の演奏に仏神、天女などが感応して天降るというモティーフの説話の型――たとえば、『宇津保物語』に見られる涼、仲忠の弾琴に天人が天降った話や、『江談抄』第一公事「浄御原天皇始二五節一事」

の話、また『今昔』巻二十四第一話の、箏の名手源信の弾奏に天人が天降った話などがある——と一脈通じ合い、より大きな枠の中で、一つの説話の型を形成しているととらえることができよう。

そして、それはまた音楽の道に関係するのみならず、漢詩文や双六など、文芸、諸芸に達した人物と鬼とをめぐる話とも、無関係なはずはないのである。文章家都良香にまつわる伝承としては、

(1)良香の「気霽風櫛二新柳髪一」の漢詩に羅城門の鬼が感嘆した話(『江談抄』第四)

(2)良香の「気霽風梳二新柳髪一」の句に羅城門の鬼(朱雀門の鬼『撰集抄』)が下句を付けた話(『十訓抄』第十、『撰集抄』巻八第二話)

の二つがあり、また文章家紀長谷雄にまつわる伝承としては、

(1)月明りの夜、朱雀門楼上に漢詩を詠吟する霊人を見る話(『今昔』巻二十四第一話、『世継物語』)

(2)朱雀門の鬼と双六の勝負を行なった話(『長谷雄草紙』『続教訓抄』第十二冊)

の二つがある。

王朝時代のこれらの伝承を見ると、羅城門、または朱雀門に棲む鬼は、かなりの教養を持ち、また芸達者でもあったようである。

有名な、御伽草子『羅生門』、謡曲『羅生門』に伝える、源頼光の四天王の一人渡辺綱を襲った、あの奇怪で勇猛な鬼の俤はここには見られない。

この渡辺綱の鬼退治に関して、羅城門の鬼、一条戻橋の鬼などの諸伝承については、夙に、島津久基博士が名著『羅生門の鬼』(新潮社・東洋文庫二六九(平凡社)に復刊)で触れておられるので詳しくは論じない。

また、鬼の由来、形態、性格、意味、民俗などについても、池田弥三郎博士の『日本の幽霊』(中央公論社)、近藤喜博博士の『日本の鬼』(桜楓社)、馬場あき子氏の『鬼の研究』(三一書房)などに詳述されてい

る。

ただ、本稿では特に名楽器にまつわる鬼の伝承が漢詩文を詠んだり、双六を打った羅城門、朱雀門の鬼と同じであること、言いかえると、一道をきわめた達人と鬼とが心を通わせるという説話が、いずれも羅城門、または朱雀門の鬼と結びついているところに興味が引かれたのである。

また、〈玄象〉の伝承は、大きく、『今昔』巻二十四第二十四話と『江談抄』第三の系統のものの二つの伝承があり、〈葉二〉の伝承には、知足院関白藤原忠実の談話を源とするものと大外記師遠の談話を源とするもの、そして『江談抄』第三の系統のものとの三つの伝承があった。これらの伝承源を見ると、いずれも王朝時代末期の第一級の知識人、教養人である人々によって、説話がそれぞれ別伝承を生む形で形象化され伝えられていることが分る。そしてまた、これらの説話は王朝時代、上流貴族者間に於て伝承されていた、いわば名楽器にまつわる世間話であったとも言え、伝承者の相違によって、小異をもって伝承されてきた様子が窺い知れるのである。そこに興味が引かれるのである。

先記した通り、『続教訓抄』は狛朝葛によって文永七年（一二七〇）頃撰述された楽書であるが、祖父狛近真によって撰述された楽書『教訓抄』とともに、王朝時代末から鎌倉期にかけて、貴族者間に伝承されていた芸能説話、音楽説話を多く含んでいる点、『古事談』『十訓抄』『古今著聞集』などに見られる芸能、音楽説話の伝承、出典を考察する上で、重要な資料としての意味を持つものと思われる。そういった意味に於て、今後、こういった楽書にもより一層の注意を払う必要があると思われてならない。

※本稿で使用した文献の主なものは次の通りである。
『今昔物語集』『枕草子』『徒然草』（日本古典文学大系）、『江談抄』『胡琴教録』『糸竹口伝』（群書類従）、

『外記補任』（続群書類従）、『十訓抄』『類聚国史』（新訂増補国史大系）、『続教訓抄』（日本古典全集）

注

（1）『古今著聞集』巻六（第二四四話）には、博雅が生まれた時、天に音楽の声が聞えたとする説話をのせる。

（2）『江談抄』『古本説話集』『世継物語』『平家物語』『源平盛衰記』『東斉随筆』など、諸書に見られる。

（3）鬼を羅城門の鬼、朱雀門の鬼とする二つの系統の伝承が存在するのは、その説話の発生に於て、門そのものの存在とも関係しよう。羅城門、朱雀門ともに何度も倒壊したが、再建されている。ただ、羅城門については、『世継物語』によると、「さて都うつりの後、末の世に至るまで、三度ばかり吹たをされたりければ、御門の御覧じたる事かなひにたり。（中略）さて〳〵円融院の御時、大風に又吹たうされにけり。その後はつくりたる事なし」とあるのが注意される。

（4）浄蔵に関する説話については、築瀬一雄博士「浄蔵法師について」（「国学院雑誌」第四十九巻第四号、昭和十八年四月、『説話文学研究』（三弥井書店）所収）に詳しい。また、拙稿「浄蔵法師と『浄蔵伝』について」（「説話」創刊号、昭和四十三年六月）、拙稿「高僧破戒譚の二つの形」（「金城学院大学論集」国文学篇第十六号通巻第五十七号、昭和四十八年十二月）も参照されたい。

（5）『体源抄』二ノ上、『東斉随筆』音楽類にも引かれて見える。

（6）『続教訓抄』第十二冊にも見える。

（7）『体源抄』五にも引かれて見える。

（8）このことに関しては近く別稿で論ずる予定である。

（9）『古事談』巻二にも、師遠が知足院入道藤原忠実を感服させた次のような話が見られる。「師遠任二摂津守一。参二知足院入道殿一。申二慶賀一之時不レ持レ笏。三度奉レ拝二入道殿一。自二中門連子一令二御覧一被レ仰云尚師遠也云々。御感之心也。入二禅室一之時。不レ把レ笏云々。此謂歟」。

弥三郎婆

谷川健一

一

数年前、佐渡からの帰途、海上から望見した越後の海岸線に一箇所、大地の塊が海ぎわまでせり出しているのが注意を引いた。それは原始の雰囲気をまだ引きずっているように荒々しく、何か異様な印象を与えていた。人に聞くと弥彦だという。弥彦山塊のつらなりに国上山《くがみ》がある。良寛の五合庵のあるところとして知られている。国上という名の由来はおそらく海を航行する者が、海上から眺めて命名したものにちがいない。つまり、突出した陸《くが》のことだったのが、のちに国上と変化したと、私は考える。柳田國男は「雪国の春」の中で秋田県の男鹿半島もまた宮城県の牡鹿半島も、さては福岡県の岡の湊も、すべて海から移住した人たちの名付けた地名と言っている。因幡の岩美郡にも陸上《くがみ》という地名がある。「古事記」によると、崇神天皇の時、日子坐王《ひこいますのみこ》を丹波国につかわして、玖賀耳《くがみみ》の御笠《みかさ》を殺したとある。吉田東伍は、「越後の国土と弥彦神社」の中で玖賀耳という地名がないところから、玖賀耳は国神の意味であるとして、国神の御笠がいたので、後世までクガミの名をのこしたのだろうと言っているが、むしろ、丹波の陸《くが》（国）にいた耳という酋長と解すべきであろう。これは越後の国上と命名の動機を同じくするものである[1]。

ところで越後の国上を海から遠望したときの名であるとするもう一つの理由がある。新潟県の地図を展くと、弥彦山塊と海にはさまれたせまく細長い海沿いの道に、間瀬《まぜ》、野積《のづみ》、寺泊《てらどまり》などの集落が北から南に並んでいる。林羅山の「伊夜比古神廟記《いやひこしんびょうき》」によると、元明帝の和銅二年、越後国の米水浦《よなみずうら》というところに光が見えて七日七夜やまなかった。海人はこれをあやしんでいた。そこで坂上河内の遠祖が見に行くと、神船が海に浮かんでいたので、この光の飛んできたところに祠《ほこら》を建ててまつった。米水浦ははじめは逃浜と名付けた。ところが神がやってくると白いシトギや白い水がそこから流出したので米水浦と呼ぶようになった。その神のたずさえてきた宝物はみな石と化した。しかし形は宝器のままであったという。米水浦というのは野積（現在、寺泊町野積）にある。ということから現在の社地に鎮座する以前、弥彦神は野積にまず上陸したという伝承のあったことを知る。終戦後、宮栄二氏によって発見された弥彦神社のもっとも古い縁起書には、「大国」からの神のもってきた宝物、すなわち鑊子《かないご》釜、カワコ石、鍔石、御器、御手箱、家具などことごとく石となったとある。藤田治雄氏はこの宝物の中の鑊子釜《かないごがま》に注目する。それは鉄山の守護神である金屋《かなや》護《ご》神または金鋳護《かないご》宮と関連があるというのである。また「大国」は中国大陸のこととする。すなわち中国大陸や南朝鮮あるいはそれらを背景にした北九州から、鍛冶職の一団が、弥彦山塊の日本海に落ちこむあたりの、野積、間瀬に上陸したことを意味すると藤田氏は推測する。

神は米水浦（野積浜）から猿ケ馬場峠を越え、桜井の里にしばらく休息したあと弥彦の里に入って宮居を定めたとされている。野積の伝説によると、神がそこを立ち去ったのは野積浜のおヨネという女と結婚し、十二人もの子どもを生んだのが嫌になったからという。そこで、身を隠そうと弥彦山へ登ろうとしたら、木を切っているじいさんに会い「私の後よりこうこうしかじかの者がくるから、けっして私が弥彦山へ登ったと話してはならないぞ」と固く口どめして登った。そのじいさんは後より迫って来たおヨネに問いつめられ、話をしようとしたが、口を開けたまま閉じられず、とうとうしゃべることができずそのまま死んでしまった。それで妻戸神社の石を口開け石という。おヨネも死んで、その怨念が蛇になって、部落の人に姿を見せる（『高志路』二〇四号）。

つまりこのおヨネは米水浦の人格化したものにほかならない。おヨネは、慶応四年に書かれた「妻戸記《つまどき》」によると、熟穂屋姫命《うましほやひめみこと》となっている。弥彦神夫妻は、米水浦に塩たきや手繰網法を教えたという。弥彦神の妃神の熟穂屋姫命をまつる神社を妻戸神社といい、その神社の祭日は妃神の命日の三月十八日である。現在はひと月おくれの四月十八日が祭日である。

藤田治雄氏によると、妻戸神社の名称が弥彦神社の文書に初見されるのは「伊夜比古神社記」からである。この「伊夜比古神社記」は元禄元年に神祇宗の橘三喜が、神主高橋左近光頼の依頼によって古い縁起書を書写したものとされているが、じつは橘三喜の自筆と考えられる。この中で妃神の熟穂屋姫命とそれを奉斎する妻戸神社がはじめて出てくる。ということから元禄以前には妃神信仰はなかったと藤田氏は述べている。妻戸神社が創建されたのも古くからではなかったと推定される。しかし、さきに述べた「野積の口あけ石」の伝説はそのまえからあったと考えることは一向に差支えない。そして、のちになって妻戸神社の妃神の命日を三月十八日にきめたのは、三月十八日はもともと国上寺の稚児が弥彦神社に参列し舞を奉納する日であったということに由来するものであろう。

さて、野積には弥彦の神は片目であるという伝説が残っている。それは神が弥彦に移るとき足をすべらしてウドで目をついたからだという。それで弥彦山にウドが生えないともいわれている。同様な話は岩室《いわむろ》村間瀬にもあり、弥彦神社は兎の道案内で山を登ったが、山中でウドで目をついたとされている。このほか弥彦山の周辺には弥彦神がウドで目をついて片目となったという話が点々と分布していることを藤田治雄氏は指摘している。ウドがタラの芽となっている場合も少なくない。

では、弥彦神が片目であるという伝承と、弥彦神社及び野積の妻戸神社の祭日が三月十八日であったということをむすびつけるとどうなるか(2)。

まず結論から先に言うと、片目の神は、銅や鉄を精錬する古代の技術労働者が、炉の炎で眼を傷つけ、一眼を失したことに由来すると私は考えている。弥生時代に始まった金属精錬の技術は、中国大陸あるいは朝鮮半島から招来されたものであるが、当時は、そうした技術をもって石よりも硬く鋭い製品を作り出すことは、神にもひとしい仕業として驚歎の的となったことは想像するにむずかしくない。したがって眼をやられた労働者は神としてあがめられた。それが目一つの神の起源にほかならなかったと私は思う。

三月十八日については、藤田治雄氏も注目していることであるが、柳田國男の『一目小僧その他』がその日の重要性に気付いて言及している。柳田によると、三月十八日は、小野小町や和泉式部など漂泊流離の美女の忌日であるだけでなく、盲目の平景清、一眼を失した鎌倉権五郎景政、あるいは黍畑で目をついたという伝承をもつ柿本人丸に縁由ある日であった。すなわち人丸と景政の忌日は三月十八日とされ、日向の生目八幡社にまつる景清の祭日は三月と九月の十七日であったとして、柳田は次のように述べている。「もし景政景清以外の諸国の眼を傷つけた神々に、春と秋との終の月の欠け始めを、祭の日とする例がなほ幾つかあつたならば、歌聖忌日の三月十八日も、やはり眼の怪我といふ怪しい口碑に、胚胎してゐたことを推測してよからうと思ふ。丹後中郡五箇村大字鱒留に藤社《ふじこそ》神社がある。境内四社の内に天目一社があり、祭神は天目一箇命といふ。さうしてこの本社の祭日は三月十八日である」。

私もまた注意してみると、柳田のあげた例のほかに、奈良県桜井市の狭井《さい》に坐す大神《おおみわ》荒魂神社の祭日は三月十八日におこなわれることを知った。そこの祭神は大物主命、事代主命、ヒメタタライスズヒメ、セヤタタラヒメで、タタラに関連した名前をもっている。九月十八日の方をしらべてみると、鏡作《かがみつくりの》連《むらじ》の祖神の鏡作坐天照御魂神社、また阿智氏に縁由のある倭恩智《やまとおんち》神社、河内大県郡青谷にある金山毘古《かなやまひこ》神社、天目一箇《あめのまひとつ》神をまつる近江蒲生郡桐原郷の菅田神社があげられる。これらがすべて金属に縁由のある神社であることは注目に値する。

ここにおいて、弥彦神社の祭日が旧三月十八日であったという事実が重要な意味を帯びて浮び上ってくる。つまり弥彦の神はなにがしか金属精錬に縁由のある神社ではないかという推定が可能になってくる。「妻戸記」には弥彦神社を天香語山《あめのかごやま》命としている。天香語山命は「新撰姓氏録」によると、火明《ほあかり》命の子となっている。天保五年の弥彦神社の社伝によると、天香語山命ははじめ熊野に住んでおり、名を高倉下《たかくらじ》命と申した。神武天皇の四年に越の国を高倉下命に賜わったので、命は海路をとり米水浦に着いた。そうしてそこで地元民に耕種、網漁、製塩などの業を教えた。そのときの名を手繰彦《たぐりひこ》命という。そのあと弥彦に遷ったのである云々。

この話の高倉下命というのは神武東征の折に熊野で邪気払いの剣を奉った人物であり、今も新宮市のゴトビキ岩（天磐盾）に高倉神社があってそこに祀られている。戦後その巨岩の下から銅鐸が出土している。したがってこの高倉下命を銅の精錬に関わりのある物部氏系の神であるとみなすことができる。しかし吉田東伍の『地名辞書』は弥彦神を天香語山命とするのには大いに疑問があると言っている。私が弥彦神社の旧神官に聞いたところでも、弥彦神を天香語山命としたのは江戸時代に一宮記を書いた橘三喜であろうという話であった。天香語山命は元禄元年にはじめて登場する呼名であるという。そうしてみると、弥彦神の性格を天香語山命から判断するわけにはいかない。だが、弥彦神を天香語山命としたのはなにがしかの根拠にもとづくものがなければならないと私は考える。それはいったい何であろうか。『地名辞書』によると、江戸時代の元禄から元文年間にかけて、石瀬、間瀬、野積の三カ所で銅を掘ったが、この三カ所は弥彦山中にあるので、弥彦山を多宝山ともいうとある。このうち間瀬銅山は比較的に後まで稼行していた鉱山であった。今日の岩室村間瀬の海岸有料道路の料金所の近くから山手に入りこんだ沢のあたりが間瀬銅山のあったところで、一時期には労働者の住宅が集まったところといわれている。その上方の弥彦山の有料登山道路のあたり、大沢とトチクボの間の道の脇のガードレールのところで、つい四、五年まえに、地表に露出した銅鉱を拾ったという人に私は出会ったことがある。その人の話では銅鉱はピカピカ光っていたという。雨か何かで崖がくずれ、地中の自然銅がむき出しになったものにちがいない。このように地表に近く銅鉱脈があるとすれば、古代においてもそれを発見することはきわめて容易であったと推測される。

弥彦の神が野積浜に上陸したのは、そうした銅鉱が目あてだったと考えてみることができる。また弥彦神は間瀬に住む安麻背《あまぜ》という賊を退治したという伝承がある。これなども銅山の開発と無縁ではなかったろうと思われる。藤田氏は「弥彦山塊が日本海に落ち込む所の三島郡寺泊町野積と西蒲原郡岩室村間瀬の境界線を中心とした一帯は、弥彦信仰における鍛冶神の痕跡が一番濃厚に現われている地帯である」と言っているが、藤田氏の言う鍛冶神の痕跡は、その背景に銅鉱を開発した古代人の活動があると私は考えている。ただ、前に述べたように記録は江戸時代の中期から始まっているので、古代に銅山や銅鉱があったという確証を得ることはむずかしく、今のところ伝承に頼るほかない。

弥彦神が鍛冶神であるというのは、弥彦神がにわかに夕立に出会ってあわてて雨やどりしようとしたとき、あやまってウドで目をついたという伝承がひろく分布していることでも分かる。弥彦の神が塩たきをしていると夕立が降ってきた。神は雷を叱りつけた。それで弥彦付近は夕立がかからず雷が落ちないという話もある。雷神を鍛冶神として表現する例は世界各国にある。弥彦神もまた鍛冶神であったから、雷にまつわる伝承が多いのだろうと私は思う。

二

さて『弥彦神社叢書』に次の記事がある。「明応の御造営成就して、大工鍛冶棟上げ異論に及び、一二を争ふて高橋にこれを訴へ、ついに壱番大工棟上ゲ、弐番鍛冶棟上ゲ致すべしと裁断きまる。この時鍛冶弥三郎と云ふものの母、悉く野心を含み、当小滝ケ沢の奥に入りて喰事をせずして死す。その死体髪逆立ち、手を握りて爪肉の中へ延通す。顔色猶怒りて目を開きてこれあり」。

この文章は寛永十一年六月に弥彦神社の御本殿を掃除したとき写しとったものであることが記されているので、江戸初期にはすでにそうした伝説があったことが分かる。この文章を筆写した高橋太郎左衛門というのは妻戸神社の神職であった高橋家と関係があると思われる。妻戸神社の祝部は妻戸氏と言った。世々舞楽の職であったが、中世には金子氏を名乗り、また高橋家となったという。この高橋家の末裔の高橋吉雄氏が書いた「弥彦山周辺の史蹟と伝説」という本には、さきの話は明応ではなく承暦の頃のできごととされている。そして鍛冶屋の母が憤死したという筋といささかちがった結末をもっている。

黒津家は弥彦大神の随神印南鹿の第二子の末裔といわれ、代々弥彦神社の鍛匠として奉仕したと伝えられている。この黒津家が実在したことは、『弥彦文書』（新潟県文化財調査報告書第二）の中に、「黒洲金村、あるいは黒洲真保古とも云う」とあるのでたしかめられる。金村といい、真保古（真鉾か）といい、金属に因んだ名前であるが、黒洲の黒もまた黒金（鉄）を思わせる姓である。黒洲は黒津とも記されている。さて黒津弥三郎の話であるが……。

　承暦三年（一〇七九）弥彦神社の造営工事が斎行されたとき、鍛匠と工匠（大工棟梁家）とが上棟式の第一日目奉仕をたがいに主張してゆずらず、とうとう、時の弥彦庄司吉川宗方の裁断によって、工匠は第一日、鍛匠は第二日目に奉仕すべしと決定された。これを知った弥三郎の母は、憤悶やるかたなく、怨の心が昂じて遂に悪鬼と化し、庄司吉川宗方をはじめ工匠方にたたりをなし、さらに諸々方々に飛行して悪業の限りをつくしたという。

　また『高志路』二一九号によると、弥彦の周辺には次の話が残っている。鍛冶と大工が言い争いをした。その起こりは、この世での仕事の始まりは、鍛冶が先か大工が先かということで、鍛冶にいわせると「かんな、のみなど鍛冶が作った道具がなくては大工は仕事になるまい」。大工に言わせると「ふいごを大工がこしらえなければ鍛冶はできまい」。こうして言い争っているときに、十二月八日に天からふいごが降ってきたということで、鍛冶が勝った。その日を金山講として、一日昔のことを語り合ってお神酒をあげてお祭りをするようになった。

　この話をみると、鍛冶が大工に勝ったことになっており、黒津弥三郎の説とは逆になっている。私にはこの説話の方が古いように思われる。それは次の理由からである。

　喜界島には、天から神が降臨して、粘土で男女を作った。男女が農耕を望むので、こんどは天からふいごを背負った神の使いが降りてきて、ふいごで鍬や鎌を作り、女に与えた。そこで農耕がはじまったという話が『鬼界島昔話集』（岩倉市郎著）に載っている。ふいごが天から降るという話とは酷似する伝承が、大和国高市郡にも残っている。『大和志料』には「日本の鍛冶は大和国高市郡より起こる。昔、神代の御時、石《いわ》槌《つち》、鉄錐《かなはし》の天より降るところ、なづけて鉄錐庄《かなはしのしょう》と言う」とある。そこの磐橋神社は鍛冶神である天目一箇神をまつるという。空から鍛冶の道具が降ってくるという話は、アフリカのエヴァ族などにもあり、世界にひろく分布している。これらの例からみても、弥彦神が鍛冶神であり、しかもその民間説話はきわめて古くまで遡及できることが立証される。黒津弥三郎にまつわる伝説は、おそらく後世に変形されたものであろう。では次に話の後半を見てみよう。

　弥三郎の母は各地で人をおそったが、ついには弥三郎が狩をしての帰り路を待ち受け、その獲物をうばおうとして、逆に片腕を切り落とされると、孫にあたる五歳の弥治郎をさらって逃げようとした。これも失敗すると、悪鬼の形相ものすごく、飛鳥のように風を起こして黒雲を呼び、天上高く飛び去ってしまった。そのあと諸国を飛行しては悪業に専念したが、八十年たった保元元年（一一五六）に、弥彦で高僧の評判高かった典海大僧正が、ある日弥彦山のふもとの大杉の根元に横たわる一人の老婆を見つけた。その異様な姿にただならぬ怪しさを感じて声をかけたところ、年経て神通力を身につけた弥三郎の母であることが分かった。典海大僧正は老婆に説教して真人間になることをすすめた。老婆は前非を悔い、名も妙多羅天女《みょうたらてんにょ》とあらためて宝光院にまつられるようになったということである。宝光院は弥彦神社の近傍にあり、その御堂には今日でも妙多羅天女像が安置されている。宝光院の背後の森に婆々杉《ばばすぎ》と呼ばれる大杉がある。妙多羅とは奇妙な名前である。弥彦山中には、宮多羅という地名があって、俗に、オンバのネドコといわれて、そこが妙多羅天女の終焉地とされている由であるが、この名前から私が連想するのは、弥彦神社の祭神がタラで目をついて片目となったという伝承である。そこでこの弥彦神の伝承にあるタラの木が多羅という固有名詞に反映しているのではないかと想像できる。『佐渡風土記』には妙虎天となっている。トラと呼ばれる回国の巫女によって伝えられたとも思えなくないが、弥彦あたりでは妙虎ではなく妙多羅となっていることには、それなりの意味があると考えられる。[3]

三

弥三郎婆の話は各地に残っている。

鍛冶屋との関係を伝えるものに次の話がある。越後三島郡来迎寺村、むかしの朝日村に炭焼の権という正直者がいた。そこに弥彦の弥三郎婆がやってきた。そうして嫁を世話しようという。弥三郎婆は大阪鴻池家の娘をさらってきた。その娘は権の嫁になった。嫁は小判を出して買物を頼んだが、夫の権は小判を雁に投げつける。女房があきれていると、そんなものはたくさんあるという。果たして黄金がたくさんあった。権長者のいた沢は今も権が沢といって残っている。いうまでもなく炭焼長者の伝説であるが、そこに弥三郎婆が登場するのは興味深い。というのも炭焼長者伝説は鋳物師や鍛冶屋が各地を歩きながら運んでいった説話であることがほぼたしかと見られるからである。弥三郎婆も鍛冶職の家に生まれていることから、このむすびつきは偶然ではあるまい。

さて、弥三郎婆の話のもっとも古いものは『今昔物語』巻二十七の「猟師の母、鬼となりて子を食はむとせること」であろう。昔、二人の兄弟がいて、いつも山に行っては鹿を弓矢で殺していた。あるとき高い木の上で鹿を待ち伏せしていたが、鹿はこなかった。そのうち、兄のいた木の上から、なにやらの手がのびてきて、兄のもとどりを取って上の方に引き上げた。兄が奇異に思ってもとどりを取った手を探ってみると、よく枯れて老いさらばえた人の手であった。これは鬼が自分を食おうとして引き上げたのだと思って、向う側の木の上にいる弟にむかって、自分の頭の上を射よと命じた。弟がそうすると、兄のもとどりのところに切れた手がぶら下がってきた。その手をもって自分の家に帰ってみると、兄弟の母はうめき声を出していた。兄弟は切れた手が母の手にたいそう似ていたので、母の部屋の戸を開けてみると、母が起き上がって、つかみかかってきた。兄弟は切れた手を母の部屋に入れて立ち去った。母は間もなく死んだが、母の手は千首のところから切れて、なかった。そこで切れた手が母の手であったことを知った。母が老いぼれてのち、鬼になって子を食おうと、あとをつけて山に行ったのだった。

右の話は羅生門伝説を思い起こさせる。それについてはまた後で詳述することになる。高木敏雄の『日本伝説集』には弥三郎婆の話が載っている。越後国西蒲原郡中島村の話となっている。そこの妙太郎という猟師が山奥の小屋に泊まっていると不意に大きな手を出してつかもうとする者がある。妙太郎が山刀で切り落としたら怪物は逃げ出した。妙太郎がその手をもって帰ってみると、母は大病だと言って唸っている。そして妙太郎の切ってきた手を見ると、それはおれの手だと言って、たちまち窓から飛び出して去った。その婆のために堂を建てて祀った。それが今の弥彦神社の裏の妙多羅天であるという。

同じ話が柏崎にもあり、それによると、弥三郎婆は山犬や狼をつれて追いかけ、弥三郎が大木にのぼると、婆もつづいてのぼってきて弥三郎をつかみ落とそうとする。弥三郎がもっていた鉈で婆の額をなぐると、婆は悲鳴をあげて逃げ失せる。弥三郎が家に帰ってみると、母は柱で打ったとか言って、額に創を受けている。弥三郎の子供が見えないので母に聞くと、味噌だと思って嘗めたというので、さてはと思って、弥三郎が身仕度をすると、母も鬼の正体を現わし、暴風雨にまぎれて破風を抜けて八石山の方へ逃げていく、という話になっている。

弥三郎婆が他人の子供を食うというのは、鬼子母神の説話が混入していると思われる。これは島津久基が指摘するとおりである。弥三郎婆の話は静岡県浜名郡神久呂村神ケ谷にも伝わっており(『静岡県伝説昔話集』)それが越後一国に限られないことを示している。しかし私がここで越後柏崎の話に注意するのは、弥三郎婆が山犬や狼をつれているということである。この点は柳田國男が『桃太郎の誕生』の中で述べている弥三郎の話ではいっそう明確になっている。

それによると弥三郎は弥彦付近の農夫であり、「綱使い」すなわち田んぼに出て鳥を捕るのを業とする者であった。ある日、狼たちに追われて木の上にのぼると、狼たちはやぐらを組んで迫ってきたが、届かない。そこで弥三郎婆さんを頼もうと一匹の狼が走っていく。はて、弥三郎婆さんといえば、うちの母親のことだと思っていると、にわかに西の空が荒れ出して黒雲がひろがった。その雲のなかから大きな手が出てきて、弥三郎の首すじをつかんだ。腰に差した鉈を出して力まかせにぶった切ると、血が流れた。狼たちは四散した。その腕をかかえて家に戻ると、奥の間で母親が唸っている。針金のような毛の生えた腕を母親の寝ているところにもっていくと老母はたちまち鬼婆の姿になり、その腕を引ったくり、自分の腕の切口にくっつけて逃げた。鬼婆が弥三郎の母を食って化けていたのであった云々。

この話は弥三郎婆の話の中でも比較的原型を保っているのではないかと思われる。弥三郎婆の話には黒雲に乗って飛行するとか、黒雲のなかから大きな手が出るとかいうものが多いが、それは伊勢の多度神社の神である一目連《いちもくれん》が黒雲を巻き起こしながら、外出するという伝承を思い起こさせる。多度神社の多度はタタラのつづまった語であり、一目連は目一つの神を意味すると考えられる(4)。

四

柳田國男は『桃太郎の誕生』の中で、高知県安芸郡佐喜浜村の野根山の国有林の中に、産《さん》ノ杉《すぎ》と称する有名な古木のあったことを伝えている。その杉は地上四メートルほどの高さの処で幹が横に屈曲し、そこが平らになって五、六人は楽に坐わることができたという。昔、旅の女がこの樹の上で産をしたという伝説があり、安産の護符にと後代までその杉の木片を削ってもっていく風があった。ところで、この杉にまつわる次の話がある。

あるとき一人の飛脚がこの野根山の峠路を越えた途中、数十匹の狼に吠えたてられている産婦を見出し、産婦を助けて近くにある大杉の枝にのぼらせた。すると狼たちはやぐらを組んで迫ってきた。飛脚が刀を抜いて切り伏せたので、狼たちは「では崎浜の鍛冶屋の母を呼んでこよう」と言った。するとまもなく人白毛の狼が肩梯子の頂上にのぼってきた。飛脚が切りつけると、カンという音がした。よく見ると頭に鍋をかぶっていた。それで、なお切りつけると鍋がやぶれて、狼は地上に倒れてしまった。他の狼たちは逃げ失せた。飛脚は産婦を木からおろし、帰りがけに崎浜にまわって鍛冶屋の家をたずねた。すると人の呻き声が聞こえるのでたずねると、鍛冶屋の老母が夜中に便所に行き、石につまずいてころび、頭に怪我をしたという。飛脚は、奥の間にはいると老母を突き殺してしまった。鍛冶屋の家族がおどろくと、飛脚は先夜のことを話した。狼が老婆を食い殺して母に化けていたのであった。縁の下を見ると人骨がたくさん散らばっており、死んだ老母は大白毛の狼と化してしまった、というものである。そして崎浜には今も鍛冶屋の母の屋敷跡が残っているという。土佐の崎浜では「鍛冶屋の母を呼んでこよう」というのが、新潟では「弥三郎婆さんを頼もう」ということになっている。ここにおいても、弥三郎婆の伝説が鍛冶屋の母の伝説であることがはっきりする。

南方熊楠は『千疋狼』の中で、土佐野根山の千疋狼の頭領が鍛冶屋の母で、鍋、鉢または釜をかぶって先登したというが、鍛冶屋が妖術や変化《へんげ》に関係のあついことは、外国でもしばしば聞くとして、アビシニアの鍛工はよく狼、ヒエナ等の獣に化身するというのは、もっとも土佐の話に近いと言っている。これにたいして柳田は『桃太郎の誕生』の中で「私は逆に土佐の東境（注・野根山のこと）のやうな伝説の存するを見て、鍛冶の母なるものが今日の産婆の前身、即ち半ば信仰の助けを借りて、婦女産褥の悩み憂ひを、軽くする役目をもつてゐたのではないかと考へてゐる」と言っている。

こうした話からして、越後弥彦に伝わる弥三郎婆の伝承もまた鍛冶屋の母と縁由をもっていたことが推察される。それが弥彦神社の社家で鍛冶職であったという黒津家の弥三郎から出発した伝承であるかは、はなはだうたがわしいとしても、黒津弥三郎なるものが実在していたとすれば、それと結びついたことはまちがいない。弥三郎婆が典海大僧正に発見された大杉（婆々杉）というのも、土佐野根山の産ノ杉を連想させる。たたらは子宮であり、鍛冶技術は産婦人科の技術と同じであるとエリアーデは言っている。たたら炉の穴から「湯」つまり溶けた金属が流れるのは、赤ん坊が産道を通って誕生するのと同じである。鍛冶屋の母が産婆の前身としての役割を果たしていたというのは、両者の親縁性をつよく意識していた未開人や古代人の発想によるものと思われる。(5)

鍛冶屋が呪力をもって多くの人たちに恐れられた世界が、南島にはつい最近まであった。奄美大島では、鍛冶屋の子供と喧嘩すると、あとでたたりがくるというので禁物だったと大山麟五郎氏は子供時代の頃のことを述懐している。では、なぜ狼が土佐の話や弥三郎婆の話に登場するかと言えば、狼の産見舞《さんみまい》の風習から推測されるように、狼が安産に関与する動物であると考えられていたからではないだろうか。もっとも、そればかりでなく、南方熊楠が指摘しているように、鍛冶屋が狼に化けるという古い伝承が潜在しているのかも知れない。いずれにしても私は弥三郎婆の伝説が、その根源において、鍛冶屋の伝承から出発していることを力説したい。それが、他の説話にどのような形で波及していくかをつぶさに眺めてみるとき、そこには意外な事実が出現し、展開することになる。

五

加賀の白山を開いたという伝承上の人物は越《こし》の大徳と仰がれた泰澄上人である。国上寺《こくじょうじ》もまた泰澄によって開かれたという縁起をもっている。現に国上寺の本堂には泰澄像が安置されている。ところで『日本高僧伝』の「泰澄伝」には次の挿話が記されている。

国上寺で、ある信者が塔をつくったが、落雷のために三度もこわされてしまった。そこで四度目に塔が落成したとき、泰澄が塔のかたわらで法華経を読んだ。すると、一天にわかにかき曇り、雷鳴と稲妻がしきりにしていたが、一人の童男が雲の中から落ちてきた。童男をしばりあげると、涙を流して許しを乞い、「これまでこの国上山には地神がいたけれども、塔が立つと、そのいる場所がなくなってしまうので地神は自分に塔をこわさせた。しかし今、経文の力によって地神は去った。これから国上寺の四十里四方では、落雷がないようにする」と約束して、いましめを解いてもらった。この誓いは今にいたるまで守られている、とある。この話とそっくりな話が『今昔物語』巻十二に載っている。そこでいう神融聖人とは泰澄上人のことである。

ところで、多宝山や国上山をふくむ弥彦山塊のふもとの地方では次のような話が残っていることを、藤田治雄氏は指摘している。

弥彦の神はある日夕立に出合って、雨やどりをしようと走った。そのときウドの木につきあたって目を突いた。弥彦の神はとうとう一眼を失った。そのために弥彦の山中にはウドは生えず、また夕立が降らないという。このほか、弥彦の神が塩たきをしていると夕立が降ってきたので、神は怒って雷を叱った。それで弥彦山の付近には夕立がかからず、また雷も落ちない、という話もある。(6)

「泰澄伝」の逸話と現存の伝承とを比べてみるとき、前者が古いように見えるが、じっさいはそうではなく、むしろ、はじめに現存の伝承とおなじ民間伝承があって、そこに泰澄の名がむすびつけられたのであろう。それは役行者や弘法大師にからまる説話とおなじである。ここでは、雷神が小童の姿をとって地上に降りてきたこと、また弥彦の神が雷神を折伏したという二点に注目すれば足りる。

雷神小子の話は『日本霊異記』に記されている。尾張国のある農夫が金の杖をついて立っていると、折しも雷が鳴って、小子の姿をした雷が落ちてきた。持っていた金の杖で雷を突こうとすると、雷は、もし自分を助けてくれたら、あなたに子供を得るようにしてあげようといい、天に昇った。あとで生まれた子供の頭には、蛇がまつわりついていた。出生した子供はたいそう力持ちで、のち、大和の元興寺の童子となって鬼を退治し、道場法師と呼ばれたという話である。おなじ『日本霊異記』には、小子部栖軽《ちいさこべすがる》が赤い幡桙《はたほこ》をかかげて、雷を追いかけ、捕えた話が載っている。このように、雷神が小子として実現されているのは「泰澄伝」と同様である。「雄略紀」には、少子部（小子部）連栖軽が三輪の大蛇をとらえて天皇にみせた。天皇がものいみしなかったので、雷がひかりひらめき、大蛇の目がかがやいた。天皇は逃げて、大蛇を丘に放たせ、少子部連栖軽に少子部雷の名を与えたとある。ここにも少子部と雷の関連がみてとれる。『扶桑略記』には神の林を伐ったことを子部《こべ》の大神が怒って、大安寺の塔や金堂の石鴟尾を焼いたという話が記されている。これも子部氏の神が雷神にほかならぬことを示す例である。子部と小子部は同族とみてよかろう。近藤喜博氏によると、奈良県北葛城郡河合村佐味田の宝塚古墳から出土した家屋文鏡には、鏡背の図形に四個の家が鋳出されているが、その上空に雷光形の模様があり、その雷光形の内に小童がうずくまっているのが認められるとし、近藤氏はこれを雷神の小童と解している（『日本の鬼』）。もしそうならば、雷神を小童であらわす考えは、きわめて古くからあったとみなければならない。

では雷神はどうして小子の姿をとるのであろうか。それについて私は次のように考えている。まず鍛冶屋と雷神とは深い関係をもっている。田村克己氏の『鍛冶屋と鉄の文化』によると、インドシナのレンガオ族は雷神を鍛冶屋のパトロンとみているという。また中国の青海省に住む土着民は、初夏に稲の苗が育ったころ、僧侶を招き、山で祈りをあげてもらうが、そのとき山羊を殺して皮をはぎ、その皮を柱に突き刺して神への供え物とする。そのいけにえの柱は、雷を呪縛し、収穫を守る目的のものであるという。このほか、ギリシア神話の一つ目の巨人キクロペスが、ゼウスの雷電をきたえる鍛冶屋であることは名高い話である。まえに、天から鍛冶屋の道具が降ってくるという話があることを述べたが、それも天上に鍛冶屋がいるという考えをもとにしているにちがいない。その鍛冶場ではすさまじい音と光を出すということから、雷鳴や稲妻とつなげて想像するのは当然のことである。

雷神と鍛冶屋とが密接な縁由をもつものとしても、小子をどう解すればよいか。それについては、小人がきわめて腕のすぐれた鍛冶屋であるという伝承が世界各地にあることから、雷神小子は鍛冶屋としての小人であろうと私は考えている。ベヤリング・グウルドは『民俗学の話』の中で、小人は非常に器用な鋳金者であり、ことに鋳刀師としてみごとな腕前をもつという伝承のあることに触れ、鍛冶屋を生業とする漂泊集団が、こうした小人の伝承を各地にもたらしたのではないかと述べている。また北欧やドイツでは鉱山の中でもっともすぐれた坑夫は小人であるという俗信も根強く残っている。

北欧神話の中では、小人はすぐれた鍛冶工とみなされていて神々のために盾、槍、斧などの武器を作ったといわれている。ハウプトマンの『沈鐘』で教会の鐘の鋳造を手伝ったものは六人の侏儒であった。ふいごの火を吹き、鉗子《かなはし》や大金槌をふりあげ、鉄砧のやけた鉄を打つ侏儒の姿が描写されている。

これを日本についてみると、『日本書紀』の神武東征の条に、大和の葛城の高尾張というところに、「赤銅《あかがね》の八十梟師《やそたける》」がいて、その土蜘蛛はまるで侏儒のようであったと記されている箇所が私の注意をひく。これはかつて銅鉱を掘り出して精錬する小人のように矮小な集団があったという伝承を述べているのであって、鉱山に働く者や鍛冶を業とする者が小人であるという世界各地の伝承と共通である。

ところで弥彦の神が、雷神に落雷しないように誓わせたというのは、小子部の例でみるように鍛冶とつながりがある雷神制圧の呪術をもっていたことを示唆している。弥彦神が目一つの神であったことと思い合わせて、弥彦神の性格を鍛冶神と規定して差支えないことは、これまでの裏付けで充分であると私は考える。

六

すでに江戸時代のまえから、弥彦神社では三月十八日に祭をおこなっていたことはまえにも述べた。そのとき大大神楽を奏したが、藤田治雄氏の研究によると、古くは大大神楽といわず、舞童、八講などと呼ばれていた。舞童という語は、すでに応永十八年（一四一一）に見えるから、ずいぶん時代をさかのぼることになる。そして十六世紀末の慶長二年の記録になると、国上寺の稚児四人が、三月十八日に神前で舞いをするために、弥彦に参ったことが記されている。そのとき、小袖装束の稚児四人と数名の楽人衆は馬に乗り、多勢の衆徒や警備の侍や太刀持ちなどは前後に陣取りしていたようである。これに関連して藤田氏は次のような伝承のあることを紹介している（『高志路』二四一号）。

「国上の人びとが、国上寺からふもと部落へいく稚児道《ちごみち》というのがあって、今は草に埋れているけれども、国上寺の稚児僧が弥彦社へ通った道といわれている。この稚児道は、弥三郎婆や酒呑童子が出没して稚児をさらったと伝えられている」

こうした話があるかと思えばまた、次の話も伝わっている。

「明治まで、この稚児の舞（大大の舞）には稚児一人に一人ずつ裃姿の壮漢が太刀を持って守っていた。これは昔、鬼婆の襲撃に備えて、始められたことであると考えられていた」

以上の話に藤田氏は特別の注釈を加えてはいない。しかし私はここに本書の主題の鍵を発見する。私の興味をひくのは、

第一、三月十八日の弥彦の祭礼の日の前後に弥三郎婆が出没することである。

第二、弥三郎婆と酒呑童子が並記してあつかわれていることである。

第三、さらわれるのは国上寺の稚児であるということである。

毎年、三月十八日に弥彦神社でおこなわれる祭に、国上寺が行列を作って稚児を送り、神前で舞を奏させたという慣行は、延宝九年（一六八一）という、江戸時代も早い時期に打ち切られてしまったというから、右の伝説が生まれたのも、そう新しい時期ではないと見ることができる。ちなみに、この数年前の延宝六年は、神道家として有名な橘三喜が、弥彦神社をおとずれて、それまで弥彦明神という尊号しかなかった祭神に天香語山尊《あめのかごやまのみこと》という神号をつけた年である。藤田氏によると、橘三喜は、弥彦神社の神主にいろいろ質問を発し、その答えにもとづいて祭神名を決めて授けたに相違ないという。天香語山尊という神号には、鍛冶の神の要素が含まれているというのが、その理由である。ともあれ、この年を境として、国上寺と弥彦神社のきわめて古い関係は中断された。しかし、新しい神名と神格によって弥彦神社が支配される以前は、弥彦神はただ鍛冶神としての伝承をもちつづける無名の神にほかならず、国上寺とも密接なつながりをもっていたことが推定される。

さきの説話に見られる弥三郎婆と三月十八日との関係は、弥三郎婆が鍛冶屋の母である以上、一向に不思議ではない。そして、弥三郎婆と酒呑童子とを混同するこの説話は、私に『御伽草子』に含まれている「酒

呑童子」の中の次の一句を想起させずにはおかない。

……某《それが》しが古《いにし》へを語りて聞かせ申すべし。本国は越後の者、山寺《やまでら》育ちの児なりしが……

この一条の「山寺」が国上寺を指しているのは、ほぼたしかであろう。というのも、国上寺には酒呑童子にまつわる縁起と共に「酒顛童子絵巻物」が寺宝として伝わっているからである。縁起はあらまし次のような筋書のものである。

越後国砂子《いさご》塚（現在の西蒲原郡分水町大字砂子塚）の城主である石瀬善次俊綱は桓武帝の皇子桃園親王の家臣といわれ、桃園親王が越後に流罪に処せられたとき、その従者として寺泊の港に上陸し、のち砂子塚に住んだ。さて、俊綱にはなかなか子供ができないので、妻と共に信濃の戸隠山の権現に参拝祈願したところ、妻は懐妊した。子供は三年間も母の胎内にあってようやく生まれた。幼名を外道丸と呼ばれたが、手のつけられない乱暴者である一方、ずばぬけた美貌の持主だった。両親は外道丸の乱暴ぶりを懸念して、国上山国上寺へ稚児として出し、仏道と学問の修業に励ませることにした。外道丸は国上寺ではおとなしくなったが、その美貌ゆえに多くの女たちに恋慕された。そうするうちに、外道丸に恋慕した娘たちは次々に死ぬという不吉な噂が立ちはじめた。そこで外道丸は、これまで貰っていた恋文を焼き捨てようと箪笥を開けたとたん、もうもうたる煙が立ちこめて、煙にまかれてたおれた。しばらく気を失っていた外道丸がようやく起き上がると、そのすがたは、見るもむざんな悪鬼の様相になっていた。外道丸は呆然自失の体であったが、飛鳥のように身をおどらせて中天高く飛び上がり、信州戸隠山の方向を目指し姿を消した。そののちは丹波の大江山に移り住み、岩屋に立てこもって酒顛童子と名乗り、源頼光によって討伐されたという筋の話である。

七

この話には注目すべき箇所がいくつかある。第一に、外道丸の父が桃園親王の従者として寺泊に上陸したということである。第二に外道丸の出生が戸隠山と関連して語られているということである。第三に外道丸が国上寺の稚児であったとされていることである。このうち戸隠山との関連については後で詳述する予定であるから、ここでは省略しておく。外道丸が国上寺の稚児であったというのは、さきに述べたように、弥彦神社の三月十八日の大大神楽の折に、国上寺の稚児が参向したということとつながりがあるように思われる。そこには、稚児をさらう弥三郎婆の顔がのぞいている。

国上山には酒呑童子の岩屋と称するものがあった。また国上寺には、外道丸が自分の顔が悪鬼に変じたのを見ておどろいたという酒呑童子の姿見の井戸というのも残されていた。国上寺には酒呑童子の盃と称する木彫りの大杯も伝えられてきている。これらを見れば『御伽草子』にいう「山寺」が国上寺であることはまちがいない。

ところで、地元では酒呑童子は分水町の砂子塚で生まれたことになっている。現に砂子塚のある屋敷内にはひとむらの竹やぶがあって、そこを童子屋敷のあとと呼んでいる。「越後名寄《なよせ》」によると、童子の父母は何者か分らないといい、母の体内に十六カ月もいて、生まれたとされている。生まれてすぐ物を言い歩くことができた。そのあと、国上寺の稚児になるまえに、和納《わのう》（現在の岩室《いわむろ》村）に移ったといい、そこにも童子屋敷や童子田の名が残っている。和納では楞厳寺《りょうごんじ》にあずけられていたという伝承がある。もと真言宗で今は曹洞宗に変わっている楞厳寺の縁起によると、村上天皇の第五皇子である桃井法親王は、従者と共に都を忍び出、北陸路を通って各地に転住し、さいごに越後の岩室村の和納に落ちついた。その御所のあとが今の楞厳寺であるとされ、応和三年（九六三）に桃井法親王が死去したあとは、寺の境内に紀州高野の土を運んで御陵を築いたといわれ、それは現在も残っている。[7]

私は外道丸の父が桃園親王の従者として寺泊に上陸したというのは、この楞厳寺の縁起に見られる桃井法親王の伝承と関連があるのではないかと疑っている。桃園という姓もよく似ている。つまり両者が混同して伝えられたのだと思われる。

ところで『高志路』一九三号に記された斎藤嘉吉氏の文章によると、岩室村和納には次のような伝承が残されている。往時和納一帯は水流がほしいままに流れ、葦が生いしげり、土民は罠を張って鳥獣を捕えるのを自分の仕事としていた。法親王が土地の名を問うと「輪難野《わなの》」と言った。「輪難」は罠であり、生きものの命を取る道具だからよくない。文字を改めよと言われ、「和納」という名をつけたという。

「垂仁記」には、天皇が山辺の大鶙《おおたか》をつかわして空高く飛ぶ鵠《くぐい》を捕えさせた。大鶙《たか》は高志国の和那美《わなみ》の水門に網を張って、その鳥をつかまえ献上した。そこでこの水門を和那美之水門という云々、という記事がある。『古事記伝』は、和那美之水門は越の国のどこにあるか不明であると述べているが、『地名辞書』は、この和納のことであろうとする。和納は罠網《わなあみ》に通じ、また和納のあたりは水郷で白鳥（鵠）や雁なども多く棲んでいただろうと言っている。この説にしたがうとすれば、さきの桃井法親王に関連する地名起源説話も生きてくることになるが、和納がはたして、和那美之水門であるかどうかはさだかではない。いずれにしてもこの和納のあたりに鳥が多かったことは事実である。岩室村の和納やそれに近接する巻町のあたりでは、秋になるとタカブという鳥がおびただしくやってきた。また付近の沼沢地には雁も多く集まった。そこで堤に面した立木や山の傾斜などを利用して、小高い丘すれすれに飛ぶ鳥をねらって捕った。ときには立木の股に身をひそめ、ときには立木にヤグラを組んでまちかまえた。このヤグラをサカ棚という。鳥がやってくると、長い柄をもった逆三角形の網を鳥に投げつけて、からめ捕った。これをサカウチと呼んだ。

弥三郎婆の話はさまざまあるが「加無波良夜譚《かむはら》」によると、弥三郎は網使い、つまり田圃に出て鳥を捕えるのを職業とする者であったとなっている。柳田が『山島民譚集』で紹介しているのも、ある夜、弥三郎が鴨網に出かけて鳥を待っているところを、ふいに空中からおそわれるという筋である。弥三郎婆は分水町中島の出身だといわれ、弥三郎婆の屋敷の跡というものも永く残っていた。分水町の中島は、酒呑童子が生まれたという分水町の砂子塚から数百メートルも離れていない。これは偶然だろうか。私にはどうもそうは思われない。

酒呑童子が越後の生まれであることは、いつ頃から始まった伝説なのか分らないが、弥彦山塊のせり出したあたりの海岸線が、海からの外来者の上陸する足場になっていたことはたしかである。これまでみたように、弥彦神が寺泊の北の野積に上陸したという伝承がある。弥彦神が退治した間瀬の賊の安麻背《あまぜ》も異族の匂いがする。(8)

さらには分水町竹花には、海津家の背後の丘に新羅義王の墓と呼ばれるものがある。「東鑑」には、貞応三年二月二十九日に、高麗人の船が寺泊に漂着したことが記されているから、それとからまる伝説だろうか。桃井法親王の都落ちの伝説や、酒呑童子の父が桃園親王にしたがって寺泊に上陸し、砂子塚に住んだというのも、こうした一連の話の中に組み入れることができる。とくに弥三郎婆の屋敷と酒呑童子の生地、それに新羅義王の墓のあるところは、きわめてせまい区域に集中していることに注目せざるを得ない。

八

越の国と酒呑童子のむすびつきはこれまで紹介したとおりであるが、ここにもう一つの興味ある話が伝わっている。それは、酒呑童子の配下である茨木童子の伝承が長岡市の北東の栃尾市に見られることだ。栃尾市に軽井沢というところがある。『栃尾市史』の中に紹介されている「温古の栞」の文章によると、酒顛（呑）童子は、国上寺を追われてのちしばらくは、国上山の東稲葉の岩窟に隠れて里民をなやましていたが、そのあと古志郡軽井沢（現在栃尾市）に移った。そのころ古志郡茨木善次右衛門の家に生まれた茨木童子というものが、悪行を好んで村民に憎まれていた。酒呑童子はこの茨木童子と友人となり、大平山を棲み家として近辺を横行した。酒呑童子と茨木童子の双方の力に優劣はないが、酒呑童子は才智に長じていたので、茨木は酒呑童子と主従の約をなした。そののち、茨木は出生の土地をはばかって十八人の家来をひきつれ、黒姫山（刈羽郡）に移ったが、さらに頸城郡の賀風ケ嶽に居を転じ、三転して信濃国水内郡戸隠山にたてこもったが、最後に丹後の大江山を根拠地とし、酒呑童子の配下となって暴威を振った、とある。

ところで茨木善次右衛門の家は旧家で今も残っており、茨木童子が使用したという二、三の器物が残っている。その家のうしろに童子が住んだ岩窟があったが、いまはこわされて跡だけがある。そのかたわらに清水が湧き出ている。このつづきの田圃の中の十坪ばかりは、童子出生の旧跡ということで古くから開拓を禁じているという。私が栃尾市で聞いたところによると、軽井沢の茨木童子の住んだ童子屋敷は峠にむかった豪壮な構えだったというが、家は焼けてしまった。屋敷には童子の使用したという椀類が残されていた。昔は「言うことを聞かないと童子のお椀をもってくるぞと言われるのが子供の頃何よりもこわかった」という老婆の証言もある。家のかたわらには童子清水がこんこんと湧いていたが、それも現在は道路改修によって往時をしのぶこともできなくなったという。しかし軽井沢には酒呑童子と茨木童子が山野の獣をとって料理した俎板石と俎板清水の地名が残っている。また、二人がたてこもった大平山には鬼倉というところがあるが、そこには鬼の穴があって、鬼の穴には石段を築いたあとがある。多分、そこには銅が出たのではないか。

童子たちは金掘りをやらせて女郎を置いたのではないか、近くに女郎が沢という地名もある、と話してくれた人もあるが、果して銅が産したかは確認しがたい。鬼倉の所在地は雷という集落である。この集落は明治二十年代に作られたと私は聞いたが、雷という風変りの地名までが、そのときつけられたとは思えない。この雷には雷神との関係の暗示がこめられているのではなかろうか。

栃尾には茨木童子の出身地という伝承のほか、虎熊童子の話も伝わっている。栃尾市の熊袋というところが、その出生地とされている。そこには坊が沢とよばれるところがあり、かつては寺もあったらしい。寺跡のあるところを護品山《ごひんやま》といっている。『御伽草子』では酒呑童子が「ほしくまどうじくまどうじ、とらくまどうじかねどうじ、四天わうとなづけてばんをさせ」たとある。『江戸風俗野史』によると、むかし丹波国大江山に猪熊入道雷雲という大盗賊が住んでいた。都から征伐に出向いた某という大将に討ちとられたが、この入道は首を切られながらも一念すさまじく、討手の鎧の袖をくわえて空中高く首が飛び上がった。これが爪のはじまりである、と説明している。それは源頼光に切られた酒呑童子の首が身体を離れて空に舞い上がり、頼光をめがけてひとかみにしようとしたが、星甲《ほしかぶと》の威光におそれをなしてひるんだという『御伽草子』の一条を思わせるものであるが、このように越後の栃尾に酒呑童子の眷属の縁由が語られるのには何か仔細があると思われる。

話を茨木童子に返すと、栃尾の郷中の渡辺姓の家々では節分にもわざわざ「鬼は外」を言う必要はなく、この一族にかぎって豆まきはしないのだと今に伝えている。というのも茨木童子はかつて、渡辺綱と渡りあって、片腕を切り落とされたということがあるからである。また茨木童子は郷里を出奔するときに家の破風をつきやぶっていったので、栃尾の軽井沢の家々では他所とちがって、いずれも破風を作ることをしないと伝えている(『栃尾市史』)。

ここで思い起こすのは『太平記』巻三十二に、鬼切の刀の由来が述べられていることである。渡辺綱が大和国宇多郡の大きな森に出没する妖怪を退治しようと、女装して待っていると、にわかにかき曇った虚空から綱の髪をつかむものがある。綱は源頼光からたまわった太刀を引きぬいて払うと、毛が黒くはえて、指は三つしかなく、しかもその指先の爪が曲っている腕を切り落とした。綱は頼光にこの腕を献じた。七日たった夜、頼光の母が河内の高安の里からやってきた。そして切りとられた腕を見せてもらうと、その腕をひったくり、牛鬼となり、酌をしていた綱を左の手にひっさげながら頼光に走りかかった。頼光が太刀をぬいて牛鬼の頭を切り落とした。頭は宙に飛び上がり、頼光の太刀のきっさきを五寸食い切って口にふくみながら、半時ばかり飛び上がり吠え怒っていたが、ついには地に落ちて死んだ。しかし、その身体はなお破風から飛び出て、はるか天に昇っていった。今日まで渡辺党の家作りに破風をしないのはこのせいである、云々という話である。

同様な話は『平家物語』にも『源平盛衰記』にもあるが、渡辺党が破風をつくらないという点は、さきの茨木童子の話に反映している。しかも破風をやぶって脱出、逃亡するというのは新潟県の柏崎につたわる弥三郎婆の話にも見られる。また新潟県の東頸城郡安塚町では弥三郎婆は、家の煙出しから飛び出していったという話を伝えており、そこの牧野部落では今でも民家に煙出しを作らない。婆がふたたび煙出しからはいってこられるのを恐れてのことだという。こうしてモノノケや鬼の出入するのが破風や煙出しにほかならぬことが分かる。

しかし茨木童子の出生地はふつう越後の山中とは考えられていない。摂津の茨木だという説がもっとも有力である。それが、なぜ越後の産という伝承が生まれたのかといえば、おそらく酒呑童子の出生譚の影響を受けているのではないだろうか。しかしそればかりとも言い切れないのは、茨木童子と弥三郎婆の襲撃の仕方が酷似していることである。いずれも、黒雲に乗じて空からおそいかかり、髪毛をつかむ。そうして手を切られてしまうという趣向になっている。黒雲に乗って飛行するというのは、前にふれたように多度神社の一目連という神の外出の方法である。一目連は一つ目の神にちがいなく、鍛冶の神である。したがって、少なくとも弥三郎婆の話にはそれが反映していると思われる。

また酒呑童子の出生にまつわる次の話も見過ごしがたい。岩室村に伝わる話では、その付近の川にトチという魚が住んでいた。妊娠した女がそれを食べると、生まれた子は、男ならば大盗賊、女ならば淫婦となり、満足な一生を過ごすことができなかったといわれるが、酒呑童子はこの魚をたくさん食った母親の体内に十六カ月もいて生まれた子どもだという（小山直嗣著『越佐の伝説』）。

藤沢衛彦の『日本伝説研究』によると、トチという魚はカジカとなっている。そのカジカは頭にこぶのある色の黒い魚である。和納のあたりを流れる飛落川《とびおち》に住んでいた。酒呑童子は和納にいた頃に飛落川に遊んで魚をにらみ殺すことを試練としたというが、そのため川のカジカはことごとく眼がおちくぼむようになってしまったという。

片目のカジカの話は、越後南蒲原郡森町村（現在下田村）の鎌倉沢にもある。その沢に住むカジカはみな左眼がすがめであるが、それは鎌倉権五郎景政が鳥海三郎の矢に左眼を射られて片目となり、のち世を捨てて五十嵐川の上流、大江の村の奥に身を隠したので、景政の住んだ渓流三里の沢を鎌倉沢と称し、そこに住むカジカは片目であるという（『伝説の越後と佐渡』）。

論証はここでは省くが、片目の魚の伝説の所在地は、鉱山やたたらや鍛冶場に関連があるというのが私の考えである。(9)

五十嵐川の上流の山中に銅や銀の鉱穴があることは『地名辞書』も伝えている。そこに大江という地名のあることも見過ごしがたい。というのは、酒呑童子のたてこもった鬼の岩屋は丹波でなく、この越後の大江であるという説もあるからである。そして大江からは栃尾に通じる道がある。こうしてみると酒呑童子と茨木童子はふたたびつながってくる。

おそらく、海路をへて越後の寺泊の北に上陸した鍛冶技術の集団が、弥彦山塊の自然銅を採掘していた。彼らの奉斎する目一つの神は雷神を制圧する鍛冶の神にほかならなかった。古代においては鍛冶集団は、安産の呪術を持つと信じられた。狼もまた安産の守り神であるということから鍛冶屋の老母と狼とを同一視する伝説が生じた。それが千匹狼の話にほかならないが、弥三郎婆の伝説の原型もそこにあると私は推量する。そして弥三郎婆と酒呑童子の出生地のむすびつきが偶然でないとすれば、酒呑童子の物語にも鍛冶の伝承が反映しているとみなければならない。

注

(1) 東北地方の日本海岸に、海上による西方からの移住者の痕跡が点々とある。一例をあげると、山形県の鶴岡市の海岸の湯野浜のそばにある金沢《かねざわ》は、加賀の金沢の名に由来するとされている。また、酒田市の南端の浜中は、越後の中浜からきたという説がある。鶴岡市の南西の井岡に遠賀《おが》神社があることも注意されてよい。

(2) まえにも述べたように妻戸神社の創建は新しくても、野積の古伝承はそれより溯って存在したと考えることができる。また妻戸神社の祭日に影響を及ぼした弥彦神社の祭日は、それ以前から三月十八日であったとみなされ、すでに応永十八年（室町時代）の記録もある。

(3) 弥彦山登山道の中腹からすこし上方の谷間に、婆々欅とよばれる一本の大欅があって、雨乞行事の祈願に弥彦山にのぼるとき、かならず鉈目を入れることになっていた大欅であるが、そこは妙多羅天女が一時仮住居したところと伝えられている。また、石川県金沢市近くの海岸に「弥彦の鬼婆踊」と称するものが伝わっているという。

（4）　東海地方では、一目連といえば烈しい風の名でもあり、物の一方に将棋倒しになるのをイチモクレンと呼んでいる（堀田吉雄著「海の神の研究」上）。

（5）　ルネ・ガルディの「秘境マンダラ」（大久保和郎訳）によると、鍛冶師は予言者であり、運勢を占う者である。そしてまた播種と収穫の儀式の主宰者である。鍛冶師の家族は他の家族とつきあうことがない。何人も鍛冶師と同じ皿では物をたべない。鍛冶師の妻は産婆であり、彼女だけが陶器を作ることを許される。

（6）　関東地方の群馬、茨城、埼玉などの各県では「越後一之宮お弥彦様の雷様除け」の信仰があって、弥彦神社の御神札をいただく風習がながくあったということを高橋吉雄氏は述べている。

（7）　楞厳寺の縁起によると、桃井法親王の逝去は応和三年九月十八日とされ、その陵墓は五輪塔の中に法親王の影像を刻みこんだ珍しいものである。またその境内には法親王の位牌がまつられている。九月十八日は三月十八日と同様に一眼を失したものの忌日であり、または鍛冶に関係ある神社の祭日であることを念頭におく必要がある。

（8）　伝説によると、弥彦神が野積浜に上陸後、弥彦の里に宮居を定めて支配していた。そのころ、弥彦山の裏側の日本海に面した山麓に、安麻背と名のる凶賊が住民を困らしていた。安麻背は一丈六尺もある大男で怪物に近かった。安麻背は岩屋に多くの美女をはべらせて酒宴にふけっていた。弥彦神は安麻背を計略にかけて捕え、教化した。安麻背は改心し、弥彦神の家来となって、浜辺の開拓と漁業の振興に力をつくしたという。これが間瀬浜開拓の由来であるが、もとより安麻背の名は、間瀬を安んずるということにかこつけて作り上げられたものである。しかし安麻背が酒呑童子を思わせる人物であることに注意。

（9）　それは拙著「青銅の神の足跡」にくわしく論証されているから見てほしい。

大江山と「鬼」説話

髙橋昌明

「鬼と女とは人に見えぬぞよき」とは、『堤中納言物語』の一篇「虫めづる姫君」にみえる心にくい警句である。だが、そういわれるとかえって、その姿をのぞき見たくなるのが、平凡人の心理というものであろう。わが国最初の分類体百科辞典『倭名類聚抄』にさかのぼると、「鬼」は和名「於爾《おに》」で、「物に隠れて形を顕はすことを欲せず、故に俗に呼びて隠《おに》と曰ふ也、人の死せる魂神也」とある。ますますもって気になるところで、こわいもの見たさの気持もはたらく。

かくて鬼とよばれる、まがまがしくもきらきらしき存在に、心ひかれるものを感じはじめていたやさきの数年前、ある事情で大江山の酒呑童子にかんする一般むけの文章を書かなければならない仕儀となった。むろん、文化史について語る素養と資格を持たない私ごときが忽卒に書くのであるから、結果は言うまでもない。その後このようなものをそのままにしておくのはいかにも恥ずかしい、適当な時に書き改めてと考えていたところ、さいわい本欄に執筆の機会を与えられることになった。恥の上塗りを覚悟の上で、いま一度標記のテーマにかんする思いつきのいくつかを並べ、ひろくお教えをうけたいと思う。

一

源頼光とその四天王らによる酒呑童子退治の話、として知られる大江山説話は、近江国伊吹山の伊吹童子退治の物語と内容的に深く関係しつつ、南北朝頃に原型が成立したとされている。その後謡曲「大江山」を経、お伽草子の「酒呑童子」や近世初頭成立の古浄瑠璃「酒天童子」などによって、人びとになじみ深いものとなった。

同説話を歴史的・分析的に扱ってゆこうとするならば、大江山という場の性格についての考察は欠かせない。従来はこの点にほとんど注意が払われてこなかったため、酒呑童子と称する鬼神がなぜほかならぬ大江山をすみかと定めているのか、鬼神退治の背景となった史実はなにか、といった基本的な問題がいま一つ明らかにならなかったように思われる。

そこでまず、大江山の位置から確定しなければならないが、京都府下には二つの大江山がある。加佐郡大江町と与謝郡加悦《かや》町の境、かつての丹後・丹波国境にある標高八三三メートルの大江山（千丈ヶ岳）と、京都市の西方にそばだつ急峻な西山山地の大きな鞍部老《おい》ノ坂峠の南、標高四八〇メートルの大江山（大枝山）である。一般には千丈ヶ岳が酒呑童子の大江山と考えられているが、古代・中世における大江山はもっぱら後者、丹波・山城国境の大枝山をさしていた。

たとえば、小式部内侍の有名な「大江山いく野の道の遠ければ　まだふみもみずあまの橋立」にしても、京→大江山→生野（現・福知山市内）→天の橋立という場面の設定であるから、これはまぎれもなく丹波・山城国境老ノ坂の大枝山のことである。宮増の作といわれ、大永四（一五二四）年の「能本作者注文」に曲名が出ていることから、室町時代の制作にかかるものであることが明らかな謡曲「大江山」では、童子を討とうとして都を出た源頼光ら一行が、その日のうちに大江山に着いていること、その大江山は「丹波丹後の境なる鬼ヶ城」とは別のものであることが明示されていること、さらに

（頼光）ワキ　都のあたり程近き
（童子）シテ　この大江の山に籠り居て

の一節などがあり、これらから判断して元来は、酒呑童子の大江山が老ノ坂の大枝山に想定されていたことは疑いない。ちなみに老ノ坂（老ノ山）は大枝《おえ》が大井《おい》と読まれ、老の字があてられたものといわれている（『山州名跡志』）。

さて、古代の山陰道は、都と丹波以西八ヵ国の国府を結ぶ幹線交通路であるが、平安京から丹波に向うには、今日の京都市西京区樫原《かたぎはら》・塚原・沓掛を通って大江山を越えなければならない。大江山を越えるとそこは大枝駅《うまや》で（藤岡謙二郎『都市と交通路の歴史地理学的研究』）、同駅は山陰道の最初の駅である。源師時の日記『長秋記』には、天永二（一一一一）年の頃「丹波国篠村」（現・亀岡市篠町）に上洛者の泊る「寄宿所」があったとあるが（同年八月一五日条）、かつての大枝駅の系譜をひくものであろう。また一五世紀の前半には「大枝山」に天竜寺の管理する関所があって、通過する「米ならびに大豆小豆以下の雑穀」「紙紺布塗物」「絹糸綿」「木炭」「魚鳥」などの諸物資にかける関銭の額が、室町幕府よりいちいち指示されている（『天竜寺重書目録乙』）。

大江山はながく公私の人びと、諸物の通過する重要な山坂であった。一ノ谷の平氏を攻めるため丹波路を進んだ源義経、篠村八幡宮で挙兵し六波羅を攻撃した足利尊氏、本能寺に信長を殺した明智光秀らも、それぞれこの坂を越えてめざす目的地に向った。大江山は歴史の山道である。

現在ここに一日の交通量二万八千台、朝夕の通勤ラッシュ時には「酷道」と異名をとる国道九号線が走り、

老ノ坂トンネルを抜けて峠越えということになるが、トンネルのできる明治二二（一八八九）年以前には、新道の南数百メートルのところにいまも残る古い山道が、峠道であった。

京都側から古路の山道を登りつめると、手向とよぶ場所に出る。タムケとは旅路の平安を祈って峠の神に幣《ぬさ》などを供える古い儀礼であり、手向けをする場所、あるいはそれをうける神そのものをもさす。かつてこの山坂を越えた数知れない人びとの心の奥底をしのばせる場所である。といいたいところだが、近年は大枝山中腹につくられたゴミ処理工場に通じる舗装道路がゆくてをよこぎり、あたりの雰囲気をすっかりだいなしにしている。

手向から西方をさして荒れほうだいの小道が続き、百メートルばかりゆくと、半分以上土にうずもれた丹波山城国境碑のある場所に出る。この少し先は、今でこそ面影もないが、その名も峠町とよばれ、近世後期の郷土誌『桑下漫録』には二七軒の茶屋集落があったとある。ただし、鎌倉時代ぐらいまでは山陰道といってもここいらあたりは寂しい山道であったと思われ、旅人にとって大いに警戒を要する場所であった。

『今昔物語集』の「妻ヲ具シテ丹波ノ国ニ行キシ男、大江山ニシテ縛ラレタル語《こと》」（巻二九—二三）は、芥川龍之介の『藪の中』の素材となって有名であるが、その他、法制史家が法家問答とよんでいる史料の中に、丹波国府で商売をして帰る途中の都の行商人が、同山中で二〇人の強盗集団に襲われ、他人に借りた馬もろとも荷物を奪われ本人も負傷した事件などが見えている（『平安遺文』三四五号）。また永久二（一一一四）年には、丹波・但馬・因幡・美作等の国人三〇人ほどが同意して強盗を働き、大江山で「贓物（盗品）」を分配したとの情報が、検非違使《けびいし》別当より白河上皇に報告された（『中右記』同年九月三日条）。大江山に盗賊が出没し、そのすみかとなったことを語る史料は少なくない。

二

老ノ坂と酒呑童子の関係を語るものとして注意されるのは、国境碑と向いあう酒呑童子首塚の存在である。塚の上には小さな祠があり、首塚大明神と称する。首から上の病気に霊験あらたかで、いまも遠方からの参詣者がたえないという。亀岡市が設置した説明板には、塚の由来について次のように記されている。

> 源の頼光等は丹後の大江山で酒呑童子を退治し、その首を証拠に都へ帰る途中この地で休憩したが、道端の子安の地蔵尊が「鬼の首のような不浄なものは天子様のいる都へ持ち帰ることはならん」と言われた。熊と相撲を取ったと言われる力持ちの坂田の金時が、証拠の品だから都へもってゆくと言って力《りき》んだが、ここまで持って来た首が急に持ちあがらなくなった。そこで止むを得ずこの場所に埋めて首塚をつくったと伝えられる。

文中の子安地蔵尊は平安中期の恵心僧都の作といわれ、現在トンネル東口京都側からきて右側にあるが、もとは首塚の近くにあった地蔵堂（大福寺）に収められていたものといわれている。

首塚伝説はかなり古いもののようで、元禄二（一六八九）年山陰道筋を旅した貝原益軒がすでに、

> 大江の坂の嶺より少《いささか》西に、地蔵堂有。其側に亀山城主の休所あり。地蔵堂の少北に山城丹波の境あり。嶺より京都及び山城諸山能《よく》見えて、佳景也。地蔵堂の西南に、一村（群）の松林あり。是酒顚童子が首塚なりと俗にいへり。

と書き残している（『諸州めぐり西北紀行』）。

次に説明板の伝える子安地蔵の、鬼の首のような不浄なものはここより都の内に入れないという言葉は、どのように考えるべきであろうか。これはただの荒唐無稽な口碑にすぎないのであろうか。私にはどうもそ

うとは思われないのである。

ここで『朝野群載』巻一五収載の一通の官宣旨をとりあげなければならない。同文書によって我々は、天暦六（九五二）年六月二三日、「大枝堺」など都の「郊外四所」（すなわち山城国四堺）にただよう「鬼気」を祭り治めんがため、それぞれ祭使・陰陽允《おんみようのじよう》・祝《はぶり》・祭郎《さいのお》・陰陽師など祭官多数が派遣されたという事実を知ることができる。鬼という漢字に翻訳された日本語にはオニとモノがあり、平安末頃まで鬼はモノとも訓まれた。「鬼気」はすなわちモノノケ（物怪・物恠）をさす。人にとりついて悩まし、人を病気にし、時には死に至らせる死霊・生霊のたぐいである。あるいは、その発動によって災の生じる、化け物とか怨霊（御霊《ごりよう》）に近い精霊、といった方が正確かもしれない。

さきごろまで、日本人の民俗にあっては、自分達の集落などの境の外は、かかるモノノケ＝悪霊の充満する世界と考えられていた。こうした悪霊の侵入を村境・峠・辻・橋などでさえぎって、境を守る神が塞《さえ》の神であり、塞の神は道祖神・道陸《どうろく》神ともよばれる。また童謡などで「村のはずれのお地蔵さん」とうたわれるように、地蔵は冥界六道において迷えるものを引導し、現実界にひきもどす働きが重視されているので、幽明の境の菩薩としてうけとられやすく、そこから転じて現実の境を守るものとされ、道祖神と習合しやすい（和歌森太郎「地蔵信仰」、『歴史と民俗学』所収）。大江山の手向から首塚・地蔵堂にかけてのあたりは、都と外部世界、内と外とをへだてる境界の性格に彩られた、なかなかに意味深い場所であった。首塚はその本質において、塞の神の祭壇であり堺塚とも思考されるのである（「境に塚を築く風習」、『定本柳田國男集』第一二巻所収）。

話をもとにもどすと、天暦六年におこなわれた前記の祭のことを四境祭《しきようのまつり》という。四境とは和邇堺・逢坂堺・大枝境・山崎堺の山城国四堺のことで、基本は悪しき霊魂を追い払うための対抗呪術を内容とする一種の道祖神祭である。ただし残念なことに、同祭の細部は史料の関係で分明ではない。当面はまわり道だが、類似の性格の祭などを交え、あれこれ類推するほかはない。

同種の祭の一つは道饗祭《みちあえのまつり》で、これは「京の四方の大路の最極」において「鬼魅《きみ》」の外より来り入るを防ぐ祭（「令釈」）とされている。『延喜式』の祝詞には「鬼魅」そのものではなく、それを防遏する八衢《やちまた》比《ひ》古《こ》・八衢比売《ひめ》・久那斗神《くなどのかみ》をまつるとある。これらの神々のより民衆的な姿を伝えるのは、『本朝世紀』天慶元（九三八）年九月二日条の著名な記事であろう。左にその口訳をかかげる。

> 東西両京の大小の路の四辻に、木を刻んで神をつくり、男女の体に似せたものを、相対しておいてある。その体像は、男は冠をかぶり赤い色でぬっている。また女形をつくり、男に向ってこれを立たせる。男女の人形はそれぞれ「臍下腰底」に、陰陽の形を刻み描くところである。机をその前におき坏《つき》などをのせ、子供らが大勢集ってみだらにさわぎたて、あるいは幣帛をささげたり、香花をあげてうやうやしく祀る。これを岐神《ふなどのかみ》とか御霊と称するのである。

岐神をまつるため陰陽をそなえた神体がつくられ、子供が大勢集っているというのは今の道祖神祭と似ており、また二体が向きあっているというから夫婦神と考えてよい。こうした木の像は滋賀県・奈良県の山神祭でつくられる像に似たものではないかと推定されている（土井卓治「道祖神と性神」、『講座日本の民俗宗教3　神観念と民俗』所収）。もって八衢のヒコ・ヒメ両神の性格と姿態もおよそ想像がつく。この道饗祭は恒例の祭として六月と一二月にまつられた。

他の類似の祭に四角祭《しかくのまつり》がある。「宮城の四角」において、道饗祭とほぼ同様のことをおこなったもようで、一条兼良の『公事根源』などは道饗祭と同事異名としているほどである。そしてこの祭は、四境祭とあわせ四角四境祭と連称され、陰陽寮によって臨時にとりおこなわれた。『西宮記』には延喜一四（九一四）

年一〇月二三日に、「雷公祭」「四界祭」「四角祭」などが行われたことを述べ、それに続けて「已上は天下に疫ある時、陰陽寮支度を進《まい》らす料物官宣」と記す（巻七、臨時御願）。実際四角四境祭は、天下に災異疫癘のある時しばしば催され、降って応永二八（一四二一）年の飢饉・疫病の際にも実施されたことが、『看聞日記』に見えている（同年六月六日条）。

この種の祭は我々が想像する以上にその効果が信じられており、一例をあげると延喜八（九〇八）年の冬、京中に咳病（気管支炎）が流行した時、貴族達から去年の暮の追儺《ついな》（大晦日の夜、宮中で殿上人が桃の弓・葦の矢で悪鬼＝疫鬼を追い出す行事、節分の前身）に手ぬかりがあったからだ、との批難の声があがり、これをうけた醍醐天皇は今年はきちんと追儺をおこなうべし、と大臣に命じている（『醍醐天皇記』同年一二月二九日条）。もっとも応永二八年頃まで降ると、さすがにその威力に疑問を持つむきが生れていたとみえ、『看聞日記』の記主貞成《さだふさ》親王なども、「先日四角四境祭おこなはる、然れども病事やまざるか」との感想をもらしており、印象的である。

ともあれ、都市的環境（密集した居住状態、劣悪な衛生環境・生活諸条件）がもたらす疫病や災害を、「鬼気」の発動の結果とみる意識のもと、大江山は古代・中世を通じ、「鬼気」の跳梁する場所として、同時に「鬼気」の侵入をさえぎり、都の秩序・安寧と清浄を確保する境界として、ながく都人に観念されていたことが、これまでの叙述によって明らかにされたと思う。そして、四境祭の祭式とそこにおいておこなわれる、おそらくは喧噪にみちたさまざまな呪的行為こそ、モノノケのモノを、人間の深層心理に眠る不安や畏怖感と結びついたある種の幻影から鬼に、すなわちモノよりは、いま少し形象化され実体感のあるオニ（人江山の鬼神）へと転化させた、もっとも基本的な契機ではなかっただろうか。悪しき霊魂を追い払うための対抗呪術は、本質的に対抗すべき対象を、多少なりとも実在化し視覚化することなしには、なりたち難いからである。

もちろん四境祭がおこなわれた四つの境に、みな鬼があらわれたわけではないから、大江山のモノノケだけがオニに転化していったことについて、他の要因の作用も考慮しなければならないであろう。私はこの形象化・実体化の過程において、触媒の役割を果たしたものこそ、大江山に出没する凶悪な山賊のイメージであった、と判断する。かくして誕生した大江山の鬼神が酒呑童子像の原形質をなす。童子はこの鬼神の上に、ひきつづきさまざまなイメージが重畳した結果なのではなかろうか。

首塚の説明板に書き記された塚の由来や子安地蔵の言葉は、以上のコンテクストの中に置いた時はじめて、その含意するところを正確に理解しうるであろう。これは酒呑童子説話の成立にあたって、核となり媒介となったもともとの史実や民俗信仰がいかなるものであったのか、またそこにおける大江山の意味などを示唆してくれている点で、無視することのできない伝承なのである。

三

頼光の酒呑童子退治説話成立の背景に、武士による山賊征伐という史実があった、と推測するむきが多い。関連して、延応元（一二三九）年鎌倉幕府が鈴鹿山・大江山の「悪賊」鎮圧を、近在の地頭に命じたことなどが思いあわされる（『中世法制史料集』第一巻、追加法一一八）。右の推測を大筋のところで承認するとして、より具体的にはいかなる史実の介在を予想すべきであろうか。私は個々の山賊追討の史実もさることながら、むしろ平安期の諸記録類にしばしばあらわれる大索の儀などが重要か、と考えている。

大索とは平安時代宮中に盗賊がおし入ったり、京中に放火が多い時など、都の治安を保つため臨時に衛府の官人以下を総動員して、洛中洛外に捜査網をはり大規模の検挙を行うことで、オホアナクリ・ヌスビトノアナクリなどとよばれた。滝川政次郎氏によればこれも唐制の模倣とのことであるが（『日本法律史話』）、政治と儀式がわかちがたく結びついていた、というよりは儀式がそれ自体政治であった平安期貴族社会の常として、大索も儀礼化・定形化が著しく、藤原公任の著わした儀式書『北山抄』巻四にはその儀式次第がみえている。同記事によれば、大索を行おうとする場合、意図をもらさぬようにということで、その前日、賑給《しんごう》（京中の窮民に米塩を施す行事）を行うから、六衛府は弓箭を帯び、馬寮・諸卿の家は乗馬を用意して、明日の卯の一点（午前五時）に内裏建礼門の前に集れ、という命令書を出す。一方、ひそかに検非違使に命じて逢坂・龍華（＝和邇堺）・山崎・大枝・宇治・淀等の各要所に官人を派遣して固衛せしめる。翌早朝卯の刻以前に上卿《しょうけい》（儀式を指揮する公卿）が参入し、予定どおりさきの命令書を盗賊を捜索せよという命令書に書き改める。かくして建礼門前に武装集合した六衛府の佐《すけ》（次官）以下舎人《とねり》達（これに滝口の武者や「諸司官人・堪武芸者」らも加わる）は、馬寮の役人や諸家の家司《けいし》の引き具してきた馬を分給され、次々と嫌疑の者の逮捕にむかう。彼等は京中の捜盗が終るとひきつづき「山々」に向い、帰参後その成果を報告するのである。「山々」とは、前出の逢坂山や龍華越そして大枝山などをさすものにちがいない。

一見して明らかなように、大枝堺はこの儀礼化された行事の首尾にあって、捜盗を象徴する空間として重要な位置を占めている。そしてくりかえしおこなわれるこの捜盗の行事こそ、個別の山賊征伐の史実がもたらすどんな印象にもたちまさって、大江山——盗賊——その征伐という三位一体の観念をうみ、さらに増幅流布させるに至った、現実的で歴史的な源泉ではあるまいか。一言つけ加えると、「堪武芸者」とは正暦五（九九四）年三月三日の大索を例にとると、当時都の武者として名高かった源満正・平維時・源頼親・源頼信らをさすようである（『本朝世紀』、『日本紀略』）。頼親や頼信がいずれも問題の頼光の弟であることは、やはり心にとめておいてよい事実であろう。

ところで、山賊征伐の史実の反映説は人をうなずかせるものがあり、有益な視点だと思うが、この種説話の成立には、もっといろいろな要素が複雑にからまりあっていることを覚悟せねばなるまい。私などはその一つとして、頼光や四天王達の英雄群像の形成にあたって、雷神信仰がなにほどか関与している、と予想する。かつて高崎正秀氏が指摘した頼光《らいこう》と雷公(雷神)が音通である事実は、簡単に見過されるべきではないからである(「金太郎誕生縁起」、『著作集』第七巻所収)。さらに怨霊(御霊)と雷神、雷神と小サ子(童子)の同一関係をいう日本民俗学=民族学の主張をまつまでもなく、酒呑童子の表象にもやはり雷神信仰の影響とおぼしき側面がある。こうした視角からすると、先に紹介した延喜一四年の四角四境祭と同日に雷公祭が催されていることなどすこぶる暗示的であるが、その予想を全面的に展開するだけの準備に欠ける。雷神信仰とのかかわりの問題については、時間をかけて考えてみたく思う。

四

それにしても大江山の鬼はなぜ「酒呑童子」なのか。この問題については近年国文学者佐竹昭広氏のすぐれた研究が出され、その原義・原像が「捨て童子」ではないか、とされるようになった。氏は柳田國男の中期の魅力的な作品『山の人生』を引きながら、日本では古くから、生れながら歯が生え揃っているなど異常に成育した姿で誕生した赤ん坊を鬼子とよび、長じては鬼になるものと信じられて忌み恐れられ、殺されるか、山に捨てられるか、寺にやられるかされたことを指摘する。一方、鬼子のような不思議な誕生をした子どもが、深山に捨てられ、山の動物たちに守護されつつたくましく成人し、威力を世にふるうというモチーフは、中世口承文芸の典型的な一類型で、この種の山中異常誕生譚「捨て童子」型とでも命名すべき説話類型が、酒呑童子説話形成にも確実に影響を与えている、とするのである(『酒呑童子異聞』)。たしかに鬼子については最近邦訳された『日葡辞書』にも、「Vonigo　ヲニゴ（鬼子）長い髪の毛に長い爪、それにまた、犬や猪のような歯、すなわち、牙が生えて、怪物か野蛮人かのような姿で生まれる赤子」とあって、獣や妖怪変化に通じるうとましい存在、との織豊期日本の社会通念が示されている。

中世文芸における「捨て童子」譚成立の背景を考えてゆくうえで参考となるのが、今日にいたるもまま見うけられる捨て子・拾い親の習俗である。これは子の育ちが悪い家とか、親の厄年に生れた子とか、生れた日どりが悪いとか、嬰児の成長になんらかの不安が感じられる場合、形式的に子を捨てて他人に拾ってもらい（これを拾い親という、幼年期にとる仮親の一種）、そうすることにより実の親子の縁を切り、その縁にまつわる不安を除き去ろうとするのである。この場合虚弱児だけでなく、あまりに利口だったり、器量がよすぎたり、早く歩きすぎたりしても捨て子にする。その異常な能力が、かえって子の将来に危難を招くのではないか、という不安をもってみられていたからである。嬰児につきまとう災厄をはらい、順調な成長を願っておこなわれる捨て子・拾い親の習俗が、いまわしい鬼子を山奥に捨てたところ、山の動物に守られていよいよ強く育ったとする、山中異常誕生譚「捨て童子」型のモチーフと密接に関係していることは明らかである。かかる捨て子・拾い親の習俗の起源は、少なくとも中世以前にさかのぼるであろう。佐竹氏もすでにとりあげているが、豊臣秀吉が淀君との間に生れた子に「棄《すて》」、棄君の病死後に生れた子に「拾《ひろい》」とそれぞれ名づけたこと、健やかな成長を念じて大坂城内で生れたばかりの拾君を近臣に拾わせる儀式をおこなったことなどは、その例証である（桑田忠親『太閤秀吉の手紙』）。

私は中世社会で「童子」とよばれる存在については、歴史学的に研究を深めなければならない問題が多いと考えているが、その点を除けば佐竹氏の「捨て童子」説につけ加えることはほとんどない。ただ子捨ての場所の一つに塞の神（道祖神）の前があった点は、多少こだわってよいものがあるのではないか。こころみに大藤ゆき氏の『児やらい』をひもとくと、島根県隠岐島などでは、子どもが育たぬ家に子ができた時、その子を塞の神にあげ、はじめて塞の神の前を通った人に子どもを拾ってもらい、その人に名をつけてもらう。名をつけてくれた人をカナ親とよんで、盆正月には挨拶にゆく。また部落によっては塞の神にあげて子どもを人に買ってもらう。親が子をだいて塞の神の前に立ち、自分と反対の方角から神前を通りかかった三人目の人に子を買ってもらう。三番目の人ならたとえ「カッタイ」(癩者)でも乞食でもカナ親に頼んだ、などの事例があげられている。

塞の神の前を子捨ての場所とするという風習がいつごろより生じたか、今のところを確かめるに至っていないが、それが捨て子・拾い親の習俗と共に古いものであるとすれば、老ノ坂の首塚のあたりが中世のある時期以降、都人の子捨ての場所であったという可能性も浮かんでこよう。子安の地蔵尊のことも、この観点から見直してみてはどうであろうか。「捨て童子」と大江山の関係をかく考えてみることは、思考の飛躍に過ぎるであろうか。

素人談義ゆえの心もとなさではある。

(追記) 大江山=老ノ坂説は、酒呑童子の大江山を丹後・丹波境のいま一つの大江山に求めようとする考えと、必ずしも矛盾するものではない。それというのも、酒呑童子説話が発展してゆくにつれて大江山そのものも入れ替ってゆくと思われるふしがあるからであるが(謡曲「大江山」より後で成立したと考えられるお伽草子の「酒呑童子」では、舞台は明らかに千丈ヶ岳の大江山である)、いまはそれにあずかって力のあったのが、修験道の山伏達であったらしいことを、指摘しておくにとどめたい。

丹後の麻呂子親王伝説と酒呑童子

中野玄三

七仏薬師と麻呂子親王

丹後一円には広く麻呂子親王伝説が伝わっている。麻呂子は実在の人物で聖徳太子の異母弟にあたり、奈良二上山《にじょうざん》のふもとにある当麻寺《たいまじ》の開基だ。麻呂子親王伝説を記すもっとも詳細な記録は舞鶴市にある多祢寺《たねじ》の縁起だ。縁起によると、用明天皇二年（五八七）に丹後国与謝郡河守荘《よさぐんこうもりのしょう》三上山（大江山）に棲む英胡・軽足・土熊の三鬼が庶民を害したので、麻呂子が丹後に派遣され、無事三鬼を征伐し、加護してくれた天照大神の宝殿《ほうでん》を竹野郡に営み、その傍らに親王の宮殿斎《いつき》大明神を築き、霊験を下された薬師の像七体を丹後の七か寺に分置した。その第七の薬師如来像を安置するのが多祢寺である、というのだ。

この縁起には、聖徳太子の伝記と似ている点がある。聖徳太子が守屋征伐のとき四天王像を作ってその加護を得、黒駒という馬と御者調子丸が影の形にそうように太子に従っているのに対し、麻呂子には高さ一寸の金銅薬師像が守護仏となり、丹波の馬堀《うまほり》で土中から馬を掘り出して、この馬に乗って三上山に攻め上った。麻呂子は金銅薬師像の加護に報いるため、七体の薬師像を作り、加悦荘《かやのしょう》の施薬寺・河守荘の清園寺《せいおんじ》・竹

図1　木造薬師如来坐像（京都府舞鶴市・多祢寺）

野郡の元興寺《がんごうじ》・同郡の神宮寺・溝谷荘の等楽寺・宿野荘の成願寺、それに白久荘《しらくのしょう》の多祢寺（図一）に分置した。金銅薬師像は多祢寺の胎内に納めたという。七か所に七体の薬師像を分置するというのは、京都市内で六地蔵を六か寺に分置したり、観音の西国三十三所霊場を定めたりするのと同じ信仰の一つのあり方なのであろう。

丹後における七仏薬師の信仰は、遠く国分寺本尊薬師像に対する信仰から始まる。これはほぼ全国的な傾向で、聖武天皇の勅願によって全国に建立された国分寺の本尊は、初めは釈迦像と定められていたが、疫病防止や五穀豊穣の功徳が尊ばれて、早い時期に本尊は薬師像に変わっていった。その薬師像は光背に六乃至七体の小薬師像を付けて七仏薬師とする場合もあり、七体の薬師像を作って七仏薬師とする場合もあった。七体の薬師像の七か寺分置は後から発生した信仰であろう。

多祢寺縁起では以上の七か寺が麻呂子によって創建されたと伝えられるが、丹後には、このほかに中郡大宮町の日光寺・竹野郡丹後町の成願寺・熊野郡久美浜町の円頓寺《えんとんじ》・加佐郡大江町の仏性寺如来院・福知山市奥野部の長安寺・同市下野条《しものじょう》公民館の薬師像・同市筈巻《はずまき》の無量寺・与謝郡野田川町の福寿寺・兵庫県氷上郡市島町の清園寺なども、それぞれ麻呂子分置の薬師像安置の寺と称している。

麻呂子親王伝説と並んで、大江山の酒呑《しゅてん》童子伝説が丹波・丹後一円に広がっているのが面白い。麻呂子親王伝説とよく似て、麻呂子に菫披・双披・小頸・綴方の四臣がいて親王を助けたが、酒呑童子を退治した源頼光にも源綱・平貞道・平季武・坂田金時の四天王がいて、頼光の鬼退治を助けた。ともに聖徳太子が守屋征伐のとき、四天王の加護を得た伝説を継承しているのであろう。

酒呑童子と麻呂子親王

麻呂子親王伝説が七仏薬師の信仰という土着の仏教信仰や天照大神の信仰と結び付いているのに対して、大江山酒呑童子伝説は信仰的な要素が少なく、お伽話的な要素が強く出ている。したがって後者の場合は、代表的な逸翁美術館本や各種のお伽草紙などをみると、丹後国大江山を舞台とするものから、近江国伊吹山の奥の大江山を舞台とするものまであって、その範囲は広い。丹後の大江山とする場合でも、丹後大江町の三上山と考える人と、京都から丹波へ入るところにある亀岡の大枝山をそれと考える人とがあって、麻呂子親王七仏薬師安置の寺が丹後一円に広く分置している様子と似ている。

もし亀岡の大枝山とすれば、夜ごとに都に出てきて、人を喰い、金や財宝を盗んでいったという酒呑童子とその配下の鬼たちに現実味が出てきて、お伽話にも説得力が増してくる。

麻呂子親王伝説と酒呑童子に結び付いた古美術品は比較的多く残っている。このうち、麻呂子親王創立と称する寺の本尊薬師像には、親王の時代、すなわち飛鳥・白鳳時代にまでさかのぼる作品は、もちろん存在していない。平安時代に制作された薬師像は数点残っているが、この伝説によって制作されたものとは思われない。七仏薬師の信仰は、奈良時代から始まり、平安時代には日本全国に広がるが、丹後の平安時代に麻呂子親王の伝説が、多祢寺縁起のような形で明瞭に伝えられていたのではないだろう。ただ、七仏薬師の信仰のうちには、悪鬼の仕業と思われる疫病・風水害・飢饉・害虫の発生に対して、あらたかな霊験を発揮してくれる仏としての信仰があり、後世、麻呂子親王伝説を生み出す要因がひそんでいた。

図2－2　清園寺縁起・第二幅

図2－1　清園寺縁起・第一幅（京都府大江町・清園寺）

丹後の長い歴史のうちで、都から四道将軍の一人、丹波道主命のように、遠征してくる武将の伝称もいくつかあったろうし、霊験ある金銅小仏像を携えてくる武将もいたことであろう。薬師像は古くから胎内に小金銅仏や白檀《びゃくだん》製小薬師像を納める風習があった。法隆寺西円堂《さいえんどう》本尊乾漆薬師像の胎内に小金銅薬師像、新薬師寺金堂本尊薬師像の胎内に香《こう》薬師と呼ばれる小金銅薬師像（盗難あっていま所在不明）・延暦寺根本中堂の七仏薬師像七体の胎内に唐の法全《はっせん》制作の像高三寸の七仏薬師像（焼亡してなし）・京都花の寺（勝持寺）本尊薬師像の胎内に白檀薬師像・京都日野法界寺本尊薬師像の胎内に最澄制作の小薬師像などを納める諸例がある。かつて霊験をあらわした小薬師像を尊んで、後世サヤ仏を作ったのである。

丹後の場合もその例にもれず、胎内仏をもつ薬師像の例が多い。前述の長安寺・下野条公民館・円頓寺・成願寺・仏性寺如来院などの本尊薬師像の胎内には、小薬師像が収められている。このような古い七仏薬師像に、都から丹後国へやってきた武将の討伐伝説が加わって、麻呂子親王鬼退治伝説が発生したのであろう。

鬼退治と社寺縁起

古美術品のうえで、明らかに麻呂子親王鬼退治伝説を知ることができるのは、大江町清園寺の清園寺縁起（図二）と丹後町竹野神社の斎明神縁起（図三）・同等楽寺縁起（図四）だ。

このうちで清園寺縁起がもっとも古く、南北朝時代の制作と思われる。三幅の掛幅装の縁起絵で、各幅とも縦九七・五cm、横五四・六cmの紙に描かれている。第一幅は麻呂子が勅命を受けて丹後国に出陣する場面、第二幅は天照大神の使者である宝鏡を頭にのせた犬があらわれるところ、馬堀で馬を掘り出すところ、この馬に乗り犬の助けをかりて、麻呂子の軍勢が三鬼を亡すところを上から下に描き、第三幅は、都に上って天皇に戦勝を報告する麻呂子、麻呂子を中心に馬と犬を左右に配した斎大明神・清園寺伽藍の各図を下から上

図2－3　清園寺縁起・第三幅

に描く。画風には丹後で制作したことをしのばせる素朴さがある。

竹野神社の斎明神縁起一巻は、縦三〇・四cmの紙二〇枚を継いで、長さ九三一cmの絵巻に仕立てたもの。竹野神社は式内社で、祭神は天照大神、通称斎宮《さいぐう》という。麻呂子親王が出陣前、伊勢に参籠する段や、天照大神の化身の老翁があらわれることなど、伊勢神宮との関係が強調される点に特色があり、酒呑童子の物語で八幡・住吉・熊野に参籠する段や、その化身を描く場面があるのと通じ、二つの物語の融合してゆく様子がうかがわれる。絵巻は五段にわかれるが、詞を除くと絵が連続するので、本来絵のみであったものを分段したものと考えられる。山水の表現に水墨画を思わせる漢画の技法が用いられる点に特色があり、江戸時代の制作である。七仏薬師を分置した寺が七か寺を超え、伝説が丹後一円に広まっていく過程を示している。

竹野神社のもう一つの絵巻等楽寺縁起は、縦三二・〇cmの紙を一一紙継いで、現在長さ五一六cmの絵巻になっているが、前半を欠失しているので、当初の状態はわからない。詞がなく、絵のみで構成され、ところどころに説明の文章が入る。内容は麻呂子親王の鬼退治、七仏薬師の七か所分置、寛印供奉《ぐぶ》による寺の再興の物語からなる。画中に「当寺の本尊は第五番に作りたてまつらせ給ひけり」とあり、かつ、寛印が中興した寺という点から、溝谷荘の等楽寺の縁起であることがわかる。

寛印は、丹後与謝郡の人で、俗姓紀氏。良源・源信二師に従い、内供奉に勅任され、のちに丹後に帰り、古寺に閑居し、もっぱら法華を誦したと伝えられる高僧だ。

画風はさきの斎明神縁起より一段と古く、桃山時代の制作と思われる。

図3　斎明神縁起（京都府丹後町・竹野神社）

図4　等楽寺縁起（京都府丹後町・竹野神社）

これらの麻呂子親王の鬼退治伝説をテーマにした縁起類をみると、その発生の上限が、源頼光の酒呑童子退治伝説と近く、両者が密接な関係のもとに発展していったことがうかがわれる。麻呂子親王伝説には七仏薬師信仰という丹後独特の土着の信仰があるのに対して、源頼光の酒呑童子伝説はあくまでお伽話であり、その舞台は、丹後の大江山でもよければ、丹波の大枝山でもよく、また、近江の大江山でもよかった。もとは、夜な夜な都に出没して、都人を悩ませた盗賊のイメージがその源にあり、その根拠地が時代と地域によって、さまざまに解釈されたのだろう。

酒呑童子伝説の広がる先端の一つに丹後があり、そこには鬼退治伝説と結びつきやすい七仏薬師の信仰が、民衆によって長く維持されていた。両者が結び付くにあたって、丹後国に初めて仏教をもたらした人として、守屋討伐に成功して四天王寺を創立した日本仏教の祖聖徳太子にあやかり、その異母弟麻呂子親王があらわれたのも、伝説の発展上不自然なことではなかった。

絵巻のなかの鬼
——吉備大臣と〈鬼〉——

黒田日出男

われわれは誰でも〈鬼《おに》〉の姿を知っている。それほどポピュラーなイメージなのだ。しかし、〈鬼〉のイメージがどのような生成・成長過程を経てきたかは、よく知られているわけではない。ましてや、その〈鬼〉が、日本人にとってどれほど重要かつ深刻な問題性を孕んだ存在であるかなどということは、ほとんど意識されてはいない。そもそも、あまりにも当たり前の存在なのであり、親しまれたイメージであるからこそ、かえってその問題性などは自覚されなかったのであった。

〈鬼《き》〉という語は、もともと古代中国にあっては、神としてまつられる死者のたましいであり、不可視の霊魂を意味した。日本古代ではどうか。『万葉集』では、〈鬼〉は〈モノ〉と訓まれており、それは超自然的な恐ろしい存在であり、本来、姿・形を見せないものであった。だから、その姿が次第に具体的にイメージされはじめ、そして人びとの脳裏にありありと思い浮かべられるようになっていくプロセスこそが、〈鬼〉の歴史の一面なのである。そうした〈鬼〉のイメージ化の歴史を概観しつつ、日本中世という時代と社会が、どのような〈鬼〉のイメージの特徴とその問題性を生み出したかについて述べるとしよう。

〈鬼〉のイメージの生成・成長

さて、〈鬼〉は平安時代に入ると次第に〈オニ〉と訓まれるようになる。それは、〈物の怪〉や〈疫病神〉の恐怖と結び付くとともに、仏教における〈羅刹〉〈夜叉〉〈餓鬼〉などの観念・イメージや、陰陽師や修験者らの使う〈護法〉（病気などを追いはらったり、仏法を守るための鬼神）などのそれによって、次第にはっきりとした姿となっていくのである。

『日本霊異記』（平安初期成立）では、衢《ちまた》に埋められた寺の悪《あ》しき奴《やつこ》が霊鬼《もの》となって、夜《よ》ごとに鐘堂《しょうどう》の童子《どうじ》を殺している話があり（上巻第三話）、その姿の具体的記述はないが、頭髪のある存在であった。人の姿で現れた場合の〈鬼〉は、頭と指一つという食人《しょくじん》の痕跡を残して消え去っていた（中巻第三十三話）。また、閻魔王《えんまおう》の使者の〈鬼〉は、緋《あけ》の嚢《ふくろ》から一尺《いっしゃく》の鑿《のみ》を取り出して、女の額《ぬか》に打ち立てて連れ去った（中巻第二十五話）。地獄の獄卒《ごくそつ》（非人《ひにん》）の姿は、牛頭《ぎゅうとう》で人身《じんしん》をしており（中巻第五話）、中国の仏教絵画の影響によるイメージが語られている。こうしてすでに平安初期には、この世に現れる〈鬼〉の姿も、地獄の獄卒のイメージ（牛頭《ごず》・馬頭《めず》）も、次第に思い浮かべられつつあったことが明らかだ。ただし、獄卒の牛頭・馬頭以外は、まだ十分な具体性を持ってはいない。

『今昔物語集』（十二世紀頃成立）になると、〈鬼〉のイメージははっきりとしたイメージとなって語られるようになった。すなわち、百鬼夜行する姿が、

……その時に火ともしたる者ども過《す》ぐ。何者ぞと、戸を細めに開けて見れば、早《はよ》う人にはあらで鬼どもなりけり。さまざまの怖ろしげなる形なり。……（巻十四―第四十二話）

とあるように、さまざまな怖ろしげな姿・形として人びとがイメージを共有していることを物語っている。

では、〈鬼〉は、具体的にはどのような姿なのであろうか。〈鬼〉が、女や男そして姥《うば》などに姿を変えて現れる場合は、彼らが〈鬼〉であることを証明するのは、『日本霊異記』にもあったような食人の痕跡によってである。つまり残された腕や足、血や髪の毛などによって、人が〈鬼〉に食われてしまったことが推測されるのだ。あるいは、「此《こ》の媼《おうな》うち見て云《い》ひけるやう、あな甘《あま》げ。ただ一口」などと、ふと漏《も》らした食人を窺《うかが》わせる言葉によって、「これは鬼にこそありけれ」と気付いて一目散《いちもくさん》に逃げ出したのだった（巻二十七―第十五話）。しかし、やはりそうした人間の姿は〈鬼〉そのもののイメージではない。また、すでに『日本霊異記』でイメージ化されている獄卒＝牛頭・馬頭の鬼は省略するとしよう。すると、『今昔物語集』が描き出している典型的な鬼の姿は次のようなイメージなのである。

①……長《たけ》は一丈《いちぢやう》ばかりの者の、目口より火を出して電光《いなづま》の如くして、大口を開けて手を打ちつつ追ひて来れば……（巻十二―第二十八話）

②……極めて怖ろしげなる軍《いくさ》どもの甲冑《かつちう》を着たる、眼《まなこ》を見れば、電《いなづま》の光のごとし、口は焔《ほむら》のごとし。鬼のごとくなる、馬に乗りて二百人ばかり来会《きあ》へり……（巻十四―第二十九話）

③……長一丈余ばかりなる鬼なり。色は黒くして漆《うるし》を塗りたるがごとし。頭の髪は赤くして上ざまに昇れり。裸にして赤きたふさぎを掻《か》きたり。後《うしろ》向きたれば面《おもて》は見えず。かき消《け》つやうに失《う》せぬ。（巻十四―第四十三話）

④……怖《おそろ》しげなる鬼どもの行くなりけり。或《あるい》は目一つある鬼もあり、或は角生《つのお》ひたるもあり、或は手あまたあるもあり、或は足一つして踊るもあり。（巻十六―第三十二話）

……その河のこなたの岸に一人の媼《おうな》あり。その形鬼のごとくなり。（巻十六―第三十六話）

⑤……見れば、額《ひたひ》に角《つの》一つ生ひて、目一つある者の、赤き俗衣《たふさぎ》をしたる鬼なり。……（巻十七―第四十七

話）

⑥……その後、忽《たちま》ちに鬼となりぬ。その形、身裸にして頭《かしら》は禿《かぶろ》なり。長八尺ばかりにして、膚《はだへ》の黒きこと漆を塗れるがごとし。目はかなまりを入れたるがごとくして、口広く開きて劔《つるぎ》のごとくなる歯生《お》ひたり。上下に牙《きば》を食ひ出したり。赤きたふさぎを掻《か》きて槌《つち》を腰にさしたり。……（巻二十一第七話）

⑦……面は朱の色にて、円座《わろうだ》の如く広くして、目一つあり。丈は九尺ばかりにて、手の指三つあり。爪は五寸ばかりにて刀のやうなり。色は緑青《ろくしやう》の色にて、目は琥珀《こはく》のやうなり。頭の髪は蓬《よもぎ》の如く乱れて、見るに心肝惑《しんかんまど》ひ怖ろしきこと限りなし。（巻二十七―第十三話）

などとあるような〈鬼〉のイメージである。一丈ほどもある巨大な体格であり、目は電光の如く光り、口からは火焔を出し、牙の生えた大口をしており、手足の指の爪は鋭く伸びている。頭には角を生やし、髪は蓬のように乱れ逆立っている。そして、その裸の身体は黒や緑青色などで、赤い犢鼻褌《たふさぎ》を着けているのだ。すでにありありと思い浮かべられる恐ろしいイメージである。

こうした怖ろしい〈鬼〉どもの共通の特徴は食人であり、「……羅刹鬼《らせつき》、女の形となりて、……大口を開けて僧をくらはむとするに……」（巻十七―第四十三話）とか、「……鬼は人の形となりて、此の女を食ひてけるなりけり」（巻二十七―第八話）とあるように、人に襲いかかったのである。したがって、彼らの特徴の一つは「……生臭《なまぐさ》き香《か》、薫《かを》りたり。……」（巻三十一―第十四話）とあるような生臭い臭《にお》いであったのだ。

〈鬼〉の出没する場所

こうした〈鬼〉が出現するのは、山寺（巻十七―第四十二話）・奥山（巻十九―第十九話）・異郷（巻二十六―第八話）・古橋《ふるはし》（巻二十七―第十三話）・古屋《ふるや》（巻二十七―第十五話）・古堂《ふるどう》（巻二十七―第四十四話）・墓穴

（巻二十八―第四十四話）・深山《みやま》（巻三十一―第十四話）などといった人里離れたところや人の行かない場所、大内裏《だいだいり》の武徳殿《ぶとくでん》の松原（巻二十七―第八話）・太政官庁《だじょうかんちょう》（巻二十七―第九話）などの、人のいない寂しい場所においてであり、「……然《しか》れば、女、さやうに人離れたらむ所にて、知らざらむ男の呼ばむをば、思量《おもいはかり》して行くまじきなりけり」（巻二十七―第八話）とあるように、警戒しなければならなかったのである。しかも、染殿《そめどの》皇后に恋い焦《こ》がれた〈鬼〉の場合には、皇后の御帳《みちょう》の中にまで侵入し、同衾《どうきん》したのであった（巻二十―第七話）。とすれば、〈鬼〉が人を襲う場所は、無限定に近いものであったのだ。実際のところ、疫病《やくびょう》神《がみ》も〈鬼〉であるから、疫病《えきびょう》の流行する期間には、どこにでも〈鬼〉は侵入しかねなかったのである。〈鬼〉のイメージとその恐怖は、したがって、中世の人びとにとって日常的に近いものであったろう。

では〈鬼〉の住処《すみか》はどこであろうか。『今昔物語集』の説話では、たとえば、度羅《とら》の島（済州島《さいしゅうとう》）が「……その島の人は人の形にてはあれども、人を食とする所なり。然《しか》れば案内《あない》知らずして人その島へ行《ゆ》きぬれば……」（巻三十一―第十二話）とあって、食人《しょくじん》の島とされていた。度羅は〈鬼〉同然の住人の島と考えられていたのだ。また、佐渡の人が流れ着いた見知らぬ島は、「島より人出《い》で来たり。見れば、男にもあらず童《わらわ》にもあらず、頭を白き衣を以《もっ》て結《ゆ》ひたり。其《そ》の人の丈《たけ》極めて高し。有様《ありさま》、実《まこと》にこの世の人と思えず」（巻三十一―第十六話）という住人の姿から、そこを鬼の住む島と思ったのであった。つまり自分たちとは隔《かく》絶《ぜつ》した島の住人のことを〈鬼〉と思い、食人していると見る他者《たしゃ》観念・他者イメージ、すなわち他島・他国の住人を〈鬼〉と見る他者イメージの形成がはじまっていたのである。このように、平安末期の説話世界のなかにはっきりと現れてきた〈鬼《おに》が島《しま》〉の観念は、その後次第に成長していったのであり、そのことに十分に注意したいのである。

かくして『今昔物語集』以後の説話世界では、鬼の姿とその食人が具体的なイメージとして定着していると言ってよかろう。

描かれた〈鬼〉のイメージへ

こうした説話に描かれた〈鬼〉のイメージは、絵の世界にも表現されてくる。現存するのは平安末・鎌倉初期以後の作品だが、それらは主として地獄・餓鬼《がき》などの六道《ろくどう》世界の〈鬼〉である。その姿は、『今昔物語集』に登場する〈鬼〉のイメージと十分に重なり合うのである。そこで、絵画に描かれた代表的な〈鬼〉の姿を示そう。

まずは、『地獄草紙《じごくぞうし》』（平安末・鎌倉初期）の〈鬼〉どもだ（図1・図2・図5）。図1は、猛火《もうか》のなかに坊《ぼう》主《ず》どもを追い込んでいる馬頭《めず》の〈鬼〉である。図2では、地獄に堕《お》ちた人びとを鉄製の臼《うす》ですりつぶしている〈鬼〉が三人、不気味《ぶきみ》な表情をしている。そしてその脇で箕《み》を使っているのは、乳房《ちぶさ》の垂れ下がった老婆の〈鬼〉である。この絵も、もちろん、すりつぶされている罪人の苦痛を身体に感じながら見るのである。そして図5は、俎《まないた》の上で破戒僧《はかいそう》たちを調理している〈鬼〉たちの姿だ。味見している〈鬼〉の表情を見よ。

次は『北野天神縁起《きたのてんじんえんぎ》』（鎌倉時代）の〈鬼〉である。図8は、地獄での獄卒《ごくそつ》＝〈鬼〉であるが、迫力《はくりょく》に満《み》ちた火焔《かえん》のなかに描かれた多彩《たさい》なその姿は、完成された〈鬼〉イメージというほかはない。赤鬼・青鬼・緑鬼・斑鬼《まだらおに》・白鬼らは、地獄の黒い鉄門《てつもん》の内部で、罪人たちを苦しめているのだが、その多種多様な苦しめ方の一つひとつがとてつもなく残酷であり、見る者を戦慄《せんりつ》させるリアルさで描かれている。また図11は、修《しゅ》羅道《らどう》で戦い合う〈鬼〉たちの姿である。ここにもさまざまな〈鬼〉が描かれており、怖ろしい顔が描かれた盾《たて》も見える。こうした異国的な武装をした〈鬼〉の姿が、やがて他国の軍隊のイメージへとつながっていくようなのである。

図1　猛火に坊主を追う馬頭の〈鬼〉　『地獄草紙』（原家本）から。シアトル美術館蔵

図2　人間を臼ですりつぶす〈鬼〉『地獄草紙』（益田家本甲巻）から。奈良国立博物館蔵

図3　**興福寺の鬼追式《おにおいしき》**　2月の節分の日、真っ暗な外陣で〈鬼〉が暴れる。そこへ鉾を持った毘沙門があらわれ、追い込められる。入江泰吉氏撮影（奈良市写真美術館）

図4　**錦絵の赤鬼・青鬼**　節分の豆を打ちつけられて逃げまどっている〈鬼〉たちの表情が面白い。『桃太郎豆蒔之図《まめまき》』から。月岡芳年《つきおかよしとし》画。あるす企画撮影

図5　**破戒僧を調理する〈鬼〉**　『地獄草紙』（益田家本甲巻）から。

図6　**〈鬼〉の現れる場所＝洞・墓所**　横穴、実は墓に休む新羅《しらぎ》僧義湘《ぎしよう》と元暁《がんぎよう》の夢に赤鬼が現れた。『華厳縁起』（義湘絵）から。高山寺蔵

図7　**〈鬼〉の現れる場所＝古橋**
大内裏《だいだいり》の東北、堀川《ほりかわ》と一条通りの交点にかかる一条戻《もど》り橋（京都市）は、四天王の一人渡辺綱《わたなべのつな》が鬼の腕を切り落としたという伝説のあるところ。撮影／橋本健次

図8　**地獄の鉄の門と〈鬼〉**　『北野天神縁起』（巻7）から。北野天満宮蔵

さらには、聖衆来迎寺《しょうじゅらいごうじ》本『六道絵《ろくどうえ》』（鎌倉時代中期）は中国画の影響を明瞭に受けていることは明らかだが、その等活《とうかつ》地獄《じごく》・黒縄《こくじょう》地獄・衆合《しゅごう》地獄・阿鼻《あび》地獄などの諸場面に描かれた〈鬼〉の姿（図12・図14）もまた、『北野天神縁起』に負けず劣らずの完成されたイメージとなっていると言わなければならない。

南北朝時代以後の〈鬼〉は、『十王図《じゅうおうず》』『十界図《じゅっかいず》』『十王地獄図』をはじめとする絵画世界に描かれ続けた。ここでは示さないが、描かれた〈鬼〉の数はあまりにも膨大《ぼうだい》である。絵の種類や出来に拘《こだわ》らなければ、もしかすると、日本の絵に一番数多く描かれたのは〈鬼〉ではないかと思われるほどなのであるから。

以上のような絵に描かれた〈鬼〉のイメージを、人の姿と対比的に整理してみると、次のようになる。

	〔人〕	〔鬼〕
毛髪	整い、被《かぶ》り物を被る	生《お》い上がる毛髪、縮れた乱髪
角	なし	あり
顔色・体色	肌色	赤・黒・青
牙	なし	あり
髭	整った髭	太くぎざぎざの髭
服装	衣服を着る	褌《ふんどし》と虎皮《とらがわ》・豹皮《ひょうがわ》
眼	――	かなつぼ眼《まなこ》・多眼
爪	――	鋭く伸びた爪
体長	――	巨人、八尺〜一丈
食物	――	食人
臭い	――	生臭い

注意して見れば、普通の人間とは正反対の特徴をもって描かれていることがわかるだろう。

中世の人びとにとっては、〈鬼〉はイメージにとどまらない。というのは、地獄は、中世の人びとにとって現実的な死後の世界であり、そこに堕《お》ちたならば、〈鬼〉どもの地獄の責《せ》め苦《く》を受けなければならないからである。〈鬼〉の強烈なイメージは、だから、そこに堕ちることを恐れる人びとの身体に襲いかかった。中世の人びととは、各自の身体に受けるであろう責め苦と一体になったイメージとして〈鬼〉を思い浮かべざるを得ないのであった。浄土《じようど》信仰が時代の精神に定着するのと少なくとも同程度に、地獄の〈鬼〉のイメージが人びとの心に強く焼き付いたのだ。

ところで、『餓鬼草紙《がきぞうし》』の餓鬼の姿は、蓬《よもぎ》のような頭髪といい、黒い身体の色といい、〈鬼〉に近い（図15・図16）。餓死して〈鬼〉になった僧侶もいることだから（『今昔物語集』巻二十―第七話）、それも当然なのだ。図15は、中世成立期の庶民にとって、排便《はいべん》する場所がどのようなものであったかを窺《うかが》わせる興味深い場面なのだが、そこには餓鬼が人間の糞《ふん》を食べようと窺っている。図16は、これまた中世における御産《おさん》の仕方を示す貴重な画面であるが、そこにも餓鬼が御産の際の汚物《おぶつ》を食べようと窺っているのだ。こうして餓鬼は、人びとには見えないけれども、そのすぐ側にいるというわけなのである。

『春日権現験記絵《かすがごんげんけんきえ》』（十四世紀初頭制作）巻八―第二段に描かれる疫鬼《えきき》は赤鬼で、犢鼻褌《たふさぎ》には小槌《こづち》を差しているのだが、屋根の上から家の内部を覗《のぞ》き込んでいる（図13）。こうして疫鬼は、人びとのすぐ周りに存在しているのであった。『餓鬼草紙』における餓鬼やこのような疫鬼は、そこに描かれている中世の人びとには見えないのだが、その周囲に存在し、人びとの行為を覗き込んでいるのであった。

こうして中世の人びととは、六道輪廻《りんね》世界の一部としての地獄の〈鬼〉だけでなく、疫鬼・餓鬼などの、自分たちの周囲にいたり、襲いかかってくる〈鬼〉たちをもイメージしていたのである。

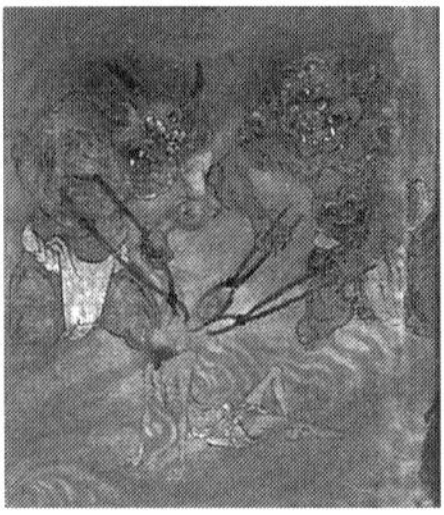

図12　焼けた玉を口に押し込む〈鬼〉『六道絵』（阿鼻地獄）から。聖衆来迎寺蔵

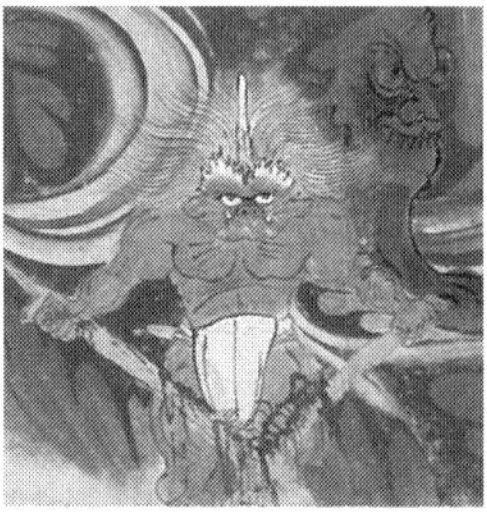

図9（上）・10（左）　人間を引き裂く〈鬼〉、吊り下げる〈鬼〉『北野天神縁起』（巻7）から。

図11　武装して戦う修羅道の〈鬼〉『北野天神縁起』（巻8）から。

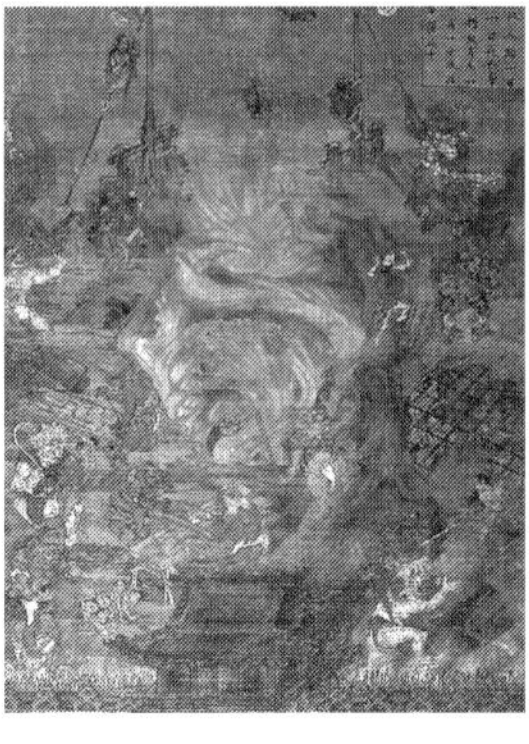

図13　病人に忍びよる〈疫鬼〉『春日権現験記絵』（巻8の第2段）（模本）から。東京国立博物館蔵

図14　閻魔庁で罪人を拷問する〈鬼〉『六道絵』（黒縄地獄）から。聖衆来迎寺蔵

図15　人糞を狙う〈鬼〉『餓鬼草紙《がきぞうし》』（河本家本）から。東京国立博物館蔵（下も）

図16　御産の胞衣《えな》を狙う〈鬼〉

『吉備大臣入唐絵詞』の物語

以上のような〈鬼〉たちのイメージの成長のなかで、生み出されたユニークな説話が「吉備大臣物語」であり、それを絵巻化したのが『吉備大臣入唐絵詞《きびだいじんにっとうえことば》』なのである。そこには、異国（唐）で餓死《がし》して〈鬼〉となった阿倍仲麻呂《あべのなかまろ》が登場し、主人公の吉備大臣を助けて活躍する。

『吉備大臣入唐絵詞』には詞書《ことばがき》や絵に失われた部分があるので、対応する絵巻の場面を示しながら、『吉備大臣物語』『江談抄《ごうだんしょう》』などによって物語の概要を示そう。すなわち、吉備大臣入唐の説話は、次のような展開となっている。

(a)吉備大臣（吉備真備《きびのまきび》）が唐に到着するが（図17）、その才芸《さいげい》の能力を恐れた諸道《しょどう》の唐人らは、高楼《こうろう》へと連行して（図18）幽閉《ゆうへい》した。高楼の〈鬼〉に食われてしまうはずだったのだ。夜中の風雨のなかを戌亥《いぬい》の方角から鬼が現れるが、隠身《いんしん》の符《ふ》を作って姿を隠した大臣に、衣冠《いかん》を着けてくるように命じられ、今度は衣冠姿でやってきて大臣に会った（図19）。ただし、顔だけは〈赤鬼〉のままである。翌日、食事を持って様子を見にきた官人らは、大臣がまだ生存しているので驚き呆《あき》れた。

(b)吉備大臣が生きているのを知った皇帝らは、今度は『文選《もんぜん》』を読ませて、それが出来なければ恥ずかしめようと策《さく》す。しかし、鬼の協力を得た吉備大臣は、飛行自在《ひぎょうじざい》の術《じゅつ》で宮中に侵入し（図20）、学者たちが『文選』を読んでいるのを盗み聞きする（図31）。そして『文選』を写した反古紙《ほごし》を楼内に散らばして、『文選』を読ませるべくやってきた博士《はかせ》の前に見せて驚嘆させてしまう（図21）。衝撃を受けた博士は、『文選』を吉備大臣に巧みに巻き上げられて、悄然《しょうぜん》とした様子で帰っていき、皇帝にその旨を報告したのだった。

(c)皇帝らが考えた次の策は囲碁《いご》の勝負であった。鬼に教えてもらった囲碁のルールを高楼の天井を碁盤《ごばん》に

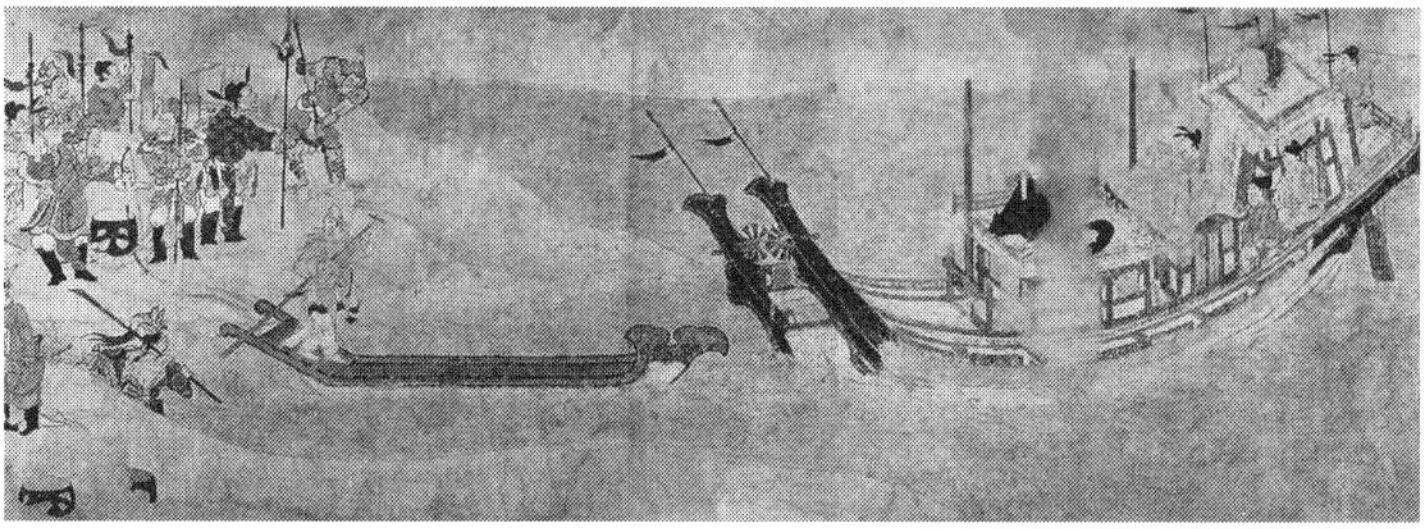

図17　吉備大臣、唐に到着　『吉備大臣入唐絵詞』（以下、断らない限り）第1段から。
ボストン美術館蔵

図20　鬼と飛行自在の術で宮中へ
第3段から。

図18　唐人に連行される大臣　第1段から。

図19　鬼が会いに来る　第2段から。

見立てて研究する大臣と、帰っていく鬼（図22）。翌日の囲碁の勝負の相手は囲碁名人であるから、もちろん不利だ。負けそうになった吉備大臣は、石を一つ飲み込んでしまう。気付いた唐の官人らが下剤《げざい》を飲ませるが、封《ふう》じ留《と》めの術で石を出さず、ついに勝ちをおさめた（図23）。これまた悄然と引き上げていった囲碁名人は、宮中で皇帝に敗北の報告と言い訳をしたのだった（図24）。名人の脇には碁盤が置かれ、その背後では官人の一人が碁石を数えている。

(d)そこで最後の策として宝志和尚《ほうしおしょう》を呼び、難読の予言詩《よげんし》である「野馬台詩《やまとし》」を作らせ、それを読ませることにした。厳重に警備された夜中の宮殿の結界《けっかい》された場所で「野馬台詩」を書いているのは、宝志和尚であ

図21　『文選』を散らばす吉備大臣　第4段から。

図22　囲碁を研究する大臣と鬼　第5段から。

図23　大臣、囲碁の名人と勝負し、勝つ　第5段から。

図24　敗北を皇帝に報告する囲碁の名人
第5段から。

る（図25）。その側にはさすがの鬼も近寄ることができない。かくて、「野馬台詩」を読むように迫られた吉備大臣は絶体絶命となり、日本の神仏に祈るしかなかった。すると、天井から蜘蛛《くも》の糸が下がってきた。その糸にしたがって読んでいくと、首尾よく「野馬台詩」を読み通すことができたのだった。

(e)万策《ばんさく》尽きた皇帝は、吉備大臣を高楼に閉じ込めて餓死させようとするが、鬼に双六《すごろく》の筒《つつ》・盤《ばん》・賽《さい》を用意させた大臣は、唐の日月《にちげつ》を封じ込めて世の中を真っ暗闇にしてしまう。皇帝と宮殿内の人びとは、緊急事態に驚き慌てている（図26）。そこで占師《うらないし》らを招集して（図27）、事態の原因を占わせると、吉備の仕業《しわざ》とわかったので、皇帝もついに降参して大臣の帰国を許したのであった。わが朝《ちょう》の高名《こうみょう》はただ吉備大臣にあり、『文選』・囲碁・「野馬台詩」をもたらしたのはこの大臣である。

なお、ここに示した物語と絵の対応関係は、通説とは大いに異なっている。従来の理解では、ボストン美術館本『吉備大臣入唐絵詞』には、(a)〜(c)の場面だけが描いてあるとされてきたのだが、それはこの文章では否定されている。詳細は別稿で述べるしかないが、現存絵巻にはいくつかの錯簡《さっかん》があり、そこには実は(d)と(e)の場面の絵が含まれていたのである。

唐と唐人の描写

ところで、『吉備大臣入唐絵詞』に描かれた唐帝国の光景や唐人の姿は、リアルさからは程遠《ほどとお》いものであった。

第一に、唐朝の高官・官人そして従者らが被《かぶ》っている冠や帽子はさまざまであり、そこから身分の体系性を読み取ることは難しい。竜宮城《りゅうぐうじょう》の魚冠《ぎょかん》を被っている官人さえ描かれている。その服装についても、毘沙《びしゃ》門天《もんてん》のようなスタイルや舞楽《ぶがく》の装束《しょうぞく》をしているような者たちが描かれている。閻立本《えんりつぽん》『帝王図巻《ていおうずかん》』を参照

図25　結界した宮殿で「野馬台詩」を書く宝志和尚
第2段から。

図26　真っ暗闇の中で慌てる宮殿内の人びと　第1段から。

図27　皇帝、占師を集め、闇の原因を占わせる　第5段から。

したかに見える玉座《ぎょくざ》の皇帝の姿さえ、その衣服には異国風の〈しるし〉としての襞飾《ひだかざ》り（フリル）がほどこされているのだ。

第二に、いろいろな物（道具・調度）を中国風に描こうと努めている。たとえば、童に唐団扇《からうちわ》を持たせており、官人たちの座席の敷物や鞍《くら》には虎《とら》皮や豹《ひょう》皮を印象的に描いている。また、中国的な弓矢や槍《やり》などを描くことで、唐の宮城《きゅうじょう》であることが〈しるし〉付けられている。そして、宮城の門外には、中国風の牛車《ぎっしゃ》を描き、乗馬の鞍には中国風の輪鐙《わあぶみ》をつけ、乗馬靴なども異国風に描写しているのである。要するに、中国的な世界を描くために、異国風の〈しるし〉の知識を総動員している観がある。

第三に、宮殿も和中折衷《わちゅうせっちゅう》的に表現されている。すなわち、階段で沓《くつ》を脱いでおり、貴族・官人たちも椅子ではなくて、床《ゆか》に座っている有様《ありさま》である。まるで内裏《だいり》を中国風に描いたかのようなのだ。宮城の門外で居眠りしたりして主人を待っている従者の姿にしても、日本における従者を中国風に描いたにすぎないだろう。

つまり、平安末期の宮廷での対中国認識や知識が、いかに不確かなものであったかを窺《うかが》わせるものがある。より一般的に言えば、いかにも曖昧《あいまい》な他者《たしゃ》イメージであり、他者に対する正確な情報の欠如《けつじょ》を示していると言えるだろう。

高楼《こうろう》という場所《トポス》と〈鬼〉

ということは、『吉備大臣入唐絵詞』に描き込まれた、それらの〈異国らしさ〉を剝《は》ぎ取ってしまえば、物語の舞台となっている宮殿・宮城の門・高楼《こうろう》というのは、実は日本的な宮城空間の表現であり、そこに登場する人物もまた、日本中世成立期の人びとが描き出されているものと見ることができる。

すなわち、この説話＝絵巻の、〈鬼〉の住んだり現れる空間としての高楼とは、朱雀門《すざくもん》や羅城門《らじょうもん》などの楼門に〈鬼〉が住んでいるとする日本的な場所・観念に依拠《いきょ》しているのだ（『今昔物語集』巻二十四―第二十四話など）。日本のそうした高楼は〈鬼〉が出現する場所そのものであり、〈鬼〉のイメージが固着《こちゃく》しているところなのである。『長谷雄草紙《はせおぞうし》』に現れる〈鬼〉は、朱雀門上に住んでおり、〈鬼〉と長谷雄はそこで双六《すごろく》の勝負をしたのだった（図28）。また、〈鬼〉はそこで死体の良い部分を繋《つな》ぎ合せて人造《じんぞう》人間を作っていたのであった（黒田日出男「説話と絵巻」『説話の講座6　説話とその周縁』）。「吉備大臣物語」がこうした日本的な楼門観念によって説話化されていることは明らかである。詞書によれば、〈鬼〉が出現した方位も「戌亥《いぬい》」（北西）であり、これまた日本的な〈鬼〉の現れる方位なのである。

　そこで、自分は帰国できなかったが、吉備大臣を助ける阿倍仲麻呂《あべのなかまろ》の〈鬼〉の姿（図29）を観察してみよう。すると、身体は赤く、髪は生《お》い上がり、角が一本生えている。口元《くちもと》は裂《さ》けて牙《きば》がつきだし、食人性を示している。赤い犢鼻褌《たふさぎ》をはき、両手と両足には金色の輪をはめ、その手足の爪は鋭く伸びている。この姿は、先に紹介した描かれた〈鬼〉たちとまったく同じだ。

　しかし、次に、〈鬼〉は吉備大臣に命じられて「衣冠《いかん》」姿で現れてくる（図30）。黒い衣冠は日本の〈鬼〉であることを示す。赤い顔はどこかユーモラスな表情となり、吉備大臣のために一生懸命に尽くしているのである（図31）。そして、吉備大臣に尽くす〈鬼〉の姿を見ていると、高名な陰陽師《おんみようじ》阿倍晴明《あべのせいめい》が『不動利益《ふどうりやく》縁起《えんぎ》』において操《あやつ》っている護法《ごほう》に似ている存在であることがわかるだろう（図32）。晴明は巧みに護法を使ったのだが、吉備大臣もまた「陰陽《おんみよう》の道に極めたりける人」（『今昔物語集』巻十一―第六話）であったのだ。つまり、この物語の〈鬼〉は限りなく護法に近いのである。これまた平安末期の日本のコンテクストにおいてこそ見ることのできる一面である。

　さらに言えば、中世日本では、学者・詩人らは鬼と限りなく近い関係にある存在と見られていたのである。

図28　双六の勝負をする紀《きの》長《は》谷《せ》雄《お》と〈鬼〉『長谷雄草紙』から。永青文庫蔵

図31　盗み聞きする〈鬼〉
右側。第3段から。

図30　衣冠を着けた〈鬼〉
図19・部分。

図29　裸の〈鬼〉
図19・部分。

図32 〈護法《ごほう》〉を操る陰陽師安倍晴明 『不動利益縁起』から。東京国立博物館蔵

図33 他者を〈鬼〉ととらえる 『八幡縁起絵巻』から。東大寺蔵

『長谷雄草紙』の主人公の紀長谷雄《きのはせお》も、ある月夜に朱雀門上にいる〈鬼〉を見かけたりしており（『今昔物語集』巻二十四―第一話）、〈鬼〉と関係のある学者であった。また、吉備大臣にも、〈鬼〉と出会う話があり（『今昔物語集』巻十四―第四話）、紀長谷雄などとともに〈鬼〉と縁の深い人物であったのだ。

以上の記述によって、『吉備大臣入唐絵詞』の〈鬼〉の姿は、平安末期京都の宮廷世界という場において説話化され、イメージ化されたものであったことがわかるだろう。

〈外交〉の説話

ところで、この「吉備大臣物語」の話型《わけい》は、すでに小峯和明氏が指摘しているように異郷訪問譚《いきょうほうもんたん》である。すなわち、

主人公　　吉備大臣
異郷・異国　　唐
迫害者《はくがいしゃ》　　唐皇帝と唐の諸道《しょどう》の者たち
援助者　　〈鬼〉と日本国の神仏
試練《しれん》　　高楼への幽閉《ゆうへい》と難題、餓死の危機
危機打開　　隠見の符・飛行自在の術・日月封《にちげつ》じなど
帰還《きかん》　　本朝《ほんちょう》
宝物の獲得・伝来　　『文選』・囲碁・「野馬台詩」
結末　　高名

となる。まずは典型的な異郷訪問譚と言うべきだろう。

しかし、この説話＝絵巻の歴史的位置付けとしては、それだけでは済《す》まない。というのは、この物語は〈外交〉を主題としており、その説話化でもあるからだ。『吉備大臣入唐絵詞』は遣唐使《けんとうし》として中国へ渡った吉備大臣の〈外交〉説話絵巻なのである。吉備大臣は、唐人によって高楼に幽閉されたが、〈鬼〉となった阿倍仲麻呂や日本の神仏の援助・加護《かご》によって試練・危機を切り抜け、日本に宝物（『文選』・囲碁・「野馬台詩」）をもたらしたのであった。

この吉備大臣入唐譚《にっとうたん》の源流がどのようなものであったかと言えば、大江匡房《おおえのまさふさ》の母方の祖父よりの口伝《くでん》として匡房が語ったものが『江談抄《ごうだんしょう》』（十二世紀初頭成立）巻三に記録されており、それが最も古い。それには、すでに「吉備大臣物語」の筋とほぼ同様の内容が語られており、「わが朝の高名はただ吉備大臣にあり、文選・囲碁・野馬台《やまと》、この大臣の徳なり」という次第なのだ。『扶桑略記《ふそうりやつき》』天平七年（七三五）四月二—六日条にも、入唐留学生従八位下《じゆはちいげ》下道朝臣真備《しもつみちあそんまきび》について「凡《およ》そ伝学《でんがく》する所、……秘術、雑占《ざっせん》、一十三道、それ受業《じゆぎよう》する所、衆芸《しゆうげい》に渉窮《しようきゆう》す。これにより、太唐留惜《だいとうりゆうせき》し、帰朝を許さず。ある記に云《いわ》く、ここに吉備、ひそかに日月を封じ、十箇日の間天下を闇《くら》く怪動《かいどう》せしむ。占《うらな》はしむるの処《ところ》、日本国留学人帰朝能《あた》はず、秘術をもつて日月を封ず。勅《みことのり》して免宥《めんゆう》せしむ。遂《つい》に本朝《ほんちよう》に帰る」とある。平安末期に編纂《へんさん》された『扶桑略記』の編纂材料たる「ある記」にも、このような吉備大臣の物語が記されていたことがわかる。

「高名《こうみよう》」か〈鬼〉か

このように、平安末期における〈外交〉の説話として「吉備大臣物語」は成立した。平安末期の宮廷貴族らにとって、〈外交〉とは異国の高楼に幽閉されかねないような危険に満ちたものであり、その犠牲者として阿倍仲麻呂は、高楼に幽閉されて餓死し〈鬼〉となっていると観念されていたのである。ただし、もちろんこれはあくまで説話のレベルでであって、事実（史実）ではない。現実の阿倍仲麻呂は、中国名を朝衡《ちょうこう》と言って唐の高官として活躍し、帰国しようとしたが船が難破して果たせなかっただけなのだ。吉備真備の実像もまったく違う。

肝腎《かんじん》な点は、説話的な〈外交〉物語が誕生したことだ。説話的な〈外交〉は異郷訪問譚とイコールになり、他国との関係は、難題とその切り抜けという〈知恵比《くら》べ〉の様相を呈《てい》する。すなわち、〈外交〉ないし対外関係を、異郷訪問譚的な話型によって意識し把握する思考パターンの成立であり、それは、異国・他島《たとう》の人びととの現実の接触から生まれるリアルな認識《にんしき》とは次元《じげん》の異なるものである。他者認識のこうした説話的な思考パターン＝他者認識の枠組みは、外交や対外関係を限りなく現実離れにしていくことを可能にする。

こうして、異国・他島は、難題を克服できれば「本朝《ほんちょう》の高名《こうみょう》」となるが、できなければ高楼で餓死して〈鬼〉となるような危険に満ちたところとなり、また、そこは宝の国でもあった。〈外交〉とは、いかにして、そうした危険を克服して異国・他島の宝物を獲得し、本朝にもたらすかであったのだ。つまりここには異国・他島の両義的《りょうぎ》なイメージが立ち現れつつある。

かくて、平安末期の宮廷の所産《しょさん》である『吉備大臣入唐絵詞』に登場した〈鬼〉は、〈外交〉の犠牲となって餓死した日本人（阿倍仲麻呂）の霊魂《れいこん》であったのだ。その限りでは、この〈鬼〉は、『今昔物語集』の世界のそれと同様の日本的な〈鬼〉であり、異国・他島の人びとを〈鬼〉とイメージする段階には至っていないのである。

他者を〈鬼〉と見る時代

では、異国人・他島人の正体を〈鬼〉と見ることが本格化してくるのは、いったいいつ頃からなのであろうか。そしてその歴史的契機は？

紙数の制約でもはや見通ししか述べられないが、その時期は恐らく鎌倉末期であり、蒙古襲来《もうこしゅうらい》（一二七四、八一年）がその契機となったと思われる。来襲する蒙古軍の姿は、中世日本人に強烈な影響を与えたのだった。少なくともその頃から、他者の〈鬼〉性が強調されていったとは言えるだろう。すなわち鎌倉末期こそが、異国人・他島人＝他者を〈鬼〉と見る時代の本格的開始と考えられるであろう。

その徴候《ちょうこう》を列挙《れっきょ》すれば、第一に、鎌倉末期から南北朝期にかけてたくさん制作された『聖徳太子絵伝《しょうとくたいしえでん》』においては、蝦夷《えみし》や百済《くだら》・新羅人《しらぎびと》が〈鬼〉的に描き出されていることに注意しなければならない。第二に、高橋昌明氏が明らかにしたように、酒呑童子《しゅてんどうじ》説話の原型は南北朝期に生まれていた。そうした酒呑童子を代表とする〈鬼退治〉の物語の生成・胎動が始まったのもこの頃である。第三に、室町時代の『清水寺縁起絵巻《きよみずでらえんぎえまき》』や数多くの『八幡縁起絵巻《はちまんえんぎえまき》』などの寺社縁起類には、百済・新羅人や蝦夷が〈鬼〉のように描かれている（図33）。そして第四に、鎌倉末期には『天狗草紙《てんぐぞうし》』などが作られ、南北朝期以降の御伽草子絵《おとぎぞうしえ》の世界には、『土蜘蛛草紙《つちぐもそうし》』『百鬼夜行絵巻《ひゃっきやぎょうえまき》』『付喪神絵巻《つくもがみえまき》』などの〈鬼〉・物《もの》の怪《け》・妖怪《ようかい》が勢揃《せいぞろ》いしてくるのである。

しかも、強調すべきは、中世後期になると、『大江山絵詞《おおえやまえことば》』などの酒呑童子説話をはじめとして、〈鬼〉の〈退治〉や〈征服〉が主題化されてくることである。異国人・他島人をたんに〈鬼〉と見るだけでなく、彼らを〈征服〉〈征伐《せいばつ》〉の対象として描きだしてくるところに、この他者観・他者イメージの深刻な問題性が顔を覗《のぞ》かせていると言えるだろう。

なお、東アジアの卓越した文化の中心である中国については、日本では中世を通じて、〈鬼〉と見ることはなかったと言われている。しかし、微妙な論点があると思われる。というのは、絵に描かれた地獄と閻魔《えんま》王庁《おうちょう》の有様や〈鬼〉の姿などは、限りなく〈唐〉的・〈唐人〉的にイメージされるのが常であり、中世日本人にとって、潜在的にはやはり〈唐人〉も〈鬼〉であったのではないかと思えてならないのである。

ともあれ、他者を〈鬼〉と見て、その〈征伐〉を正当化する物語の到達点が一連の『八幡縁起絵巻』であり、いわゆる神功皇后《じんぐうこうごう》の〈三韓征伐《さんかんせいばつ》〉の物語であることは論をまたない。そうした物語が豊臣秀吉《とよとみひでよし》の朝鮮侵略の背景に作動《さどう》していたことも否定できない。近世日本も、神功皇后の〈三韓征伐〉の物語が常識的に受け入れられていた社会であり、桃太郎のような〈鬼退治〉の物語を生み出した時代であった。こうした他者＝〈鬼〉というイメージは、異国・他島の人びとを不気味《ぶきみ》な、得体《えたい》の知れぬ怖ろしい存在と思った瞬間、あるいは異国や他島を敵とみなした瞬間などに、即座《そくざ》に意識にのぼってくるものであった。それは前近代に限らない。そうした他者（敵）＝〈鬼〉のイメージは、太平洋戦争においても再現されたのであるから（ジョン・ダワー『人種偏見』）。

とすれば、今日の日本人は、このように歴史的に形成された他者＝〈鬼〉という深層《しんそう》的なイメージを、はたして払拭《ふっしょく》しえているのだろうか？　他者を等身大《とうしんだい》かつ同等の存在と見てつきあえるような地平《ちへい》に、はたして到達しえているのであろうか？

IV　鬼の民俗学

鬼と山人と

折口信夫

木地屋《キジヤ》にもならずにすんだ「山村《ヤマフレ》」が、何処か此辺にもあって、今も栄えて居るかも知れない。今度十月の十日夜《トオカンヤ》にでも来て、そっと、あの崖《ハバ》の上の家むらなどは見ていてやろう。さっき道を教えた我勢《ガセイ》らしい上《カミ》様《サマ》などは、向うの萱山へ上って、櫛形の月のあかりの下で、杓子ををこつかして躍り出し相だぞ。だから、貴人を連れて逃げたの、憚りながらやんごとない御血筋の続きだのと言うている山家の村々の中には、源平どころか、もっともっと古く、里の祭りと絶縁して引きこんだ末がないとは言えない。

寝静まった様な山の姿を仰いで、なぜのあんな高い麦の葉生えの中に、子どもが立っている。お前は唄を謡うているね。もう、あしたが小正月だのに、「正月どんどん。どこまでござった。……」でもあるまいに。そんな唄謡うても、学校の先生は叱らないかい。私は、声をかけて通ってやりたい様な気がした。こんな時分から、もう青空のふさぎのむしを吸いこんで居るのだ。山家山家とあしげに言やると「山家鳥虫唄」の後生楽はぬかしているけれど、花の木と言えば、向山も背戸山も、辛夷《コブシ》花や、躑躅まで根こそぎ杉苗と栽え替えた。何の色よい花が咲こう。冬だから、行きすがりの旅だから、よい様なものの、此処に住みついて居る身になったら、貉の奴め。はいからにでも化けて来いと呼びかけたくなるだろう。こんな同情は、要するに、十足もあるけば消えて了う、其よりも、やっぱり嬉しそうな人が、忘れた時分に一人ずつ行き違う。其に話しかけた方がよい。

　門松は小正月にもまだ置いてある。少しずつは飾りをへらす相だけれども。暮に迫って恵方の山へ、お松様を迎えに行って、家の軒先へはざを立てて、其に括りつける。家の格で、三本はざも五本はざもある。正月に来る年神様の伴れだか何だか、大年の晩遅れて来る客人《キャクジン》がある。「どこへでもええで、宿を貸せろ」と言うて来るのだ。目には見えないが、きっと来る。こんな客人は年棚の外に、祀ってやる事もあり、門松ぎりで遠慮して這入って来ない衆も居る。こんな話を聞いたりした。

　正月の鏡餅も、小餅を幾つも年棚へ供えたりするのも、此から見れば理くつは見透けて居る。海岸の村に我々の先祖が、一年の間きり物を思わなかった時分からきまって、初春には帰るお客人があったのである。山へ山へと這入って行って、常世神を忘れ干した後も、やっぱり変らず戻って来る。山の神だけが春のまれびとではなかった。年を二つに割って上元中元と言う事を考える様になってからは、二度遠い旅を還って来る。中元には、盂蘭盆に迎えるお聖霊《ショウロウ》と言う事になっているが、正月にはそんな忌わしい事はけぶりにも言わない。歳神様だの歳徳様だの、正月様だの、法華寺などでは、歳徳大善神と言う掛軸を掛ける。そうしてあげるのは、まず第一に十二或は十三の其年の月数に準えた小餅である。壱岐の島などでは、扇をあげる。あけると、高砂の尉と姥の絵がある。

　季節の替り目は魂の浮動《ウカ》れ易い時である。殊に初春と初秋とには、生き身の魂さえ、じっとして居られなくなるらしい。死人の魂は固より、ふらふらと遥かな海のかなたの国土から、戻って来るのである。常世と言うのは、実は海岸の村の海に放った、先祖代々の魂が到り尽して常は安住している国の名であった。村の元祖を一人又は男女二人として、其に多くの眷属として、個性のない魂が集って居る。其先祖を代表した魂が、常世の神となり上り、なり替って、醇化した神となった。そうして、死の国と常世とは別になって了うた。常世の元の形の記憶はまだなくなりきらない中に、常世神に縁ない山国に移った村々は、常世をもっと、理想化して高天原を考えた。そうして常世神の性格の一部を山の神に与えた。けれども、初春毎に来ては、一年を祝福しては去った先祖の魂の、祝福はせなくなっても、ともかくも戻って来る事だけは忘れなかった。生憎仏教はそう言う事を思い出させる様に出来ていた。平野・山国に国作りしてからは、村々を訪う春の神は、歳神と言う名に変って来た。大歳神とはあまり関係はなさ相な性格である。海を控えた村々の時代には、海阪《ウナサカ》遥かに来ると見た常世神が、平野・山国となって、山を背景にした。だから歳神は、山から来る。但し、山の中ではなく、野越え山越え来るのらしい。

山の端から天に上るのでもないらしいが、処によれば、歳徳は西天に帰る様にも考えている。「どこまでござった」と言うから見れば、「杖つきもつかずも行きて」と言う様に、水平的に長い道を来るのである。正月の神様は、先祖の魂の変形で、伴神と言うのは、お盆と言えば伴《トモ》聖霊と謂われるものである。門松の処きり踏みこまぬのは、盆にも来る無縁精霊と言われるものである。常世神を失うて、おとなしい歳神を得た海に縁ない地方の人々は、どうしても、常世神との誓約によって、初春毎に村を祝《ホカ》いの寿詞《ヨゴト》を唱えに来る山の神に、常世神の性質を段々多く持たせて行った。常世の神の姿は、初めは恐しい怪物に考えていたらしいが、段々平和で力ある一柱又は、年老いた尉と姥の姿にしていた。此は古典に証拠がある。常世神の老人夫婦の姿が、歳神になっても残っている。そうして此間の記憶が、田楽・能楽以前にも溯り得る神事演劇の上の翁なのである。ところが、歳神の信仰はあまりに、抽象的であった。村人の心は憑む所を考え出さずには居られなくなった。

山の神は海岸を見捨ててからは、親しみ易くて頼み易いので、段々善的な神として行った。併し常世神以来、祝福がすめばすぐにも還って欲しい様な畏い気むつかしい所のあるのが神であった。山の精霊も神に近づいて、醇化して行く程、段々気のとりにくい畏い処が出て来た。こうして人間との交渉は、山の神よりも、その巫女の山姥に代役して貰う傾向が出来て来たのかも知れない。水辺の海村にいた頃は神を迎える為には、海において身を清めた。此神に応接する条件が、次第に拡充せられて、禊祓を生んだのである。穢れた為に祓うのではなく、神を迎え、神に接する為であった。そうした常世神の為の習慣が、山の神の上にもくり返され、不浄を忌む神であり、血を忌む神であると言う風に考えた。

おにと言う語は、日本固有の語で、隠でも陰でもなかった。鬼をものと訓じ（此は魔の略格かも知れぬ）、おにと称したのは、語に両面の意があったからである。おにの第一義は、「死人の魂」で神に近いものと思う。其が段々悪く考えられて安住せぬ死霊の様に思われて行った。恐らく常世神とまでならぬ先祖の霊と常世神との間の、死の国の強力者とも言うべき、異形身を考えては居たであろう。死の国において、皆現世の身を失うて変形するものと考えて居たのである。神と死霊との間の妖怪でいて好意あるものと言う位の内容であろう。身躰の大きい事が恐らく必須条件であろう。ものは本身を持たぬ魂で、依るべのないものなのである。だから、常に魂のうかれる時を窺うて、人に依ろうとするのである。人に災する物の中、庶物の精霊はたまであるが、これは、唯浮遊しているのである。時々動物などの身の中に憩うこともあるようである。其変化した考え方から人の魂でも、身を離れて悪化した場合には言うている。おにの居る処は、古塚・洞穴などであるらしい。死の国との通い路に立つ塚穴である。神の奴隷・従者・神の弟子・神になる間の苦しみの形と言う様な意味を持って来たのは第二義らしい。悪事をせない様に、神の所属にせられているのであった。だから、常世と此土との間の洞穴や海底にいるものと考えられている。煉獄の所生で、此時期を過ぎれば神になれるのであろう。おにと謂われる物は、八瀬のおにも、大峰のおにも皆山の洞穴に縁がある。鬼隈皇女など言う名も巌穴洞穴に関係あり相だ。手長と言うのも、神社におけるおにである。神奴として、異形身なるものをいうのだ。

地獄の生類の名としたのは、第三義で、仏教以後である。御霊《ゴリョウ》になっても、おにとは謂わなかった。巨大さがない為である。

さすればおには、恐らく大人《オニ》の義で、おおひとと同義である。おには空想の所産で、山人・山の神は人間であるが、おには先住民をそう考えていたのであろう。先住民は巌穴に住むものと見、其が神力で従えられたものの子孫が、神奴のおにだとするのだ。巨人伝説の上の大人を先住民と見ていたのである。八幡の大人弥五郎の如きも、神奴の先祖を形に表したのである。八握脛七束脛など言うのも、先住民の名として大きな者なることを示す。智恵の勝利を示すと共に、威力を見せる手段であろう。大太郎法師も、八幡系統の高良山の大多良男命大多良女命なのである。ひいては、寺にまでも此信仰が這入って、金剛力士を門の両側に立たせることになった。異教の村の神を征服した姿を見せるので、八幡には昔は、弥五郎を門にすえたに違いない。神と神との争いに小さな神の勝利を示す事から、転じて人の上にも移されたのだ。阿倍貞任も巨人であり、松岡五郎も巨人、三浦荒次郎も巨人だった様に、わが国では被征服者が巨人化するのである。

山と鬼

和歌森太郎

日本人の民間信仰の中で、山に対する信仰が非常に幅の広い、さまざまな要素を含んで、厚く深く横たわって来ているということは申すまでもございません。その山の信仰と一般人の信仰との間に立って媒介しながら、これを深めることに働いて来た人、それが、いわゆる、山伏であります。その山伏の成立、あるいは、民間信仰史の中での出現、これに関して、私も何度か物を書いておりますけれども、まだ大変いたらない所があると思います。いろいろの学者の見解なども現われ、最近はとくにこういう問題について各方面から取組むようになり、業績もふえております。それらをずっと見渡して、いろいろ考えなければならないことがあるのじゃないかと思いましたので、表題のテーマを出して、今日のお話とさせていただこうと考えたわけであります。

山伏というものの成立が、どういう条件、あるいは、どういう基盤によるのかということを考えるのに、さまざまの方法があると思いますが、今日は、二つの点からたどってみたいと思います。

ご承知のように、山伏は、いわゆる、役行者と称する行者を理想的な祖師として、つまり、先祖の導き手として、崇敬してきたわけであります。役行者という人は、役小角《おずみ》という名で、『続日本紀』に見え、文武天皇の頃に、国家的な懲罰をくって問題になったという点で、名前を明らかにして、残っているわけであります。この役小角は、実在の人物としては、大和の葛城山の中で、呪い・呪術を行なって、非常な尊信を集めており、民間の帰依、信心の厚く寄せられた人物らしいのであります。まあ、宗教学的に言えば、「シャマン」ということになるのかもしれませんが、簡単に「シヤマン」という言葉を使わない方がよいかもしれません。とにかく呪術師であります。

『続日本紀』によりますと、「世、相伝えて曰く、役小角は、よく、鬼神を役使して」、とある。使役して、水をくませる、薪を取らせる。もしも、鬼神達がいうことを聞かないならば、役小角は呪いをもって、縛ってしまうと。そういういい方で書かれているわけであります。『続日本紀』の出来た平安前期の頃に、一つの史実と一つの伝説とが認められたわけです。一つは彼が葛城山で呪術を行なっていたこと。そして、国家に対して、あるいは政治に対して、妖言って言うか、怪しい言葉、つまり予言めいた、何か民衆を惑乱させるような言葉を放ったがために、令の規制に触れて、引捕えられて伊豆に流されたことです。これは、まず史実としてその通りだと存じますが、次に一種の伝説として平安前期まで、世々相伝えて言っていたことが記されています。つまり奈良時代、七十年、八十年間ほどの伝承が、この『続日本紀』に載っているわけでありります。それによると、彼は鬼神を使役して、山の中で水を汲ましたり、薪を拾わしたりしていたというのであります。私は、前にこれを扱いました時に、この伝承的な部分については、あまり重く取りあげないで、そういうイメージが民間伝承の中にはあったろうというだけのことで、その表現の中身は、法華経その他の経典に出ておることでありますから、そこから借りてきた飾り文句であって、あまり深入りする必要はなかろうという風に、考えたのでありますけれども、この鬼神を役使するということ、つまり山の中の鬼というものについて、役小角が、関連を持っておることを、あえて、少し突込んで考えてみたいと考えたしだいであります。

この伝承は、その内容にかなり後世に響きを持っておるのであります。薬師寺の修行者であった景戒の編集した『日本霊異記』の中にも、役小角が優婆塞として大いに活動して、やはり、鬼神を駆使して、大和の国の金峯山、つまり、吉野大峰の所と、それから葛城山との間に橋をかけさせたとあります。その鬼神のうちで、一言主神が逆らって役小角＝役優婆塞は、何か時世を騒がせるような、不穏なことを言っておるという讒言をしたために、役小角は捕らえられてしまったと、そんなふうに書かれている。ずっと後世のいろいろな伝承的文献あるいは、宗教的な文献をたどっていきますと、この問題、役小角が、鬼を使役し、これと対決し、またそれを克服して行く過程というものが、伝承として取りあげられており、ついには、謡曲の『葛城』の中にまで、これが取り入れられておるわけであります。

こういう面から、山伏にとって、理想的な祖師としての役小角、は平安中期に入りますと、役行者といわれるようになる。そして、だんだんに、きわめて超人的な呪術師として聞こえた、天下の山伏達の理想像として、イメージが固まってまいります。ということは、山伏というものが、山の鬼というものを意識して活動しなければならない立場の人であったということを、考えさせられるのであります。

そういう意味で、山と鬼との問題については山伏の成立の条件を考える上から、取りあげてみる意味があるであろうと、思ったのであります。

それから、もう一方の点でありますが、平安期の中頃、藤原道長時代、摂関政治の支配的になってきた頃の藤原明衡が書いた『新猿楽記』に、役行者とは無関係でありますが、やはり理想的な山伏修行者のイメージが書かれております。『新猿楽記』というのは、御承知のように、平安中期のさまざまの人間像を京都を中心に見ています。いろんな職業、仕事に携わっておる人びとの、めいめいについて、たいへん誇張した表現で描写しておる、そういう文献であります。したがって、全体がフィクションであるということは間違いないのでありますけれども、山伏修行する者が、どういうタイプの人間を理想と見ていたかということは、これでよくわかるだろうと思います。

それによりますと、山伏修行者として、仮に『新猿楽記』が名前をつけております者として、「次郎」という者がおります。彼は、智行具足の大変立派な「生仏」であるということが、書かれております。その生仏である所以を説明する条で、この「次郎」がどういうことをしたかというと、大峰、葛城、熊野、立山、伊豆の走湯、それから、比叡山、伯耆の大山、信濃の御岳、越前の白山、高野山、これらの山々をかけめぐって、そこで修行をしたということが「山臥修行」の中身になっております。これをしたということによって、智行具足の生仏であると、いうことになっている。実はこの生仏という言葉について、私はつい最近まで、あまり深く考えなかったのです。しかし、これは意味があるということを確信するに、今日は至っておりほす。つまり即身仏することを、生仏といっているんじゃないかということです。山伏の理想像というものは、一方では、先ほどからいっている鬼を相手にして対決するということがあると共に、自身の姿としては生仏、即身仏、即身成仏を体得するところにあるのではないかということであります。

で、とくに本日、このような鶴岡の場所で、この問題を取りあげたくなったのは、実はご承知のように、湯殿山界隈には、六対のさまざまの一世行人の即身仏、つまりミイラが安置されて来ている。これは、江戸時代以来明治初頭に及ぶ一世行人のそういう湯殿山修行者の、端的にいえば、山伏のあり方として、即身仏化ということが求められて来たことを示します。そういう縁がある場所で、山伏の話をする場合に、この生仏としての山伏修行者が、平安中期にすでに一つの理想的タイプになっていたということをご披露するのがよかろうと、思ったのであります。山伏と鬼というものを考えるのに私は修正会の鬼使いについて、ふり返ってみたいと思うのであります。

修正会の行われるのは、正月、旧正月で、とくに真言、天台系のお寺です。この行事が民間の支えをかなり大きく受けまして、維持、伝承されていることは、よくご承知のところだと思います。その修正会の中身は、単なる仏教行事とはいいつくせない、すこぶる民俗的な正月行事、つまり歳の神様を迎えて、予祝をするという性質を持った行事を、巧みに、融合摂取しました。お寺の坊さんがやり出した行事であるかのように、これは伝えられてはおりますけれども、実は仏教行事としては容易に割切れないものを含んでおるわけです。しかし、すべてが、山伏の経営、指導によってなされるものではありませんし、一般寺院の修正会というものと、また、修験の関係者が行っている修正会というものとでは、趣きの違いがあるのであります。その顕著なものとして、大分県の国東半島にあります修正会があります。これは、修正鬼会と俗称しております。あるいは、夜中に行われるというので、修正鬼夜という。修正鬼会の「え」が訛って、「よ」なんでしょうが、それをあえて、夜だからだろうという風な民間解釈を加えたりしております。けれども、ともかく、そういった修正鬼会は、国東半島をカバーしております修験の組織、六郷満山という修験組織の寺々において行われました。これは全体を、東組、中組、西組という風に分けまして、その各組にいくつかの寺が統括されているわけですが、組は組として、だいたい似たようなやり方の修正鬼会を開催、執行するものであります。平安期時代の文献に出ます修正鬼会がそうでありますように、すべてこの結願の時には、鬼やらい（追儺）を致します。節分の追儺と似たようなことが行われるわけです。この国東半島の修正会は、鬼夜、あるいは、鬼会といわれているように、やはり結願の日の鬼やらいに、大変に重点を置いておるのでありますす。ここで出ます鬼の種類には、鈴鬼（鈴を手に持っている）、それから、災祓い鬼と呼んでいますが、災を祓う鬼と、さらには、鎮め鬼。これらが顕著なる鬼の姿であります。鬼の面をかぶる者が、だいたいに国東の場合ですと、里人というか、信者の家からというよりも、寺に仕える、つまり修験の流れで定着した坊さん、そういう人達であることが多いのです。

この連中によって清め、つまり潔斎を済ました後に面がかぶられ、修正会の一連の行事が行われる、その最終の段階の頃になって、講堂に登場してくるわけです。そうしますと、中の坊さん達が、荒鬼の秘法だとか、鈴鬼の秘法とかいう、さまざまの真言系の秘法を行います。その間、鬼も介錯役も、「ヨオ、ハィショ、ヨォ、ハァ、ヨォ」というような具合に、飛びまわっております。そして、燃える松明をふりかざし、太刀だの、斧だのふりまわして、すこぶる、壮観というか勇壮な感じが致します。そうしているうちに、鬼の方が叩かれるんじゃなくて、鬼自身が参詣人のためにですね、介錯と一緒になって、手をつなぎあって輪になる。そうすると、ご加持になるということで、参詣人の魔よけが、なされるわけであります。つまり、鬼が、松明でもって、参詣人の加持をする、そのために潜って行く尻や、背中を松明でぶったりする。そんなようなことがございます。たいへん、こわいような感じもすることはしますけれども、結果は決してあぶなくない、むしろ、そこから幸いが確保されるのだという期待を持って、一般の人が、ここに寄ってくるのでありますす。

そして終りに近づきますと、「鬼の目」といわれる餅を撒く行事があります。この餅が鬼の歯固めであると言って、これをいただくと家族の者が、健康になるんだということです。

「鬼の目」と申しますのは、その餅を撒いたのを、一般の人が取ると、鬼は目を失ったことになる。ここで、鬼が自分を犠牲にした形で、人々に幸いをもたらしたと、いうのです。その間に、「鬼さん、目はこっち。」とか、「鬼さん、目。鬼さん、目。」といって、からかうような具合にして、一般の人達が、ちょうど鬼ごっこをするような具合で、鬼と一緒にウロウロ動きまわるわけです。そこで、さらに鬼は、目なしだとはいっても、松明を持って、なお信者の尻を追いまわすというようなことをくり返し行なっています。お堂の中の行事が終わりますと、今度は外へ、飛び出します。外へ飛び出すといってもお寺の領域といいますか、その檀家部落と申しますか、信者の一つの集落があるわけですが、それより外へ飛出したらいけないといいます。そうでないと大変な不幸があるということを申します。鬼は部落の一軒一軒の民家に入り込んで行って、加持してやるわけです。それぞれの家では、鬼を座敷の床の間に請じ入れたり、あるいは、仏壇の前で鬼と介錯とを「どうぞ、どうぞ。」というわけで招きいれまして、丁重に酒と食事を出さなきゃいけない。ちょうど、生はげのような感じのものですが、そういう具合にして、春を告げ、祝福する鬼として、修正会の追儺における鬼が、国東半島の場合には、非常に顕著に出ているわけです。そうでない普通の修正会はどうだとお聞になる方があるかもしれませんが、これは、棒を持って、鬼を叩きのめす、松明を持って、ふりかざして中に上がりこんで来ている鬼と、格闘せんばかりにして、対決して、鬼が松明を投げ出すとか、お寺の池の中へ放りこんでしまうとか、とにかく、追いやってしまう。念の入った所は、さらに豆をとって打つというようなことをやるのが普通なのです。それに比べてみると、国東半島の場合はお堂の中で鬼が、祝福者として、いろいろの務めを果していてくれている。しかも、外に出てもあくまで、この寺の関係者の氏子の、氏子っていっちゃおかしいですが、まあ、信者の中に入りこんで行って、酒を飲み、食事を共にすることによって、いよいよ、その家の栄えを計ってやるということであります。

これは、国東の修正会のことを、非常に大ざっぱに、だいたいの共通する姿でいったのでありますが、実は、東、中、西でやり方にまだいろいろ細かな違いがあります。ただだいたいのところは、今、申しましたような事をして、伝えられて来ておるのであります。

ところが、この国東の修正鬼会と似たものが、播磨の書写の山ですね、やはりこれも修験の連関がたぶんにある所と存じますが、その地帯のお寺で行われております修正会においては、やはりこれと似たようなことがたぶんにあるのであります。今まで日本人にとっての鬼はですね、非常に好もしい鬼と、それから、嫌がられる鬼と、二つのタイプあるということは、常識でして、どんな民俗学の本にも、それは書いてあるわけです。しかし、それがいったい、前後関係上どうなっているのかということについては、論じられたものがありません。何とはなしに、前の鬼はむしろ親しまれる鬼であって、それがだんだんこわい鬼になったのではないか。地獄の思想、仏教的な閻魔、鬼の観念が入って来てから、そうなったんじゃないかという風に、はっきり断定されませんけれども、そういう意味の論文を書いておられる先生もおります。しかし、どうもやはり文献の上で忠実にたどってみるならば、鬼というものは、あくまで、嫌がられる鬼である。最初から。つまり邪神というもの、あるいは、邪鬼、あるいは、「囂」という字を書いたのもありますが、そういったものが鬼と呼ばれているのである。古典の中では、むしろ、積極的に招かれるような、そういう鬼というものは出てこないのであります。いずれも忌みきらわれるような鬼として、早くから出ていて、しかもそれが、山から降りて来て辻でもって邪魔するような、そういう性質の鬼について、初期の文献の上では出て来るということが気づかれます。

鬼というものを、もともと日本人が、そういう言葉で表現することは知らなかったわけです。天神地祇人鬼、この三つの類の神様というものが中国にありました。それを日本では、とくに天神地祇を非常に重く用いる、神祇令の中でも、これを並べたてて祭祀の対象にしたわけです。人の霊としての人鬼の方につきましては、これを埒外に置いているわけです。人の魂というものについては、ピンと来ないと見えて、それを外しました。そして、悪しき神、荒ぶる神、そういうものというものの中で、この「鬼」という字を借用して当てているんです。一般の死者の魂を表わすのに、「鬼」という言葉を用いないで、妙な、人に迷惑をかける、人生を妨げるようなもの、社会を乱すもの、そういう悪霊を対象にして、「鬼」という字を借りて来て表現しておるわけです。中国伝来の、あるいは、仏教伝来の鬼というものに触れて、日本人がこれはこういうものにふさわしいという風に考えたものは、ミサキとかユキアイ神という、ヒューと風のように飛んで来て、首っ玉についたかと思うと、気絶させてしまうような、恐ろしい鎌鼬、その他の類も含まれますけれども、そういう魔物的なものが、日本人の仏教を知る前、あるいは、中国の思想を知る以前から、持ち伝えて来たものなのです。今でも、とくに四国の愛媛県宇和地帯あたりには、非常に濃厚にそれが伝承されておるわけです。そういう鬼以前の鬼らしいものというのは、やはりあったと思います。これを今の伝承の上から、そうした鬼に表現されるものは、どこに住んでいるんだろうということを聞いてみると、山の方から、サッと風とともにというようなことを、いうことが多い。また、ミサキ風、という言葉などもよく、使われますし、山との縁は、否みがたいものがあると思います。そういう人の個人個人を引捕らえて気絶させるようなものと、それから、一般的に山から、発したと考えられて、恐ろしい災害をもたらすとされた雷、も、やはり「鬼」という文字を知った時に当てるにふさわしいと考えたものであったかと思います。そういう前提というか、根底がありますので雷を表現するのには、後々、鬼のイメージ、これは仏教の地獄絵から借りて来たような鬼のイメージですけれども、それをもって、表象するということになったと思われます。日本の山岳信仰の中で一番古い段階を、いろいろ考えてみますと、そういった悪霊というか、人生を妨げるような迷惑をかける〝spirits〟が山に籠っておるという考え方は、非常に普遍的なものがあったろうかと思います。

鬼についてのいろんな伝承を集めてみましたら、もうきりのないものでありますけれども、非常に多くが、山に根拠するものとして出てくるし、鬼と連関してイメージが出来てくるさまざまの魔物的なもののすべてについてもそういえるのです。これが山を棲家としておるということ。これは原始的な段階にさかのぼるほど、非常に濃厚であったに違いない。あらゆるものが、怖い中で、山中において出くわすさまざまな怪異現象というもの、あるいは、山からもたらされる異常な迫害といったようなものが、恐ろしい鬼の仕業だと思う感じを、一般原始人に抱かせたに違いないと思います。

それとは別に、もう一つの山岳信仰のタイプということになると、たとえば、水をわける、灌漑用水の水分りの機能を持ったような神というものが、そこに住んでおるという考え方があったり、それから死霊の、一般的な死者の行き着く先であるとする、考え方があったりする。

以上を、日本の山岳信仰の三つの類として、誰でもあげるのでありますが、まず第一の悪い spirits が充満しておるという考え方が一番まず原初的なものであって、それから、おそらく、弥生時代と申しますか、農耕社会が、日本の土地に展開してくる時に灌漑用水との関連もあって、「水分りの神」といったような、雨を調節する、そういう天の神様の降る所として、何か、非常に恩恵を受けるものが感じられるということになったろうと思います。それから、日本の古代史の上で、私は、南方系とか北方系とかいう風ないい方で処理するのはまずいのですけれども、北方伝来の観念を持って来た種族の活動、発展があったということは、否定できないと思います。その連中が持っていた人生観として、山に死者の魂が赴むくという考えがあったと思います。種族の複合的な構成を考えた場合に、今までずっと日本の民間信仰にまで滲透しております、ただ、山に恐ろしいものがおるという考え方と、水を分けてくれる神の信仰、あるいは、一般の死霊の赴むく先としての山と仰ぐ信仰、そういう三類が、この複合につれて入りこんできたのだと考えられます。日本人の日本列島における歴史から見ると、第二段、あるいは、第三段ぐらいになって、あと二類の考え方が、入りこんで来ているという風に見た方がよかろうと思うのです。

そこで、先ほど来、この第二の問題としていっております生仏となる山伏のことが、関係がある。つまり、山に入って山伏は、鬼を退治し、これを家来とするということの他に、もう一つ、自身として山の死霊の籠っている、世界に入りこむことによって自分を、死という断絶の境地に、引き入れる。それから、地獄から出発しなおすような難行苦行を積み重ねる。山伏の修行というものは、十種の修行ということを、よくいいます。最初は地獄道、そして、餓鬼道、畜生道という風にだんだん登りつめて行くわけです。この地獄道の苦しみというのが、深山の山伏達にとって非常に厭わしく辛いものに数えられ、書きたてられて、いろんな文献にも残っているわけです。こういう地獄の世界の苦しみを受けるということが、まずは、その俗世間における自分の生なるものをそこで遮断して、そして、もう一ぺん生まれ直るために、スタートし直す、そういう過程として、自から自身に課したものであろう。そうして、そういうようなことを課する気持になったのは、そこに死者の世界があるからなのです。恐山の例が示しますように、仏教が入って来ますと、たちまちに山の中に死者の世界があるということを前提にして「やれ、あそこに地獄がある」「あそこに極楽がある」、というういい方をするようになりました。奈良末期から、ずっとそれが広がって行くわけであります。立山の地獄などは、早く中央の人達にも有名になっておりました。この地獄に浸りきる。浸りきっておいてから、さらに頂上を窮めて行く。それを、立山の場合でいえば、「禅頂」といっておりました。「禅頂」の「頂」は「定」という字を書くのが、本来でしょうけれども、時々「頂」という字を書いてあります。あるいは、ごらんになっていただいた方があるかもしれませんが、最近、越中立山の地獄の話をテレビで宗教の時間にいたしました、そこに出しました写真にですね、「立山禅頂」という風に彫込んだ鎌倉時代の寛喜年間の銘の入っている、素敵な、神像がございます。これはやはり一世行人でもないけれども、修業者が、入りこんで行って、立山の地獄から段々に極楽へと近づいて行く、そして、究極の頂点の所において極楽道に達したという、その記念に、あるいは、願いを掛けて来た願果しにこしらえたものである、という風に私どもは見ておるわけですが、そういう「立山禅頂」という言葉などに表われているような「禅頂」ということが、山伏の一つの目的なのです。

これは、「鬼」というものについていうならば、先ほどいいましたように、日本人は、一方では、まず、悪い働きをするものとして、鬼を摂取したけれども、やがて、魂としての鬼というもの、つまり、死者の世界を構成している死霊、すなわち人鬼という意味の方ですね、これをもまず、ふんまえたことになるんじゃないかと思います。一般的な鬼の世界に触れるということに、まず出発点をおいて、そして、そこでは、鬼達が仕えている地獄の閻魔様やなんかの裁きも受けなきゃならないこともあるかもしれないというくらいに、実際には集団グループとして入りこんだ山伏修行者の仲間というものは、先輩、後輩の間の秩序は非常に厳重であります。厳しいいろいろの責苦というものを課し合うわけですが、そういうその責苦に耐えて行くことは、自分をまず、鬼と化して、その鬼から飛躍をはかって行くという考え方をする。そして究極の目的の所まで、つまり極楽道まで達した時に、下山する。あるいは、下山しないで、時によっては、そのまま、入定してしまうという風なことがあったのです。入定は絶えず、あらゆる時代を通じて、どの山にも求められていたというわけにもいかない。ここまで徹して生きなくちゃいけないのだ、木食の行を積んで生きながら、入定してしまわなきゃいけないのだという考え方が、何かのきっかけでパアッと広がった時代があるじゃないかと思います。話の中では、ずいぶん、入定の話は各修験の山々にまつわって残っております。残ってはおりますが、弘法大師の話にヒントを得て、後から作ったではないかと思うようなのは、実は多いんでありまして、役行者についても、入定の塚というものが、ずいぶんあるわけですけれども、それはお話というだけで、ちょっとあてにならないのです。即身仏となるという観念のもとには、あえて、即身入定をするのではないにしても、それほどまでに徹底した十段階の修行過程を積みあげて行くこと、地獄道から始めて積みあげて行くのだと、いうことが、山伏については、一般的にあったじゃないかと思います。だから、一面では人のためには、山伏は魔よけをしてやるとか、鬼を、祓ってやる、人生、社会生活の鬼的なものを一切駆除してやるのだということです。鬼をむしろかかえこんで、これに積極的に災いを転じて、福と化させるように働かせもするけれども、それは社会的にはそうであるが、自身としては、やはり、発心した宗教者である。他面、自身としては、地獄の鬼によって構成されている、その地獄の山の中において、まず、身をおいて、自分を人生の現実から断ち、そして、修行の積みあげによって、生まれ変って、第二の人生として、つまり、一世行人ではないが、行をして戻って来ては、さらに里人と接触し、そして、またさらに行を積みあげて行くというようなことが、普通の山伏の生き方としてあったんではないかと思うのです。

ですから、成年式というか、いわゆる、男になるという意味において、子供が近くの山に十三才の頃に、山駈けをします。その時に、山伏なんかが指導して、先達として、案内するわけです。そういう時にも、お盆の頃を選んだりして、明らかに死者の世界との接触ということをはかるわけです。それによってそれが成年的な意味を持つっていうのは、たんに、むずかしい山登りをして体力を鍛えたからということじゃないのであって、それよりも、死者の先祖の霊と、山で密着して帰って来たということによって、成年という一つの折り目に、山駈けすることの、意味があるだろうと思います。それによって得ようとするものが、浄土に入るということです。これが、観音の浄土であったり、弥勒の浄土であったり、それから西方浄土であったり、これは時代の仏教思潮のはやりによって、また、その山を開いた坊さんの立場なり宗教観如何によって、いろいろです。仏教的な、説明を加えることもございましたが、基本的には、やはり、山の中における、いわゆる鬼と、それから、一般的な人の死霊としての鬼の棲息するという世界観＝山に対する観念、これが一つの基礎になって、山伏をうながし、成立させて行くきっかけになったというか、根底を作ったのだと、私は考えているわけであります。

あまりに、大きな問題をわずかの例でしか、お話申しあげることができないで、尽くせませんけれども、意のあるところをくんでいただきたいと思います。

鬼と金工

若尾五雄

はじめに

紀記に残る八岐大蛇の話に出て来る鳥ケ峰（船通山）に近く、鳥取県日野郡日南町宮内に楽楽福《ササフク》神社というめずらしい名の社がある。

ここの主祭神は孝霊天皇の后といわれる細姫《ササ》、あるいはその王子歯黒王子だといわれている。その縁起(1)の概要を述べると、この皇后および王子は孝霊天皇が、この辺りに住む鬼を退治に来た時に一緒に来られて、ここでお住いになっている間に、おかくれになったので宮を建てて、お祀りしてあるのだと書かれている。伝える所によると神様は片目の神(2)といわれているのであるが、この辺り一帯は同名の楽々福神社のある印賀が、印賀鋼で有名である様に、良質の一大砂鉄地帯であり、かつ鬼を退治した所は同郡同町下岩見の大倉山であるといわれており、その大倉山は古い銀山である。

かく鬼退治と鉱山とに関係があるらしいので諸国の鬼退治の場所を調べて見ると、沢山そうした関係があるので、ここに鬼と金工という題で諸国の鬼退治や修験の鬼と関連しつつ話を進めてみたいと思う。

吉備津神社の鬼

孝霊天皇といえば、吉備津彦尊の御父君であり、鳥取県は岡山県の隣の県であるから、この宮内の楽々福神社の鬼の話も、あるいは岡山県の吉備津神社に何かそのもとの話があって、こちらへ伝わったのではないか、とにかく、吉備津神社に鬼退治の話があるかと、同神社を尋ねて聞いて見た。すると、やっぱり鬼退治の話があった。つまりよくいわれている桃太郎伝説である。

その話は吉備津神社の北方に、阿曾郷という郷があり、そこに鬼ケ城という山がある。この山にまつわる鬼ケ城縁起がそれである。この概要を述べて見ると、

昔、阿曾郷の鬼ケ城に温羅《ウラ》という鬼が棲んでいて、附近を荒し廻ったので、吉備津彦尊は、その随臣楽々森彦尊と共に、この鬼を退治した。温羅はなかなか強く、尊に、左の眼を射られたのにもかかわらず、岩にかくれたり、川にひそんだりして反抗をつづけたが、ついに捕えられ、かの有名な吉備津神社の釜鳴神事の行なわれる竈の下に、その首は埋められた。釜鳴神事の釜の鳴るのは、この温羅のさけび声だといい、またこの釜鳴神事は、鬼ケ城の麓の阿曾村の女が、巫女となって代々つづけて来たという。阿曾の女が巫女になる理由については、温羅の妻、あるいは妾が、この阿曾村の生れであったからだという。なお、鬼ケ城からは血吸川という川が流れ出て、阿曾村の中を通っているが、血吸川というのは、温羅の左の眼を射抜かれた時に出た血が、川になって、真赤に川砂を染めたからだと伝えている。現在温羅は楽々森彦尊と共に吉備津神社の本殿に剣先さんとして祀られている。

かく吉備津神社にも鬼退治の話がある。では吉備津神社をはじめとし、鬼ケ城、あるいは前述の阿曾村な

どが、鳥取県の楽々福神社の場合の様に、金工と関係があるかどうかと調べて見た。
訪れた吉備津神社の宮司の話によると、吉備国は昔から、金工には深い関係があり、この吉備津神社も金工にも深い関係があったらしい。先年東北地方から、吉備津神社と吉備津彦神社（備前一の宮）との間にある在木の人が東北へ行って鉄の製錬をした、ということが文献に出ているが、本当か、どうかという照会があった、と語られた。東北地方の話というのは、後に調べた所では、宮城県登米郡狼河原村の事で、そこに、千葉弥太右衛門勤功書上というのがあり、永禄年中（一五五八—七〇）千葉土佐が、備中国吉備中山在木から千松大八郎、小八郎の両人をまねき、その弟子となって砂鉄精錬をはじめたのが、この地方に金屋の定着しだした最初で、日常器具や、軍事用の材料を生産した、ということが、『風土記日本東北・北陸篇』（平凡社）に出ている。

もともと、吉備の中山については

真金吹くきびの中山帯にせる
細谷川の音のさやけさ
よみ人知らず（古今集大歌所）

などの歌があって、吉備の枕言葉は真金吹く、という製鉄に関することを暗示している。また前述の和歌は、たたら師が、たたらの吹きはじめに、君が代の様に唄う歌で、かくたたら師と吉備津神社は因縁が深い。とにかく、こんな具合で、吉備津神社も鬼ケ城も金工に関係があるので、さらに温羅の妻、または妾の出たという阿曾郷の阿曾を訪ねて、どんな村であるか、またどんな話が残っているかと調べてみた。

阿曾部落は、鬼ケ城から流れ出た血吸川が中央を流れていて東阿曾・西阿曾となっている部落。血吸川にかかっている橋の上から川を眺めると、なるほどその砂は赤い。

同地の部落人に教えられて、林という鋳物製造業をしている人を訪ねていろいろ聞いてみると、鬼ケ城には砂鉄が多く、その砂鉄が血吸川に流れ出して来て、赤く見えるから血吸川といい、吉備津彦命の時代から、ここに住みつき、血吸川の砂鉄を使っての鋳物師村であった。先祖達は禁裡御用達もしていて、その免許状を林氏は持っている。現在は鉄は他国の物を使っているが、今でもこうして、ここに鋳物師が少しでも残っているのは、血吸川の川砂が、鋳物の炉土に適しているからだといい、両阿曽とも土の下は、先祖代々使用した鉄糞が至る所に一杯に埋められているという。

つまり温羅の妻の里、阿曽は鋳物師村なのである。

この様に吉備津神社、鬼ケ城、阿曽という鬼退治に関係のある所が、みな金工に関係があることは、鳥取県日野郡の場合と全く同様であった。

かくの如く、鳥取県、岡山県の両地において、鬼と金工が深く関係があるが、これは、吉備津神社系に特有な話かも知れぬので直ちに、鬼と金工の関係が全国的にあるとはいえぬので他の例はどうかと調べてみることにした。

大江山の鬼退治

そこで、吉備津神社とは、遠く離れた所の鬼退治の好例として、丹波国の大江山の話を調べてみた。

大江山の酒呑童子については、香取本・お伽草子をはじめ種々の本に出ているが、実地に丹波国に出掛けて調べた話は、次の様である。源頼光は大江山の西方にある、現福知山市、上佐々木から、図にある三岳山にまず登り、ここにて東北の方をのぞむと一煙が立ちのぼるのを見て、そこが鬼の住む所と考え、三岳山を南方に下り、喜多部落の金光寺（山伏寺）に至り、願文を奉り、ついで上野条に至り、ここにある御勝八幡に三七日の間参籠して鬼退治の祈願をこめた。その参籠の途上に老婆の栗を干しているのを見て、何んであるかと聞くと、老婆は勝栗であるというので、大いに喜んでそれを頂き、やがて下野条、天座をへて、千丈岳に向い、鬼の岩屋に入って、酒呑童子を退治した。首尾よく鬼を退治した後再びこの上野条に帰り、前述の老婆の家（童子家、明治以後童城家）に山透《ドホシ》の笛をお礼として与え、かつ、八幡宮にもお礼の参拝をした。八幡を御勝八幡というのは、頼光が鬼を退治して帰った時に、勝って帰ったから、御勝八幡という。なお、上野条には、童子ケ森、前述の童子家などという酒呑童子の童子に関係がある様な地名や家が残っている。

以上が現地における、頼光鬼退治の話の概要であった。

ところで、大江山（千丈ケ岳）を囲んで、北方の与佐郡加悦町滝本の施薬寺には英胡、カルーラ、土蜘蛛の三鬼を金室王子が退治したという縁起があり、また同郡栗田郷の成願寺縁起にも、同様に三鬼を退治し、そのうちの土蜘蛛（土熊）を来世の証に岩屋に封じたが、この岩屋が鬼の岩屋といわれるものだとあり、さらに加佐郡仏性寺にも、ほぼ、これと同様の三鬼を退治した話が別にある。

この三鬼退治の話は、用明天皇の時とされているから、頼光の鬼退治より古い鬼退治の伝説とも考えられる。それはともかくとして、では問題の金工地帯かどうかと調べてみると、喜多・上野条・下野条・行積・長尾・天座などの部落はその昔、金山郷という郷名の所で、郷名がすでに鉱山地帯であることを示している上に、天座部落には金糞ケ原というカナクソの散布した原が残っている。また前述の施薬寺附近にも、カナホリ、カナヤマなど鉱山跡を示す小字名があり、加佐郡の仏性寺にも同様の鉱山跡（銅山）が見られる。特に頼光が出発点とした上佐々木は、もとは鬼ケ原という地名であったという文献さえもあって、坑口を意味するマブ谷という谷も現存する。

かく大江山を中心として、鬼の話と共に、旧鉱山跡が共存する。否昔ばかりではない、鬼ケ茶屋から大江山への登道には、現在でも日本鉱業の大きな銅山が稼行しているのが見られる。つまり、鬼の大江山は、鉱床が大きくつらぬいているという地点である。

一寸法師

京都の清水寺は、一寸法師が鬼を退治した所で有名である。ところで、この清水寺の開いた縁起は次の様である。

昔沙弥延鎮、宝亀九年四月、夢見るにより、淀川に出てみらるれば、水に金色の一すぢあり、延鎮ふしぎの思ひをなし、みなかみを尋ねもとむれば滝のもとにきたる、一つの草の庵あり、うちに白衣の老翁あり、名を問へばぎょうえいといへり、すでに二百歳もてる千手の像あり、これをえんちんに与へ、ぎょうえいは東州におもむけり、その時、ぎょうえい、えんちんにたまへるは、我れやがて帰らん、そのほどは此の草庵にすみ、又遅く帰らねばたれを待たずして、千手の御寺を立つべしとのたまひ、東州に去り給ふ、その後延鎮・ぎょうえいを待ちかね、山科のほとりに出らるるに、ぎょうえいの御沓あり、疑ふ所もなく、かのぎょうえいは観音菩薩の化現なるべしと、沓をとりてかへり、その跡を示し給へる也、延暦十七年に将軍坂上の田村丸鹿狩して、此の草庵にわけ入り、えんちんにあひ給ひ、しかじかのことを聞き給ひて有りがたくおぼし、大同二年に御草創ありし御寺也、又地主権現はすなはち清水寺の鎮守なり。

『大日本地名辞書』で、吉田東伍博士は、清水寺旧地は京都府宇治郡音羽山厳法寺ではないかとしている。現清水寺附近には清水焼が行われているから、土質に鉱物質のものがあるかも知れないが、宇治郡の音羽山は、滋賀県と京都府との境の山脈中にあり、この山脈は石山寺、醍醐三宝院などをはじめとして、滋賀、京都境に沿って、金・銀・銅などの鉱脈のつづいている所である。鉱山師によると、醍醐三宝院は銅坑の上に建立されているといわれ、石山寺も金を含有し、その後方には銅鉱の跡が見られ、附近の芋ケ谷や平野部落附近にはカラミが一面に撒布している。つまり清水寺の旧地が、宇治郡の音羽山であったとすれば、金の流れ出ずることも当然であり、一寸法師の鬼は、そうした金工地帯に住んでいたことになる。

片目片足の鬼

和歌山県牟婁郡色川村字樫原には、狩場刑部左衛門を祀る王子権現というのがある。伝えるところによると、この辺りにヒトタタラという片目片足の鬼が住んでいて、熊野三山へ参詣する旅人を悩ました。そこで刑部左衛門がこの片目片足の鬼を討ち取って、山林数千町歩を郷民のために与えたことから、かく祀られているのだという。ヒトタタラは、那智三山の一峯妙法寺の阿弥陀寺の釣鐘をかぶっていたので、長い間この鬼を討つことが出来なかったとか。

ところで、この話のある色川村のはじまる辺りが、今述べた妙法山であり、有名な妙法鉱山のある所で、昔は紀州家のドル箱といわれていた銅山。現在でも、妙法山の下は至る所、坑道になっており、その先は那智の滝の近くまで達しているといわれている。これにつづく、口色川、大野、籠、阪足、樫原の各部落一帯は、至る所に古い銅鉱の跡があり、色川村の地名は、鉱石により色がついたから色川とつけたという伝えもある。殊に鬼退治をした樫原部落の辺りになると床《トコ》という名のついた小規模の野ダタラ跡が無数に見られる。

この様に、片目片足の鬼といわれた鬼の住んでいた所も、かく鉱山地帯である。

同様に奈良県吉野郡伯母ケ峯にも片目片足の話があるが、伯母ケ峯の麓にも赤倉銅山という鉱山がある。

鬼取山

奈良県生駒郡生駒山頂には、鶴林寺という寺のある鬼取山という所がある。ここは役行者が、いつも、つれて歩いたといわれている前鬼、後鬼を捉えたことから鬼取山と名づけられたと伝え、役行者の守護神金満《カネフキ》大神を祀り、また前鬼、後鬼の頭髪をけずり取って坊主にまさにしようとしている木像を祀ってある堂もある。ここの伝説としては前鬼、後鬼は鬼子母神の話として語られてあるが、堂守によると、昔、金を取ったところだといい、それで金満大神が祀ってあるのだといっている。

かく、中国、近畿両地方にわたり、金工と鬼には深い関係が認められるので、全国的に調査すると次の結果が得られた。

東北地方

青森県中津軽郡岩木山　鬼沢に大人の鍛冶屋の話あり、赤倉嶺にて妖賊を討つ。

山形県西田川郡菅野代鬼坂　鬼来りて人を食う、鍛冶屋が鬼に宿をあたう。

岩手県岩手郡西根　滴石岩、夷賊大猛丸を田村将軍討つ。鬼ケ城あり、硫黄

岩手県気仙郡立根村長谷寺　黄金が出る、大同年間坂上田村丸竜福鬼を討つ。

宮城県遠刈田鬼石原　岩崎金山、阿計羅神阿計羅山―上路？

宮城県遠田郡篦嶽　黄金山神社が麓にあり金鉱の跡多し。天平感宝元年四月陸奥守　百済王敬福上総国人丈部大麻呂、左京人無位朱牟須、沙弥小田郡人丸蓮宮麻呂、治金人左京人戸浄山、金山神主主下部深淵が日本始めの篦嶽金を持ったというところ。田村将軍妖賊高丸を討つ。

宮城県栗原郡金成　鬼渡神社、金売吉次兄弟のおった所、坂上田村丸が妖賊高丸を討伐した所であり、金を

掘った所。
宮城県玉造郡　鬼首―銅山
福島県安達ケ原　黒塚、鬼が住む
福島県郡山市多田野　鬼ケ城、鎌倉権五郎景政、隣村大槻　銅山、古墳多し
福島県信夫郡石那坂（平田村）鬼ケ沢、金売信高の金を洗った所　金鉱あり
関東地方
栃木県上都賀郡古峯ケ原　タタラ跡多し。鬼子孫妙童鬼日光の開祖、勝道上人修業の地として日光修験の尊ぶ所。
栃木県河内郡羽黒村関白　金鉱。藤原利仁が高倉山の妖賊を討つ。
茨城県久慈郡八溝山　黄金神。金鉱近津神が八溝の妖鬼退治の話あり。
中部地方
静岡県引佐郡奥山　秋葉山、山姥　銅鉱　平賀矢部の両氏により討伐さる。
福井県武生市　鬼ケ岳　水銀を産す。
新潟県西頸城郡上路　山姥―金鉱
新潟県佐渡郡　金北山の神と鬼　金鉱
新潟県西蒲原郡弥彦山　弥彦鬼婆（妙多羅天女）鍛冶師弥三郎の話、間瀬銅山。
長野県戸隠神社鬼女紅葉の岩屋　鉄鉱　タタラ部落　手力男命　平維盛
愛知県設楽郡鳳来寺　三鬼　金鳳石
岐阜県大野郡丹生川　鬼（宿儺）丹生　旧鉱山多し

岐阜県恵那郡中津川　鬼退治　錫黄玉砂金などの鉱石を出す。
岐阜県吉城郡神岡町（神岡鉱山）鬼ケ城という地名あり　銀鉱あり。
岐阜県武儀郡洞戸　藤原高光の鬼退治の話あり蓮花寺を建立　附近に銅鉱あり　これは高賀山の鬼退治のありし所。
岐阜県関市　鬼（関太郎）刀鍛冶　附近に砂鉄多し。
岐阜県不破郡垂井町南宮大社　主祭神中山金山彦命を祀り　カネホリ、金山の地名あり本社より関市の刀鍛冶に出す掛本尊に鬼が刀を打つ時の向槌を打つ絵あり。

近畿地方

滋賀県伊吹山伊吹神社　酒呑童子の話あり。タタラ跡、カナクソが神社裏より出る（南宮宮司宇都宮氏談）
伊吹氏については各国の伊吹郷は金工に関係あり。
滋賀県甲賀郡土山村田村神社　鈴鹿山の鬼を打つ　土山村には金・銀・銅・その他の鉱脈あり。
京都府福知山市鬼ケ城山　山麓に銅鉱あり。
京都府京都市清水寺　延鎮が淀川の水の中に金筋のあるをみとめ。さかのぼるとこの清水寺の音羽滝から金が出ていた。有名な一寸法師の鬼の話音羽山は滋賀県と京都府との境にあり。これがほんとうの音羽と云われている。両府県の境の山には金・銀・銅の鉱脈あり。石山寺、醍醐三宝院の下には旧銅坑ありと鉱山師は云う。
京都府天田郡大江山　鬼退治、酒呑童子の話あり。大江山山系は銅鉱によって囲まれていて、仏性寺、施楽寺などの縁起に金鋺（金室）王子が三鬼を退治した話がある。酒呑童子の話は佐々木郷・金山郷にはさまれた三岳山（蔵王権現・金屋神）を中心として語られ三岳山の寺として喜多村に修験の金光寺あり。銅の

カラミ散布し、その辺の古名を鬼ケ原（上佐々木部落）という。（近畿民俗第四八号大江山伝説成立考・宮本正章述参照）
大阪府三島郡神峯山寺　鬼穴　金鉱
兵庫県城崎郡竹野町　鬼神谷、竹野鉱山　金銀
兵庫県城崎郡香住町　鬼の宿あり海砂鉄、金鉱
奈良県吉野郡大岸山前鬼　鬼の子孫が住み前鬼山には金鉱あり、金生水湧く。
奈良県吉野郡洞川　鬼子孫、鉄鉱あり。
奈良県吉野郡大峯山中　金崩の秘所あり　鉄鉱。
奈良県吉野郡伯母ケ峯　片目片足の鬼の話あり、その山に赤倉銅山あり。
奈良県生駒郡生駒山頂　鶴林寺（鬼取山）鬼子母神の話あり。修験道場ありて役行者が前鬼、後鬼をとらえた所といい、役の行者の守護神金満大神《カネフキ》を祀る。この辺一帯は金を取った所だという。
和歌山県那智勝浦町及び色川村　妙法鉱山および種々の金、銀、銅鉱の古きものあり。特に片目片足の鬼を退治した樫原附近は床と云いて旧鉱多し。
和歌山県粉河寺　丹生神社の鍵取は近くの鬼の子孫と云う中津川村の人々によりて行なわれる。丹生は水銀のことであって丹生都姫の告文にも出た所の神社鍵取の神事には中津川の人は鞍馬天狗の服装をする。
中国地方
岡山県苫田郡越畑大平山　牛鬼の話あり、牛鬼は鉄役人だと云う　鉄鉱
岡山県加陽郡吉備津神社　鬼ケ城縁起、温羅《うら》退治の話ありて砂鉄をその地に産す、阿曽（鋳物師村鬼の妻の里）。

広島県双三郡鬼ケ城及び大土山　鬼退治の話あり附近に鉄を産し、タタラ跡あり。
広島県安芸郡厳島　弥山に三鬼　水晶産。
広島県比婆郡帝釈山　一名鬼神山と云い鬼退治の話あり、鍛冶屋床、タタラ跡、砂鉄、大人穴
鳥取県日野郡日南町　楽々福神社（前述）印賀の鋼のほか至る所に砂鉄あり、また同町岩見大倉山銀山あり
　て鬼退治の話あり。
島根県大田市鬼村　鉄鉱
島根県能義郡鳥ケ峯　天叢雲剣の出た所　鬼神神社あり、砂鉄。
山口県玖珂郡高根村宇佐鬼ケ城山　硫黄
山口県熊毛郡室積長島　牛鬼の話、長島附近にて鋳銭司の銅を取りし島あり。
四国地方
愛媛県石槌山　修験道灼然上人鬼神を使う　附近に銅鉱多し。
愛媛県鬼ケ城　鬼王団三郎が住んでいた鉱山
徳島県焼山寺　鬼ケ城　鉄分多し
徳島県名西郡鬼籠野　鬼ケ城　鉄鉱　藤原某が鬼を討つ。
徳島県麻植郡高越山　鬼ケ定　銅鉱
九州地方
大分県日田郡中津江村　酒呑童子山　坂田金時の鬼退治、鯛生金山、鬼の子孫大蔵氏の話、上津江村笹野。
大分県東国東郡竹田津町鬼籠　鬼神大夫（刀鍛冶屋）鬼と共に打つ。
宮崎県西臼杵郡高千穂町　高千穂の鬼八退治岩戸鉱山師　岩戸神社の灯籠は鉱山師のもの。

これらの地方の鬼について更に、興味ある二、三の例を引いて述べてみると、まず東北地方では、主に田村将軍との関係が多い。田村将軍が、これらのうち、どれだけ事実夷を討ったのかはわからないが、その討伐した所といわれる場所は前述の如く金工地帯である。当時、朝廷が将軍を派遣した大きな理由は、この点から考えると鉱山占有のためであったのではないかという疑いさえ起きる。宮城県遠田郡篦嶽は日本で黄金をはじめて発見した所であるが、ここにも田村将軍の妖賊高丸を討ったとあるのは、この良い適例である。

また例の金売吉次の黄金を掘ったと伝える福島県信夫郡石那坂には金鉱のある場所を鬼ケ沢といい、宮城県栗原郡金成には金売吉次兄弟がおった所と伝え、鬼渡神社があるのは、これまた鬼と金工を示す好適例である。更に鉱山だけでなく、広い意味の金工と鬼の関係を如実に示すものとして、山形県西田川郡菅野代鬼坂には次の如き話がある。それは岐阜県関市の刀鍛冶が鬼を弟子に使ったことと共に特に興味のある例で、その話を少しくわしく述べると次の様である。

この話は山形県鶴岡市の戸川安章先生から聞いた話だが、後三年の役に越後の鬼が阿倍貞任を助けようとして同町にある鬼坂峠にさしかかった。するとそこに立っていた地蔵さんにけとばされてほうほうの態で越後の方へにげ帰ったが、途中で日が暮れた。鬼のことなので、どこでも泊めてくれない。ふと鬼は鍛冶屋は鬼をきらわないと聞いていたので、鍛冶屋へ行って泊めてもらいたいというと、快く泊めてくれた。越後に帰った後、鬼はその時の恩を深く感じて、沢山の贈り物をした、という話。

たまたま、この話を聞いた時に前後して岐阜県関市の方へ旅行した所、同市の元日本刀塾の山田塾長から刀鍛冶の話を聞いているうちに、その部屋に一つの掛図があるのに気がついた。その絵は上は三面六臂の神像で、頭上に大刀を交叉しており、その下に装束をつけた大刀鍛冶が二匹の鬼に向槌を打たせて刀を打っている姿の絵であった。戸川先生の鍛冶屋は鬼をきらわないという越後の鬼の話を聞いていた矢先に、この絵

修験道場と鉱山（修験道場名は和歌森先生の『山伏』による）

修験道場	鉱物
東北地方	
岩木山	鉄
阿闍羅山	金
早池峰山	金
五葉山	鉄
田束山	金
大峰山	
大六天山	
篦嶽	金
熊野嶽	硫黄
蔵王嶽	金
大平山	？
保呂羽山	鉄
御嶽山	金
鳥海山	鉄
金峰山	
山伏山	金
羽黒山	鉄
月山	金
湯殿山	水銀
金峰山	黄鉄
関東・甲信越	
真弓山	寒水石
武生山	金
八溝山	金
愛宕山	
女貌山	
太郎山	鉄
大真子山	
男体山	鉄
妙義山	鉄
三峰山	金
大嶽山	
御嶽山	
高尾山	
天上山	
御坂峠	銅
十二嶽	
金峰山	金
富士山	
鳳凰山	金
高塚山	
大山	鉄
山伏峠	銀
米山	薬草
檀特山	金
五月雨山	鉄
飯豊山	鉄
高妻山	鉄
戸隠山	鉄
飯綱山	鉄
白崩山	
駒嶽	
有明山	
御嶽	鉄
中部・北陸	
伊豆山	
山伏山	
秋葉山	銅
大日山	
石巻山	
鳳来寺山	ルリ
瓢嶽	銅
石動山	鉄
白山	金
山伏山	
別山	黄銅
荒島嶽	銀
能郷山	銀
日野山	
文珠山	
近畿地方	
浅熊山	マンガン
鶏足山	
経峰	
高野山	水銀
ゴマダン峠	マンガン
那智山	銅
綿向山	銅
飯道寺山	鉄
比叡山	
弥山	金
三輪山	鉄
生駒山	鉄
葛城山	
金剛山	水銀
蔵王峠	鉄
飯盛山	鉄
剣尾山	
箕面山	銅
愛宕山	マンガン
鞍馬山	マンガン
岩屋山	
醍醐山	銅
笠置山	銅
鷲峰山	鉄
成相山	
三嶽山	銅
畑山	
御嶽山	
中国地方	
高山	
美徳山	鉄
大山	鉄
後山	鉄
二上山	
瑜伽山	鉄
美古登山	鉄
大峰山	
弥山	水晶
金峰山	ニッケル
四国地方	
剣山	金
大竜寺山	水銀
石槌山	銅
出石山	銅
五剣山	
松山	
大川山	金
橋倉山	
九州地方	
孔子寺山	
若杉山	
竈門山	
仏頂山	
古所山	鉄
日向神山	
両子山	鉄
御嶽山	鉄
英彦山	水晶
犬嶽	
九重山	硫黄
霧島嶽	硫黄
冠嶽	金
金峰山	鉄

を見た自分は、この様に相離れた所で、一方には絵で、一方は伝説として共に表裏一体となる鬼と金工の関係を知って驚嘆したのであった。山田塾長によると、この掛本尊は岐阜県不破郡の中山金山彦神社の御祭神、金山彦命だとのことであった。そこで、すぐにその足で中山金山彦神社を訪れて、宮司の宇都宮氏にこの話をすると、関市の刀鍛冶が、鍛冶をやめた時に、放っておくのは恐れ多いと、神社へ返しに来たのが三四枚神社に保管されてあると、その一枚を見せて下さった。

昔の金屋は、死人をきらわないということはいわれているし、鬼は人死魂であるとは和名抄にも出ているが、この様に鬼と金屋の関係が絵や伝説に出ているのを見たのは初めてであり鬼と鍛冶屋についての伝承は、このほか、大分県東国東郡竹田津町鬼籠においても鬼神大夫が鬼を相手に刀を打ったという話があって、その辺りは砂鉄の産する地点である。

鬼の子孫

和歌山県粉河町中津川、栃木県都賀郡古峯ケ原、奈良県吉野郡前鬼や洞川、坪之内には鬼の子孫といわれる人々が住んでいるが、これらの所もまた金工地帯であることは、粉河町中津川の場合は、粉河寺の鎮守丹生神社が、丹生都姫を祀っていて、丹生都姫の告文にも出ている所を奥の院としていて、水銀の神社で、中津川の鬼の子孫は、この丹生神社の鍵をあずかっている家筋、また古峯ケ原の妙童鬼、吉野の前鬼、洞川などの鬼の子孫も同様に金工地帯にあって、共々に修験の鬼であることは修験が金工に関係あることを示している。

打出小槌

打出小槌は一名延命小槌ともいい、昔話では宝を打出すといわれている。前述の一寸法師の話でも、その鬼が打出小槌を忘れて行ったとあって、鬼と打出小槌は深い関係が感ぜられる。ところで、昔鉱夫が鉱山で金銀銅、珠玉を掘り出す山槌といわれるものを見ると、全く同一の槌であって、鬼を金工と結びつけて考えれば、鬼が打出小槌を持っているのは当然のことである。

鬼というもの

一般に、鬼―隠《オニ》、または鬼―人死魂神、と和名抄に出ており、その点は、多くの諸国にある行事、芸能に出て来る鬼を見るといわゆる追儺の行事型を示している。つまり鬼は追い払われるものと考えられている。一年の終りに追儺の式が行なわれることは、一年の間にたまった煤を払う様なものであろうが、鬼の場合は三河の花祭の鬼の様に、夜の間だけが鬼の活躍して、明け方になると消えると云うことからすると、鬼は夜と関係が深い。このことから考えると、追儺の鬼と云われるのは大晦日が一年の最後の夜のことであって、晦は姿をくらますこと、つまり隠《オニ》であるが故に鬼が最後の夜の意味として払われ、一陽来復とか、生れ清まるとかいわれて正月を迎えるための行事となったであろう。かく追儺の場合の鬼は隠《オニ》として和名抄の説に合致する。

鬼には禍をもたらす鬼と福をもたらす鬼とに民俗学者は分けているが、禍をもたらす鬼については前述の追儺の鬼をはじめとして種々の鬼もきらわれるものとして説明がつけられている。

ところが、福をもたらす鬼は今までその意味がはっきりと解明されていない。金工は、所詮は、地下より鉱石を取り出すことである。従って埋蔵物を取り出すことで、その埋蔵物の存在する所は、地下という暗く、晦、籠るなどの言葉で示されている隠《オニ》の場所であることから金工伝説には鬼が出て来るものであって、民俗学者の福をもたらす鬼として分類されるものは、この金工の鬼なのではあるまいか。

なお修験道の鬼と鉱山については長くなるので別の機会に述べることにする。

注

（1） 日野郡史（伯州日野郡楽々福大明神記録事）（伯耆誌抜萃）

（2） 一つ目小僧（柳田國男）柳田先生は、原田翁輔氏の話をひいて、「昔この印賀村の楽々福神社の祭神、竹で眼を突いて一眼を失われたといふ言い伝えで、そのために竹は一切国境を越えて、出雲能義郡の山村から、供給を仰ぐことになっている。と云ひ。この例で注意すべきは、楽々福神社は日野郡では殆ど各村に祀られ給ふ社で、しかも印賀村のがその本社といふのではない。一つの神様が五箇所も八箇所にも勧請せられてある場合に、その内の一社でのみ眼を怪我せられたといふのは、どういう結果になるであろうか。」というておられるが、楽々福神社の本社に当るこの宮内楽々福神社も片目の神様であることは、自分の妻の里が、この宮内楽々福神社の神主の家で昔はあったから、妻達は、伝え聞いており、また印賀、宮内と並んで大社である溝口楽々福神社の方でも老人によっては、眼病みの神様だと伝えている。

なお日南町と山をへだてた島根県能義郡能義町比田には有名な金鋳子神社があるが、金鋳子神社より楽々福神社の方が、鉄の神としては古そうだが、このことは、別の機会に述べる。

五来重

「鬼の子小綱」の原点

一　「鬼の子小綱」の構成とモチーフ

日本中にはかなり多くの、「鬼の子孫」という伝承をもった村や集落がある。かつて修験道のあった山の周辺に多いのは、山中生活民が山神に奉仕する山伏身分で、山先達《やませんだつ》をつとめる超人的体力や逞しい肉体をもっていたり、平地の民とは異なる生活様式をもっていたことにもよるであろう。大峯山の前鬼《ぜんき》の村（奈良県吉野郡上北山村前鬼）や後鬼《ごき》の村（同上天川《てんかわ》村洞川《どろがわ》）などはその代表的なものである。昔話の鬼の原像は「山の神」と祖霊（荒魂）であるといっても、鬼の子孫という伝承は、鬼と人間の異類婚姻談がなければ成立しない。山神の化身である猿や蛇、あるいは鬼婿入の昔話は、この異類婚姻がオリジンであろうが、鬼の場合は多く娘を攫《さら》っていって鬼の子を生ませ、その母子が鬼の追跡をのがれて人界に戻ってくる逃走談になっている。

本来、鬼の子孫という伝承は誇りをもって語られたはずであり、葛城《かつらぎ》修験に属する紀州那賀郡粉河《こかわ》町中津川などは、前鬼の子孫という名分《めいぶん》で士分《しぶん》を以て遇せられ、名字帯刀を許されたという。しかし、鬼を悪鬼羅刹《あっきらせつ》とする仏教の影響で、鬼は人間を食うとか人間の女を攫うという話ができたものとおもわれる。したがって、鬼の昔話の中間項には仏教説話または縁起談が介在したと私はかんがえているが、「鬼の子小綱」などはまさしくその一例とすることができるであろう。すなわち、この昔話の原話に近いものは、『古事記』の大穴牟遅神《おおあなむぢ》（大国主命）の神話にあり、これが『日本霊異記』（上巻第三話）の道場法師の唱導説話となり、またお伽草子の「梵天国」ともなって、昔話の「鬼の子小綱」が成立したものと、私は主張したい。これを論証する前に、この話の筋を四段に分けて整理しておくことにしよう。

まず第一段は甲型と乙型があり、乙型は、鬼が女を攫って山の中に連れてゆき、子供を生ます、となっており、甲型は、百姓が田植をしようとすると、水口に大きな石が邪魔になって水が入らない。そこで百姓は、この石をのけてくれたら娘をやるんだが、と独り言をいうと、鬼が出てきて大石を投げ飛ばしてしまう。そして三番目の娘をもらって山の中へ連れてゆき、子供を生ませた、となっている。甲型は『すねこ・たんぱこ』にある岩手県稗貫《ひえぬき》郡矢沢村や『昔話研究』（二）の青森県八戸付近、『ひだ人』（八）の富山県中新川郡三郷村、『南蒲原郡昔話集』の新潟県南蒲原郡森町村などの採集である。いわゆる聟入型であるが、田の水口の石を大力の鬼（実は鬼の子孫）がどける話は、『日本霊異記』の道場法師とまったく同じなのである。乙型は大江山のような鬼の人攫《ひとさらい》型で、『老媼夜話』の岩手店上閉伊《へい》郡土淵村や『旅と伝説』（五の十二）の岡山県御津郡今村や『沖永良部島昔話集』の沖永良部島などである。

第二段は、鬼の妻になった娘が、父の百姓に鬼の子を見せたいと招待する。または親父が娘をさがしに山の中へ入って娘と鬼の子に出会う。そして鬼に見付けられて食べられようとするところを、娘の計らいで、親父が勝負で鬼に負けたら食べてもよい、という条件で、二つの勝負をさせる。山伏の験競べでもあるが、そのオリジンは『古事記』神話の、大穴牟遅神が素戔嗚神から受ける試練にあるとおもう。一般に昔話研究者は難題談というけれども、その根源は神の試練または通過儀礼である。「鬼の子小綱」の勝負というのはいろいろのヴァリエーションはあるが、縄の綯《な》い競べでは、娘と鬼の子は鬼の綯った縄を隠れて切ってしまうので、父親が勝つ。煎豆の食べ競べでは、鬼には石の豆、親父にはほんものの大豆を食べさせて勝たせる。それでもなお鬼は親父を食べようとするので、隙を見て三人は一緒に逃げ出す。

第三段は昔話につきものの逃走談である。そのとき千里車と五百里車があるというのは、お伽草子「梵天国」のモチーフを使ったものであるが、千里車は水の上を走らない代り、五百里車は海も川も渡れるとして、話を面白くしている。そこで三人は五百里車の方で逃げると、鬼は気付いて追いかけてくる。そこに大川またはは海があるので五百里車が渡りかけると、鬼は千里車で追いついた。そして鬼が大川または海の水を呑み干して五百里車を引き寄せるところが、この昔話のクライマックスである。ところがこのとき、鬼の妻になった娘は尻をまくって篦《へら》または杓子で尻を叩いたので、鬼が笑ったら水を全部吐きだしてしまった。それで無事逃げ切ることができた、というのがこの本格昔話のハッピーエンドである。

第四段は付加的部分であるが、第三段まででは「鬼の子」の出る幕がないので、かつてはこの部分に元興寺の道場法師のような武勇談があったのではないかとおもう。しかし現在の採集では鬼の子の自己犠牲談になっていて、子供向きの話らしくない。岩手県稗貫郡矢沢村の話では、父娘孫の三人が大川を渡って鬼の手からのがれたとおもっていると、鬼は執念深く追いかけてきた。そのために鬼の子は、自分の首を取って曝《さら》しておけば鬼は来れない、といって犠牲を申し出たが、親父は菖蒲と蓬を軒と戸口に挿せば入れないといって、その通りにして助かった。これが五月五日の菖蒲節供の由来だという。もう一つの岩手県上閉伊郡土淵村の昔話では、鬼の子小綱は成長するにつれて鬼の子の本性が出て、人間を食べたくなった。そこで小屋を作って火をつけ、その中で自ら焼け死んだ。その灰から虻と蚊が発生して人間の血を吸うようになったのだという。民間呪術に、大師講の小豆粥の汁を撒いておけば蚊や虻や蜈蚣《むかで》が家に入らない、というのも、鬼が入らないというのが源であろう。

そこでこの昔話のモチーフの、㈠鬼が人間に子を生ます、㈡鬼の難題、㈢五百里車と千里車、㈣箆または杓子の呪力、㈤鬼の自己犠牲、などについてすこしく考察を加え、この昔話の宗教民俗学的な意味を明らかにしたい。

二　神の子と鬼の子とその子孫

「鬼が人間に子を生ます」というモチーフは、ある家系の超人的能力を説明する神話の一形態とおもう。これはむしろ家系を誇ることであるのに、昔話では嫌うべき話になっている。これと同じ形態の神話は「神の子孫」という説話である。『新撰姓氏録《しようじろく》』の神別の家系は、みな神が何かに化身して人間と婚姻する神話をもっていたにちがいない。三輪山神婚談といわれるのはその一例にすぎないが、三輪山の大物主《おおものぬし》神が蛇に化身して巫女・倭迹迹日百襲姫《やまとととひももそひめ》に婚した神話であり、三輪氏（大神氏《おおみわ》）は大物主神の子孫という誇りをもっていた。『日本書紀』（崇神天皇十年）には、

　是の後に倭迹迹日百襲姫命、大物主神の妻《みめ》と為る。

として、昼は見えずして夜のみ通《かよ》ってくる「美麗之威儀《うるはしきみすがた》」の夫《せな》が正体を見せたときは、

　明るを待ちて以て、櫛笥《くしげ》を見れば、遂に美麗《うるは》しき小蛇《こをろち》有り。其の長大衣紐《したひも》の如し。則ち驚きて叫啼《なきさけ》ぶ。時に大神恥ぢて、忽に人の形に化《な》りたまふ。其の妻に謂《かた》りて曰く、汝忍びずして吾に令羞《はじみ》せつ。吾れ還りて汝に令羞せむといひて、仍りて大虚《おほぞら》を践みて御諸山《みもろやま》に登ります。爰《ここ》に倭迹迹日百襲姫命仰ぎ見て悔《く》

いて急居《つきう》。則ち箸にて陰《ほと》を撞《つ》きて薨《みう》せぬ。

とあるが、鬼も夜のみ来て夜が明ければ（鶏が鳴けば）帰るのである。三輪山神婚説話には神の子が生まれた話はないが、『日本書紀』（崇神天皇七年）には、大物主神は鬼よりも恐ろしい大疫病を流行させて人を殺す荒魂で、我が子（子孫）をして我を祭らしめたならばこの災を止めるであろう、と告げる。

若し吾が児大田田根子《こおほたたねこ》を以て吾を祭らしめたまはば、則ち立ちどころに（災が）平ぎなむ。

といい、この大田田根子こそ三輪氏の祖であるというから、この神婚によって大田田根子は産れたのである。すなわち、神の子を祖とする神話伝承によって、三輪氏は大物主神の祭祀権と大和国の一部の支配権を確保したのである。

私は、仏教の影響でこの神婚による「神の子」はやがて、神仏に祈って授かったという「神の申し子」に変化したものとおもっている。「鬼の子小綱」に関係のあるお伽草子「梵天国」では、清水観音の申し子として玉若殿（五条右大臣の子の中納言）が生まれることになっており、中世物語はほとんどこれである。また、私が「梵天国」に関係があるとおもっている東北地方の「おしら祭文」の「おしら姫」も清水観音の申し子である。そして、彼女が名馬と婚した子孫は蚕《かいこ》であると語られる。

しかし面白いことに、奈良時代の道場法師の説話は、神婚による神（鬼）の子と、神の申し子の中間形態である。これは、私がつねに主張しているように、奈良時代は神話時代から仏教唱導の縁起時代に入る過渡期なので、このような形があらわれたのだとおもう。そして、もっと面白いことは、近世に現在の形になったとおもわれる昔話「鬼の子小綱」が、神（鬼）婚による神（鬼）の子型をとっていることで、これは古代神話の復活ということができよう。いや鬼（霊鬼）はむしろ神観念の原質だから、いわゆる記紀神話より古い、と私はかんがえている。このような説話が昔話に出てくるということは、原始的霊鬼観念《デーモニズム》が民衆の意識の底に沈んだまま保存されていて、近世の仏教的権威や唱導の弱まりに乗じて、昔話として発現したものとおもう。

この「民衆の意識の底」というのは、ちかごろ流行のユング心理学の「無意識」といってもよいかもしれないが、平安時代でも中世でも、民衆の本心の神仏意識はみな原始的霊鬼観念的であり、「無意識」よりもやや意識的であった、と私はかんがえる。

「鬼の子小綱」はこのように、記紀神話より古い原始神話から、過渡期の道場法師説話や中世本地物の唱導説話を経て成立したけれども、その原始神話の霊鬼観念を保存している。もっとも、記紀神話でも、素戔嗚尊神話には多分に原始神話の霊鬼観念的要素をつよくのこしているので、昔話との共通性が多い。

三　道場法師と「鬼の子小綱」

『日本霊異記』に記された道場法師説話は、宗教民俗学的な分析を加えれば、実に豊富な要素をふくんでいる。しかしここでは多くを語ることはできないので、「鬼の子小綱」に関係のあるところだけを取りあげることにしよう。『日本霊異記』には道場法師は三か所に出てくるので、奈良時代にはかなり普及した説話であったろう。ところが『今昔物語』になると、霊異記（上巻第三話）の道場法師出生談や強力談を出さないで、道場法師の孫の強力の話を、巻二十三の第十七「尾張国女伏㆓美濃狐㆒語」と同巻の第十八「尾張国女取㆓返細畳《ほそてつくり》㆒語」に出すのみである。これはもはや「鬼の子」に興味がなくなったためであろう。

ところで道場法師は固有名詞とはかんがえられないもので、霊異記にも、

後の世の人伝へ謂ふ。元興寺の道場法師に強力多く有りとは是れ也。当に知るべし、誠に先世に強く能縁を修して感ずる所の力也。是れ日本国の奇事也。

とあって、複数であることがわかる。私はその事蹟から見て、「堂衆《どうしゅ》法師」であったと推定している。かれらは半僧半俗の私度《しど》沙弥で、奈良市中の「道場」に住み、番をきめて元興寺に詰めては、諸堂舎の開閉や掃除、香花閼伽《こうげあか》の献備《けんび》をおこなっていたと私はかんがえているので、「道場法師」とよばれる理由は十分にある。しかし高野山の「道心《どうしん》」（花摘道心）も堂衆の転訛であることは間違いないから、堂衆が道場と訛る可能性もある。東大寺では法華堂衆と中門堂衆のことが多少わかるし、比叡山の堂衆（花衆《げしゅ》・夏衆《げしゅ》）、あるいは高野山の道心（行人）などの機能から、元興寺の「道場法師」も分析しなければならない。しかしいまその遑《いとま》はないが、高野山の最初の開発荘園である阿弖川《あてがわ》庄を耕作したのは、第六世座主済高《さいこう》律師の仕丁《しちょう》（従者・堂衆）阿保《あほう》房の子・久曾丸《くそまろ》であったというのは、堂衆（道心・行人）が荘園や寺領の田畠の耕作もすることをあらわしている（『高野春秋編年輯録』天慶四年条）。

　このことは、霊異記の道場法師が元興寺の田を耕作して、意地悪な諸王との水争いに勝ったという説話の意味に関係があると同時に「鬼の子小綱」の発端が、田植の百姓の水樋《みずひ》を妨害する大石を鬼が取り除いたことにつながってくる。霊異記では、鬼（雷）の子である道場法師は元興寺の「童子」（従者・召仕）となって、鐘撞堂《かねつきどう》にあらわれる大鬼（「悪奴」・「霊鬼」）を退治したのち「優婆塞《うばそく》」となった。そして元興寺の田に水を引くのを妨害する諸王と水門の開閉を争ったが、最後に道場法師（優婆塞）は百余人引の大石で諸王の田の水口を塞ぎ、水を元興寺の田に入れたという。その功で得度出家を許されて「道場法師」になったとあるが、これは年長になってからの名字沙弥《みょうじしゃみ》で、妻子を持って道場に住んだからこそ、その孫に大力の娘があった話に展開してくるのである。したがって「鬼の子小綱」の発端で、田植の水引きを鬼が手伝って大力を発揮するモチーフは、ここまでさかのぼりうるものとして差支えないし、昔話のモチーフやファクターは軽々しく見過すことができないことを主張したい。

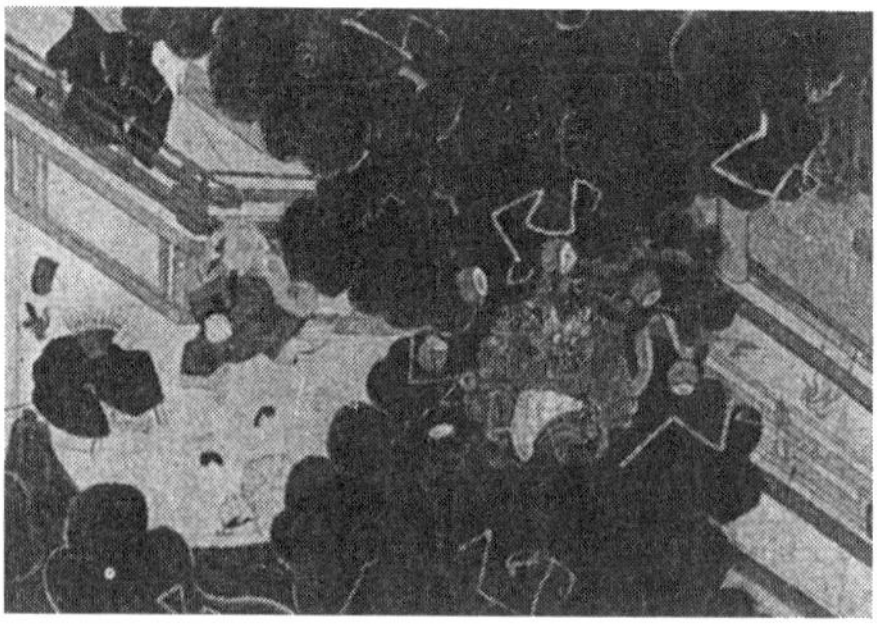

清涼殿の落雷（北野天神縁起　第六巻）

　ところで霊異記の道場法師の誕生談であるが、これは敏達《びだつ》天皇の代に尾張国阿育知《あいち》郡片蕝《かたわ》里の農夫が、田を作るために水を引いていると雷が落ちてきた。その雷は子供の姿だったが、天へ帰る手伝いをしてくれたら子を授けようといった。そのために楠船（槽）を作って水を満し、竹の葉を浮かべてほしいというので、そのとおりにすると雲をまきおこして天に登った。

　即ち雷、彼の人の前に堕《お》つ。雷、小子と成つて随状す。汝何を報《むく》ゆるや。雷答へて言ふ。汝に寄せて子を胎《はら》ま令《し》めて報いん、我が為に楠船を作り水を入れ、竹の葉を泛《うか》べて賜へ。即ち雷の言の如くに作り備へて与ふ。時に雷、近依《ちかよ》ること莫《なけ》れと言ひて避け令む。即ち霧を靉《ま》いて天に登る。然る後、産む所の児の頭に蛇を纏くこと二遍、首尾後に垂れて生る。

とあって、異常な子供が生まれたが、この雷は霊鬼であって、神であり鬼であるから、その子は「神の子」とも「鬼の子」ともいえる。しかしこれが平安朝以後のように「申し子」として、人間の祈願に応じて生まれたものでもない。また神と人との神婚によって生まれたものでもないので、私はその過渡期の産物とかんがえる。

　しかもこの「鬼の子」は大力無比で、王（皇族）の力人《りきじん》と大石の投げ競べをして勝つが、仏教寺院や僧侶から見れば、童子か優婆塞の召仕にすぎないというところに、仏教の優越性が出ている。そして、この初代目の道場法師の大力は鬼から与えられたものであるけれども、それを元興寺の悪鬼退治に使ったり、寺田耕作に発揮して功徳を積んだので、子孫にも大力が多く出たといっている。このようにして、鬼は仏教に服属し、のちには悪者となって中世の物語に現れるようになる。

四　鬼の子の童子と小綱

「鬼の子小綱《こづな》」の甲型の発端に、百姓が田に水を入れようとすると大石が邪魔になり、これを鬼の力を借りて除けるという話があるのは、『日本霊異記』では鬼（雷）の子である道場法師が、寺田の水の手の大石を除《の》けたという話と同根であることはすでにのべた。このモチーフは古代における田の開墾という生活に根ざしているとかんがえることができる。この開墾を経済史では墾田三世一身の法とか、墾田永世私財法などで片付けてしまうけれども、民衆の意識の中には、先祖の霊力の加護で田畑を開いたという信仰があったことがわかる。口分田《くぶんでん》と班田収授法の合理主義と理想主義を崩壊させたものは、祖霊信仰の非合理主義と欲望の現実主義だったことが、昔話の分析からわかるのである。

このように見ると、鬼の子孫という伝承は特定の家筋に限らなくともよさそうであるが、これを後々まで持ち伝えたのは、山岳宗教に関係のある家や村であった。多くは本尊を笈《おい》に入れて運んで来たとか、高僧のお供をして来たという伝承をもち、何々童子といわれる。

東大寺の二月堂本尊（十一面観音）を運んで来た家は堂童子とよばれて、今も二月堂修二会《しゅにえ》（お水取り）には鍵預りであり、一徳火という聖火を鑽《き》り出し、これが一年間の本尊の常燈明になる。おそらく以前は一年中鍵を預かってお堂の開閉と掃除と、香華《こうげ》、閼伽《あか》、燈明の献備をつかさどったであろう。

道場法師が元興寺《がんごうじ》の童子になったというのは、堂童子になったことで、この童子はやがて優婆塞《うばそく》になったとある。奈良時代の用語例では優婆塞は「役《えん》の優婆塞」とおなじく、山岳宗教者（山伏）になったことを意味する。

このような優婆塞はその山岳修行によって験力《げんりき》と体力をたくわえ、奇蹟をおこなうことができるので、彼自身が鬼とかんがえたり、鬼の子孫とよばれたものとおもわれる。さきにあげた大峯山中の前鬼《ぜんき》や後鬼《ごき》の山伏村が役の優婆塞の従者の鬼の子孫とされたのは、このような事情によるが、京都の八瀬童子とよばれた八瀬の村人も、はじめ比叡山の承仕《しょうじ》として高僧の輿を舁《か》き、のちに禁中の雑役をつとめた。そして毎年七月十五日には先祖の鬼（酒顚童子《しゅてんどうじ》とも鬼同丸《きどうまる》ともいう）の墓である鬼ヶ洞で、「鬼ヶ洞念仏」を修した。

ところで鬼が特定の村や家の先祖になるためには、人間の女と婚しなければならない。鬼《き》を一般的祖霊とするあいだは、この異類婚姻を必要としなかったが、山中の霊物や怪物とするようになると、合法的にもせよ非合法的にもせよ、人間の女と夫婦になり、子供を生んだという話が語られないと辻褄が合わない。おそらくはじめは「鬼の子小綱」甲型のように、合法的に親の承諾と本人の合意の上で結婚した話だったのであろうが、のちに鬼は悪者になって乙型のように女を攫う。これが「鬼の子小綱」の第一段になる。

しかし『日本霊異記』の道場法師は、百姓の妻に鬼（雷）の霊が入って生れたという形で、鬼と人間の婚姻でないのは異類婚姻よりも古い。すなわち鬼は祖霊の性格をもつからである。これが仏教の唱導談になると、「申し子」というモチーフになり、異常誕生で異常な神的能力（験力）を持って生れてくる。

この場合、道場法師は鬼（雷）の申し子であることをあらわすために、頭に蛇が二まわり巻きついて生れて来たことになっている。これも蛇と雷の関係をしめすのかもしれないし、また仏教的には仏教を護る明王や天部に、しばしば手足に蛇を巻いた図像があることと関係があるであろう。

大般若経守護の深沙《じんじゃ》大将像が多数の蛇を巻いた姿はよく知られているし、大般若経を重んずる日光修験の縁起では、二蛇があらわれて両岸から橋となり、開祖勝道上人を渡したなどという。道場法師もやがて元興寺と仏教を護る童子、優婆塞、堂衆となることを暗示して、蛇を頭に巻いて生れたと語ったものとおもわれる。したがってこの異常誕生児は異常な大力をもつことになる。

然る後、産む所の児の頭に、蛇を纏《ま》くこと二遍、首尾後に垂れて生る。長大して年十有余の頃、朝庭に力人有りと聞きて之を試《ためさ》んと念《おも》ひ、大宮の辺に来居たり。爾《そ》の時、王、力有りて当時に秀でたり。大宮の東北の角の別院に住す。彼の東北の角に方八尺の石有り。力王住処より出でて、其の石を取りて投ぐ。即ち住処に入りて門を閉ぢ、他人を出入せしめず。小子（道場法師）視て念《おも》ふ。名に聞へし力人は是なりと。夜人に見《まみ》えず、其石を取りて投げ益《ま》すこと一尺。力王之を見て手づから揖攢《たくみ》て、石を取つて投ぐ。常より投げ益すことを得ず。小子亦二尺投げ益す。（中略）王、跡（小子の足跡）を見て、是に居る小子の石を投げしことを念《おも》ひ、捉《とら》へんとして依《よ》る。即ち小子逃る。王、小子を追ふ。墻《かきね》を通りて逃る。王、墻の上を踰《こ》えて追ふ。小子亦返り通りて迯《に》げ去る。力王終に捉ふることを得ず。（下略）

このようにあるのは、力競べと逃走談であるから、「鬼の子小綱」の、鬼と百姓（親父）との力競べおよび逃走談とおなじ構造をもっている。そして力競べは山伏の場合は験競《げんくら》べとなっており、大石を飛ばすには験力によるという点がちがう。たとえば『古今著聞集』（巻二）に見える浄蔵と修入の験競べでは、浄蔵が祈ると「ばくの石」は鞠のように飛んだ。これを修入が祈ると動かなくなった。同時に祈ると二人の験力が等しかったので二つに割れた、などと語られる。「ばくの石」というのは呪縛《じゆばく》された石ということであるが、多くの校訂本では「はくの石」となっているので意味が分らない。

其時ばくの石とび出て、おち《(落)》あが《(昇)》る事鞠のごとし。ここに修入のいはく。ばくの石はなはだ物さはが《(騒)》し。はやくおちゐ《(落居)》給へと。ことばにしたがひて則しづまりぬ。大威徳咒《だいゐとくしゆ》をみて《(満)》ゝしばらく加持するに、あへてはたら《(動)》かず。（中略）其声雲をひゞかして聞人心肝をくだく。其時ばくの石又うごきをどりて、つゐに中よりわ《(割)》れて、両人のまへにおち居ぬ。

神話にもいろいろの験競べが出るが、昔話では力競べと智恵競べになることが多く、宗教性は後退する。この点が神話伝説および縁起と昔話の一つの相違点である。

ところでこれほどの大力や験力の持主である山伏も、古代寺院の構成のなかでは一使用人にすぎない。それは童子であり堂衆であり、沙弥、優婆塞である。『平家物語』「山門滅亡の事」にある「堂衆といふは、学《がく》生《しやう》（学匠）の所従なりける童部《わらはんべ》（童子）の法師になりたるや。若《もし》は中間《ちゆうげん》法師原《ばら》にても有けん」という寺の雑役者なのである。私は高野山の苅萱《かるかや》道心や花摘道心のような「道心」は「堂衆」の訛ったものとおもうから、これも童子にほかならない。道場法師も堂衆法師だから、半僧半俗の堂童子である。そうすると現在東大寺の堂童子階級に「小綱《しようごう》」という役がのこっていることが注意される。

東大寺お水取り（修二会）を見たものならば誰でも知っているとおもうが、二月堂の外陣《げじん》正面にいつも白装束の立領《たてえり》付篠懸《すずかけ》に裁付袴《たつつけ》の人が二人ひかえている。一人は堂童子で一人は小綱である。いま堂童子は稲垣姓を名告《の》り、小綱は堀池姓を名告っている。修二会中は二人は大湯屋の同じ控室に参籠して、練行衆《れんぎよう》のための諸事の準備や世話をし、ことに食堂《じきどう》の食事《じきじ》作法には、練行衆に食物を配る作法をする。堀池家は「算数《さんず》の小綱《しようごう》」とよばれて、会計係だったらしいが、もとはいろいろの小綱があったのだろうとおもう。これは堂童子がいろいろに分化して、東大寺の事務を管掌したことをしめすもので、もとは「道場法師」だったのである。

寺院の事務を執行する公的役職は三綱《さんごう》で、上座、寺主、都維那《ついな》の三職であるが、上座が上綱《じようごう》とよばれたので、寺主は中綱、都維那が小綱だったのかもしれない。高野山では上綱（学頭職をすませた者）はのこっていても中綱、小綱はのこっていない。しかし都維那（維那《ゆいな》ともいう）は金剛峰寺の会計を今も掌《つかさど》っているから「算数の小綱」とよばれる理由は十分にある。このようにして小綱《しょうごう》は堂童子であり、道場法師であるところから、「鬼の子」とよばれたものとおもわれる。「鬼の子小綱《こづな》」という不思議な名称を、私はこのように推論する。

五　鬼と難題

「鬼の子小綱」の第二段はすでにのべた力競べ、智恵競べであるが、昔話の研究者はこれを「難題型」とする。すべての物語は主人公が危難をいかにして克服して、目的や祈願を達成するかにあり、昔話では結婚と財宝と地位が目的になり、縁起では神や仏に成る宗教的祈願と、結婚、財宝、地位を得ようとする世俗的祈願がある。いずれもこれを克服しなければならぬ障害が設定されて、物語は展開する。

これは言うまでもなく古代人の生活が危難に満ちたものであったからで、自然の脅威、外敵の侵入、疫病、凶作などから逃れるには、これと戦うための力と智恵が必要であった。しかし人間の智恵と力は有限だから、神または神の力の一部を持つ英雄を待望する願望が英雄神話になる。この英雄が縁起では神仏の申し了であり、昔話では異常誕生児である。また神話では英雄として人々から認知されるには、難題を解決するための超人間的能力をしめす験競べに勝たなければならない。

これは一種の通過儀礼であって、古代社会ではすべての男も女も通過しなければならぬ儀礼として存在した。この場合はその難題を克服しなければ、集団の一人前のメンバーと認められないし、結婚も認められない。いまこの通過儀礼をくわしく述べることはできないが、古代社会の通過儀礼が神話では、英雄の通過儀礼として語られたものとおもう。

このような通過儀礼を語った代表的な神話が『古事記』の大国主命神話である。おなじ古代神話をしるす古典でも、『日本書紀』（神代）は素戔嗚《すさのお》命神話にくわしく、『古事記』の方が大国主命（大穴牟遅《おおなむぢ》神＝大己貴《おおなむち》命）神話にくわしいのは何か理由のあることとおもうが、この難題型通過儀礼神話には両方の神が、舅と聟の関係で出てくる。すなわち大国主命は因幡国、伯耆国、紀伊国（木ノ国）での危難を克服しながら、根ノ《ねの》堅洲国《かたすくに》へ行って、素戔嗚命（須佐之男命）の娘、須勢理毘売《すせりひめ》命と結婚する。

根ノ堅洲国は「妣ノ国根ノ堅洲国《ははのくにねのかたすくに》」と書かれた海洋他界であり黄泉国《よみのくに》でもある。海洋他界の「根の国」についてはのちの「桃太郎の鬼ヶ島渡り」でふれるが、素戔嗚命はその支配者であった。大国主命は須勢理毘売との結婚を認めてもらおうとすると、素戔嗚命は試練の難題を課する。

第一には「蛇《へみ》の室《むろや》」に寝かして噛ませようとすると、妻の須勢理毘売は蛇除けの呪力のある「蛇の布《ひれ》」をそっと授けて、この危難を免れさせる。第二には「呉公《むかで》と蜂の室《むろや》」に入れると、妻は「呉公蜂の布《ひれ》」を授けて危難を免れしめる。第三は鏑矢《かぶらや》を大きな野原に射込んで、その矢をさがして来させる。大国主命が野原に入ると、素戔嗚命はまわりから野原の枯草に火をつけたので、焼き殺されようとする。大国主命が絶体絶命におちいったとき、鼠が出て来て「内はほらほら、外はすぶすぶ」というので、そこを踏むと穴に落ちる。そのあいだに野火は焼け過ぎて助かり、鏑矢は鼠がくわえてもってくる。第四には素戔嗚命は頭の虱《しらみ》を取らせるが、その髪の毛の中には呉公がたくさん潜んでいた。しかしこれも須勢理毘売の智恵で噛みつぶしたので、素戔嗚命は寝入ってしまった。そこで大国主命は素戔嗚命の髪を家の椽《たるき》に結びつけた上、五百人引の石で入口を塞いで、宝物の生大刀《いくたち》・生弓矢《いくゆみや》と天ノ沼琴《あまのぬごと》を盗んで逃げる。素戔嗚命はこれに気付いて黄泉比良坂《よもつひらさか》まで追かけて来たが、大国主命がすべての試練を通過したので、この結婚を許す。そして「その生大刀・生弓矢で汝の敵を追い撥《はら》って、須勢理毘売を嫡妻《むかひめ》として天下を治めよ」と祝福する。

この神話の素戔嗚命は黄泉（地獄）の鬼の原像とかんがえられるが、難題を解決すればこれに宝物を譲って、家を継がせる祖霊の性格ももっている。したがって「鬼の子小綱」の昔話の鬼に相当し、鬼の子が須勢理毘売、大国主命は百姓に当る。このように神話と昔話の構造は一致するが、鬼の宝物に生大刀・生弓矢とおなじ「生き針・死に針」があって、活殺自在の宝であることは「夢見小僧」という昔話にも見える。その上この昔話には鬼は「生き針・死に針」とともに「千里車と万里車」を持っているという点で、「鬼の子小綱」と共通する。これがお伽草子「梵天国」を祖型とすることはのちにのべる。

「鬼の子小綱」の難題は、いかにして人間が他界（黄泉）における鬼の子を、人間の世界（この世）に取りもどすかということで、難題の試練を克服しなければ、他界と此界の国境を越えることはできない。その意味での通過儀礼である。この国では長居をすると鬼に食われて、永久にこの世に戻ることはできなくなるので、絶体絶命の難題である。神話ではこの危難を助けたのは、主人公の妻の須勢理毘売であるけれども、昔話では鬼の妻になった百姓の娘で、父を助けて父と共に鬼の子を連れて人間の世界へ戻ろうとする。

鬼の難題には縄の綯《な》い競べと豆の食い競べが多いが、飯の食い競べという椀子蕎麦のように食意地の張った話もある。昔話の中にはこの難題だけをテーマにした「鬼と賭」というジャンルもあり、第一段の娘が鬼に攫われるところと、第二段の鬼の難題だけで、鬼の子と第三段の逃走談のないものがある。しかしこれは「鬼の子小綱」型の部分独立説話だろうとおもう。「鬼と賭」では、縄の綯い競べ、豆の食い競べ、飯の食い競べ、湯の呑み競べ、木の伐り競べなどがあり、いずれも村の青年などがやりそうな競争である。これらはすべて鬼の妻になった人間の女の機転で、人間の男が勝って鬼を殺し、宝物を得る話になっている。

煎豆の食べ競べというモチーフは、おそらく節分の鬼打ち豆などから出たであろうが、「鬼の子小綱」では、娘は親父の百姓に煎豆を食べさせ、鬼には小石を焼いて豆と見せて食べさせたとある。

鬼に焼石を食べさせる話が『大山寺縁起』（応永五年）にあることはすでにのべた。これは験者の名の高い大先達《だいせんだち》、南光院の種智金剛房の話になっている。この大先達が山伏を多勢つれて三鈷峯の中腹の「馬頭《めず》の岩屋」で修行していると、山姥が現れる。これを優婆《うば》とか優婆夷《うばい》と書いているが、鬼すなわち山姥であることはあきらかで、この山をうしはく山神であるから、山岳他界の素戔嗚尊にあたり、また「鬼の子小綱」の父鬼である。これが山伏の焚く山神にささげる斎燈《さいとう》の前にあらわれたのを、縁起では残酷に焼石を食べさせて殺すという筋に変化したのである。この仏教的縁起のモチーフが昔話に使われたために、焼石が煎豆となったのであるが、鬼は石をカリカリと食べたという昔話ものこっている。

六　鬼からの逃走と五百里車

昔話「鬼の子小綱」の第三段は逃走談である。大衆的な小説や映画はほとんどすべて、主人公が悪者からいかにして逃げ切るか、という、手に汗握る活劇や智恵くらべが山場である。昔話はもっとも大衆的で素朴な文学だから、逃走談で興味を盛りあげる。「三枚の護符」のような護符で逃れるのは、『古事記』『日本書紀』の黄泉国《よみのくに》逃走談で、泉津醜女《よもつしこめ》の追跡を伊弉諾尊が黒鬘《みかずら》を投げ、櫛を投げ、杖を投げ、帯を投げ、衣、褌《はかま》、履《くつ》を投げて逃走に成功した話が原形である。しかし記紀神話も、もう一段古い形ではもっと簡単な咒物を投げたり立てたりしたであろうから、「三枚の護符」は黄泉国神話を直接の祖型とすることはできないかもしれない。

しかし人間の構想力の基本的な型は、神話時代も昔話時代もそれほど進歩しているとはおもわれない。突飛な着想には外来の道教や陰陽道・神仙術、あるいは仏典の譬喩談や唱導説話から来たものがあるであろうが、昔話の原話は多く神話にもとめられる。神話は、その民族や共同体のメンバーがどうしても知らなければならない共通の知識であった。今の教育のような神話拒否では、昔の共同体の結合は成立しなかった。この神話が権威化して、神官や官人や知識人だけの独占物になると、それに代って昔話が民衆の神話になったのである。したがって昔話は神話とほぼおなじ骨格をもちながら、もっと素朴で単純で、神々や英雄の代りに爺婆や子供が登場する。そこで語られるのは民族や共同体の、生活と宗教にかかわる、もっとも普遍的な情報であった。

しかしちかごろの創作的な「民話」というものは、作者の個人的な思想信条が入り込むので、共通の知識にならない。それを共同体の共通の知識である教科書に載せたりすると、思想信条を異にする政党のみならず、一般民衆からの反発が出る。「民話」作者はその反発を覚悟すべきだし、また謙虚に批判をきき、自分と異なる思想信条の存在理由も認めるべきであろう。

ともあれ昔話は神話もしくは「原神話」を母胎にすると私はかんがえるが、研究者の中には大部分が外国昔話の伝播と見る人も少なくない。しかし伝播説というものは、時間と空間とその必然性という条件なしには成立しない。何時、何処から、何故伝わったのか。そしてもっと現実的には誰が運んだかである。その条件なしに黄沙のように風に乗って飛んできたと思うならば、それはあまりにメルヘン的で、常識的ではない。もちろん近世江戸時代や近代明治時代に入ってきたものがないとはいえないが、本格昔話の場合は、それはアクセサリー的な趣向として付加された部分であろう。したがって昔話の分析には、まず日本の古典神話にオリジンをもとめ、次いで儒仏道の古代外来宗教、あるいは外来文化の混入を検討し、それらの混合形態として寺社縁起や中世の唱導説話を探った上で、それでも解決されない部分について、はじめて外国昔話の伝播を考慮すべきものであろうと、私はおもう。

さて、「鬼の子小綱」の第三段では、鬼の子と鬼の妻とその父とは、鬼から逃走しようとする。その乗物に五百里車とか千里車を使うのは、丹後の成相《なりあい》観音と久世戸《くせど》の文殊の唱導縁起が、中世絵物語化したお伽草

二千里車と三千里車（梵天国　下巻）

子「梵天国」の、二千里車と三千里車を趣向に使ったのである。これは羅《ら》刹《せつ》国の「はくもん王」（鬼）に捕えられた梵天王の姫が、夫の中将殿（玉若王、清水観音の申し子）を誘って乗る車である。

　只連れて落ちさせ候へ。三千里駆ける車には、はくもん王が乗りて行きぬ。二千里駆ける車あり。これに召されよ。

といって逃走するが、すぐに三千里車のはくもん王が追い付いた。「鬼の子小綱」の方では、このとき大川または海があって、五百里車が水上を走るので三人は逃げ、千里車の鬼は追い付いたが渡れない。そこで鬼はこの海川の水を飲み涸して、五百里車を捕えようとすることになっている。しかし「梵天国」では川も海もなく、中将殿夫妻を助けるのは梵天国から飛んできた迦陵頻《かりょうびん》と孔雀《くじゃく》の鋭い爪である。私はこの大川または海こそ昔話「鬼の子小綱」の本質的な部分とおもうので、この部分の欠落した「鬼の子小綱」は完形ではないとおもう。

　というのは、この昔話の原話は黄泉国逃走神話と素戔嗚尊神話であるから、伊弉諾命が泉津醜女《よもつしこめ》と泉津日《ひ》狭女《さめ》の追跡から逃れるときに、放尿《ゆまり》したことを想起しなければならない。

　一《あるふみ》に云く、伊弉諾尊乃ち大樹に向ひて放尿《ゆまり》したまふ。此れ即ち巨川《おほかわ》に化成《な》りぬ。泉津日狭女《よもつひさめ》其の水《かは》を渡らむとする間に、伊弉諾尊已に泉津平坂《よもつひらさか》に至りましき。

とあって、この巨川が「鬼の子小綱」の川や海に生かされたと見てよいであろう。そして岸まで来て渡れない鬼は、この水を飲み涸すという、まことに奇想天外な発想は、『古事記』の素戔嗚尊神話に、速須佐之男命《はやすさのをノ》、よさしたまへる国を知（治）らさずして、八拳須心前《やつかひげむなさき》に至るまで、啼きいさちき。その泣きたまふ状は、青山を枯山なす泣き枯らし、河海《うみかは》は悉《ことごと》に泣き乾しき。是を以て悪ぶる神の音なひ、狭《き》蝿《ばへ》なす皆涌き、万物《よろづ》の妖《わざはひ》悉に発《おこ》りき。（中略）僕《あ》は妣《はは》の国根之堅洲国《ねのかたす》国に罷《まか》らむとおもふが故に哭《な》くとまをしたまひき。ここに伊邪那岐《いざなきノ》大神大《いた》く忿《いか》らして、然らば汝《いまし》この国にはな住みそと詔《の》りたまひて、乃《すなは》ち神逐《かみやら》ひに逐《やら》ひたまひき。

とある有名な一段に、「河海を悉く泣き涸《か》らす」というモチーフが出ている。この一段は宗教民俗学上のいろいろの問題をふくんでいるが、一つには他界の荒魂（荒ぶる神）を鬼とする観念と、全ての災禍はこの荒魂のしわざとする考え方である。したがって荒魂は現世から「逐《やら》われ」なければならないが、そのしわざの一つに暴風があって、素戔嗚命はここでは暴風の神格化として語られている。これが青山を枯山とし、海川を涸上《ひあが》らせる暴力として表現されたものとおもわれる。そしてこれをいっそう擬人化すると、巨人（鬼）が海も川も飲み乾すというモチーフになるのである。

七　鬼から逃走するためのヘラ（杓子）

鬼から逃走しようとして、五百里車が海川を渡り切るところで、間一髪、鬼の水飲みで捕えられようとする三人を救ったのはヘラまたは杓子であった。これは、鬼の妻が尻をまくってヘラで叩いたので、鬼が笑ったために水を吐き出してしまった、といったり、母の尻を鬼の子小綱が朱塗《しゅぬ》りの箆《へら》で叩いたとか、小綱自身が尻をまくって叩いたとか、とにかくこれは尻に関係がある。それでこのヘラまたは杓子は何であるかということになるが、従来はこれを分析した説を見たことがない。関敬吾氏は『日本昔話集成』の「鬼の子小綱」の「型」の分析で、

一、娘が鬼にさらはれる。二、父親が探しに行き孫の手引きによって鬼の家に行く。三、隠れてゐると鬼が人臭いといって帰る。四、娘は姙ったからだと欺く。五、鬼は喜んで酒盛をして酔ひつぶれる。その間に舟に乗って河または海を逃げる。六、鬼が走って来て水を呑んで舟を吸ひよせる。七、娘が尻をまくって叩くと鬼が笑ってはき出すので逃げ帰る。

とあって、「逃竄《とうざん》型の一つであるが、すでに笑話の段階に入ってゐる」と註をしている。これがこの昔話に対する、従来のもっとも権威ある分析なのである。ここでは何のために鬼は人間の女に子を産ますのか、鬼の子はどうして父を捨てて人間世界まで逃竄しなければならないのか、鬼の子はどんな理由で「小綱」という名を持つのか、鬼はなぜ海河の水を飲み涸すのか、そして最後にどうしてヘラで、ところもあろうに、尻などを叩くのか。これらの問題はそのままにして、昔話の採集分類がおこなわれてきたのである。

柳田國男翁も『日本昔話名彙』の「厄難克服」の中に「鬼の子小綱」を分類して、説明の最後に「そこで鬼の子は杓子で滑稽なまねをして見せたので鬼は笑い出して、その拍子に海水をはき出し、無事に船は沖に出て家に還る事が出来た」とする。せっかく、ほとんどの「鬼の子小綱」に、歴代の民衆がヘラまたは杓子を語りのこしてくれたのに、その意味をかんがえてみようとしなかった。また、この昔話には杓子という語りと篦という語りがあることも注意しなければならないが、杓子はヘラという方言があるというだけでは、十分な説明とはいえないであろう。私はこの双方ともに庶民の過去の具体的な生活の跡があらわれているとおもう。

ヘラについては、尾籠《びろう》な話であるが、人間と生まれたら一生涯、一日に一回は厄介にならなければならぬ、トイレットペーパー前史がかくれている、と私はかんがえる。インテリならば、禅問答の「無位《むい》の真人乾屎《しんじんかんし》橛《けつ》（糞掻篦《くそかきべら》）」を思いおこすかもしれないが、民俗採訪ではときどき、昔の便所（厠）には竹篦がおいてあった話を聞く。もう一つのトイレットペーパー前史は、戸外の厠から家の戸口まで縄を一本張ってあった話で、これをまたいで尻にはさんだまま戸口まで歩いてくる間に綺麗になっている、という。鬼でなくとも笑いそうな話なので、冗談でしょうと言うと、いやたしかにあった話だという。切藁を便所に置いてあった話と、蕗の葉などを置いてあった話は、たしかに使ったということを、私は越中の山村で聞いたことがある。しかし竹篦となると、禅寺ではともかく、村人の寄合の馬鹿話の席でも、皆が笑い出す段階で、「鬼の子小綱」の篦は語られたのであろう。そうでなければ尻をまくって篦で叩く、という発想は出ないはずである。

もう一つの杓子というのは、杓子が魔除けになるという庶民信仰から、鬼を追い払う呪具として語られたもので、いくら良い音が出るからといって、女の尻を叩かなくともよかったのであるが、先行していた篦に引かれて、叩く趣向になったものとおもう。杓子はよく主婦権の象徴といわれて、世帯を長男の嫁に譲るのを「ヘラ渡し」というから、女性に縁が深いので、篦は杓子に転訛しやすかったのであろう。柳田國男翁は『石神問答』で、御左口《みさくち》神あるいはオシャモジ様は、サイの神とおなじでダイノコンゴウまたは粥杖であらわされ、女性の尻を打つ呪具だ、といっている。これもシャモジで尻を打つモチーフの基になるかもしれない。

しかし杓子はよく魔除けとして戸口に打ちつけられ、流行病などには杓子に目鼻を描いておく。火事のとき屋根に上ってシャモジを振ると火が来ないというのも、これに魔除けの呪力があるからであろう。南紀熊野市二木島《にぎしま》の室古《むろこ》、阿古師《あこし》両社の祭礼に、競争船を赤衣裳のバ

お竈殿の木杓子　（岡山県総社市　吉備津神社）

バが杓子と目籠を振って招くまねをするが、これも船の悪魔払いをするものと解釈される。また備中吉備津《きびつ》神社のお竈殿は、吉備津彦大神の退治した鬼の首を竈の下に埋めてあるといい、大杓子を御神体として祀ってある。これも杓子の鬼を抑える咒力を信ずるからであろう。

そのほか柳田國男翁は『史料としての伝説』に「杓子と俗信」「おたま杓子」などの諸論を載せて、百日咳や疱瘡の疫神を追い払うのに「くつめき御免《ごめん》」と書いた杓子や、顔を書いた杓子を戸口、路傍に立てる例を多くあげている。このような杓子、シャモジの霊力が「鬼の子小綱」の鬼からの逃走に、杓子がつかわれた理由の一つだったろうと思う。そのほか「地蔵浄土」（私は「地獄白米」とよぶ）の杓子の問題もあるが、今は煩をおそれて省略することとする。

八　鬼の子の自己犠牲

昔話としては、主人公が鬼の手から逃れて人間世界へもどれば、目的を達したのだからハッピーエンドで終ってよい。しかし「鬼の子小綱」には不思議な悲劇的結末をもつものが幾つかあるので、私は、もとは当然第四段があったのであろうとおもっている。そうでないと大切な「鬼の子」の出番がなくて、中途半端の感をまぬかれないからである。

この第四段は『日本霊異記』のような大力や武勇によって人を助け、死んで神に祀られるという話ならば理想的だけれども、現在までの昔話採集の網にはかかっていないようである。その代りに自己犠牲の死を選ぶという、子供を相手にした昔話らしくない結末の話があるのは、これに古代神話または中世的縁起の残渣が、まだ残っている証拠であろう。

たとえば北の方の岩手県上閉伊郡土淵村の昔話では、無事人間世界へ帰ることのできた小綱は、成長して人間を喰いたくなり、その悲しい性《さが》を断つために、小屋を作って自ら焼け死ぬのである。しかもその焼けた灰から虻と蚊が生まれて、人間の生血を吸うようになったと語られる（『老媼夜話』）。また前にものべたように『すねこ・たんぱこ』に収められた岩手県稗貫郡矢沢村の「鬼の子小綱」は、追いかけてくる鬼の害から人々を護るために、自分の首を取って曝しておけという。完全な自己犠牲であり、まことに宗教的である。しかし昔話としては鬼の子を殺しては元も子もないので、鬼の首の代りに、戸口に菖蒲と蓬を挿すことにしたという結末に変化した。

また南の方の『喜界島昔話集』では、鬼から逃れた鬼の子は母の故郷へ帰るが、人間とは一緒に住めないといって海に投身して死ぬ。

（母が）「故郷はここだよ」と言ったら、「自分は鬼の子であるから、母等と一緒には暮さんもの」と海の中に飛び込んで死んだ。

このようにあるのは、死んで神または仏と現れるという縁起や、お伽草子の手法がかすかに残ったものとおもわれる。すなわち説経「山椒太夫」の安寿姫は、辛苦の末に死んで岩木山の神とあらわれ、厨子王は岩手山の神と現れるようなものである。鬼の子ももとは死んで神とまつられ、子孫を護り衆生を利益《りやく》したとあったであろう。

ところが神話の神々も常世《とこよ》へ去り、根の国に入り、蒼柴籬《あおふしがき》に沈み、八十隈手《やそくまで》に隠れるのであって、これらは死後の世界であり、墓の中である。たとえば少彦名《すくなひこな》命は、

行いて熊野の御崎《みさき》に至りて、遂に常世郷《とこよのくに》に適《い》でましぬ。亦曰く、淡島《あはしま》（粟島）に至りて粟茎に縁《のぼ》りしかば、則ち弾かれ渡りまして常世郷に至りましき。

とある。また天孫降臨の国譲り神話には、事代主神は「八重蒼柴垣を造りて、船枻《ふなのへ》を踏んで避《さ》りぬ」とある

ように、海に投じて死ぬ。神話や唱導に多い神々の死は、日本人の霊魂観念と神観念に、人間が死んで神になるという一つの型があることを示している。なおいえば、鬼は死ななければ神になれなかったのであろう。鬼の墓というのも各地にあるが、三河鳳来寺の縁起では、いまの本堂の柱の下に三鬼が埋められているといい、最近の改修に骨の入った石函が発掘されている。三河の滝山寺《たききんじ》(岡崎市)の本堂横にも鬼塚があり、ここに住職が参って煎豆を撒き、修正会の鬼走りになる。安芸宮島の弥山頂上には三鬼堂があって信者が多いが、九州の「小一郎神」の塚(古墳)なども鬼の絵馬をあげる信仰があるのは、鬼の墓の伝承があったからであろう。昔話は現在の形で完形ということができない例は、この「鬼の子小綱」にも実によくあらわれている。その脱落部分をもとめるのも昔話採集の一つの仕事であるし、その原型を神話や縁起から推定復元するのが、今後の昔話研究の目的の一つであろうとおもう。

橋本裕之

鬼が演じる祭礼芸能

――『大江山絵詞』雑感――

ここしばらくの間、勤務先の国立歴史民俗博物館で予定している企画展示「変身する――仮面と異装の精神史――」の準備に忙殺される毎日を過ごしている。はじめての体験ということもあってか、見るもの聞くもののすべてがとても新鮮に感じられる。願ってもないできごとにも何度か出くわした。正直なところ、具体的きわまりない「もの」との出会いそのものから、これほどまでに強い刺激を受けようとは思わなかったが、それだけではない。

いままで脳裏に雑然と放置されていたさまざまな記憶のかけらが、有無を言わせない「もの」の具体性にうながされるかのように呼び出されて、ひとつのまとまりをつくりあげてゆく。もちろん現実の作業としては、万事がそれほどうまく進んでいるわけではないのだが、ときおりはこうした奇妙な思いにとらわれることがある。おおげさに言ってみれば、それは「もの」を媒体として編みあげられた世界に通じる入口なのかもしれない。

そんな妄想をたくましくさせてくれる「もの」をめぐる話題のひとつとして、以前から強い関心をいだいてきた王《おう》の舞《まい》や田楽《でんがく》をはじめとする、中世にさかんに上演された祭礼芸能の世界をのぞきこんでみたいと思う。この小文では『大江山絵詞』との出会い、そのあたりからはじめることにしよう。

＊

逸翁美術館本『大江山絵詞』のことはずっと気にかかっていた。この絵巻の成立年代はよくわからないが、南北朝期までさかのぼるものと見られる。話の結構は周知のように、摂津守源頼光が勅命を受けて、家来の四天王とともに大江山にある酒天童子の館に出かけてゆき、酒天童子を退治するというもの。大江山の鬼退治に題材をもとめた絵巻は数多く制作されているが、そのなかでも、この逸翁美術館本は最古の酒天童子絵と目されているようである(1)。

いままで原本に接したことは一度もなかったが、今回の企画展示に出陳させていただくようお願いするために逸翁美術館を訪れたおり、はじめてその機会に恵まれた。大阪府池田市にある逸翁美術館からさほど遠くないところには、六年間ずっと通学した中学校と高等学校が建っているせいもあって、このあたりは思い出深い地である。もちろんその当時は、逸翁美術館にこのような絵巻が所蔵されているという消息など、知るよしもなかったのだが――。いやはや、何とも奇妙な感慨におそわれてしまうことしきりである。

はじめからいきなり脱線してしまった。ともかく『大江山絵詞』である。しかしじつのところ、ずっと気にかかっていたのは、この絵巻のなかでも本筋とはさほど関係のない箇所なのであった。すでに周知の事実に属するが、下巻の冒頭、連続するふたつの場面には、田楽が何とも奇怪な趣向で描かれている。それがちょうどよいことに、「変身する」と題した今回の企画展示にもおあつらえむきの内容であったから（その理由については、小文を通じてやがて明らかになるはずである）、これ幸いとばかりに、自分の眼で原本を確かめ

図1　鬼の田楽。『大江山絵詞』下巻より。

ることにあいなったわけである。

原本をひもといてみて安堵した。経年変化のために輪郭の鮮明さをやや失っている箇所がいくらか見られるけれども、原本の保存状態は上下巻ともに、予想していたよりもはるかに良好である。これならば出陳しても大丈夫。時間をかけて調べても疲れることはない。さて、問題の箇所はどうか。ふたつの場面がともに中世における代表的な祭礼芸能である田楽の形象を借りて描かれていること、すでに述べたとおりであった。ところが、それを演じているのはすべて鬼なのである。これはどうしたことだろうか。原本に接してみると、あらためてそんな疑問が湧いてくる。

もちろん、『大江山絵詞』そのものが酒天童子を首魁とする鬼たちを退治する話なのだから、そこに鬼が描かれているのは当然である。よくわからないのは、むしろ眷属の鬼たちにわざわざ田楽を演じさせているという奇怪な趣向であった。その背後には、いったいどのような知識がひそんでいるのだろうか。こうした疑問を解きほぐしてゆくためにも、鬼が演じる田楽について、概略を記しておかなければなるまい。

＊

源頼光の一行が酒天童子の館に到着すると、彼らをもてなすためにさっそく宴会が催された。そのときのことである。あたりに怪しげな空気が満ちてきたと思ったら、どこからともなく異類異形の一群が現われて、田楽を演じはじめた。ちなみに、下巻第一段の詞書には「種々無尽の変化の物共せいも大きにかたちもおそろしけにて田楽をしてとをりけり」とあるから、鬼たちが演じている芸能が田楽であることには、少しの疑問をさしはさむ余地も残されていない。とりわけ鬼たちが受けもっている所役は、どれもこれもみごとに田楽の芸態と対応しているのである。原本が企画展示に出陳されている時期であれば、心ゆくまで眺めていただけるはずだから、ここでは簡単に紹介するにとどめておく。

まず下巻第一段には、七匹の鬼が笛・太鼓・鼓《つづみ》・びんざさらといった特有の楽器を演奏したり、散楽に由来するものと考えられる一足(2)および品玉《しなだま》を演じる場面が描かれている。これらはいずれも、田楽の特徴を忠実になぞっているものと思われた。とりわけ太鼓とびんざさらを演じる三匹の鬼については、きわめて興味深い事実を指摘しておきたい。すなわち、同じ『大江山絵詞』の上巻半ばに描かれた田楽（こちらは人間が演じている）のなかにも、やはり太鼓とびんざさらを演じる田楽法師のすがたが見受けられるのだが、驚くなかれ。この両者は動作や姿勢といった細部にいたるまで、まったく同じ構成をもって描かれており、ほとんど同一人（？）物かと見まちがうほど酷似しているのである。

下巻第二段になると、詞書にも「打つゝきて又此変化のものともやうくの渡物をそしける面もとりくに姿もさまく也或はをかしきありさまなる物もあり或はうつくしき気色したる物もありおそろしく心もこきぬへき物もあり」と記されているように、筆舌に尽くしがたい光景が展開されるにいたる。以前この箇所をさして「『年中行事絵巻』妖怪ヴァージョン」[3]と称したことがあるが、そこに描かれた「渡物」の光景は、たしかに田楽のみならずさまざまな祭礼芸能が参加してくりひろげられた行列を彷彿とさせてくれる。

たとえば、先頭の赤鬼に注目してみよう。顔・首・両手の部分には赤の彩色が施されている。右手で剣印を結び、左手には幡鉾を持つ。頭部には鳥甲をかぶり、裲襠《りょうとう》装束を着用している。こうした特徴は、中世の祭礼芸能のなかでも、しばしば神輿や行列そのものを先導する役割を担っていた王の舞のそれと一致する。続いて登場する青鬼はと言えば、顔・首・両手・両足の部分に青の彩色が施されている。赤鬼に背を向けて、右手には赤い扇をかざす。これは、おそらく王の舞に付随していたと思われる「もどき」に取材したものであろう。なお、このあたりを含めて王の舞については、以前に別のところで詳しく記しておいたので参照されたい[4]。

図2　人間が演じる田楽。『大江山絵詞』上巻より。

つぎに控えるのは、髪を逆立てた巨頭の男。表情は子どものものだが、眉間に深い皺が刻まれている。手には榊《さかき》と御幣《ごへい》をあわせ持つ。これも、祭礼芸能の行列を描いた『年中行事絵巻』の巻九や巻十二などに見える大幣の形象を転用したものにちがいない。そのあとには、再び八匹の鬼による田楽の狂態がくりひろげられている。ここでは、笛・太鼓・鼓にくわえて、三匹の鬼がすりざさらを奏しているのが眼にとまる。すりざさらはそもそも田楽のものではなかったが、変容の過程でとりいれられていったのではないだろうか[5]。

こうして見てくると、ふたつの場面はいずれも、祭礼芸能にまつわる光景に題材を借りて描かれていた。そう考えてもまちがいないように思う。とは言うものの、『大江山絵詞』が奇怪な想像力に満ちた作品であることを思いおこせば、ふたつの場面はけっして現実の祭礼芸能を忠実に再現しているわけではあるまい。けれども、とくに祭礼芸能の行列という隠された主題をかかえこんでいると思われる第二段のばあい、部分的にではあれ、『年中行事絵巻』などに描かれた祭礼芸能にまつわる光景ともみごとに対応しているのである。

ちなみに今回の企画展示では、中世の祭礼芸能をひととおり見渡すために、春日若宮おん祭を描いた『おん祭絵巻』および東大寺転害会を描いた『東大寺八幡宮祭礼転害図絵』（ともに江戸期の制作）ほかを出陳することにしている。じっさいに演じられた祭礼芸能の光景と『大江山絵詞』の奇怪な世界との間に見られるいくつかの符合についても、じかに確認していただけるのではないだろうか。

＊

こうして、一見しただけでは荒唐無稽ともとれるふたつの場面が、じつは中世にさかんに演じられた祭礼芸能をめぐる、ひとつの寓話的表現であったことが明らかになったように思う。そのかぎりにおいては、鬼たちが跳梁跋扈《ちょうりょうばっこ》する『大江山絵詞』にしてもなお、祭礼芸能をめぐる当時の社会史的背景を前提として読み解かれるべきテクストにほかならなかったのである。そこで、いささか変奏しつつも、あらためて最初の問いをくりかえさなければならない。すなわち、鬼が祭礼芸能を演じるのはなぜだろうか、と。

しかしこの問いをめぐって、さらに奥深く祭礼芸能の世界に踏みこむためには、もはや紙幅が残されていない。したがってここでは、かつて異常なほど流行した田楽が「けだし霊狐の所為なり」（『洛陽田楽記』）とも称されたように、よからぬ事態をもたらす不吉な芸能として捉えられていた、その事実のみ強調してお

図3　鬼の「渡物」の光景。『大江山絵詞』下巻より。

図4　『年中行事絵巻』巻9より、祇園御霊会の行列。大幣を持つ。

きたいと思う。[6] そこですぐに思い出されるのは、『太平記』のあまりにも有名な挿話である。同書巻第五は、田楽に興じる北条高時が体験したある夜の奇怪なできごとについて「異類異形ノ媚者共ガ姿ヲ人ニ変ジタルニテゾ有ケル」と説明している。すなわち、そのとき田楽を演じていたのは、何と人間に「変身する」ことを選びとった異類異形だったと言うのである。

この、田楽と異類異形とをつなぐ奇怪な発想は、同時に田楽法師に注がれた社会的視線がいかなる質のものであったかをも暗示している。ときとして、田楽法師は異類異形に「変身する」ことを強いられていたのではなかっただろうか。そしてこのような視線の強制は、おそらく田楽だけではなく祭礼芸能をあまねくつらぬいていたのではなかったか。鬼とはそうした視線の、まさに寓意に満ちた表現にほかならなかったとしたら――。『大江山絵詞』の原本にふれてしばらくたったいま、そんなことに思いをめぐらせている。

なお、国立歴史民俗博物館の企画展示「変身する――仮面と異装の精神史――」は、平成三年三月五日(火)から五月六日(月)まで同館で開催される予定である。文中で言及した『大江山絵詞』は上巻が三月五日から十七日まで、下巻が三月十九日から三十一日まで、それぞれ出陳されている。多数お出かけいただければ幸いである。

注

(1) 榊原悟「『大江山絵詞』小解」『続日本絵巻大成』19、一九八四年、一四四頁。
(2) 一足については、橋本「離脱のパフォーマンス――一足・二足・高足――」『月刊百科』第三〇六号、一九八八年、を参照のこと。
(3) 橋本「王の舞の成立と展開」『藝能史研究』第一〇二号、一九八八年、一六頁。
(4) 同書、一六頁、参照。

（5）田楽のなかにすりざさらを含む類例のひとつとしては、茨城県久慈郡金砂郷村の西金砂神社に伝承されている田楽を描いた『田楽獅子舞図』があげられる。渡辺伸夫「常陸西金砂田楽の資料」『演劇博物館』63、一九九〇年、参照。ただし今日、西金砂神社の田楽にすりざさらは見られない。

（6）中世のころ、田楽をめぐって紡ぎ出された連想の所在については、守屋毅『中世芸能の幻像』、淡交社、一九八五年、二六―二八頁、ほかを参照のこと。

鬼の原風景――津軽岩木山の鬼神――

内藤正敏

退治された鬼

青森県の津軽平野にそびえ立つ岩木山は、美しい富士山型の姿から、津軽富士の名で親しまれている。その岩木山に恐るべき鬼が棲むという。

寛政十年（一七九八）に津軽を旅した菅江真澄は、『外浜奇勝』㈢に、岩木山の北面にある赤倉が嶽は、常に霧深くたちこめてほの暗い。ここには鬼神《おにがみ》が隠れ棲んでおり、時には怪しいものが峰によじ登り、ふもとにくだるという。その身の丈は相撲取りよりも高く、やせ黒ずんでいる……という話を書き残している。

岩木山の鬼について書かれた一枚の古文書が岩木山神社に所蔵されている。

文久元年（一八六一）六月に百沢下居宮（岩木山神社）を普請した際、地ならし工事をしていたところ、偶然、石櫃が出土した。その不思議な石櫃の正体を知るために、旧記類を調べていたら、鬼の証文を石櫃に入れて土の中に埋めたという文書をみつけた。そこで出土した石櫃の中を調べてみたが、鬼の証文の類は見つからなかったとあり、石櫃の図と文書が書かれているのである。

その図によると、石櫃は円筒形で、高さ二尺、径九寸二分、胴廻り三尺一寸、上と下が石蓋で密閉できるように、上下三ケ所にクサビの孔が彫ってある。この石櫃は岩木山神社に今も宝物として伝えられているが、この図とほぼ同じである。また見つかった文書には、次のような鬼の話が書かれていたという。

赤倉

巌鬼ノ峯艮ノ深谷千尋ノ巓嶺数丈ノ巌窟魍魎精鬼ノ栖恐怖言絶峯巒峻峙ト〆抜古未有往者矣、昔鬼神退治之節、九十歳老鬼女強乞降、故山神給仕之眷属ト成而此山可擁護則誓文書手形取赤倉令住云云、右証文当山霊物成箱開不時、風雨発、度々怪変有、故石櫃納土中丈底理今失其所

巌鬼の峰の艮《うしとら》（北東）の方角にある巌窟に魍魎精鬼が棲んでおり、むかし鬼神退治の時、九十歳の老鬼女が降伏してきたので、「山神給仕の眷属となってこの山を守る」という誓文と手型をとって、赤倉に住まわせた。この証文は石櫃に入れて土の中に埋めた……。そこで例の石櫃を掘りあてた時、鬼の証文が入っているか探してみたというわけである。

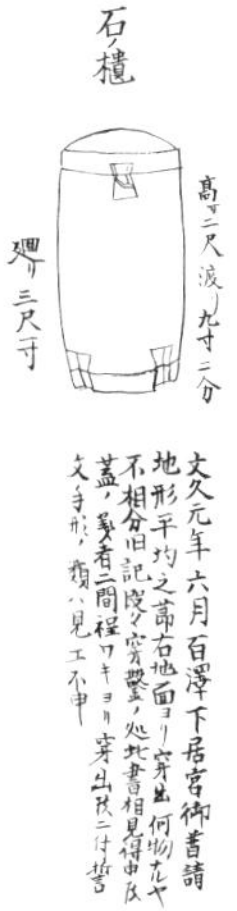

「石櫃」の図
（岩木山神社文書）

この文書の原本は失われているが、その内容から岩木山の縁起の一部と思われる。『岩木山百沢寺光明院』という縁起には、次のような話が書かれている（『山岳宗教研究史叢書十七・修験道史料集⑴』名著出版、一九八三年）。

往昔、この山は阿蘇辺《あそべ》の森といい、魍魎精鬼が住み、人々を悩ましていた。このことが帝都に聞え、江州篠原の領主・花輪という者に退治すべしとの勅宣が下った。花輪は熊野、住吉、天王寺の三所に詣でて

霊夢を得て、越前国敦賀から船で深浦に着き、諸軍をひきいて山中深く入った。しかし敵は林や藪の中に隠れて姿をみせず、神力の加護を祈ったところ、「錫杖の印と曼字の旗の紋を用いて彼を責むべし」という瑞夢を得た。この託宣のとおりにして責めると、魍魎が姿を顕したので、即時にこれを責め伏した。彼の頭梁が降伏してきたので、「今より以後、人民に怨を為すこと無く、山神給仕の眷属となり、登山信仰の衆人を擁護すべし」とかたく誓わせて許し、右の峰の赤倉に住まわせた。当時は十腰内《とこしない》村に別当寺院の坊舎があり、ここから山上に登っていたが、ややもすれば参詣人の中に消失する者があり、託宣により、百の澗谿を越えて南麓に社堂を建てて登り口にし、百沢寺とした……(原漢文)。

この縁起は、元禄十四年(一七〇一)に津軽藩の命によって、百沢寺十世朝祐が古記録や伝説などを基にまとめたものである。

東北地方には、坂上田村麿の蝦夷征討が「鬼征伐」の伝説となって語られていることが多い。この岩木山の縁起もその一類型である。この縁起の荒筋を簡単に言えば、天皇が派遣した中央からの侵略軍によって、岩木山の先住民である鬼が退治され、敗れた鬼は、征服者の守護神となって、赤倉山に封じこめられる……という内容である。

この縁起で、鬼が棲むという赤倉山について説明すると、岩木山は山頂が大きく三つの峰に分かれており、中心の主峰が岩木山《いわきさん》(一六二四メートル)、その西南が鳥海山《ちょうかいさん》(一五〇二メートル)、北東が巌鬼山《がんきさん》(一四五六メートル)となっており、この山頂の三峰を岩木山三所権現として拝む。菅江真澄が赤倉が岳とよんだのは、巌鬼山のことである。

地元では、山頂の巌鬼山ばかりでなく、赤倉沢の登り口から巌鬼山にかけても赤倉山とよんでいる。赤倉沢の登り口には、赤倉神社や宝泉院、金剛寺をはじめ、カミサマとかゴミソとよばれる女性シャーマンが修行小屋を建て並べ、信者たちが祈禱や占いを頼みに訪れ、津軽のミニ恐山といった感じの霊場になっている。

鬼の方位

岩木山の山頂から北東を見ると、岩が積み重なって小高くなった場所があり、ここが巌鬼山の山頂である。北東は艮《うしとら》の鬼門として、鬼が出没する恐ろしい方位とされているが、岩木山では、文字どおり艮の鬼門の方位に鬼が棲む巌鬼山がある。さらに巌鬼山の北東の奥には、多くの鬼伝説が残る赤倉沢がある。赤倉沢上流の〝銚子ノ口〟という行場は、大絶壁がそそり立ち、まさに「巌鬼ノ峯艮ノ深谷千尋ノ巓嶺……」といった感じの風景で、本当に鬼でも棲んでいそうな雰囲気がただよう。赤倉口の登山道にも、鬼の見晴台、鬼ノ庭、鬼ノ土俵といった鬼にまつわる場所が点在する。

赤倉沢上流

岩木山は遠く帝都の艮の鬼門を守る山だと言い伝えられている。その岩木山の鬼門の方位にあたる巌鬼山、さらにその奥の鬼門の赤倉沢は恐るべき鬼たちの棲むにふさわしい空間と考えられていたのである。

ところで岩木山の鬼退治の話には、別な伝説も語られている。岳《だけ》温泉にある〝シトゲ森〟は、むかし坂上田村麿が岩木山の鬼を斬り殺したところといわれている。シトゲ森の名は、鬼をしとげたところからついたといい、シトゲ森にある赤茶けた水をたたえる沼は、田村麿が鬼を斬り殺した刀を洗ったところという。

岳温泉から百沢に来る途中の〝ヤンサ森〟は、この時退治した鬼の首を、ヤンサヤンサの掛け声をあげて曳いてきたのが地名になったという。その鬼の首は、三本柳温泉の地蔵森に埋め、ここが〝鬼首塚〟とよばれるようになった……。この津軽に伝わる鬼伝説を地図の上で眺めると興味深い鬼の方位論が浮かんでくるのである。

鬼が棲む赤倉山（巌鬼山、赤倉沢）は、岩木山山頂の北東・艮《うしとら》の鬼門の方位にある。それに対して鬼が殺されるシトゲ森は、艮の反対の西北、坤《ひつじさる》の裏鬼門にあり、その首を埋めた鬼首塚は、岩木山山頂と岩木山神社からみて東南の辰巳にある。

すでに桃太郎の鬼退治の昔話も、陰陽道の方位論によって構成されていることは知られている。ウシトラ（艮）の鬼はウシ（丑）の角とトラ（寅）のふんどしをしめる。その艮の鬼を撃つのは、サル（申）を中心に、トリ《（雉＝鳥）》（酉）とイヌ（戌）の艮の反対方位の動物である（なおウシトラの鬼門の正反対の方位は裏鬼門のヒツジサルなのに、サルが従者筆頭となっているのにヒツジが入っていないのは、むかし日本人はヒツジを見たことがなかったからだ）。

岩木山でも、艮の鬼門に棲む赤倉山の鬼は、逆方位の西北・坤にあるシトゲ森で殺されているのである。その鬼の首は三本柳温泉の地蔵森に埋められたが、ここが岩木山山頂と岩木山神社の東南・辰巳にあることに注意しなければならない。

岩木山神社の社殿は、岩木山山頂を拝むように西北三二八度の戌亥に向かって建ててある。ところが山頂の奥宮も同じ方位に建ててあり、その戌亥前方には西法寺森という峰がある。岩木山では西北（戌亥）―東南（辰巳）が聖線となっている。この西法寺森のサイホーは、死者の集まる西方浄土のサイホーが重ねられているのではないかと思う。なぜなら山形県庄内にモリノヤマという祖霊供養がおこなわれているが、津軽

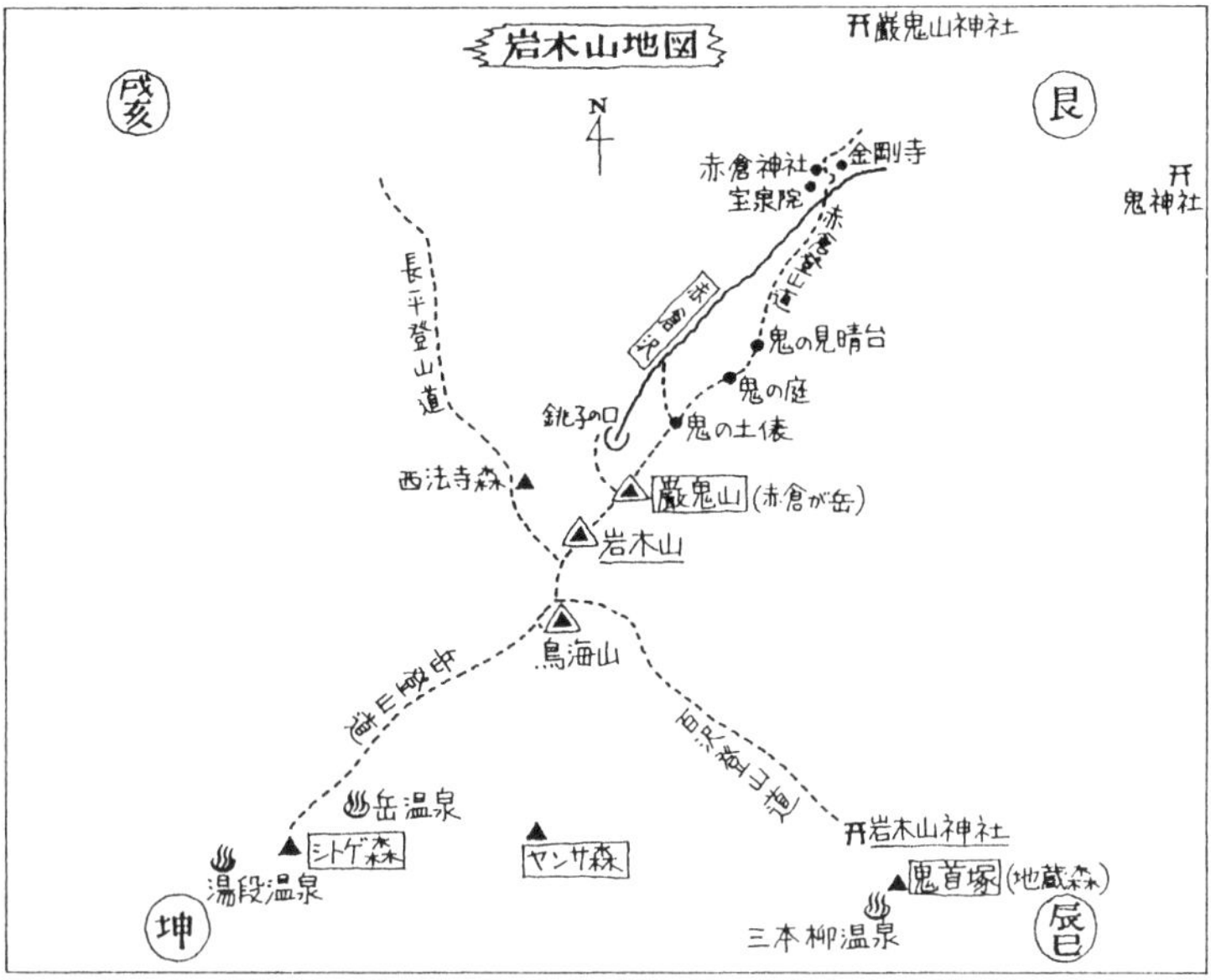

でもモリとよばれる小高い山は祖霊が集まる地と考えられているからだ（小館衷三『岩木山信仰史』北方新社、一九七五年）。

三谷榮一氏は、柳田國男の「風位考」に触発され、豊富な民俗資料を収集し、西北の戌亥《いぬい》がまがまがしく恐ろしい方位であると同時に、金銀財宝や福をもたらす方位であることを明らかにしたが、それは戌亥が祖霊が鎮まる方位だからだという（三谷榮一『日本文学の民俗学的研究』有精堂出版、一九六〇年）。

高橋昌明氏によると、酒呑童子の棲む大江山は、もともとは都に程近い、山陰道が丹波国から山城国に入る老ノ坂にある大枝山だった。それが丹後と丹波国の境にある大江山（千丈ケ嶽）とされるようになったのは、ここが帝都の西北、すなわち戌亥の方角にあたり、戌亥は、陰陽五行で陰の気の極まる方角、民俗でも黄泉の国の方角、霊魂の還り行く方角だったからという（高橋昌明『酒呑童子の誕生』中央公論社、一九九二年）。

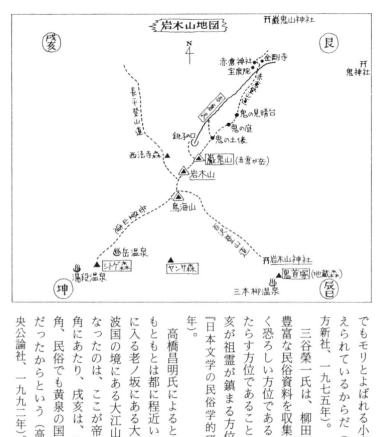

さらに三谷氏によると、戌亥は祖霊が鎮まる根の国、姥の国であり、辰巳が常世国とされ、戌亥の根の国からは祖神が訪れ、辰巳の常世国から年神が訪れるという世界観がみられるといい、これを「まれびと二元論」とよんでいる（三谷榮一「信仰伝承論―まれびと二元論の立場から」『日本民俗研究大系』二巻、國學院大學、一九八二年）。

つまりシトゲ森で殺された鬼の首が、辰巳の地蔵森で埋められることによって、常世国で再生し、岩木山神社に幸をもたらすマレビトに変身したのである。言い変えれば、赤倉山の「艮」の鬼は、反対の「坤」で殺され、「辰巳」の地蔵森で再生し、岩木山の守護神となったのである。岩木山の鬼伝説を解読すると、こういうダイナミックな空間論のフォークロアが浮かんでくるのだ。

ここで興味深いのは、鬼を殺した場所が岳温泉のシトゲ森、首を埋めたのが三本柳温泉の地蔵森であることだ。共に祖霊の集まるモリヤマと温泉が鬼のイメージとなっている。これに対して、岩木山中の巌鬼山や赤倉沢では、鬼門の方位と岩石が鬼の伝説を生んでいる。自然の景観が鬼をつくりだしているのである。

鬼と鉄

『岩木山百沢寺光明院』で、十腰内《とこしない》の別当寺院とあるのは、岩木山の北々東の赤倉側にある巌鬼山《がんきさん》神社のことで、付近の十腰内遺跡からは、縄文土器とともに人形土偶、イノシシ形土偶、ストーンサークルなどが出土し、古くからの聖地であったことを示している。岩木山神社は十腰内から百の沢を越えて、現在地へ移ったと伝える。明治の神仏分離まで、岩木山神社は岩木山百沢寺光明院、巌鬼山神社は巌鬼山西方寺観音院といった。

巌鬼山神社は岩木山信仰発祥の地といってよいが、別当寺が百沢に移ってから、岩木山の支配権も移り、岩木山神社のある南側の百沢口が〝表〟となり、巌鬼山神社のある赤倉口が〝裏〟の岩木山となってしまった。

先に紹介した岩木山の縁起は、表の岩木山、百沢寺（岩木山神社）のものである。そのため裏の赤倉山には鬼が棲み、その鬼は敗者であり悪である。

ところが赤倉山側の縁起では、鬼は善神となり立場も逆転する。宝泉院の『赤倉山宝泉院縁起史』では、坂上田村麿が岩木山の夷族を攻める鬼退治の話で、百沢寺の縁起を下敷きにしている。しかし赤倉山の鬼神は田村麿に対して次のように主張し、天皇に堂社を寄進させるのである。

「吾れは出雲大神の第五の王女にして、父大神の命をうけ、護国利民の誓願ありて、大八州の五黄なる鬼門の地、ここ赤倉山に年久しく住す。古の人は、心直くして、神を敬い和睦してたすけ合いたり。しかるに今の世の人は、心乱れ、互いに争い、神を敬わず、剰え吾が神洞をけがす。吾が眷属これを憎み、人を懲らしめんがため、即ち争乱をなす……」

鬼神社拝殿にかけられている鬼神の奉納額

赤倉山側からみれば、鬼はけっして敗者でもなく悪でもない。赤倉山の鬼は、新しく中央から入ってきた神仏よりも、ずっと古くから岩木山に棲んでいた地主神であり国津神だ。赤倉山のカミサマや行者たちが、今でも赤倉大神や赤倉山権現として拝むのは鬼神《おにがみ》さまである。

そんな赤倉山の鬼神の姿を彷彿《ほうふつ》とさせるのが鬼神社《きじんじゃ》の伝説だ。鬼神社は巌鬼山神社から南東へ七キロほど離れた鬼沢《おにざわ》村にある。明治六年まで、赤倉山鬼神大権現といい、巌鬼山神社（巌鬼山西方寺観音院）から遷座したと伝える。その鬼神社に次のような鬼伝説がある。

むかし、この村に弥十郎という一人の農民がいた。ある日、赤倉山に薪を切りに行った時、大人《おおひと》が現れて相撲をとろうとさそわれ、それから相撲をたびたびとって親しくなった。その後、弥十郎が田畑を開墾することになり、うまくいかずに困っていると、大人が手伝ってくれて成功することができた。しかしその水田は水利が悪く、困った弥十郎が大人に話すと、新田に水をひいてくれた。その水は「赤倉嶽ノ深谷ヨリ数丈ノ滝口、大石数百個ヲ砕キ……」と、赤倉山からひいてきた。赤倉沢から流れるカレイ沢に堰をつくり、水を逆流させて村に流すという大工事だったという。喜んだ村人たちは、鬼神に感謝して、村の名前を鬼沢と改め、堰を鬼神堰とか逆堰とよんだ。ところが弥十郎の妻が、その姿を密かに見ようとしたため、大人は鍬とミノ笠を投げだして姿を消してしまった。村人はその鍬とミノ笠を御神体として祀った。それが鬼神社のはじまりである……（品川弥千江『岩木山』東奥日報社、一九六八年）。

鬼神社の鬼神は、角が生えた邪悪で恐ろしい鬼ではない。赤倉山に棲む心やさしい大人であり、村人のために水路をつくって恵みをもたらしてくれたありがたい神さまである。鬼沢村では、節分に豆をまかず、端午の節句に蓬や菖蒲を屋根にのせない。この村では鬼を追い出すことなど絶対に考えられないことなのだ。注意したいことは、鬼が灌漑工事に使った鉄の鍬が、鬼神社の御神体と言い伝えられていることだ。『津軽俗説選』にも「先年鬼の宮開帖の節此神の持し鍬なりとて、三尺位斗ある鍬などを見せたり……」とみえる。

この近くには鉄と関係ある神社が多い。湯舟神社の御神体は玉鋼（鉧《けら》）といい、小屋敷の八幡社の御神体も玉鋼で、これは鬼神太夫という刀鍛冶が残していったものという。高倉神社も鉄塊を祀っている。巌鬼山神社にも鉄と鬼にまつわる伝説がある。

むかし赤倉山の鬼が、この村の長者の娘が好きになり、嫁にくれと言ってきた。困った長者が、一晩に十腰（本）の刀を鍛えたら娘をやってもよい、と難題をだしたところ、鬼は一晩で刀を造ってきてしまった。しかし長者が数えてみると、一本たりなかったので、鬼はあきらめて山に帰っていった。そこでこの地は「十腰無」がなまって「十腰内」となった……。

これは巌鬼山神社がある十腰内《とこしない》村の地名の由来をとく伝説で、刀鍛冶は鬼神太夫という名前だったともいう。

鉄の農具の奉納額（鬼神社）

このように岩木山の赤倉側の山麓一帯には鉄と鬼の伝説が多い。ところが驚くべきことに考古学の発掘調査で、実際に古代の製鉄遺跡が発見されたのである。発掘は岩木山埋蔵文化財緊急調査特別委員会の手によって、一九五六年から六一年にかけておこなわれ、一九六七年に『岩木山—岩木山麓古代遺跡発掘調査報告書』（岩木山刊行会）として発行された。

製鉄遺跡が発掘されたのは、常盤野、浮橋貝塚、外馬屋、若山、大曲Ⅳ号、大平野Ⅲ号、大館森山の七遺跡で、このうち常盤野をのぞいた六遺跡がすべて岩木山の赤倉側の北麓に集中していた。

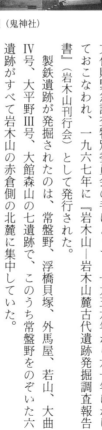

特に大館森山では四基、大平野Ⅲ号で一〇基の製鉄炉が発見されて注目されたが、いずれも炉底に粉炭が敷かれ、後方が斜面を利用して高くなる登り窯式となっていた。

これら岩木山麓の製鉄遺跡の時代について、八幡一郎氏は奈良・平安時代、斎藤忠氏は平安時代後半期ではないかと推定している。

この岩木山麓の調査とは別に、桜井清彦氏が森田村で古代製鉄遺跡を発掘しており、森田村八重菊は平安時代初期、森田村赤坂は平安時代後半期と推定している（「青森県森田村付近の遺跡調査概報、第一、二次調査」『古代』五、一〇号、一九五二、三年。「青森県相内村赤坂遺跡について」『古代』七号、一九五五年）。

一九八八年にも、湯舟村の杢沢遺跡で、平安時代と推定される三十三基もの製鉄炉がリンゴ畑の斜面から発掘された。また付近から炭焼き窯跡三基、住居址十九棟、鍛冶場三基が発見されてニュースとなった。

これらの炉跡は、鉄鉱石か砂鉄を還元して鉄をつくる製鉄炉ではなく、銑鉄を脱炭して鋼にする大鍛冶の製鋼炉ではないかとも考えられる。しかし鉄と鬼伝説の多い岩木山の赤倉側の山麓に、古代の製鉄民がいたことが明らかになったのである。すでに全国的に鬼伝説が産鉄地に多くみられることは若尾五雄氏の『鬼伝説の研究』（大和書房、一九八一年）にくわしい。鬼神社や巌鬼山神社の鬼伝説も、発掘された古代製鉄民の姿と重なってくるのである。

鬼とニンニク

旧暦五月二十九日の鬼神社の大祭に、奇妙な市がたつ。ニンニクを商う市がたつのだ。一般に日本では、あの独特の臭気から、ニンニクは神社仏閣などの神聖な場所では嫌われてきた。ところが鬼神社の鬼神さまはニンニクが大好物だといい、大祭の日、神前にニンニクが供えられ、境内にニンニク市が開かれる。むかしは鬼神社のニンニク市で、津軽のニンニク相場がきまるといわれたほどの賑わいをみせた。

鬼神社で買い入れたニンニクは、戸口につるして魔除けにしたり、悪い風邪や中風の薬にもした。また馬がナレといって鼻水をたらした時には、ニンニクをすりつぶして味噌と混ぜ、馬の喉の奥につっこんで食べさせるとよく効いたものだという。

すでにニンニクは、平安時代にカゼの薬にされていた。『今昔物語集』巻十二に、「風ノ病ノ重ク候ヘバ、医師ノ申スニ随テ蒜ヲ食テ候ヘトモ……」とあり、この蒜《ひる》はニンニクである。『源氏物語』(帚木の巻)に、「日ごろ風病重きに堪へかねて極熱の草薬を服していと臭きによりなむえ対面賜らぬ」とあるのもニンニクと考えられている。

現代でもニンニクは強い殺菌力や駆虫作用があり、新陳代謝をよくするなどの薬効が知られており、ビタミンB_1を多く含むことからアリナミンの原料とされている。

もともとニンニクはネギから生まれ、その野生種は天山、パミール、コペット山脈に分布する(塩谷格『作物のなかの歴史』法政大学出版局、一九七七年)。その後、古代エジプトやギリシャに伝えられ、高貴な食物とされた。やがて、世界各地に伝えられたが、特にラテン系民族と中国、朝鮮などアジア一帯で好まれている。日本には中国あるいは朝鮮を経由して伝来した。

ニンニクは、栽培に寒さを必要とする特殊な植物である。九月下旬から十月ごろに鱗片を植え、一〇センチぐらい芽を出したまま越冬させると、翌春、生長をはじめて、七月ごろに収穫する。東北のニンニク三品種(ホワイト、福地、山形在来)の種球を、冬期間、摂氏二十三度で貯蔵したのち、五月に定植したところ、七、八月になっても新芽を次々と出し、秋になっても地下で球を形成しなかったという実験報告がある(『新野菜全書、ネギ類・タマネギ』農山漁村文化協会、一九七六年)。

冬の間、厳寒の雪にとざされる津軽の風土は、朝鮮半島や中国大陸に近く、寒地性ニンニクの栽培には適しているといってよい。ところが津軽には、その名も「岩木」という優秀なニンニクの在来種が伝えられていたのである。「岩木」は古い時代に朝鮮半島か中国大陸から伝えられたのではないかともいうが、どこから渡来したか分からない。特に岩木山南麓の岩木町兼平で多く栽培されていた。「岩木」は粒も大きく味もよく、日本のニンニクの中で、もっとも優秀な品種の一つだったが、外皮が赤味をおびていたため、現在は外皮の白い「福地ホワイト」という品種のほうが市場価値が高いので主流になっている。この品種も同じ青森県の「福地」という在来種から突然変異で生まれたニンニクなのである。

鉄の鍬とニンニクに象徴される鬼神社の鬼神、そして岩木山麓の鬼伝説と古代製鉄遺跡……。岩木山の鬼伝説には、どこか朝鮮半島や中国大陸から鉄の技術をもって漂着した渡来人のイメージすらただよう。

鬼の原風景

このように岩木山の鬼には、実にいろいろなイメージが何層にも重なりあって塗りこめられている。侵略者に対する先住民、天津神に対する国津神、平地人に対する山人、定着民に対する漂泊の異人、農業民に対する製鉄民、それに鬼門の方位としての鬼、中国大陸や朝鮮半島からの渡来人……。さらに鬼伝説の担い手として、修験の影も見え隠れする。修験道は、役行者が前鬼後鬼を使役したという伝承のように、鬼とは親しい関係にある。岩木山神社も巌鬼山神社も鬼神社も、明治の神仏分離まで、修験の根拠地だった。

結局、岩木山の鬼の正体は、ますます分からなくなってしまった。しかし鬼の背後の暗闇を凝視すると、「鬼の原風景」とでもいうような、日本文化の深層の記憶が静かに浮かびあがってくるように思える。

収録論文解題

丸山泰明

折口信夫「春来る鬼」『旅と伝説』第四巻第一号、一九三一年

折口信夫「春来る鬼――秋田にのこる奇習――」『秋田魁新報』一九三四年一月六日

折口の思想の重要な概念として「まれびと」がある。「まれびと」とは、共同体の外部から訪れる神や精霊であり、祝福をもたらしたり禍をもたらしたりする。折口は「まれびと」を実体としてみなすよりも、むしろ操作概念として用い、独自の類化性能に基づいて多様な現象を捉えようとした。両論考は、現在一般にナマハゲとして知られている秋田県男鹿半島の行事を素材にして、「まれびと」としての鬼を論じたものである。

一九三一年の「春来る鬼」は『旅と伝説』を初出とするが、もとは講演の筆記である。折口と同時に、植物学者牧野富太郎が「春の七草」と題した講演を行っている。講演の日時・場所は不明である。「なもみたくり」をはじめとして、「ほとほと」や「えびす神」などの共同体の外から訪れる神霊を取り上げ、祝福をもたらす神霊の一種として鬼を位置づけている。

一九三四年の「春来る鬼」は口述筆記である。初出時は「秋田にのこる奇習（春来る鬼）」だったが、旧全集に収められた際に、表題に改められた。こちらは、年の終わりに訪れる鬼とは祖先の霊であり、厄払いをすることに重心が置かれている。

どちらも新訂版『折口信夫全集』第一七巻（中央公論社、一九九六年）に収録されている。

馬場あき子「鬼の誕生」『鬼の研究』三一書房、一九七一年（のち、ちくま文庫）

一九七一年に初版が刊行された『鬼の研究』は、国文学の分野で初めての、まとまった鬼の研究書である。本書では紙幅の都合により、第一章の「鬼の誕生」だけを収録した。

論者にとって、鬼とはあまりに「人間的」すぎるために、人間の規範にあわず人間社会から逸脱する存在のこ

とである。本書に収録した部分では、中国から移入された「鬼」の漢字表記にどのような存在を当てはめたのかを検討している。

『鬼の研究』は国文学以外の分野からも大きな反響を呼んだ。出版された同年には、谷川健一の『魔の系譜』も出版されており、鬼に限らず怪異の学問的研究の先駆けになった研究書だったといえるだろう。

山路興造「修正会の変容と地方伝播」守屋毅編『大系・仏教と日本人第七巻　芸能と鎮魂』春秋社、一九八八年

大陸から移入された仏教儀礼である修正会が、日本の中央の大寺院において変容し、地方に伝播した過程を考察した論考である。

修正会とは修正月会の略で、正月に修する法会のことである。本来罪過を懺悔する儀礼が、日本では五穀の豊穣を祈願する儀礼へと重点を移し、鬼を追い払う儀礼として中央の寺院で行われた。やがて地方にも伝播して民俗行事と結びつき、邪悪な鬼を追い払い、あるいは鬼の祝福を受ける行事となったとしている。

大陸渡来の儀礼が日本において変容する過程の考察を通じて日本の民俗思想を浮かび上がらせようとするこころみは興味深い。

小松和彦「簑着て笠着て来る者は……――もう一つの『まれびと』論に向けて――」同編著『これは「民俗学」ではない』福武書店、一九八九年

副題にもあるように、折口信夫の「まれびと」論を意識しつつ、批判的に受け継ぎながら、新たな「まれびと」論を構想する試みである。

折口は共同体の外部から訪れるならば、祝福をもたらす神霊も禍をもたらす神霊も「まれびと」としてとらえ、鬼もこの概念の中に包摂した。この概念はその後の民俗学にも受け継がれたが、論者は「まれびと」のなかに鬼を入れたことにより、鬼もまた両義的な存在とされ、鬼の性格を捉えそこなっていることを指摘する。そして、鬼を本質的に反社会的・反道徳的存在として再定義し、鬼を善なる神霊の対角に位置する存在としている。

本論文は後に、『酒呑童子の首』（せりか書房、一九九七年）に収録された。

佐竹昭広「酒呑童子異聞」（抄）『酒呑童子異聞』平凡社、

一九七七年
　一九七七年に平凡社より刊行された『酒呑童子異聞』から、「酒呑童子異聞」の章の「弥三郎風」「捨て童子譚」「童子垂髪」の三節を「酒呑童子異聞」（抄）と題して収録した。収録にあたっては、平凡社版に補注を加えた同時代ライブラリー版（岩波書店、一九九二年）にもとづいた。『酒呑童子異聞』の「酒呑童子異聞」の章は、雑誌『子どもの館』（福音館書店）に一九七五年七月号から七六年十月号にかけて連載されていた「お伽草子の人びと――『酒呑童子』異聞」の構成を変え、加筆の上、まとめたものである。また、本書収録箇所の原型となる論文として「伊吹童子と酒呑童子」（『学習院大学文学部研究年報』第六輯、一九六〇年）がある。
　本論では、史実と説話を響かせあいながら、弥三郎-伊吹童子-酒呑童子の系譜をたどる鬼の姿を描き出している。同時代の物語世界や宗教世界・風習までも視野に入れて論を進めるその手法は、たいへん魅力的である。

天野文雄「『酒天童子』考」『能――研究と評論』第八号、一九七九年
　能の「酒天童子」を、酒天童子について語る室町物語の諸本との関係を考察することを通じて、その特異性を明らかにすることを試みた論考である。能の作品それだけではなく、中世の物語世界・宗教世界の中に位置づけて考察している視点が興味深い。
　酒天童子物語の諸本を比較検討することにより、能の「酒天童子」の本説が逸翁美術館所蔵の香取本『大江山絵詞』であることをつきとめ、その上で「酒天童子」そのものについて考察している。劇中に昔語りとして出てくる、伝教大師（最澄）による比叡山からの追放が、見方を変えれば叡山開闢説話であることから、酒天童子はもともと童形の地主神ではないかと推察している。そして、鬼と童子の姿を両方そなえる護法童子と酒天童子との共通性を見出し、前者が後者の原質になったことを論じている。
　また、能の「酒天童子」の特異性として、他の物語とは異なり酒天童子が恐ろしげに描写されているのではなく、かわいらしい童子として演出する児物語的雰囲気をおびていることを指摘する。

伊藤昌広「『百鬼夜行』譚」『伝承文学研究』第三〇号・第三一号、一九八四年

夜中、市中に異類異形のものたちが徘徊する「百鬼夜行」について、文献資料を整理しながらその性格を考察した論考である。

「百鬼夜行」という表現を二つに分け、「百鬼――諸々の人間とは異なる異類異形のもの」「夜行――市中なり山中を夜半に徘徊するとするもの」と規定し直し、この二つの規定を満たす文献資料を整理している。そして文献資料を比較総合しながら、「百鬼夜行」の話の性格や「百鬼」の姿、「百鬼夜行」が現れる「百鬼夜行日」について論じ、「夜行」する「百鬼」とは、実生活における危機感が形象されたものではないかと推察している。


高田衛「雨月の夜の鬼たち」『ユリイカ』第一六巻第八号、一九八四年

　上田秋成の近世怪異小説『雨月物語』に収められている『青頭巾』と『吉備津の釜』を素材にして、疎外される存在としての「鬼」を描き出している論考である。

『雨月物語』全九話のうち、「鬼」という語が用いられるのは一七例だけである。そのうち八例が『青頭巾』に集中しており、次いで多いのが『吉備津の釜』である。

『青頭巾』とは、阿闍梨が病を得て死した寵童を愛するあまり屍体を姦しながら喰らい、やがて人肉を求めて村人を襲うようになる話である。かつて密教の高僧として聖域の中心に位置しながら、下野国の山寺に疎外されて周縁化した阿闍梨の堕ちた聖性に、「鬼」と化した理由を見る。

『吉備津の釜』とは、嫉妬により「鬼」となった磯良が夫を一口に喰らう話である。秋成が嫉妬に狂う女が夫に復讐する因果論的俗解を乗り越えて、制度としての「家」から絶対的に疎外されてしまう「女」が、「鬼」が現世に現れる回路になったと捉えていたことを論者は指摘している。


深沢徹「羅城門の鬼、朱雀門の鬼――古代都市における権力産出装置としての楼上空間――」『プール学院短期大学研究紀要』第二三号、一九八四年

　平安京の正門である羅城門と大内裏の入口である朱雀門の楼閣に鬼が住むといわれた理由を考察した論考である。羅城門・朱雀門の鬼を手がかりにした王権論であると同時に、平安京の都市論でもあるといえるだろう。

　羅城門・朱雀門には、楼上へ登るための階段や梯子の施設がない。このことから、楼上空間が実用的な人間活

動の場として作られたのではなく、宗教的な理由により造られたものだと考える。そして、鬼や怨霊が楼上空間に住むとする説話や、門前で催された国家儀礼を検討することにより、国家権力にとっての門の役割を浮かび上がらせる。門とは、国家が災厄をもたらす悪しき力を封じ込める場であったと同時に、その一方で国家管理の下に置くことにより、悪しき力を新たに京城へと侵入する災厄を排除し撃退する善なる力へと変換する装置だったと論じている。

本論はのちに『中世神話の練丹術』(人文書院、一九九四年)に収録されている。

池田昭「鬼の子孫の一解釈――宗教社会学的考察――」『日本仏教』第一七号、一九六三年

全国各地には「鬼の子孫」を自称する家系や集落が存在するが、その中でも特に有名な八瀬童子について論じたものである。

京都北郊にある八瀬の集落の人々は、八瀬童子と呼ばれ、鬼の子孫と称してきた。八瀬童子に関する柳田國男や喜田貞吉・林屋辰三郎の諸説を検討した上で、これらの説ではどれも八瀬童子がなぜ「鬼の子孫」とされるのか説明しきれていないことを指摘し、独自の見解を示している。八瀬童子が、座主や天皇の駕輿丁として奉仕したことに注目し、祝福をもたらすために訪れる「まれびと」としての鬼は、悪霊を追い払う守り主でもあると論じている折口信夫の説を引きながら、八瀬の人々が座主や天皇の守り主の役割を果たしていたために鬼と見なされたのではないかと推察している。

本論は後に加筆され、『天皇制と八瀬童子』(東方出版、一九九一年)に収められている。

稲垣泰一「鬼と名楽器をめぐる伝承」東京教育大学中世文学談話会編『和歌と中世文学』東京教育大学中世文学談話会、一九七七年

琵琶の名器「玄象」と横笛の名器「葉二」をめぐって語られる鬼の説話について考察した論考である。

琵琶の名器「玄象」には、羅城門・朱雀門の鬼に盗まれたという説話があり、管弦の名手である源博雅が取り戻したとする説話がつけ加わっている場合もある。「葉二」は横笛の名手が笛を吹きながら朱雀門の前を通りかかったとき、朱雀門の鬼が笛の音に感嘆して共に笛を吹き、鬼から与えられたとする伝承をもつ横笛である。こ

れらの名楽器をめぐる鬼の説話を検討しながら、伎芸の才とは極限において鬼に通じ、一道を極めた達人と鬼は心を通わせあうことを説いている。

谷川健一「弥三郎婆」『流動』一九七九年、二月号・三月号

新潟県を中心に残っている弥三郎婆の伝説から、鬼と鍛冶師の関係性を見ようとする論考である。

論者は山に住む一つ目や片足の怪物を、山を仕事の場とする鍛冶師を投影したものだとしている。本論では、新潟を中心に残る弥三郎婆の伝説を、鍛冶師伝承の流れによりそいながら論じる。弥彦神社の神が片目であること、弥三郎婆が弥彦神社棟上げのさい鍛冶師よりも大工が優先されたことに憤って暴れ始めたこと、酒呑童子の出生地を新潟の栃尾とする伝説があることを、三題噺のようにして展開し、それぞれの伝説に底流する鬼の姿を見ようとしている

本論はのちに『鍛冶屋の母』（思索社、一九七九年）に収録されている。

髙橋昌明「大江山と『鬼』説話」『月刊百科』第二二〇号、一九八一年

酒呑童子説話生成の背景を、京を中心とする空間意識から考察した論考である。

酒呑童子が住む大江山は、ふつう丹波丹後国境にある大江山（千丈ヶ岳）であるといわれる。しかし、古代・中世には京都市西方の西山山地老ノ坂峠の南、丹波山城にある大江山（大枝山）の方が一般的であり、酒呑童子の首塚も老ノ坂（大枝境）にある。天暦六年（九五二年）に外部から侵入する悪霊を追い払い京の安寧秩序を守る四境祭が行われたさい、四境のひとつである大枝境に祭官が送られた。都の治安を守るために賊を取り締まった大索の儀においても、大江山は山賊征伐の対象になっている。これらの儀礼から、退治されるべき悪霊や盗賊がいるとされる大江山の象徴性を浮かび上がらせている。また、酒呑童子が「捨て童子」の転訛であるとする説に着目し、異常児が山に捨てられる伝承や子供を境に捨てるふりをする民俗慣行を引き合いに出しながら、酒呑童子の住む大江山の境界性にも言及している。

本論は後に『酒呑童子の誕生』（中公新書、一九九二年）に収録されている。〔のち、岩波現代文庫〕

中野玄三「丹後の麻呂子親王伝説と酒呑童子」『フォークロア』第一号、一九九四年

麻呂子親王の鬼退治伝説を描いた縁起絵を参照しつつ、仏教の伝播と伝説の関わりを考察した論考である。

麻呂子親王は聖徳太子の異母弟であり、民衆に害をなす丹後国の鬼を征伐した。征伐の際に加護してくれた七体の薬師如来の像を作り、分置したことを縁起とする寺社がある。これらの寺社に伝わる鬼退治の縁起絵は、その発生の上限が源頼光の酒呑童子退治伝説と近く、両者が密接な関係にあったのではないかと推察している。

黒田日出男「絵巻のなかの鬼――吉備大臣と〈鬼〉――」『朝日百科　歴史を読みなおす五　大仏と鬼』朝日新聞社、一九九四年

古代において姿を見せないものとされてきた鬼は、やがて中世に入ると具体的にイメージされていくようになる。本論は『吉備大臣入唐絵詞』を中心にして、鬼にどのようなイメージが与えられ、それがどのような意味をおびていたのかを考察した論考である。

『吉備大臣入唐絵詞』は、唐において高楼に幽閉され餓死し鬼になった阿倍仲麻呂に助けられて吉備大臣（吉備真備）が活躍する物語である。この物語では異国との外交が説話的な異郷訪問譚として描かれている。このような説話化は現実離れをした他者認識を生み出し、外交に成功すれば高名をえるが、失敗すれば危険に陥る、両義的な異国・他島のイメージが現れたという。

また、末尾では、異国・他島の人々を鬼として描くことが鎌倉末期に発生し、同時に、鬼退治や征伐の物語も生まれたことを指摘している。戦争中にも行われた他者＝鬼というイメージを今日払拭しているのだろうかという論者の問いかけは、われわれ自身にむけられた重要な課題といえるだろう。

折口信夫「鬼と山人と」折口博士記念会編『折口信夫全集　第一七巻』中央公論社、一九五六年

一九二八年（昭和三年）頃に草稿が執筆されたと推定される。

海辺から内陸に入り、海の彼方にいる、先祖が醇化された常世神を失った人々は、山の神に常世神の性格を与え、山の神が年毎の祝福に訪れるようになったと述べる。このような世界観は「春来る鬼」（本書所収）と変わらないが、本論の特異性は、霊的存在として鬼に、征服さ

れた先住民の影を見ていることであろう。

折口は、柳田國男の山人論を読み込んだ後に、本論を記したと思われる。山人＝先住民論は、柳田において初期の重要なテーマであり、「天狗の話」「山人外伝資料」「山人考」と続き、『山の人生』で幕を閉じている。これらの論考は、ほとんどが『柳田國男全集第四巻』（ちくま文庫、一九八九年）に収められているので、関心のある方には併読を勧めたい。


和歌森太郎「山と鬼」『日本民俗学会報』第六一号、一九六九年

一九六八年に山形大学農学部（鶴岡市）で開かれた第二〇回日本民俗学会年会での講演をまとめたものであり、山伏の成立を山岳信仰の性格から考察している論考である。

日本古来の山岳信仰には、山から吹き下ろされる風などによって災厄をもたらす性格と農耕が入ってきてからの灌漑用水の源としての性格、それに死霊のおもむく山という三種の面があったと整理する。中国からわたってきた「鬼」の字が当てはめられたのはこのうちの一番目と三番目であり、山伏が災厄をもたらす鬼を調伏する力を持っていたこと、山伏は山という死者の世界で修行することから、山伏が成立する根底に鬼がいたことを説いている。

本論は後に『山岳宗教史研究叢書』第六巻（名著出版、一九七六年）に収録されている。


若尾五雄「鬼と金工」『日本民俗学』第六九号、一九七〇年

さまざまな角度から、鬼と鉱山の関係を考察した論考である。後に『鬼伝説の研究』（大和書房、一九八一年）に収録されている。

鬼が語られる神社仏閣の縁起・伝説・昔話や、「鬼の子孫」の伝承、修験道場に鉱山がある事例を全国的に収集し、鬼が金工・鉱山に関わることを説いている。そして、鬼の読みが、暗闇に隠れていることを示す「隠（オニ）」に由来すると述べる『和名抄』の説をひきながら、鉱石は暗い地下に隠れていることに、鬼と金工・鉱山とがつなげられる理由を見出している。

なお、鬼と鉱山の関わりについては、谷川健一も『青銅の神の足跡』『鍛冶屋の母』で論じているので、併読を勧めたい。

五来重「『鬼の子小綱』の原点」『鬼むかし』角川書店、一九八四年〔のち、角川ソフィア文庫〕

本論を収録している『鬼むかし』は、宗教民俗学の立場から、「鬼むかし」としてくくられる多様な鬼（および山姥）の昔話を考察したものである。論者によれば、鬼とは死霊と祖霊が形象化されたものであり、仏教の鬼や修験道の山伏・天狗とも結合してさまざまな性格の鬼が生まれた。

本論では、昔話「鬼の子小綱」におけるいくつかのモチーフ（「鬼が人間に子を産ます」「鬼の難題」「五百里車と千里車」「箆または杓子の咒力」「鬼の自己犠牲」）を考察し、昔話を構成する民俗を読み解いている。

橋本裕之「鬼が演じる祭礼芸能――『大江山絵詞』雑感――」『月刊百科』第三四二号、一九九一年

源頼光一行が酒呑童子を退治する話を題材にした絵巻である逸翁美術館本『大江山絵詞』のなかに、異類異形の鬼たちが田楽を演じている場面が描かれている。その理由を考察しているのが本論である。

同じ『大江山絵詞』には、人間が田楽を演じている場面もあるが、両者は動作や姿勢などの細部にいたるまで、まったく同じ構図で描かれている。祭礼芸能をめぐる社会的背景を踏まえながら絵巻を読み解き、演者が鬼として描かれているのは田楽法師たちを「霊狐」「異類異形」とした当時の視線によるものではないかと論じ、さらに鬼とはそのような視線の寓意的表現だったのではないかと推論している。

内藤正敏「鬼の原風景――津軽岩木山の鬼神――」『フォークロア』第一号、一九九四年

青森県岩木山に残るさまざまな鬼の伝承から、重層する民俗文化を掘り起こしている。

岩木山には、坂上田村麻呂の蝦夷討伐により退治された鬼がいるとする伝説があり、岩木山の頂部を形成する三山のうちのひとつである北東の巌鬼山に棲んでいるといわれている。そして西南のシトゲ森で殺され東南の地蔵森で再生したことから、岩木山の鬼をめぐる民俗空間論を展開する。また、北東側には鬼と鉄が関わり合う伝説があること、実際に製鉄遺跡も発見されたことから、製鉄民がいたことを推察し、鬼神社の大祭にニンニクの市が立つことから製鉄技術を携えて漂着した渡来人の姿

にまで想像を広げている。
侵略者に対する先住民、農耕民に対する製鉄民、大陸からの渡来人など、重層する民俗文化を解きほぐしながら、周縁性に鬼の影を見ている論考である。

鬼といえば、一般的には頭に角をもち、虎の皮を身にまとった姿を想像しがちである。しかし、本書所収の諸論文からは、実に多彩な鬼の姿が見えてこよう。本書では酒呑童子を扱った論文がいささか多いが、それは絶対数が多いからであり、代表格ではあっても酒呑童子が鬼のすべてであるわけではない。民間伝承や文学・絵画・芸能・宗教史など、様々な角度から迫ることができるのも、鬼の研究の魅力だろう。本書を足がかりにして、新たな姿の鬼が現れることを期待したい。

鬼

解説

小松和彦

I 「鬼」とはなにか

「鬼」は、いいかえれば「鬼」という語は、長い歴史をもっている。早くも「記紀神話」や「風土記」のなかに登場し、古代、中世、近世と生き続け、なお現代人の生活のなかにもしきりに登場している。ということは、当然のことながら、長い歴史をくぐりぬけてくる過程で、この言葉の意味が多様化した、ということを想定しなければならないだろう。実際、鬼は歴史のなかで性格がかなり変化し、そのために鬼の研究も多岐にわたっている。

そこで問題となるのは、それでは、わたしたちはどの時代の鬼に焦点を合わせて議論を始めたらよいのか、すなわち、どの時代の鬼を「典型的な鬼」と見なすか、ということであろう。それというのも、研究者によって「典型的な鬼」についての見解が必ずしも一致しているとはいえないからである。

そこで、ここでは、とりあえずその基本的な意味を、身近にある国語辞典に見出される意味に求めたいと思う。なぜなら、それが現代日本人にもっとも共通した意味であるからだ。たとえば、『岩波国語辞典』の「鬼」の項を引くと、説明の最初に「想像上の生き物。人の形をし、つの・きばがあり、裸体に皮のふんどしを締めている。怪力・勇猛・無慈悲で、恐ろしい」と説明されている。この辞典の凡例によると、「一語にいくつかの意味を立てた場合……出来るだけ現代語として最も普通に行なわれている意味から始める方針をとった」とある。つまり、この意味が現代においてもっとも普通に流通している意味だということになる。

ところで、上述の「鬼」の特徴は二つに分けることができる。

一つは図像的説明である。鬼の姿かたちは、現代の絵本やコミックなどにたくさん描かれている。そのほとんどは、姿は人間で、顔は醜悪で、肌の色は赤や青や黄、黒といった原色、筋骨逞しく、虎の皮の褌を締め、牛などの動物の角に似た角を一つないし二つ、ときにはそれ以上をもち、口の左右からは鋭い牙がはみ出ている。このなかでも頭に角が生えているということが、もっとも重要なしるしである。多くの場合、頭の角の有無で鬼であるかどうかの判断が下されているといってもよいほどである。角を除いた鬼の図像を見た人の何人が、「これは鬼だ」と判断するだろうか。ほとんどの人は「鬼に姿かたちはそっくりだが、角がないので鬼といってよいものか判断に困る」というのではなかろうか。角は鬼であることを物語る中心的シンボルであり、それに従属するかたちでその他の図像的特徴があるわけである。とはいえ、「鬼」と呼ばれながらも、角がないような絵像もたしかにある。しかし、そのような図像は典型的なイメージの成立以前のイメージ、あるいは成立後における変則的なイメージとして理解すべきものであろう。

いま一つの特徴は、図像にも暗示されているが、鬼の行動上の性格である。鬼の住みかは夜の闇の彼方、人間世界以外のどこかで、節分の夜には必ず人間世界に登場し、人を取って食べ、人間の富を奪い取ったりする。

こうした現代人が普通に思い描く鬼の意味とイメージを、わたしなりに言い直すと、「鬼」とは日本人が抱く「人間」の否定形、つまり反社会的・反道徳的「人間」として造形された概念・イメージということになる。すなわち、「人間」という概念を成立させるために、「鬼」という概念がその反対概念として作り出されたのである。つまり、鬼の性格のエッセンスは、国語辞典に述べられているように「怪力・勇猛・無慈悲で、恐ろしい」というふうに集約されるわけである。もちろん、鬼のなかには、人間に福をもたらす慈悲深い鬼がいないわけではないし、また、人間に適当にあしらわれ追い払われる滑稽な鬼もいる。しかし、こうした鬼は変則的な鬼であって、鬼とは「怪力・勇猛・無慈悲で、恐ろしい」存在だということを前提にした、鬼の「破壊的力」を人間に役立つように反転させたものであったり、鬼のパロディとして造形されたものと考えるべきものなのである。

興味深いのは、現代に流通しているこうした「鬼」の図像的イメージと行動上の性格は、過去にさかのぼって検討してみても、ほとんど基本的な性格においては変化がみられないことである。鬼の姿を彫った図像のもっとも古いものは、仏に踏みつけられる鬼の彫刻である。また『北野天神縁起絵巻』に描かれた地獄の獄卒や雷神の姿かたちも、現代人が思い描く鬼とほとんど同じである。

図像的に確認できるのはこのあたりまでだが、鬼という語はさらにさかのぼって『古事記』や『日本書紀』『風土記』などにも見出すことができる。そこで物語られる「鬼」も、たとえば、『出雲国風土記』の、農夫を食べてしまう目一つの鬼の話や、また『日本書紀』欽明紀の、佐渡島で略奪や祟りをなした粛慎の鬼の話などからわかるように、「恐ろしい存在」であったことがわかる。もっとも、そこに語られる鬼の姿かたちが、現代のそれと変わらないイメージで思い描かれていたのかはわからない。おそらく、平安時代の辞書『和名抄』にあるように、普段は姿形が見えない、したがって示現するときの姿が一定していない、それゆえに「恐ろしい存在」であったのだろう。

これまで、わたしは鬼の性格やイメージが昔からそれほど変わらないことを強調してきたが、その一方では大きく変化したことがある。それは、現代人のほとんどが鬼を想像上の生き物と考えているのに対して、時代をさかのぼればさかのぼるほどその実在を信じる人びとの比率が増える、ということである。必然的にそれに対するリアリティも変化している。文献類を見てみると、鬼の実在がもっともリアリティをもって語られたのは、平安王朝時代であった。

さて、以上でいちおう「鬼」とはなにか、という問いに対する基本的な説明をしたわけであるが、さらにいま少し分析的な視点から「鬼」を説明してみよう。

まず「鬼」とは記号である。それは「おに」と発音される記号であって、この「おに」という記号に、中国における「鬼」の意味に近いと判断されたからであろう、漢字の鬼が充てられたのである。「おに」は大和言葉で、鬼という漢字があてられる以前から、大和言葉を使う共同体で用いられていた言語記号であった。「古事記」や「日本書紀」の「おに」の漢字表記を見ると、まだ「おに」に対する漢字表記が一定していないことがわかる。それが平安時代になるとすっかり「鬼」に統一されて、それにあわせて「き」という音声記号も登場することになった。それ以来現代まで、「おに」という記号の内容（意味）の中心は「角をもった、恐ろしい存在」という意味はそれほど変わらないのである。

現代では、鬼が活躍する場所は、主として物語の世界である。鬼の登場する儀礼・芸能も、節分などに限られている。現実の世界に存在する人間や事物に対して用いられることもあるが、鬼の概念を参照にして、比喩的に用いられる場合がほとんどである。たとえば、現実世界では「子殺し」をする親や人間とは思われぬ残酷な殺人等の犯罪を犯した人間に対して、「殺人鬼」という語が付与される。こうした用法は、鬼という概念が日本人の想像した「反社会的存在、逆立ちした人間」のイメージとして造形したものであるということを知ったうえで、犯罪の内容が人間（道徳的人間）にあるまじきことと判断されたとき、人びとがその犯罪の凄まじさ、犯罪を犯した者に対する厳しい批判の意味を込めて、「鬼」というラベルを犯罪者の上に貼り付けたのである。鬼の代わりに「悪魔」であっても「人非人」であっても、微妙なニュアンスの違いにせよ、話者の伝えたい意味にそれほど違いがあるわけではない。

あるいはまた、「鬼監督」とか「鬼刑事」などといった表現がある。この場合は、こうしたラベルを貼られた人間が鬼の典型的概念のすべての属性を体現している、と判断した上での用法ではなく、鬼に託された属性の一部、たとえば「無慈悲」とか「醜悪な容貌」「残酷」といった鬼の属性に着目した特定の人物の性格の比喩的表現である。あるいはまた「鬼百合」とか「鬼やんま」などといった形容がなされる動植物もある。これも同じであって、「大きい」「形が醜悪な」「毒性をもっている」などといった性格を表現する際に、鬼の属性の一部を想起したことから命名されたものである。いわばそれは鬼概念の応用ともいうべきものであった。

ところで、鬼概念が日本人（大和言葉共同体の成員）のあいだに成立してから久しいわけであるが、いったんこうした語彙が人びとに共有されると、この語はさまざまな事物・現象に適用されるようになる。鬼刑事とか鬼百合もそうした適用の一側面を伝えるものであるが、鬼の文化史を考えるうえでとくに重要な側面は、鬼の実在を信じた時代における用法である。この問題を考えるときにとくに留意をしたいのは、鬼という語は大和言葉共同体における語彙である、ということである。その語彙を知っている者が特定の事象・現象のうえに、「鬼」というラベルを貼り付けるのである。

たとえば、雷という現象がある。これは現代では自然現象として科学的に証明されているわけだが、かつてはその恐ろしい現象は「雷神」によって引き起こされるとみなされ、さらにその雷神はやがて「角をもった、恐ろしい姿」の「鬼」として表象されるようになった。雷鳴を出す装置である七つの小さな太鼓を円環状に背負って黒雲に乗った、あの周知の鬼のイメージである。

ここには、鬼の用法の典型が示されている。一方に鬼という概念を知る人びとがおり、他方には自然現象としての雷現象があって、後者の現象に前者の鬼概念に基づいて「鬼」のラベルが貼られたわけである。そういうからくりを知っている現代人は、容易に「鬼の正体」は「雷」であったという判断を下せるだろう。しかし、これはあくまでも、科学的思考とそれに基づく説明体系を獲得した結果としての鬼の正体の解明である、ということを忘れるべきではない。まだ科学的な説明体系を獲得していない段階では、雷がなぜ起こるのかを考えた末に、「鬼」によって引き起こされるのだ、と説明したのである。雷鳴や雷光、真っ黒な雨雲、落雷、集中豪雨といった一連の現象は、鬼によって引き起こされるとか、あるいはまた竜神によって引き起こされると想像せざるをえない時代があったわけである。そうした時代においては、人びとは夕立の雨雲の向こう側に、鬼を幻想していたわけである。そうだからこそ、たとえば、物語のなかで鬼出現の場面を描くときに、一天にわかにかき曇り、雷鳴りはためき、雨激しく降り注ぐなかから、巨大な鬼が出現する、といったふうに語られたわけである。同様にして、流行病も鬼が原因とされることがあった。その場合もまた、人びとは疫病の彼方に鬼の群行を幻想したわけである。さまざまな「恐ろしい不思議」が鬼のせいにされたのである。

さらにまた、鬼ラベルは、たとえば、言語が違う異民族や、京都の文化とはかけ離れた文化を生きる人びと、あるいは大和言葉共同体の外側にあってその共同体に敵対するような人びと、さらには残酷な犯罪を犯した人びとに対しても貼り付けられた。もちろん、比喩的な表現として用いた場合もあるが、ある場合にはかれらを自分たち「人間」とは異なる存在として分類したということでもあった。つまり、特定の文化的コンテキストに即していえば、異民族の漂着者が「鬼」と判断されたときには、それは鬼以外の何者でもなかったし、次々に人を殺して食べる人間も、もはや「鬼」以外の何者でもなかったわけである。

さらに、次のようなことも考えなければならない。鬼概念をもった土地で生まれ育った者が、鬼文化の外側の地つまり異国・異文化の地に赴いたときに、鬼を想起させるような物語や芸能を見聞したとき、その土地では「鬼」という語彙がないのに、それを「鬼」と翻訳してしまうことがある。たとえば、各地に残る小正月の来訪神行事に登場する「神格」を、その醜悪な仮面仮装によって示されるその形象が「鬼」に類似していることから「鬼」というラベルを貼ったり、外国の類似した醜悪な仮面仮装行事を「鬼」の登場する行事と翻訳してしまうというわけである。外見だけでその意味内容を充分吟味せずに、「鬼の仲間だ」とみなしてしまうのだ。

ここから浮かび上がってくるのは、鬼文化の内側に即した見方と、その外側に立って鬼文化を考察する見方の違いである。鬼研究は、こうした二つの視点が、ときには並行し、ときには交錯するかたちで展開してきたと思われる。

Ⅱ 「鬼」への二つのアプローチ

文化の内側からみた鬼のイメージの研究とは、いわば異文化社会に赴いてその社会の文化の仕組みやコスモロジーを学習していく異文化研究の手法に近い視点で、当該文化のなかにおける鬼の意味や社会的役割を観察する研究である。それは、「鬼」という民俗語彙を用いて説話や昔話を語ったり、芸能をおこなったりしている当事者たちの文化の内部に入り込み、かれらの側から見た鬼について考察しようとする。すなわち、鬼という語彙がいかなる意味を有しているのか、鬼という表象がいかなるかたちでかれらの生活に入り込んでいたのか、といった問題である。こうした研究を詳細に進めると、時代や階層さらには地域による鬼の意味づけの差異が問題になってくるであろう。

文化の内側からの研究には、大別して二つの視点がある。一つは、社会学的なレベルでの鬼の意味の研究である。たとえば、本巻所収論文の論者の多くが言及する酒呑伝説を絵画化したものに、「大江山酒呑童子絵巻」がある。これは大江山に酒呑童子と呼ばれる鬼を首領とする一党が棲んでいて、京に出没して姫や子どもを誘拐していた。だが、勅命を受けた源頼光一党が討伐するという物語である。この絵巻を丹念に分析し、その物語のなかでの鬼の性格や構造的な意味を析出するとき、それはこうした鬼の内在的意味の研究ということになる。すなわち、この物語の作者は鬼に何を託したのか、鬼をどのように表象したのか、これを見た人びとはなにをメッセージとして受け取ったか、などといったことを明らかにしようというわけである。鬼説話のテキスト群から引き出されるさまざまな事柄は、わたしたち現代人の鬼表象ではなく、かれらの鬼表象なのである。

こうした研究を含んでいる好著として、馬場あき子の『鬼の研究』(三一書房、一九七一年)や佐竹昭広の『酒呑童子異聞』(平凡社、一九七七年)、高橋昌明の『酒呑童子の誕生』(中央公論社、一九九二年)などを挙げることができる。また、本巻収録論文でいえば、平安王朝期の鬼を論じた稲垣泰一や深沢徹などを挙げることができるだろう。たとえば、深沢は、羅城門や朱雀門に棲むという鬼が皇室に伝来する名楽器を盗み出して見事に奏でるという伝承群を分析して、「王権のシンボルとしての玄上の喪失とその復活を語ることで、一時的に衰退した天皇権力のさらなる活性化をはかる」という見解を引き出し、鬼と巨大門と権力の関係を論じている。「人々を恐怖させる暴力装置を背景として、初めて権力は権力として機能する。それは共同体を外部からおびやかす敵に対してだけでなく、共同体内の異物を排除し抑圧するためにも行使される〈力〉だ。しかも、早くにそうしたゲバルトを失った日本の古代国家は、今や儀礼の中からその擬似物をくみ取ることで、実質的にそれに替えざるを得なかった。かくして、様々な〈意味〉のネットワークとして構造化された私たちの日常的な生活世界の総体を、背後からおびやかす〈意味〉不在の空間を、羅城門や朱雀門の楼上に作り出し、独占的に維持管理することで、日本の国家は、自らゲバルトに替えたのである」（『羅城門の鬼、朱雀門の鬼』）。こうした考察は、まさに内在的な側面からの、鬼と権力をめぐる象徴論的政治学とかコスモロジー研究というべきものであるといえよう。

いま一つのレベルは、「心の鬼」と呼ばれる、人間の心のなかに生じた邪念に鬼の発生をみる説話テキストや、「女の鬼」がこの世に出現せざるをえない事情を切々と語る能楽などの演劇的テキストの分析から、当時の人びとが鬼に仮託した人間の内面に生じる苦悩を考察する研究である。この研究の代表的な作品は、馬場あき子の『鬼の研究』や田中貴子の『百鬼夜行の見える都市』（新曜社、一九九四年）などであろう。上述の著書で、馬場は主に文学的テキストのなかの鬼の系譜をたどり、鬼文化の絶頂期を平安時代から中世に求めている。そして近世の封建体制の確立とともに衰退してゆく鬼、滅びの時代を生きざるをえなかった〈女の象徴としての〉鬼の内面に深く降りてゆくのである。たとえば、能の「黒塚」を素材に、次のように述べる。「中世という過酷な時代にいたって、はじめて誕生した〈女の鬼〉は、ある夜、ある時、絶望に冷えさびた情念をかき立てつつ、とてつもなく美しい言葉を嚙みしめ味わうようにうたいはじめる。それはむしろ、ひとつの秩序に順応して生きるもの以上に人間的でさえある。にもかかわらず、それは社会的拒絶と正面からぶつからざるを得ない……そのうえ、旅僧は女主人との約束を破って、その閨房をのぞくのである。この残酷な最後の背信行為によって、かずかずの贄を秘めた閨をのぞかれた女が、羞恥のきわみに鬼となることはむしろ美しすぎるくらい人間的なことではないか」。

田中貴子も馬場あき子の研究に影響をうけながら、鬼の成長期ともいうべき王朝時代の人びとの心に発生する鬼を、次のように把握している。「『心の鬼』とは人の心の中に邪悪な部分を意識し、それを『鬼』になぞらえるという精神作用であって、この場合の『鬼』は人の心なくしては存在しえないものだし、心を認識することなしに『鬼』が生み出されることはない。『鬼』は心の一部であって、心と切り離すことができないのである。……心の中の闇をそのまま放置している限り、人は永久に闇の正体不明さに脅えるばかりである。だがそれをいったん『鬼』と名付けてしまえば、不可知のものが人間の理解の範疇に取り込まれることになる。いうなれば、不可知で不可視の現象を言語によってからめとるという認識方法だ。こうして、『心の闇』は『鬼』となり心の中の他者として独立してゆく」。すなわち、言語にからめとられた「心の闇」＝「鬼」が「他者」として疎外されて心の外に吐き出され、それが具体的表象を求めることによって見える存在＝社会的存在としての「鬼」が創り出されるわけである。

「鬼」へのアプローチのもう一つの方法は、鬼文化の外側に身を置いて、歴史学的もしくは比較論的な視座から鬼を分析しようというもので、「鬼」の科学的合理的解釈を目的とする研究といってもいいかもしれない。

こうした鬼文化の外部からの研究の土台にあるのは、「鬼は想像上の生き物」だという認識である。近代になると「鬼」を想像上の生き物と認識した上で研究する人たちが少しずつ現れてくる。妖怪博士との異名をとった井上円了も妖怪の一種として「鬼」についても言及しているが、ようするに、かれの基本的な研究立場も「鬼」とは想像の産物であり、無知蒙昧の徒の迷信であるから、すみやかに撲滅しなければならないというものであった。これに対して、大正時代になると、たとえ「迷信」であったにせよ、日本人の文化史・精神史の足跡を物語るものとして、妖怪変化の履歴を探ろうとする研究が現れてくる。その代表が、本シリーズ第二巻の解説で詳しく触れた江馬務の『日本妖怪変化史』（中外出版、一九二三年）であり、日野巌の『動物妖怪譚』（養賢堂、一九二六年、改訂版＝有明書房、一九七九年）や藤沢衛彦の『日本伝説研究』（三笠書房、一九三五年、新版＝すばる書房、一九七八年）などの研究である。

もっとも、この時代の研究は鬼の考察というよりも、鬼が登場する資料の発掘・紹介の方に力点が置かれていた。これは、いまからすればまことに物足りない研究であるが、しかし、文献に現れた資料発掘は、外部からの眼差しのもとでの研究の基礎・基本となる研究であった。そして、その集大成ともいえる研究が、戦後二十年ほど経って著された知切光蔵の『鬼の研究』（大陸書房、一九七八年）である。古代から近世、古代神話の鬼、仏教の鬼、陰陽道の鬼、さらには朝鮮や中国の鬼神にまで広げて資料を博捜して書かれたこの著書は、さながら鬼の百科事典ともいうべきもので、鬼の話の事例を探すという点ではまことに重宝である。知切光蔵は冒頭に「鬼とはなにか」という章を設けている。しかしながら、「凄くて惨虚な屍肉を喰う鬼、生きた人間を喰う鬼、殺傷する鬼から、人に騙される鬼もあれば、飢えた鬼、病鬼、疫鬼もあり、三枚目的な愛嬌のある鬼もいるし、これが鬼かいなといいたいような、全然凄みのない鬼、落魄した鬼、人に哀れみを買う鬼もあり……」と述べているように、鬼の属性の多様性に圧倒されて、事例の羅列に終始している。

知切光蔵が指摘するように、鬼に関する膨大な資料が集積されることによって明らかになってきたのは、鬼の歴史性であり、その多様性であった。そこで、個別資料の分析を積み上げることから鬼を考察する論考が少しずつ書かれるようになってくる。具体的な例を挙げると、『大江山酒呑童子絵巻』に、「鬼」の居所＝「鬼ヶ城」が鉄製の城と描かれていると、この物語が生成される文化的背景としての製鉄技術者の文化を見出し、また山伏姿の頼光一行を鬼が仲間として迎え入れるという記述に注目して、この物語の生成の背景に修験道・山伏文化を見出し、そして「鬼の正体」は「製鉄民」だとか「山伏」だ、と解釈するのである。

「鬼の正体」は「人」ばかりではない。「雷」であるとか「流行病」であったとかいった解釈もなされた。

その先駆的かつ豊かな内容をもった作品として真っ先に挙げるべきは、やはり、佐竹昭広の『酒呑童子異聞』であろう。佐竹は、「酒呑童子」伝説を大江山ではなく伊吹山を舞台にした伝承もあることに注目する。そして、そのもとになったと思われる弥三郎伝説、さらには「山に捨てられる」という特徴等々の考察を通じて、この伝承の原像・生成過程を明らかにした。高橋昌明の『酒呑童子の誕生』は、大江山の鬼伝説の成立を疫病の流行とその追放の儀礼に求めている。本巻では、その研究の一部である「大江山と『鬼』伝説」を収録した。絵巻のなかの鬼を分析して、「他者」あるいは「異人」として認識・分類されるような人びとのなかに鬼を幻想し、そして「鬼」というラベルを貼っていったのだと説く黒田日出男論文「絵巻のなかの鬼」も、「鬼の正体」探しという点では、同じ傾向の研究といえる。

佐竹の研究に刺激を受けて書かれたのが、鬼と越後の鍛冶技術集団との関係を論じた谷川健一の『鍛冶屋の母』(思索社、一九七九年)である。本巻にはそのなかの「弥三郎婆」を掲載したが、彼はこの論文を次のようにまとめている。「古代においては鍛冶集団は、安産の呪術を持つと信じられた。狼もまた安産の守り神であるというから鍛冶屋の老母と狼を同一視する伝説が生じた。それが千匹狼の話にほかならないが、弥三郎婆の伝説の原型もそこにあると私は推測する、そして弥三郎婆と酒呑童子の出生地のむすびつきが偶然でないとすれば、酒呑童子の物語にも鍛冶の伝承が反映しているとみなさなければならない」。これは、谷川の研究の目的をじつによく物語っている一文である。谷川の関心は、鬼(の物語)それ自体ではなく、そうした物語の背後に見え隠れしていると思われる特定の文化であり、信仰的な「原型」なのである。すなわち、鬼伝説は、さまざまな文化的諸要素の影響を受け、それらをつなぎあわせることで生成された物語だ、というわけである。

同様の視点に立った研究として、鬼文化に製鉄文化を読みとろうとした若尾五雄『鬼伝説の研究』（大和書房、一九八一年）や京都の王権から排除された者に着目して鬼の文化・テキストを読み解く小松和彦・内藤正敏『鬼がつくった国・日本』（光文社、一九七五年）や沢史生『鬼の日本史』（彩流社、一九九〇年）などを挙げることができるだろう。また、鬼の本質を雷に求めた近藤喜博『日本の鬼』（桜楓社、一九六六年）、あるいは昔話のなかの鬼を分析することで「山の宗教・修験道」あるいは「仏教」の影響を析出した五来重『鬼むかし』（角川書店、一九八四年）も、鬼文化の外部から鬼文化の性格や生成過程を明らかにしようという特徴をもった鬼研究であった。

さらにまた、「鬼」というラベルを外部から貼られるだけでなく、むしろそのようなラベルを自ら引き受け、それによって現実の世界のなかで生きる糧を確保した人たちもいた。それが、柳田國男などによって明らかにされた「鬼の子孫」と称する人たちである。こうした人びとは、各地に存在し、上述の製鉄技術集団とか修験とかも関係しているのだが、本巻では、池田昭の論文を紹介することにした。

Ⅲ 「鬼」の祭儀・芸能と民俗学

ところで、鬼の登場する祭儀・芸能は多い。鬼の芸能のもっとも古く、かつ鬼の民間芸能の成立に大きな影響を与えたと思われる祭儀・芸能は、奈良・平安の時代からおこなわれていた「追儺」の儀礼・芸能である。廣田律子（『鬼の来た道』玉川大学出版部、一九九七年）が詳細に説いているように、これは中国の「邪悪なもの」を追い払う儀礼を輸入したものである。この「追儺」の儀礼には、遅くとも平安中期には、鬼の仮面をかぶった鬼役の者が登場していた。宮中では「方相氏」が、またそれを修正会などの結願の儀礼のなかに取り入れた寺院では「毘沙門天」や「観音」などが、この「鬼」を追い払った（能勢朝次『能楽源流考』

岩波書店、一九七七年）。本巻所収の山路興造「修正会の変遷と地方伝播」（『大系・仏教と日本人7　芸能と鎮魂』春秋社、一九八八年）によれば、この「追儺」が地方寺院にも伝播し、各地でその過程で民間の来訪神信仰などとも結びついて独自の展開をしていったという。

わたしは、こうした能勢朝次・山路興造・廣田律子の研究によって、鬼の芸能史の輪郭を思い描いてきた。しかし、民俗学では、折口信夫による「おに」をめぐる民俗芸能論の影響を強く受けているために、多くの鬼研究のなかでもかなり特異な鬼論を展開してきたといえる。本巻所収の「春来る鬼」二編はその典型的なものである。これは折口の鬼論・まれびと論の萌芽ともいえるものであるが、わたしはこの論文によって、その題名の美しさに惑わされて、鬼の民俗学的研究が狂ってしまったのではないかと考えている。

その理由を簡単に述べておこう。民俗学は一般的に、目の前にある現実の民俗をしっかりと見ようとしない傾向がみられる。目の前にある民俗事象を手がかりに、その民俗の「前代の信仰」を推測しようとするからである。眼差しはその民俗の向こう側遥か彼方に向けられているのである。鬼についてもそうである。この解説で強調してきたように、また、本巻所収の論文、たとえば馬場あき子の「鬼の誕生」（『鬼の研究』）にも語られているように、日本の「鬼」は、文献にその語が登場したときから現代まで、「恐ろしい存在」であるという点は変わっていないし、平安時代から現代まで、その基本的図像・彫像のイメージの中核には「角をもっている」という特徴がある。したがって、鬼の文化史の骨組みは、それに沿って描かれねばならない。

ところが、民俗学は、もっとはっきりいえば、折口信夫はこうした史実の鬼それ自体に考察の目を注ぐのではなく、「鬼」の遥か彼方に眼差しを向け、次のように言い直したのである。「鬼は、我々の国の古代においては決して今人が考えるやうな、角がない。虎の皮の褌といふ、あの定型を持つたものでもなかつた。単に巨人を意味するものに過ぎなかつたのである。その鬼は多くは常に姿を現さず、時あつて霊の集中することによつて巨大な姿を現すものと見られてゐた。その多くは鬼の中、もっとも原始的なものに近く、又傍ら懐かしい心で眺められてゐたものは、村々の祖霊であつた」。

ここで提出されている折口の仮説は、折口が想像（創造）する「鬼」のイメージにすぎない。かれは、ナマハゲ行事などの民間行事の観察から、「おに」という大和言葉が文献に現れる以前の時代に、「おに」という語は単に巨人を意味する語であり、さらにそれ以前は「村々の祖霊」を意味する語であったというのである。さらに、その「おに」は村々にときを定めて来訪し、人びとに祝福を与えたという。文献以前のことだから、もちろんこれを証明する直接的な証拠はまったくない。間接的な根拠として挙げられたのがナマハゲ行事なのであった。すなわち、かれはこの行事の彼方に、そうした文字もないような時代の古代人の生活に生きる「角のない鬼」の意味とイメージを幻想したのである。ここでは、文献に現れた「恐ろしい角をもった鬼」の長い歴史がないがしろにされているのである。

たとえば、そこで問題となってくるのはナマハゲ行事である。注目したいのは、嶋田忠一「秋田の鬼」（『東北の鬼』所収、岩手出版、一九八九年）によれば、ナマハゲ行事はいまでこそ「ナマハゲの鬼」と呼ばれるようになっているが、かつては「ナマハゲ」は「ナマハゲ」であって、「ナマハゲの鬼」ではなかったらしい。つまり、「おに」という大和言葉とは無縁に伝承されてきたナマハゲと呼ばれた来訪神の行事であったのだ。では、ナマハゲはいつ「鬼」になったのか。

その張本人は、おそらく、菅江真澄であろう。幕末の民俗学者ともいえる菅江真澄は、男鹿半島を訪問してナマハゲの行事を見学・調査した最初の研究者で、その記録を「牡鹿の寒風」として残した。そのなかで、彼はナマハゲの面を「鬼の面」と書き、またこの来訪神を「鬼」と表現したのであった。かれが誤解したのも無理はない。というのは、かれが描いたスケッチのなかの二人のナマハゲのうちの一人は、あきらかに角をもった鬼のような仮面をつけているからである。つまり、知識人であった彼は、大和言葉共同体で育まれ、そこに広まっていた鬼のイメージ、もっとはっきりいえば角をもった醜悪な鬼の面に類似していたがために、その土地ではナマハゲと呼ばれていた来訪神（の面）に、「鬼」というラベルを貼ってしまったのであった。いわば、「大和言葉共同体」に属する人びとが「他者」「異人」に「鬼」のラベルを貼ったと同じことが、ここでも生じたのである。したがって、「ナマハゲの鬼」のラベルを剝げば、その下には、いつの頃からか記録がないのでわからないが、その土地の人びとがおこなってきた「ナマハゲ」行事が姿を現すはずである。それがたとえ巨人として語られようとも、ムラの祖霊だと語られようとも、もともと大和言葉共同体の語彙である「鬼」とは無縁の神格であったというべきなのである。いや、わたしは、もっと事情は複雑だったと思っている。ナマハゲ行事の歴史のなかで、京都に起こった「追儺」の影響を受けた時代があったのかもしれないからである。「角のある醜悪な面」はそれからの借用ではないのか。

それはそれとして、折口信夫やその他の民俗学者たちは、ナマハゲは鬼の一種という考えを踏襲して「鬼」のラベルとナマハゲの関係をいっそう強固なものにしていった。当然のことながら、ナマハゲ面に「鬼」のラベルが貼られ、鬼について意味やイメージを地元の人びとが知るにつれて「ナマハゲ」の面のほとんどに角が生え、顔立ちも「鬼」にいっそう類似してくることになった。すなわち、「ナマハゲ」は近代化の過程で、民俗学者たちの手で鬼文化の一員に組み込まれ、「ナマハゲの鬼」に変容していったのである。その一方では、「ナマハゲの鬼」の面の下に「古代のおに＝つののない巨人＝祖霊」を幻想するわけである。

このように解釈すると、折口の鬼論は露と消え去ってしまうのではなかろうか。民俗学の定説は、こうした仮説に基づいて、鬼はかつて「祖霊」であったという。やっかいなことに、それればかりではなく、この仮説としての「おに」＝「祖霊」説から、後の史実のなかの鬼を解釈しようとするのだ。「恐ろしい神霊」である「鬼」の性格やイメージは、古代にあったはずの「本来」の「おに」信仰が崩れたもの、零落したものというふうに解釈するわけである。鬼を見ればそのような解釈の自動ボタンが作動するようになってしまっているのだ。たとえば、国東半島の修正鬼会の鬼は人びとを祝福する鬼であるという性格をもっていることから、そこに原初の「おに」の名残を見出すのだが、山路興造が説くように、それは、大和から伝播した鬼行事と、地元の民間信仰の神霊とが接触し融合した結果生じた、鬼文化の派生形と見た方が説得力がある。山路説はナマハゲにも適用できる納得できる仮説のように思われる。

そこで、わたしはこうした、鬼の文化史を論じる上でほとんど役立たない民俗学的な鬼解釈を、繰り返し批判してきた。しかしなかなか民俗学者には浸透しない。というのも、かれらの主要な関心がいまだ「以前」（起源）に向けられているからである。たとえば、萩原秀三郎は最近の論文「来訪神と鬼やらい」（『民間芸能研究』第二七号、一九九八年）で、なお「恐ろしい存在」としての日本の鬼の「祖型」を、「好ましい神」「村の祖霊」に求めようとしている。わたしには、萩原の研究の姿勢と菅江真澄や折口信夫のそれがオーバーラップしてくる。かれは、「祖霊＝おに」という民俗学者の「創造」した意味の書かれたラベルを、ひょっとして国境を越えてまで貼り付けて歩いているのではなかろうか。もっとも、こういうわたしも、つい最近まで、「ナマハゲの鬼」というラベルの下に隠されていた「鬼の正体」に気づかず、ナマハゲを地元の人びと自身もずっと昔から鬼と表現してきたと思っていた一人であった。春来る神であったものを、民俗学者が春来る鬼にしてしまったのだとしたら、民俗学者はその過ちを深く反省しなければならないはずである。

この問題は、民俗学的な鬼の解釈ではなく、民俗学的思考・解釈方法とも通底しているので、いずれじっくり考えてみたいと思っている。それは、民俗学的方法を鍛え直すのにふさわしい研究テーマであるように思われるからである。

鬼は一言でいえば「恐ろしい存在」であり、「怪異」の表象化したものであった。田中貴子などがいうように、「怪異」あるいは「闇」は、「鬼」と名付けられることによって言語の世界にからめ取られ、「他者」として独立し、図像化されて、人間が統御可能なものになっていたものであった。本巻では、このあたりのことを伝えるような論文群から、比較的入手しにくいものを集めてみたが、長い歴史をもち、多様性に富んだ鬼を、本巻所収の論文のみで理解することはとうてい不可能である。幸いにも、日本の鬼を概観するのに手頃な『日本「鬼」総覧』(新人物往来社、一九九五年)が編纂されているので、これを手がかりにすれば、鬼文化にさらに深く入り込むことができるだろう。また、『フォークロア』第一巻(一九九四年)の特集「春来る鬼」も合わせて参考にするのがよいだろう。このいずれにも詳細な鬼関係の論考一覧が付されていて便利である。

著者一覧（収録順）

折口信夫（おりくち・しのぶ）1887～1953
馬場あき子（ばば・あきこ）1928～　歌人・文芸評論家
山路興造（やまじ・こうぞう）1939～　民俗芸能学会代表理事
佐竹昭広（さたけ・あきひろ）1927～2008
天野文雄（あまの・ふみお）1946～　大阪大学名誉教授
伊藤昌広（いとう・まさひろ）1956～　元教員
高田衛（たかだ・まもる）1930～　東京都立大学名誉教授
深沢徹（ふかざわ・とおる）1953～　神奈川大学国際日本学部教授
池田昭（いけだ・あきら）1929～2019
稲垣泰一（いながき・たいいち）1945～　筑波大学名誉教授
谷川健一（たにがわ・けんいち）1921～2013
髙橋昌明（たかはし・まさあき）1945～　神戸大学名誉教授
中野玄三（なかの・げんぞう）1924～2014
黒田日出男（くろだ・ひでお）1943～　東京大学名誉教授
和歌森太郎（わかもり・たろう）1915～1977
若尾五雄（わかお・いつお）1907～1994
五来重（ごらい・しげる）1908～1993
橋本裕之（はしもと・ひろゆき）1961～　民俗学者・坐摩神社権禰宜
内藤正敏（ないとう・まさとし）1938～　写真家・元東北芸術工科大学大学院教授
丸山泰明（まるやま・やすあき）1975～　神奈川大学国際日本学部准教授

小松和彦（こまつ・かずひこ）

1947年、東京都生まれ。国際日本文化研究センター名誉教授。専門は文化人類学、民俗学。長年、日本の怪異・妖怪文化研究を牽引してきた。『憑霊信仰論』『妖怪学新考』『異人論』『妖怪文化入門』『異界と日本人』『鬼と日本人』など著書多数。

・本書は、『怪異の民俗学　4　鬼』（2000年10月、小社刊）を、内容はそのままに、ソフトカバーにして新装したものです。
・収録作品は、原則として、新字・新仮名を採用しています。
・本書中、現在の観点からは不適切と思われる表現が使用されていることがありますが、発表時期や題材、歴史的背景に鑑み、原文どおりとしました。

怪異の民俗学 4
鬼《おに》

二〇〇〇年一〇月二五日　初版発行
二〇二二年 九 月二〇日　新装復刻版初版印刷
二〇二二年 九 月三〇日　新装復刻版初版発行

責任編集　小松和彦
装幀　松田行正＋杉本聖士
発行者　小野寺優
発行所　株式会社河出書房新社
〒一五一-〇〇五一
東京都渋谷区千駄ヶ谷二-三二-二
電話〇三-三四〇四-一二〇一（営業）
〇三-三四〇四-八六一一（編集）
https://www.kawade.co.jp/

印刷　株式会社亨有堂印刷所
製本　大口製本印刷株式会社

Printed in Japan
ISBN978-4-309-61814-2

小松和彦［責任編集］

怪異の民俗学 全8巻

来るべき怪異・妖怪研究は、ここから始まる——

古典というべき基本文献のみならず、民俗学を中心に、
文化人類学・国文学・社会学・精神病理学など幅広い分野から
重要論考を精選･集成した画期的シリーズ、待望の【新装復刻版】
日本文化の多様さ・奥深さが凝縮された、テーマ別アンソロジー

●全巻構成●

1 憑きもの
2 妖怪
3 河童
4 鬼
5 天狗と山姥
6 幽霊
7 異人・生贄
8 境界